Luhmann-Lexikon

Detlef Krause

Luhmann-Lexikon

Eine Einführung in das Gesamtwerk
von Niklas Luhmann
mit 25 Abbildungen und über 400 Stichworten

Ferdinand Enke Verlag Stuttgart 1996

Professor Dr. Detlef Krause
Eislebener Straße 35
D-28329 Bremen

Die Deutsche Bibliothek - CIP-Einheitsaufnahme

Krause, Detlef:
Luhmann-Lexikon: eine Einführung in das Gesamtwerk von
Niklas Luhmann; mit 25 Abbildungen und über 400
Stichworten / Detlef Krause. - Stuttgart: Enke, 1996
    ISBN 3-432-27761-X

© 1996 Ferdinand Enke Verlag, P.O.Box 30 03 66, D-70443 Stuttgart
Printed in Germany
Druck: Druckhaus Beltz, D-69502 Hemsbach/Bergstraße

Inhaltsverzeichnis

Verzeichnis der Abbildungen

Teil I: Einführung

1 Einleitung

Inzwischen gibt es eine Reihe von Einführungen in die Luhmannsche Systemtheorie. Bei Kiss (1990) steht eher der frühe Luhmann, bei Kneer/Nassehi (1993) der gegenwärtige Luhmann im Mittelpunkt. Beide Darstellungen sind nach meiner Einschätzung werkgerecht. Besonders eindrucksvoll hat Fuchs (1992) Luhmann beobachtet - eine erfrischende Einladung zu weiterer Beschäftigung mit einem vermeintlich trockenen Gegenstand. Andere Einführungen widmen sich einzelnen Seiten der Theorie. Reese-Schäfer (1992) und Gripp-Hagelstange (1995) beschäftigen sich mit dem gegenwärtigen Luhmann. Reese-Schäfer vermittelt anhand ausgewählter Fragestellungen einen treffenden Eindruck von der Art und den Gegenständen Luhmannschen Arbeitens, und Gripp-Hagelstange versucht sich an einer erkenntnistheoretischen Einordnung. Die ebenfalls mit dem Anspruch auf Einführung versehene Schrift von Stark (1994) verfehlt schlicht ihren Gegenstand. Aus der nicht mehr zu übersehenden Fülle aufsatzartiger Auseinandersetzungen mit Luhmann ragen die von Bendel (1993) und Soentgen (1992) heraus. Bendel gelingt eine überzeugende Anordnung dessen, was Luhmann beobachtet.[1] Soentgen zeichnet ein schönes Bild davon, wie Luhmann beobachtet.

Was kann eine neuerliche Einführung noch leisten? Noch steht eine Sicht auf das gesamte bisherige Werk Luhmanns aus. Dabei lasse ich mich von folgenden Gesichtspunkten leiten:

1. Die ganze Breite und Tiefe der entfalteten und weiter in Entfaltung befindlichen Gedankenwelt Luhmanns läßt sich einfach nicht überschneidungsfrei sortiert wiedergeben. Dennoch ist ein gegliederter Gesamteindruck zu vermitteln. Dies soll in erster Linie das Lexikon als Hauptteil dieser Einführung leisten.[2] Bewußt sind neben Schlüsselbegriffen auch Randbegriffe und griffige Formulierungen als Luhmanns Arbeitsstil bezeichnend einbezogen worden. Die vielen Verweisungen stehen einfach dafür, daß sich nur wenig auf einmal sagen läßt und damit auch noch höchst verschieden begonnen werden kann. Der Anspruch besteht aber, im Zusammenhang und im einzelnen Luhmann angemessen beobachtet zu haben. Die Ausdrucksweise des Lexikonteils ist der Luhmanns nachempfunden.

2. Es gilt den Versuch zu wagen, dem inhaltlich und sprachlich Vielfältigen zumindest darstellungstechnisch einiges an Vereinfachungen abzugewinnen. Es ist ja nicht so, daß alles irgendwie beliebig mit allem zusammenhinge - im Gegenteil! Dann kann man sich auch bemühen, die Zahl der Sätze gering zu halten und ihre Abfolge von

---

1 Hinzuweisen ist auch auf Preyer 1992.
2 Das Lexikon ist schrittweise in Verbindung mit Lehrveranstaltungen zu Luhmanns Systemtheorie entstanden.

Verweisungslasten zu entlasten.[3] Es kann sogar gelingen, mittels grafischer Darstellungen Zusammenhänge zu veranschaulichen. Ich selbst mühe mich jedenfalls stets an der Paradoxie ab, vorgeblich nicht einfach Ausdrückbares und erst recht nicht in einer Zeichnung Abbildbares dennoch möglichst einfach zu sagen und zeichnerisch auf die Reihe zu bringen. Darin steckt ein Stück Kritik, und zwar nicht nur an Luhmanns Art, Wissenschaft zu betreiben. Der Textteil dieser Einführung mag im Sinne Luhmannschen Denkens als sein eigenes Beispiel dienen.

3. Es wäre grundsätzlich möglich, alle Begriffsbestimmungen (Lexikonteil) und alle einordnenden Aussagen (Textteil) mit Zitaten abzusichern.[4] Der Aufwand überstiege das Maß des Zuträglichen. Man versuche sich einmal selbst an allen dichteren Aussagen Luhmanns etwa zu Begriffen wie Komplexität, Sinn oder Beobachtung! Luhmanns Art, Beobachtungen mitzuteilen, lebt von einer verweisungsreichen Dichte, die nur selten auf einen genauen schriftsprachlich mitgeteilten oder gar mitteilbaren Begriff hintreibt. Deshalb verfehlen bezeichnenderweise gerade diejenigen Kritiker, die Luhmann beim Wort nehmen, den Gegenstand ihrer Kritik.[5] Ich wähle folgendes Vorgehen: a) Verweis auf die wichtigen Stichworte des Lexikonteils, die ja aufgrund von eigenen Zusammenfassungen und Zitatsammlungen entstanden sind; b) Verweis auf jene Schriften Luhmanns, in denen sich meines Erachtens die griffigsten Beschreibungen zu den infragestehenden Sachverhalten finden.[6]

Mein gesamtes Vorgehen läßt sich, wieder im Sinne Luhmannschen Beobachtens, als die Beobachtung eines Beobachters beobachten, wobei ich als Beobachter eine eigene Sprache (eigene Beobachtung!) verwende, um zu beobachten, was Luhmann beobachtet. Das ist nicht willkürlich möglich, denn auch ich muß an Luhmann anschließen, Anschlußfähigkeit unter Beweis stellen.

2   Aufklärung

Ein grober Blick auf die Veröffentlichungen Luhmanns ergibt den Eindruck, als habe eine Verlagerung vom Problem der Komplexität auf das Problem der Autopoiesis[7]

---

3 Die in den Fußnoten angebrachten zahlreichen Vor- und Rückverweise auf relevante Abschnitte können auch zu einer Lektüre abweichend von der vorgeschlagenen Reihenfolge einladen.

4 In den Lexikonteil sind lediglich wenige Zitate eingebunden. Bei einer Handvoll konnte die Belegstelle nicht mehr aufgefunden werden, erkennbar am Kürzel OF (ohne Fundstelle).

5 Vgl. z. B. Bußhoff 1976 u. dazu Luhmann 1977c.

6 Um den Text von leseunfreundlichen zahlreichen Verweisungen freizuhalten, erfolgen die entsprechenden Angaben ausschließlich in Fußnoten. Dabei gilt: 1. Nur ein Teil der in den Literaturverzeichnissen aufgeführten Schriften Luhmanns und über Luhmann wird aufgenommen. 2. Es wird nur auf die wichtigsten Lexikonartikel verwiesen, da diese ihrerseits die sonst noch relevanten Verweise enthalten.

7 Vgl. zur Autopoesis Abschnitt 3.2.1.

stattgefunden. Das ist richtig und falsch zugleich. Richtig ist, daß Komplexität als Problem von Systemen den zentralen Bezugspunkt der Schriften etwa der ersten Hälfte der bisherigen Schaffenszeit bildete und mit dem anschließenden sogenannten Paradigmawechsel das Problem der Autopoiesis von Systemen in den Vordergrund rückte. Dabei wird jedoch die Formel von der Lösung des Problems der Komplexität durch Systembildung der Sache nach beibehalten, keinesfalls in den Hintergrund gedrängt. Es erfolgt nur, und dies ist die hier zu vertretende These, eine genauere Bestimmung der Art des Umgangs von Systemen mit einem unveränderlichen Problem.[8]

2.1 Komplexität als Systemproblem

2.1.1 Entfaltung des Komplexitätsproblems

In den allerersten Schriften, in denen noch innerhalb des Rechtssystems[9] und vermittels rechtlicher Programme argumentiert wird, scheint es weder um Komplexität noch um Systeme zu gehen. Wenn etwa das Problem öffentlich-rechtlicher Entschädigung rechtsdogmatisch behandelt wird und gar ein Gesetzgebungsvorschlag abfällt,[10] wird jedoch sehr schnell ein bis heute unverändert durchgehaltenes Generalthema deutlich: Es gibt weder nur eine Möglichkeit der Bestimmung eines Entscheidungs- als Handlungsproblems noch gar nur eine Möglichkeit einer Problemlösung. Probleme wie ihre Lösungen sind grundsätzlich kontingent angesetzt. In diesem Zusammenhang - und dann ausdrücklich in den weit bekannter gewordenen folgenden Einzelschriften - bilden in der Abfolge das Zweck-Mittel-Problem und mit diesem das Problem des Handelns und sodann das Problem des Sinns die Kerne, um die herum oder aus denen heraus sich dann das Thema der Komplexität als Bezugsprobleme für Systeme verdichtet.

Zweck - Handeln [11]

Handeln wird von Anfang an unter der Annahme von Kontingenz beobachtet. Dahinter stecken die Annahmen der Entteleologisierung und Entintentionalisierung des Handelns. Entteleologisierung meint Abkehr von einer Sicht des Handelns als Selbstverwirklichung von Natur, und Entintentionalisierung bedeutet Abkehr von einem Verständnis des Handelns, das eine kontrollierbare kausale Bewirkbarkeit von Wirkungen unterstellt. Beides heißt Versetzung des Handelns in einen Rahmen, der einen offenen Bereich der Möglichkeiten von Handeln einrichtet, aus dem heraus bestimmte Mög-

---

8 Auf mehr Kontinuität als Diskontinuität wird, wenngleich im einzelnen mit unterschiedlichen Belegen, etwa hingewiesen von: Kiss 1990:1ff., Kneer/Nassehi 1993:35, Preyer 1992, Preyer/Grünberger 1980.

9 Umfangreich wird auch die Verwaltung des politischen Systems behandelt; vgl. Luhmann: 1963, 1966c, 1966d u. 1994p.

10 Vgl. Luhmann 1965b.

11 Vgl. Luhmann: 1982a, 1985f, 1991a6, 1991b4, 1991d8, 1991f5, 1994w u. 1995d. Vgl. im Lexikon: → Erleben, → Handeln, → Zweck.

lichkeiten als wählbar erscheinen. Mit der Wahl wird ein Horizont von gewählten (aktualisierten) und nicht gewählten (potentialisierten) Möglichkeiten aufgespannt. Komplexität benennt dann einen unvermeidlichen Überschuß der wählbaren über die gewählten Möglichkeiten. Das Zweckhandeln ist dann nur noch als eine der möglichen Formen der Reduktion von Komplexität darstellbar. Zu beachten ist beim Zweckhandeln insbesondere das geringe Wertberücksichtigungspotential von eindimensional angesetzten Zwecken, die notwendige Abdunklung der meisten wertbesetzten Nebenfolgen und besonders die weitgehende Freigabe einer von Wertberücksichtigungen entlasteten Mittelwahl.

Das Handlungsproblem läßt sich erst richtig fassen, wenn auch noch nicht abschließend, wenn man Handeln als Natur durch Handeln als Zurechnung eines Verhaltens ersetzt. Handeln wird als Verhalten einem System und Erleben eines Handelns einem System in der Umwelt des handelnden Systems zugerechnet. Wurden als Zurechnungsträger zunächst die Abstraktionsfiguren Ego und Alter eingesetzt, so wird später ausdrücklich ein Beobachter oder ein beobachtendes System als zurechnende Einheit benannt. Der Schritt zur Einordnung des Handlungsproblems und mit ihm des Zweck-Mittel-Problems in ein neuartig verstandenes Kausalitätsproblem[12] ist dann nicht mehr weit. Kausalität läßt sich als dasjenige Medium benennen, dessen Elemente aus den möglichen Handlungen bestehen. In das Medium der Kausalität lassen sich Formen einzeichnen, Verknüpfungen zwischen ausgewählten Handlungen wählen. Zweck-Mittel- oder Input-Output-Formen werden jetzt zu Sonderformen der Formbarkeit von Handlungen im Medium der Kausalität.

Mit dem Handlungsproblem war immer schon das Systemproblem aufgeworfen. Im Normalfall ist nämlich Handeln als soziales Handeln bestimmt, als Handeln, das in seiner Sinnbestimmung den Verweis auf ein anderes Handeln mitführt. Da von einer Vielheit aufeinander verweisender Handlungen auszugehen ist, liegt es nahe, eine jeweilige Gesamtheit aufeinander verweisender Handlungen mit dem Begriff System bzw. Handlungssystem zu belegen.[13] Dieses Handlungssystem ist zu unterscheiden von Handlungssystem im Verständnis von Handlung als System. Der von Luhmann gemeinte Handlungsbegriff ist folgender: Nicht Handlungen als Systeme begründen davon unterscheidbare Handlungssysteme, sondern Handlungssysteme begründen Handlungen.[14] Handlungssysteme sind dabei zu sehen als kontingent-selektive Antworten auf die Komplexität der Welt. Sie ordnen einen Bereich sozialen Handelns, der den beschränkten Möglichkeiten des Menschen zur Verarbeitung von Informationen angepaßt ist. Soziale Systeme stellen nur eine Auswahl von Möglichkeiten des Erlebens und Handelns bereit, und diese ausgewählten Möglichkeiten sind ihrerseits in Systemen niemals alle gleichzeitig zu aktualisieren. An dieser Situation ändert die spä-

---

12 Vgl. Luhmann: 1982c, 1991f5 u. 1995j. Vgl. im Lexikon: → Kausalität.
13 Vgl. beispielhaft Luhmann: 1984k u. 1984l.
14 Vgl. Luhmann 1991b4.

tere Unterordnung des Handlungs- bzw. Handlungssystembegriffs unter den Kommunikationsbegriff bzw. Begriff des kommunikativen Systems nichts.[15]

System - Umwelt

Die Komplexität[16] sinnhafter Möglichkeiten des Erlebens und Handelns erweist sich gleichermaßen als Voraussetzung wie als Folge des Handelns in und der Bildung von Handlungssystemen. Evolutorisch mag der Druck zur Reduktion von Komplexität der Welt in der Welt durch Handeln, also von unten gekommen sein;[17] das fand aber in der Welt aufeinander bezogenen Erlebens und Handelns, vorstellbar als ein System, statt.

Von hier aus gesehen grenzt ein System einen jeweiligen Möglichkeitsbereich des Handelns und Erlebens ab. Das, was ausgeschlossen ist, ist nichts weiter als das, was nicht eingeschlossen ist. Eingeschlossen ist weniger als ausgeschlossen: die Komplexität des Systems ist geringer als die Komplexität seiner Umwelt. Ein System selbst, das Eingeschlossene, ist dann komplex, wenn das, was in ihm grundsätzlich möglich ist, nicht auf einmal tatsächlich umsetzbar ist. Das, was grundsätzlich im System nicht möglich ist, bleibt als Möglichkeitsbereich für evolutorische Systembildungen erhalten. Eine Gesamtheit jeweiliger aktueller und potentieller Möglichkeiten ist immer relative Gesamtheit. Weltkomplexität ist dann das, was aus der Sicht eines Systems als Gesamtheit der Möglichkeiten erscheint. Es gibt mithin keine abschließende Bestimmbarkeit des Komplexen. Komplex ist immer das, was sich angesichts jeweiliger Komplexität als komplex auszeichnen läßt: Komplexität ist ein selbstreferentieller Sachverhalt. (Vgl. insgesamt Abbildung 1)

Verminderung von Komplexität durch Systeme geht überdies einher mit ihrer Steigerung, weil jeder komplexitätsreduzierende Zugriff eines Systems auf seine Umwelt, in der auch Systeme vorkommen, mit den gewählten die nicht gewählten Möglichkeiten vermehrt. Zu beachten ist ferner, daß Systembildung ein vielfacher Vorgang ist (Ausdifferenzierung von Systemen), begleitet von einer Bildung von Systemen in Systemen (Differenzierung von Systemen). Die Grundlagen hierfür sind einem evolutionären Wandel unterworfen. Gegenwärtig ist etwa eine primär funktionale Systemdifferenzierung zu beobachten.

Die Bezugnahme eines Systems auf seine Systemumwelt ist nur möglich, wenn es zu dieser irgendwie zu Kontakten kommen kann. Ein aktives Komplexität abarbeitendes System ist deshalb notwendigerweise geschlossen und offen zugleich. Wäre es nicht geschlossen, nicht von seiner Umwelt abgrenzbar, wäre es kein System. Wäre es nicht

---

15 Vgl. Abschnitte 3.2.3.1 u. 4.1 i.V.m.. 5.2.

16 Vgl. Luhmann: 1971d, 1974c, 1976a, 1980f, 1980j, 1984k, 1985f, 1986g, 1989k, 1990h, 1991b9, 1991d8, 1991e7, 1992c3 u. 1994k. Vgl. im Lexikon: → System, → System, offenes/geschlossenes, → System-Umwelt-Theorie, → Umwelt.

17 So eine Idee von Lipp 1971.

offen, könnte es sich gegenüber seiner Umwelt nicht erhalten. Das System muß sich mit verändernden Umweltgegebenheiten, genauer: mit selbst- und fremderzeugtem Komplexitätsdruck, auseinandersetzen können. Die Frage ist lediglich, wie das vor

Systemkomplexität
Ein System ist komplex, wenn die Menge der in ihm möglichen die Menge der in ihm aktualisierbaren Ereignisse übersteigt.

Weltkomplexität
als Korrelat von System-komplexität ist die jeweilige Einheit der durch ein System ermöglichten und potentialisierten Möglichkeiten.

Selbstrefentialität
von Komplexität
Komplexität ist ein selbstreferentieller evolutionärer Zusammenhang der gleichzeitigen Verminderung und Steigerung.

System-Umwelt-Komplexität
Im System ist die Menge möglicher Ereignisse geringer als in seiner Umwelt.

Informationsmangel
Komplexität ist die Information, die dem System fehlt, um sich selbst bzw. seine Umwelt vollständig beobachten zu können.

Abbildung 1: Komplexität

sich gehen kann. So zeigt sich im Rahmen der auf funktionale Differenzierung hin entworfenen System-Umwelt-Theorie Offenheit an Austauschbeziehungen zwischen Systemen, was zumindest für den Austauschzusammenhang selbst eine Gemeinsamkeit von Elementen, z. B. bestimmten Handlungen, zu erfordern scheint.[18] Mit der Ablösung oder Umstellung der System-Umwelt-Theorie von der bzw. auf die Theorie des autopoietischen Systems scheint das nicht mehr zu gelten. Hier lautet die Formel, daß ein System seinen Umweltkontakt durch Selbstkontakt ausschließlich auf der Grundlage seiner eigenen Elemente herzustellen vermag. Das ist gewiß eine noch darzustellende wesentliche Umbettung.[19] Allerdings bleibt auch dann ein System in der Lage bzw. ist sogar dazu gezwungen, seine Beziehungen zu seiner Umwelt vereinfachend als Austauschbeziehungen zu beobachten, und es kann als so beobachtend beobachtet werden.

---

18 Genauer: Ein Beobachter kann die Outputs eines Systems als Inputs eines anderen Systems beobachten. Für die Systeme bleibt eine Gemeinsamkeit der Elemente ausgeschlossen! Vgl. Abschnitt 4.1.
19 Vgl. Abschnitt 3.2.1.

Sinn [20]

Von einem durch Systeme aufgespannten Horizont von Möglichkeiten des Erlebens und Handelns zu sprechen, ja überhaupt zu sprechen, das meint, von Sinn zu sprechen (vgl. Abbildung 2). Diese Selbstverständlichkeit ist nur noch auf den ihr gemäßen Begriff zu bringen. Die Möglichkeit dazu ist wiederum vorauszusetzen. Sinn ist vorauszusetzen, um über Sinn reden zu können. In diesem Sinne ist Sinn ein selbstreferentieller Sachverhalt. Das könnte man wiederum nur sinnhaft in Abrede stellen: Sinn ist ein

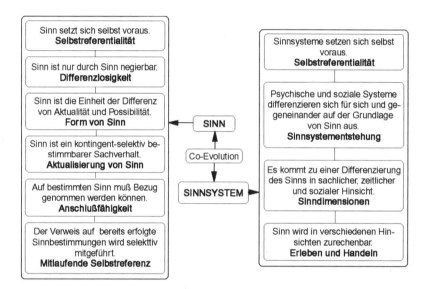

Abbildung 2: Sinn

differenzloser Sachverhalt. Die Formalität dieses Sinnbegriffs[21] findet ihre Entsprechung in der Bestimmung von Sinn als jener Form, welche die Einheit der Differenz von bestimmtem und nicht bestimmtem Sinn, der Aktualität und Potentialität sinnhaften Erlebens und Handelns bezeichnet. Jede Festlegung von Sinn oder bestimmter Sinn aktualisiert das Komplexitätsproblem.[22]

Systeme arbeiten auf der Grundlage von Sinn. Sinn selbst ist komplex, und Sinnsysteme sind es auch. Sinn ist komplex, weil niemals alle Sinnmöglichkeiten gleichzeitig

---

20 Vgl. Luhmann: 1971e (und dazu Habermas 1971), 1985f u. 1991e2. Vgl. im Lexikon: → Sinn, → Sinndimensionen, → Welt.

21 Daran nehmen z. B. Anstoß: Bühl 1993, Hahn 1987b u. Lohmann 1987.

22 Vgl. insgesamt die linke Hälfte von Abbildung 2.

aktualisierbar sein können. Sinnsysteme reduzieren und steigern Komplexität - wie oben gezeigt.[23] Aus beiden Gründen ist das Komplexitätsproblem als Problem für Systeme im Kern ein Sinnproblem. Die Anschlußfrage lautet dann, wie Systeme im einzelnen mit dieser Komplexität umgehen. Um etwa Handeln von oder in Systemen zu bestimmen, ist ein sinnhaftes Verhalten eines Ego anzunehmen und dieses als ein Handeln auszuweisen, das am antizipierten Erleben dieses Handeln durch einen Alter orientiert ist. Das wiederum setzt voraus, ein Handeln überhaupt unterscheiden (Sachdimension), Zurechnungseinheiten abgrenzen (Sozialdimension) und zwischen Handeln und Erleben eine Zeitdifferenz einrichten (Zeitdimension) zu können.[24]

Sinnbestimmungen erfolgen, aber wie und durch wen? Man könnte wie im Falle der Antwort zur Autorschaft von Handlungen die Figuren Ego und Alter oder eben einen Beobachter oder ein beobachtendes System einsetzen.[25] Somit ist die Formel von der Verminderung und Steigerung von Komplexität durch sinnhaft arbeitende Systeme als unmittelbarer Vorläufer der differenztheoretischen Beobachtungsformel zu sehen. In beiden Fällen geht es darum, eine Weltsicht anzubieten, die nicht über das aufklärt, was ein nur so und nicht anders beschaffenes Sein auszeichnet. Aufgeklärt wird darüber, daß das, was als Seiend ausgezeichnet wird, stets Ergebnis eines durch Systembildung aufgespannten Möglichkeitshorizonts ist. Sinnmöglichkeiten sind nichts weiter als Beobachtungsmöglichkeiten.

2.1.2   Paradigmawechsel [26]

Luhmann selbst hat mit der Behauptung eines Paradigmawechsels in der Systemtheorie (vgl. Abbildung 3) den Eindruck erweckt, als habe sich seine grundsätzliche Fragestellung verschoben. Das ist natürlich nicht der Fall und auch nicht so gemeint. Nach wie vor steht die Frage im Mittelpunkt, in welcher Art und Weise Systeme Aktualisierungen des Komplexitätsproblems sind oder sein können. Die jeweilige Antwort ist abhängig von der vorauszusetzenden Komplexität. Maßstab ist das Verhältnis von Einfalt und Vielfalt[27] der je eingerichteten Möglichkeiten des Erlebens und Handelns.

Gleichheit und Überschaubarkeit lassen kaum auf einen Unterschied zwischen Teilen und Ganzem, zwischen Mensch und Gesellschaft schließen (archaische Gesellschaft). Auf erste Unterschiede in dieser Hinsicht kann bereits die Frage hinweisen, wie denn die im wesentlichen noch gleichen, aber interaktiv kaum noch füreinander erreichbaren Teile, Teile eines Ganzen zu sein vermögen (griechische Polis). Hier greift die Idee

---

23 Vgl. zur Abgrenzung von Systemen im einzelnen Abschnitt 3.2.
24 Vgl. insgesamt die rechte Hälfte von Abbildung 2.
25 Vgl. ausführlich Abschnitt 5.1.
26 Vgl. Luhmann: 1985f, 1987b4 u. 1988h. Vgl. dazu: Beyme 1991, Bühl 1987, Münch 1992. Vgl. im Lexikon: → Paradigmawechsel.
27 Sprachlich angelehnt an Grathoff 1987.

der Repräsentation des Ganzen durch die Teile und der Teile durch das Ganze.[28] Mit der Repräsentationsvorstellung entsteht freilich schon die auf Paradoxie zielende Frage, wie denn etwas verschieden und doch gleich sein kann. Diese Frage ist mindestens angesichts segmentärer sozialer Differenzierung als Systemtypus immer zu stellen. Schichtungsmäßige soziale Systemdifferenzierung liegt vor, wenn sich die Zugehörigkeit zu unterschiedlichen Teilen eines Ganzen auf der Grundlage der Gleichheit

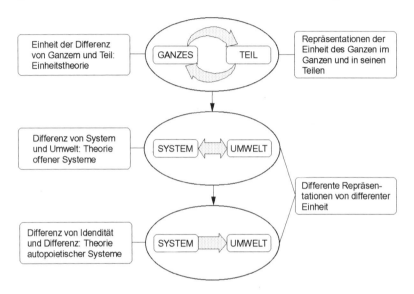

Abbildung 3: Paradigmawechsel in der Systemtheorie

bzw. zum Ganzen auf der Grundlage der Verschiedenheit regelt. Zwischen den Teilen gibt es im wesentlichen keine Austauschbarkeit der Elemente (ständische Gesellschaft). In diesem Falle spielt die Repräsentation des Ganzen im Ganzen eine prominente Rolle: Repräsentation göttlicher Ordnung durch weltliche Ordnung, Repräsentation der Differenz von Staat und Gesellschaft durch den Staat. Wird die begrenzte Austauschbarkeit der Elemente bei segmentärer Differenzierung auch noch aufgehoben, hat man es gleichermaßen mit System-Umwelt- und funktionaler Differenzierung zu tun. Von nun an können weithin erkennbar die Menschen[29] als Elemente mit inhaltlich verschiedenen Handlungen verschiedenen Systemen angehören und lassen sich die

---

28 Vgl. die oberste Ebene in Abbildung 3.
29 Letztlich ist auch der Begriff des Menschen als Zurechnungsgesichtspunkt aufzugeben. Vgl. Abschnitt 3.2.2 u. auch die Abschnitte 4.1 u. 4.2.1.

Teilsysteme nicht mehr umstandslos als Teile eines Ganzen betrachten. Das Ganze erscheint als durch die Teile mehrfach und unterschiedlich repräsentiert. Dazu ist voll ausgebildete funktionale Differenzierung[30] und mit ihr eine Verlagerung auf die Innensicht von Systemen erforderlich. Die Analyse von Systemen ist von Einheit auf Differenz umzustellen.[31]

Man könnte die in Abbildung 3 grob angedeutete Abfolge in der Behandlung des Komplexitätsproblems als eine mehrfache Verlagerung kennzeichnen: Von Gleichheit auf Verschiedenheit, von Einheit auf Differenz, von einer Identität auf verschiedene Identitäten, von der Außen- zur Innenbetrachtung, von der Sicht auf Systeme zur Sicht aus Sicht der Systeme, von Konkretheit auf Abstraktheit. Das alles spricht weniger für einen Paradigmawechsel im Sinne einer veränderten Betrachtung eines unveränderten Gegenstandes, sondern ist eher Ausdruck evolutorisch veränderter Möglichkeiten der Beobachtbarkeit von Gesellschaft in der Gesellschaft.[32] Um es noch einmal zu sagen: Am Dauerthema der Komplexität als Problem für und durch Systeme hat sich nichts geändert. Geändert hat sich allenfalls die Art und Weise, in der das Komplexitätsproblem zum Problem für und durch Systeme geworden ist.

2.2   Paradoxie der Aufklärung

2.2.1   Methodik der Aufklärung [33]

Luhmann hat seine Bemühungen um eine Umbettung des Zweck- und Handlungsproblems als ein Problem der Abarbeitung von Komplexität durch Systeme erkenntnistheoretisch zunächst als funktionale Methode abgesichert. Diese Methode wird als Ersatz seinswissenschaftlicher Methoden eingeführt. Es könne etwa nicht darum gehen, dem, was sei, die ihm notwendig innewohnenden kausalen Entfaltungstendenzen abzulauschen, oder das, was sei, als ein nicht anders mögliches Sein auszugeben. Es gebe keine zu erkennenden Substanzen, keine für sich seiende und als solche mehr oder weniger erkennbare Natur der Dinge, keine Aprioris. Was es gibt, das sind Probleme. Probleme werden benannt mit der Frage: „Wie ist X möglich?"[34] Für ein Problem gibt es mehr als eine Lösung. Eine Funktion ist dann eine kontingente Beziehung zwischen Problem und Problemlösung. Äquifunktionalität ist Bezeichnung für eine Mehrheit möglicher Lösungen eines Problems bzw. der Eignung einer Problemlösung, zur Lö-

---

30 Vgl. Abschnitte 3.1.1, 3.1.2, 3.2.3.1 u. 4.2.1.

31 Vgl. die zweite und dritte Ebene in Abbildung 3. In der reflexiven Bezugnahme autopoietisch operierender Systeme aufeinander will Bendel (1992) übrigens ein funktionales Äquivalent für eine Repräsentation des Ganzen im Ganzen entdeckt haben. Vgl. Abschnitte 3.2.1 u. 4.2.1.

32 Ganz entgegengesetzt wird der Paradigmawechsel bei einigen Autoren gedeutet als Annäherung an biologisches Denken; vgl. z. B.: Stark 1994:27ff. u. 90ff., Beyme 1991.

33 Vgl. Luhmann: 1981c8, 1984b, 1984c u. 1985f. Vgl. im Lexikon: → Funktion, → Methode, funktionale, → Methode, kybernetische, → Problem.

34 Vgl. Luhmann 1981c8.

sung mehr als eines Problems beizutragen. Am Beispiel des Handelns nach dem Zweck-Mittel-Schema ist das leicht nachzuvollziehen. Ein Mittel kann der Erreichung verschiedener Zwecke dienen, und ein Zweck ist über den Einsatz verschiedener Mittel zu erreichen. In Handlungssystemen, namentlich organisierten, sind zudem Vertauschungen von Zweck-Mittel-Beziehungen denkbar. Die Bildung eines Systems mit einer Umwelt ist in gleicher Weise zu verstehen als kontingente Lösung des Komplexitätsproblems.

Die funktionale Methode reicht noch weiter. Sie setzt nicht nur die Beziehungen zwischen Zwecken und Mitteln oder System und Umwelt oder Problem und Problemlösung, sondern auch die Zweck-Mittel- oder System-Umwelt- oder Problem-Problemlösungs-Unterscheidungen selbst kontingent. Allgemein signalisiert die funktionale Methode als erkenntnistheoretischer Unterbau des Komplexitätsproblems eine Weltsicht, die statt von einem objektiv zu erkennenden von einem Gegenstand ausgeht, der durch zu reduzierende bzw. bereits reduzierte Komplexität in die Welt gesetzt wird.[35] Diese Sichtweise wird im Rahmen der kybernetischen Methode beibehalten. Die kybernetische Methode ist ihrerseits nur ein anderer Ausdruck für die sich auf selbstreferentielle Verhältnisse einlassende, an Differenzen orientierte Theorie der Beobachtung als Konstrukttheorie der Erkenntnis.[36]

2.2.2   Soziologie der Aufklärung [37]

Mit dem paradoxen Begriff der soziologischen Aufklärung hat Luhmann vor rund einem Vierteljahrhundert seinem Arbeitsprogramm erstmals ausdrücklich eine bestimmte Stoßrichtung zugewiesen.[38] Paradox ist der Begriff, weil Aufklärung betrieben werden soll, obwohl oder weil es für Aufklärung im überlieferten Verständnis keine Grundlage mehr gibt. Aufklärung ist nur als Abklärung der Aufklärung zu haben. Paradox ist der Begriff auch angesichts seines Bezugs auf Soziologie. Soziologie will aufklären über die Grundlagen sozialen Handelns, obwohl oder weil sie zu diesen Grundlagen keinen Zugang von außen haben kann.

Die beiden Paradoxien haben einen gemeinsamen Grund. Beide setzen am Menschen bzw. seinem Handeln an. Im Programm der Aufklärung wird etwa ein sich im Denken

---

35 Die äquivalenzfunktionale oder funktionale Methode stößt im Schrifttum erstens auf den Einwand, hiermit werde wert- und normfreier Beliebigkeit Vorschub geleistet; vgl. dazu etwa Gerhards 1984. Zweitens wird die funktionale Methode als eine unkritische und somit als raffinierte Form der Legitimierung der bestehenden gesellschaftlichen Verhältnisse abgelehnt. Vgl. dazu etwa: Hegselmann 1976, Projekt Ideologie-Theorie 1980. Zu einer korrekten Darstellung der funktionalen Methode siehe Hornung 1988:89-101.

36 Vgl. Abschnitt 5.

37 Vgl. Luhmann: 1971d, 1980b, 1981c8, 1983e, 1984j, 1984n, 1986e, 1990j, 1991a2, 1992a6, 19992b2, 1992b6, 1992b9 u. 1993k. Vgl. im Lexikon: → Aufklärung, soziologische, → Soziologie, → Wissen.

38 Vgl. Luhmann 1984n.

seines Denkens selbstbestätigungsfähiges Subjekt als Bedingung der Erfahrbarkeit von Wirklichkeit und als Garant der Sicherheit intersubjektiv geteilten Wissens angenommen. Darin steckt der Schlüssel für die Annahme einer Intendierbarkeit des subjektiv für vernünftig gehaltenen. Genau dies läuft auf die Angabe eines archimedischen Punktes für die richtige Vorstellbarkeit richtigen einzelmenschlichen Erlebens und Handelns und auch gesellschaftlichen Handelns hinaus. Aufzuklären ist darüber, daß dies so nicht möglich ist, sei es wegen der anfangslosen Selbstreferentialität des Subjekts, sei es wegen der Unmöglichkeit anzugeben, wie denn die vielen Subjekte in ihrer Selbstreflexion zu einem gemeinsamen Ergebnis kommen könnten. Das ist Abklärung der Aufklärung oder Aufklärung über Komplexität.

Das Programm der Soziologie ist als Aufklärungsprogramm ausgerichtet. Ihr Ziel ist es, dem Erleben und Handeln des Menschen in der Gesellschaft seine Grundlagen abzugewinnen. Sie will wissen, warum und wie individuell gehandelt wird und was gesellschaftliches Handeln auszeichnet. Die Gründe dafür sucht sie im Menschen oder/ und in der sozialen Eingelagertheit bzw. sozialen Bedingtheit des Handelns, also in der Gesellschaft. Jeweils ist ein komplexitätsreduzierendes Vorgehen nötig, sei es wegen der begrenzten menschlichen Fähigkeit zur Informationsverarbeitung, sei es wegen der differentiellen Identitäten der Individuen, sei es wegen der unaufhebbaren Zugehörigkeit des soziologischen Beobachters zum Gegenstand seiner Beobachtung. Soziologie kann mithin nicht über Wahres oder zu Erstrebendes aufklären, sondern nur darüber, daß dies nicht möglich ist.[39] Das ist wieder Aufklärung.

Genau dieses Thema greift Luhmann nach einem Vierteljahrhundert wieder auf.[40] Die Frage ist jetzt nicht mehr, ob es Komplexität gibt und ob sie sich als angemessen beobachtbar erweist. Es gibt Komplexität, und es gibt Systeme als Ausdruck beobachtenden Umgangs mit Komplexität. Die Frage lautet jetzt, wie Soziologie das beobachtet, was sie beobachtet, was der Fall ist und was dahintersteckt. Der Fall ist, daß Soziologie das beobachtet, was sie beobachtet, z. B. soziale Konflikte. Sie könnte auch etwas ganz anderes beobachten. Jedenfalls sieht sie immer nur das, was sie gerade sieht, und sie sieht dann gerade nicht, was sie deshalb nicht sehen kann. Das ist es, was dahintersteckt. Der Fall ist, daß sie sich selbst beim Beobachten beobachten kann. Dann sieht sie, daß sie immer nur das sehen kann, was sie gerade sieht, dieses Sehen selbst eingeschlossen. Das ist es, was dahintersteckt. Der Fall ist, daß Soziologie in der Gesellschaft vorkommt. Sie kann sich folglich nur auf sich selbst beziehen. Soziologie ist eine Form der Selbstbeobachtung von Gesellschaft - und hat sich als solche selbst zu beobachten. Das ist es, was dahintersteckt. In einem Wort: Soziologie ist entfaltete Paradoxie.[41]

---

39 Vgl. Abschnitte 5.1, 5.3, 5.4 u. 6.1.
40 Vgl. Luhmann 1993n.
41 Esser (1991:10f.) sieht soziologische Aufklärung zwar als Befreiung von allen bisherigen Fesseln des Beobachtens, erblickt aber gerade darin den Kardinalfehler fehlender Bodenständigkeit.

3   Systeme

3.1   Entstehung und Entwicklung von Systemen

Es gibt Sinn. Es gibt Komplexität. Es gibt Systeme. Das alles muß doch einmal angefangen haben! Systembildung als Lösung und Erzeugung des Komplexitätsproblems
läßt sich wohl beschreiben, nicht aber im klassischen Sinne erklären. Auch die offensichtliche Tautologie in den Annahmen von Sinn, Komplexität und System ist als ein
Anfang zu nehmen, der einmal angefangen haben muß. Aus derlei Zirkeln will und
kann Luhmann nicht ausbrechen. Es kann nur plausibel darauf hinweisen, daß natürlich alles einmal angefangen haben muß, auch das Anfangen. Die Unterscheidung eines Anfangens oder eines Anfangens des Anfangens markiert immer etwas, was es
ohne solche Markierung nicht gäbe.[42] Das ist das ganze Geheimnis. Es bleibt, daß man
trotzdem anfangen und weitermachen und dieses kennzeichnen kann.[43]

3.1.1   Doppelte Kontingenz [44]

Systembildung ist ein Anfang.[45] Doch dieser Anfang hat es in sich. Ein soziales System wurde bisher als ein Zusammenhang aufeinander verweisenden Erlebens und
Handelns unterschieden.[46] Das entspricht der Auszeichnung als Zusammenhang erwartbarer Erwartungen. Erwartungen müssen zustandekommen, bevor sie erwartbar
sein können. An dieser Stelle benutzt Luhmann meist die Unterscheidung von Ego und
Alter als abstrakten Bezugseinheiten der Formung von Erwartungen. Unwillkürlich
denkt man an Menschen. Dann könnte man auch von zwei verschiedenen Menschen
sprechen. Das geschieht aber nicht. Ego und Alter sind offensichtlich nur von Menschen ausgehende und auf diese in einer ausgewählten Hinsicht bezogene Gesichts-
punkte. Die ausgewählte Hinsicht ist die einer Bezugnahme menschlichen Handelns
aufeinander. Nicht der Mensch, sondern der abstrahierte und einer sich verhaltenden
Einheit zugerechnete Gesichtspunkt eines Verhaltens ist angesprochen. Insoweit ist der
Mensch zu vergessen. Das alles galt bereits vor der Einführung eines psychischen Systems in die Systemtheorie!

Treffen Ego und Alter aufeinander,[47] entsteht die Frage, was sie dazu veranlassen
könnte, sich in ihrem Verhalten aufeinander zu beziehen. Da könnte eine Hilfsannahme

---

42 So wäre auch der Hinweis von Gripp-Hagelstange (1995:89 i. V. m. 74ff.) einzuordnen, daß alles mit
    der sprachförmig faßbaren Unterscheidung von Information und Mitteilung angefangen haben müsse.
    Weitere Hinweise zur Problematik des Anfangens siehe in den Abschnitten 5 u. 6.1.
43 Das ist naturgemäß vielen Kritikern zuwenig. Willke (1989) möchte mehr, nämlich gestaltende Ein-
    griffe in die Evolution vorsehen.
44 Vgl. Luhmann: 1972a, 1985f, 1991a6 u. 1991e7. Vgl. im Lexikon: → Doppelte Kontingenz, → Ord-
    nung, soziale, → System, soziales.
45 Vgl. Luhmann: 1981c8, 1985f, 1990a u. 1990i.
46 Vgl. Abschnitt 2.1.1.
47 Das ist eine lediglich hypothetische und keine genetische Annahme!

wie die eines Aufeinander-angewiesen-Seins der Menschen als sozialer Wesen o.ä. helfen. Luhmann hält es für plausibler, Zufall in Anspruch zu nehmen. Ego und Alter müssen sich nur irgendwie, aus welchem Anlaß auch immer, wechselseitig als sich irgendwie verhaltend wahrnehmen und dies zum Anlaß weiteren Verhaltens nehmen. Die Fähigkeit dazu ist einmal mehr zu unterstellen. Da sie füreinander unbeschriebene Blätter, black boxes, sind, muß z. B. Ego sich das Erleben irgendeiner Verhaltensäußerung Alters zurechnen. Löst dies seitens Egos ein Verhalten aus, das Alter sich als Erleben eines Handelns Egos zurechnet, kann das der Start sein zu erproben, ob sich das wiederholen läßt, ob sich ein bestimmtes Verhalten wechselseitig als erwartbar erweist. Das alles macht nur Sinn, wenn es sich beim zurechnenden Wahrnehmen von Verhalten um sinnhaft wahrnehmbare sinnhafte Sachverhalte handelt. Zurechnung von Verhalten ist immer Zurechnung im Medium von Sinn in der Form von Sinn.[48] Der Einrichtung von Erwartungserwartungen entspricht folglich die Konfirmierung und Kondensierung von Sinn.

Der eigentlich wichtige Punkt besteht in der Behauptung, bei einem Zusammenhang aufeinander bezogenen erwartungsgesteuerten Verhaltens liege ein emergenter Sachverhalt des Sozialen vor. Das kann man sich an dieser Stelle wie folgt vorstellen:[49] Ego und Alter bleiben füreinander schwarze Kästen. Sie erzeugen je für sich allein ein Bild vom jeweils anderen. Die Alterperspektive von Ego und die Egoperspektive von Alter gehen nicht in einer eigenen sozialen Perspektive wie die Teile eines Ganzen auf. Die wechselseitig gesicherte Erwartbarkeit von Erwartungen ist dann in dem Sinne ein eigenständiger Sachverhalt, als er sich Ego und Alter gegenüber als soziale Verhaltenszumutung Geltung verschafft und insofern selbst trägt.[50]

3.1.2   Soziale Evolution [51]

Co-evolutionäre Zusammenhänge

Doppelte Kontingenz steht an der Wiege sozialer Systeme; sie entläßt aus sich heraus soziale Systeme. Soziale Evolution als Evolution sozialer Systeme beruht auf Zufall, ist unwahrscheinlich und findet trotzdem laufend statt. Mit ihr evoluieren Sachverhalte wie Entstehung von wahrnehmungsfähigen Einheiten, von sinnhafter Wahrnehmung

48 Zum Sinnbegriff vgl. Abschnitt 2.1.1. Weiter oben wurde schon auf das Problem der Zurechnungseinheiten hingewiesen. Vgl. ferner Abschnitte 3.2.2, 3.2.3.1 u. 4.2.2.

49 Vgl. Abschnitte 3.2.3.1 u. 4.2.1

50 Sofern man das nicht grundsätzlich bestreitet, wie etwa Bohnen (1994), oder sich an der Fülle verschiedener Formulierungen Luhmanns stößt, wie etwa Beermann (1993), will man doch lieber statt von doppelter von multipler Kontingenz sprechen und außerdem noch den Übergang zur Ausdifferenzierung bestimmter Formen der Differenzierung sozialer Systeme präzisiert wissen (vgl. dazu Welker 1992 u. Oberdorfer 1992).

51 Vgl. Luhmann: 1976b, 1983e, 1985d, 1985h, 1987a8, 1988e, 1990f, 1990p, 1991a7, 1991b1, 1991b5, 1991d7, 1992a4, 1992d3, 1993l u. 1996d. Vgl. im Lexikon: → Differenzierung, funktionale, → Evolution, → Evolution, soziale, → Evolution von Wissen.

und von Sprache. Ein Anfang aller Evolutionen ist nicht auszumachen, sie ist lediglich als mit der Voraussetzung ihrer selbst beginnend plausibel zu machen. Dieses Schicksal teilt sie mit Sinn, sozialer Komplexität und mit sozialen Systemen.[52]

Demgegenüber ist es vergleichsweise unproblematisch, stattfindende Evolution zu beobachten. In der Abbildung 4 sind einige Seiten sozialer Evolution unter dem Stichwort Differenzierung aufgelistet. Das Schema ist von der Anlage her von oben nach unten und gleichzeitig von links nach rechts zu lesen, und dies über weite Strecken unter Mitführung eines Verweises auf zeitliche Abfolgen. Einige Durchbrechungen und Verwerfungen sind zu beachten. So dient die oberste Differenzierungsebene einer Gesamtkennzeichnung von sozialer oder gesellschaftlicher Evolution; die Differenzierung von Sinndimensionen läßt sich kaum auf eine zeitliche Schiene bringen; und hinter der Differenzierung von Interaktion, Organisation und Gesellschaft verbirgt sich eher ein für die funktional differenzierte Gesellschaft bezeichnendes Auseinanderziehen von Ebenen der Systembildung. Gleichwohl sollte ein Gesamteindruck von sozialer Evolution als einem Geschehen entstehen, das in sich äußerst vielgestaltig ist, keinen Ausgangs- und keinen Endpunkt hat und trotz aller Unwahrscheinlichkeiten keine beliebigen Formen und Folgen sozialer Differenzierung zeitigt.[53] Wenn es eine übergreifende Richtung von Evolution gibt, dann liegt diese in der Steigerung des Problems der Komplexität als Problem für und durch Systeme. Der Unterscheidung verschiedener evoluierender Formen des Sozialen[54] liegt eine Beobachtung zugrunde, die zwischen Gesellschaftsstruktur und Semantik unterscheidet und zwischen den so unterschiedenen Seiten ein korrelatives Verhältnis vermutet.[55]

Funktionale Differenzierung [56]

Am Beispiel der funktionalen Differenzierung[57] seien kurz einige übergreifende Aspekte sozialer Evolution verdeutlicht:[58]

Es handelt sich um eine überwiegende Form sozialer Differenzierung in Ablösung des Überwiegens stratifikatorischer oder schichtungsmäßiger Differenzierung. Die Form ist neu, schließt aber die alten Formen als sekundär oder tertiär soziale Formen prä-

---

52 Der Begriff der Evolution von Systemen wird genauer gefaßt als dreifach selektive Gesamtheit von Variation, Selektion und Stabilisierung. Ein System muß irritierende Ereignisse in seiner Umwelt als für sich informativ wahrnehmen (Variation), die entsprechende Information mit seinen Möglichkeiten der Abarbeitung von Informationen abgleichen (Selektion) und seine weitere Arbeit auf diese veränderte Grundlage einstellen (Stabilisierung).

3 Wieder gilt die Kontingenzannahme.

4 Siehe in Abbildung 4 die Spalte „Differenzierung gesellschaftlicher Formen der Differenzierung".

5 Vgl. Luhmann 1980c.

6 Vgl. Luhmann: 1981b5, 1984k, 1984l, 1985h, 1986g, 1990n, 1991e1, 1991e7, 1993l, 1995g u. 1996d. Vgl. im Lexikon: → Differenzierung, funktionale, → Evolution, soziale, → Inklusion/Exklusion

7 Vgl. weitere Hinweise hierzu in den Abschnitten 2.1.2, 3.2.3.3 u. 4.2.

8 Vgl. die angemessene Darstellung bei Kneer/Nassehi 1993:11ff.

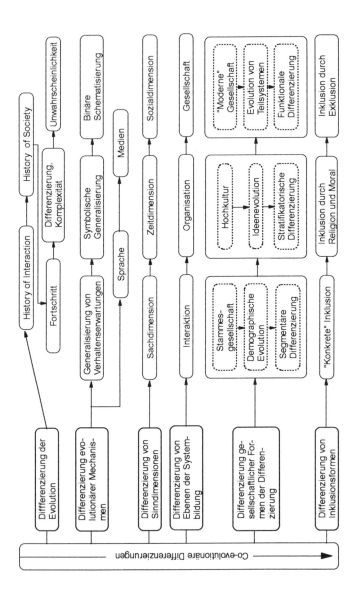

Abbildung 4: Aspekte der Evolution von Gesellschaft

gend nicht aus. Funktionale Differenzierung schließt alles das ein, was unter den Titeln Differenzierung von evolutionären Mechanismen, von Sinndimensionen, von Ebenen der Systembildung und von Inklusionsformen unterschieden ist.[59]

Der für die gesamte Systemtheorie Luhmanns und seine Diagnose gegenwärtiger Gesellschaft maßgebliche Bezugspunkt funktionaler Differenzierung ist in Abbildung 5 skizziert.[60] Zur Ausdifferenzierung gesellschaftlicher Teilsysteme[61] kommt es im Zuge der evolutionären Herausbildung eines bestimmten Typs sozialen Handelns, der sich von anderen Typen sozialen Handelns unterscheidet.[62] Hier sei von kommunikativen Handlungen als an Kommunikationen beteiligten Handlungen gesprochen. Als Beispiel sei wirtschaftliches Handeln gewählt. Wirtschaftliches Handeln als besondere Form kommunikativen Handelns bedarf eines die Handlungen vermittelnden codierten Mediums, das symbolisch generalisiert sein muß.[63] Ein solches Medium ist Geld. Dieses Medium ist binär als Zahlung/Nichtzahlung codiert. Der Code Zahlung/Nichtzahlung signalisiert, daß an Wirtschaft nur teilzunehmen vermag, wer zahlen kann. Das muß grundsätzlich jedem möglich sein. Darin ist der Hinweis auf Ausschließung des potentiell Teilnehmenden aus der Gesellschaft enthalten, denn wie sonst sollte sonst über prinzipiell mögliche Teilnahme an Gesellschaft in einer spezifischen Hinsicht bzw. in verschiedenen spezifischen Hinsichten gesprochen werden können?

Die Gesellschaft selbst ist nicht mehr als Einheit, sondern, wie unter dem Vorzeichen des Paradigmawechsels bereits angedeutet, nur noch als Differenz zu fassen, als einerseits jeweils alle Kommunikationen umfassend und andererseits als jeweilige Gesamtheit aktualisierter bestimmter, z. B. wirtschaftlicher, Kommunikationen.[64] In einem ersten Schritt ist folglich der handelnde Mensch in die Umwelt der Gesellschaft zu versetzen. An Gesellschaft nimmt er nach Maßgabe seiner Teilnahme an der jeweiligen Art von Kommunikation teil. In einem zweiten Schritt ist die Einheit Mensch ihrerseits aspektspezifisch zu differenzieren. Dann ist von einer Beteiligung psychischer Systeme an bestimmten Kommunikationen zu sprechen.[65].

---

59 Vgl. die entsprechenden Teile in Abbildung 4.

60 Die Bezeichnungen in Abbildung 5 werden erst unter Heranziehung der Ausführungen in den Abschnitten 3.2.3 u. 4.1 voll nachvollziehbar.

61 Die funktionale Differenzierung wird in der Hauptsache am Gegenstand der Herausbildung gesellschaftlicher Teilsysteme entwickelt. Die Grenze zur Ausdifferenzierung anderer sozialer Systeme ist nicht immer sauber zu ziehen. Vgl. dazu auch Hinweise in Abschnitt 3.

62 Eigentlich düfte nicht von Handeln gesprochen werden. Vgl, weiteres dazu in den Abschnitten 3.2.1, 3.2.3.1 u. 4.2.2 i. V. m. 5.2; siehe insb. auch Fußnote 77.

63 Zu den symbolisch generalisierten Kommunikationsmedien vgl. weiteres in Abschnitt 3.2.3.3. Neuerdings hat Münch (1992) behauptet, Luhmann beanspruche für Codes den Status evolutionärer Universalien. Davon ist im gesamten Werk Luhmanns niemals wörtlich oder sinngemäß die Rede. Münch hat ungewollt völlig recht: Es handelt sich um evolutionäre Errungenschaften, deren Einmaligkeit ihre Vergänglichkeit anzeigt. Nichts anderes sagt Luhmann.

64 Zur genauen Umgrenzung des Gesellschaftsbegriffs siehe Abschnitt 3.2.3.4.

65 Vgl.zu dieser Denkfigur Abschnitte 3.2.2, 3.2.3.1 u. 4.2.2 i. V. m. 5.2.

3.2   Systemarten

Die soziale Evolution als ein sich auf sich selbst beziehender Vorgang ist im wesentlichen ablesbar an der Ausdifferenzierung von Systemen und an weiteren Differenzierungen ausdifferenzierter Systeme. Hierüber vermittelt Abbildung 5 einen ersten Überblick.[66] Zu unterscheiden ist zwischen allopoietischen und autopoietischen Systemen

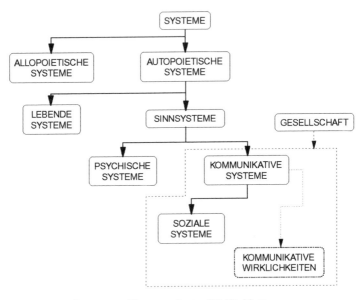

Abbildung 5: Systeme und kommunikative Wirklichkeiten

sowie unter den autopoietischen Systemen zwischen lebenden und Sinnsystemen. Gegenstand der Soziologie sind Sinnsysteme in den Formen psychischer und kommunikativer oder sozialer Systeme. Psychische und soziale Systeme sind autopoietisch operierende Sinnsysteme,[67] die ihrerseits von lebenden Systemen zu unterscheiden sind. Sinnsysteme und lebende Systeme unterscheiden sich durch je eigene Elemente. Die Operationsbasis lebender Systeme ist pauschal mit Leben und die sinnhafter Systeme mit Sinn benannt. Entsprechend ist für die Sinnsysteme psychischen und sozialen Typs je eine eigene Operationsgrundlage auszuweisen, Gedanken bzw. Kommunikationen. Nicht alle sozialen Erscheinungen erhalten die Würde eines Systems.[68] Am wichtigsten ist die Ausgangsdifferenz allopoietisches/autopoietisches System. Beson-

---

66 Vgl. Luhmann 1991b7.
67 Vgl. zur Abgrenzung insgesamt recht anschaulich Kneer/Nassehi 1993:57ff. u. 65ff.
68 Vgl. Abschnitt 3.2.3.

ders weitreichend fällt dann die Differenz psychisches/soziales System aus, und zwar wegen der damit verbundenen Probleme der Versetzung des Menschen in die Umwelt der Gesellschaft, der Auflösung der Einheit Mensch in die Einheit der Differenz von organischem und psychischem System und der Emergenz des Sozialen.[69] Schließlich ist innerhalb der Gruppe der sozialen Systeme auf weitere Unterscheidungen zu achten.[70] Eine Sonderform stellt die Gesellschaft als soziales System dar.[71]

3.2.1 Autopoietische Systeme [72]

Der vorautopoietische Luhmann kannte Systemunterscheidungen einerseits wie Handlungssystem, Sinnsystem, soziales System, politisches System usf. und andererseits wie offenes und geschlossenes System.[73] Hiernach ließ sich z. B. ein politisches System als ein offenes System sozialen Handelns und als solches als ein Sinnsystem bestimmen, das auf die Ausführung bestimmter gesellschaftlicher Funktionen spezialisiert ist. Das ließe sich auch heute noch sagen, erforderte allerdings die eine oder andere Präzisierung.

Eine erste genauere Abgrenzung beginnt statt mit der Unterscheidung geschlossenes/offenes mit der Unterscheidung allopoietisches/autopoietisches System (vgl. Abbildung 6). Ein allopoietisches System, meist alternativ als Trivialmaschine benannt, formt aufgrund bestimmter Außeninformationen nach einem von außen festgelegten Programm auf exakt berechenbare Weise bestimmt Inputs aus seiner Umwelt in bestimmte Outputs an seine Umwelt um. Als Beispiele zunehmenden problematischen Gehalts seien der Thermostat, die Werkzeugmaschine und eine kleine Einproduktunternehmung genannt.[74] Demgegenüber erzeugen und steuern sich autopoietische System selbst. Ihnen werden weder von außen Informationen wie Inputs hinzugeführt noch senden sie Informationen wie Outputs an ihre Umwelt.[75]

Ein autopoietisches System erzeugt die Elemente, aus denen es besteht, durch Verknüpfung zwischen den Elementen, aus denen es besteht (vgl. Abbildung 6). Elemente seien die Einzelkommunikationen. Eine Kommunikation ist ein sinnhaftes soziales Er-

---

69 Vgl. Abschnitte 3.2.3.1 u. 4.2.1.

70 Vgl. dazu weiter unten auch Abbildung 8. Die wenigen Versuche einer geordneten Darstellung Luhmannscher Systemunterscheidungen konzentrieren sich auf soziale Systeme; vgl. z. B.: Grünberger 1987, Preyer/Grünberger 1980 u. Preyer 1992.

71 Vgl. Abschnitte 2.1.2, 3.1.2 u. 3.2.3.4.

72 Vgl. Luhmann: 1980h, 1981c2, 1985f, 1986a, 1986h, 1987a2, 1988a, 1988k, 1991c2, 1992d3, 1993a, 1993l, 1995b, 1995n u. 1995p. Vgl. dazu auch: Baecker 1986, Beermann 1993, Krüger 1992; siehe ferner die Hinweise zum Paradigmawechsel. Vgl. im Lexikon: → Kopplung, → Selbst-/Fremdreferenz, → Struktur, → System, → System, autopoietisches, → Umwelt.

73 Vgl. Abschnitt 2.1.1.

74 Schon beim Thermostaten ist bereits nicht ganz zweifelsfrei festzulegen, ob denn nun die Temperatur den Thermostaten oder der Thermostat die Temperatur regelt.

75 Das gilt nur bei Beobachtung erster Ordnung. Vgl. dazu weiter Abschnitte 4.1 u. 4.2.2 i. V. m. 5.2.

eignis. Die Elemente sind Ereignisse bloß vorübergehender Art. Wenn eine Kommunikation erfolgt ist, dann ist sie vorbei. Allgemein gilt: Die Elemente autopoietischer Systeme sind bloße zeitpunktfixierte oder temporäre Ereignisse. Wird eine Kommunikation von einem beteiligten System verstanden, was Implikation des Kommunikationsbegriffs ist, kann dies eine Anschlußkommunikation auslösen. Allgemein gilt: Die Elemente autopoietischer Systeme sind grundsätzlich aneinander anschließbar; Kommunikation ermöglicht Kommunikation, oder: Kommunikation ermöglicht sich selbst.

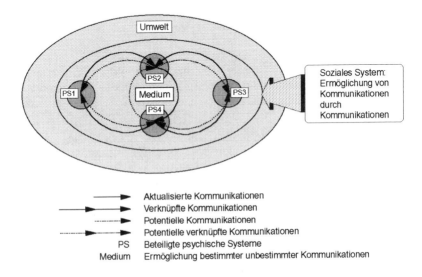

Abbildung 6: Ein autopoietisches Kommunikationssystem

Kommunikationen bedürfen, um aufeinander bezogen werden zu können, eines bestimmten Mediums, in das sie sich als bestimmte Formen einzeichnen lassen.[76] Im vorliegenden Fall ist das Medium Sinn. Im Falle einer Teilklasse sozialen Handelns,[77]

---

76 Zum Medien- bzw. Medium-Form-Konzept siehe weitere Hinweise in den Abschnitten 3.2.3.3, 4.1, 4.2.1 u. 4.3.

77 Spätestens an dieser Stelle ist vorab auf eine Schwierigkeit hinzuweisen. Soziales Handeln ist nicht gleichbedeutend mit Kommunikation. Es ist, streng genommen, nur an Kommunikation beteiligtes Handeln. Wenn im Wirtschaftssystem eine Zahlung erfolgt oder im Rechtssystem Recht gesprochen wird, dann könnte man meinen, Zahlungen bzw. Rechtsentscheidungen sein keine vollen Kommunikationen, sondern nur an Kommunikationen beteiligte Handlungen. Das trifft in der Tat zu für die Perspektive einer Beobachtung zweiter Ordnung (vgl. im einzelnen Abschnitt 5.2). Da Kommunikationen sich zwar beschreiben (vgl. im einzelnen Abschnitt 3.2.3.1), aber nicht unmittelbar beobachten lassen, wechselt auch Luhmann fast immer zu Begriffen, die eigentlich nur auf der Beobachtungsebene zweiter Ordnung beschreibbar sind, um die Beobachtungen erster Ordnung mit Anschau

etwa des Abwickelns von Geldzahlungen, wäre Geld dasjenige symbolisch generalisierte Medium, das bestimmte unbestimmte Sinnmöglichkeiten bereithielte. Alle anderen Sinnmöglichkeiten gehörten im Augenblick der Beteiligung psychischer Systeme an Zahlungshandlungen[78] zur Umwelt des wirtschaftlichen Systems als eines auf der Grundlage von Zahlungen als seinen Elementen operierenden Systems. Allgemein gilt: Zu einem autopoietischen System gehören immer nur Ereignisse auf der Grundlage bestimmter Elemente. Alles, was mit Sinn zu tun hat, gehört zu einem Sinnsystem. Alles, was gerade gedacht wird, vollzieht sich innerhalb eines auf der Grundlage von Gedanken operierenden psychischen Systems. Alles, was mit einem bestimmten Gesprächsthema zu tun hat, gehört zu dem durch das Thema strukturierten sozialen System. Alles was mit Zahlen zu tun hat, gehört zum wirtschaftlichen als einem sozialen System. Es geht stets nur um eine funktionale Betrachtung von Ereignissen. Das über die Aktualisierung einer bestimmten Teilklasse von Ereignissen jeweils reproduzierte System, z. B. das wirtschaftliche System als System von Zahlungen, ist nur in diesem Verständnis ein autopoietisches System, nämlich ein System, das seine Elemente, die Zahlungen, durch seine Elemente, eben die Zahlungen, ermöglicht. Das ist basale Selbstreferenz. Ein autopoietisches System operiert immer unter der Bedingung von Komplexität. Es kann immer nur einen Teil der Sinn-, Denk-, Gesprächs-, Zahlungsmöglichkeiten usf. aktualisieren, ohne die dadurch potentialisierten jeweiligen Möglichkeiten künftig auszuschließen.

Im einzelnen gilt für ein autopoietisches System[79]: Es ist 1. operativ geschlossen und 2. kognitiv offen, es ist 3. strukturdeterminiert und 4. umweltangepaßt (vgl. Abbildung 7).[80]

1. Operative Geschlossenheit heißt: Ein Gedanke setzt einen Gedanken voraus, und nur ein Gedanke kann unmittelbar an einen Gedanken anschließen. Eine Zahlung setzt eine Zahlung voraus, und nur eine Zahlung kann unmittelbar an eine Zahlung anschließen. Ein Gesprächsbeitrag setzt einen Gesprächsbeitrag voraus, und nur ein Gesprächsbeitrag kann unmittelbar an einen Gesprächsbeitrag anschließen. Die Systemoperationen finden in den Grenzen des durch die Systemelemente abgegrenzten Systems statt. Das geht auch nicht anders, ist eigentlich trivial.

2. Selbstreferentielle oder operative Geschlossenheit geht einher mit kognitiver Offenheit. Ein psychisches System kann sich durch irgendein Ereignis in seiner Umwelt irri-

---

lichkeit auszustatten. Wenn folglich in bezug auf sinnhaft operierende Systeme so gesprochen wird, als ginge es um die Abwicklung von Handlungen, muß man sich immer klarmachen, welche Beobachtungsebene jeweils den Bezugsrahmen der jeweiligen Ausführungen bildet.

[78] Hier sind zusätzlich noch besondere Schwierigkeiten zu berücksichtigen, die sich aus den Beziehungen zwischen psychischen Systemen bzw. psychischen und sozialen Systemen unter Gesichtspunkten der Zurechnung ergeben. Vgl. Abschnitte 3.2.2, 3.2.3.1 u. 4.1 i. V. m. 5.2.

[79] Luhmann bietet keine systematische Darstellung des Autopoiesiskonzepts. Er beschränkt sich meist auf Hinweise zu den ersten beiden der im folgenden genannten Punkte; an die beiden weiteren Punkte wird durchweg nur mehr oder minder randständig erinnert.

[80] Siehe auch Abbildung 6. Vgl. zu weiteren Merkmalen Abschnitt 3.2.3.3.

tiert und veranlaßt sehen, aus dem wahrgenommenen Ereignis für sich eine Information zu machen, d. h. als Gedanken in seinen Gedankenstrom einfügen. Das wirtschaftliche System kann durch irgendein Ereignis in seiner Umwelt irritiert werden und aus dem wahrgenommenen Ereignis, etwa eine Veränderung von Bedürfnissen, für sich eine relevante Information gewinnen, d. h. in seine Sprache der Geldpreise als Ausdrücken von Zahlungsbereitschaften übersetzen. In einen kommunikativen Zusammenhang vom Typ eines Gesprächs geht nur ein, was aus dem Gesprächszusammenhang heraus als relevante Information erscheint, d. h. sich als in den laufenden

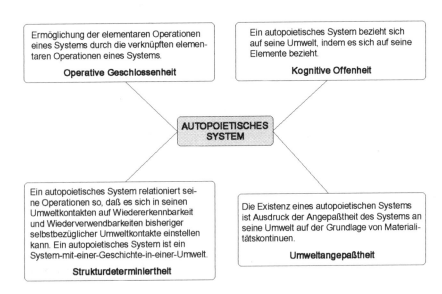

Abbildung 7: Merkmale eines autopoietischen Systems

Strom der Kommunikationen einfügbar erweist. Eine Information ist nicht objektiv als solche von außen vorgegeben, kein Input in das System. Sie stellt eine unterscheidende Eigenleistung des seine Umwelt auf der Grundlage seines operativen Codes beobachtenden Systems dar.[81] Operationelle Geschlossenheit ist informationelle Geschlossenheit unter Bedingungen informationsrelevanter Umweltereignisse.[82] Kognitive oder in-

---

81 Am Beispiel des Rechtssystems verdeutlicht Kargl (1990a:356-367) sehr schön die Paradoxie der Offenheit durch Geschlossenheit; vgl. sinnentsprechend u.a. auch Baecker 1987.

82 Schon der insoweit vorgetragene und an sich unmißverständliche Kern des Autopoiesiskonzepts gibt reichlich zu Mißverständnissen Anlaß. Durchweg wird gemutmaßt, es gehe um die Begründung eines irgendwie autarken Systems. Bühl (1993:211) kann der Grundidee von Autopoiesis sowieso nichts abgewinnen, da er sie als realitätsferne gegenstandslose Abstraktion ins Reich des Phantastischen verbannt. Die grundsätzlich dynamische Anlage des Modells der Offenheit durch Geschlossenheit

formationelle Offenheit wird auf der Grundlage operationeller oder informationeller Geschlossenheit selbsterzeugt. Kurz: Umweltkontakt erfolgt auf der Grundlage von Selbstkontakt. Auch das vermag ohne weiteres einzuleuchten.

3. Jedes autopoietisch operierende System ist ein strukturdeterminiertes System. Es speichert selektiv während seiner Geschichte in seiner Auseinandersetzung mit seiner Umwelt gewonnene Erfahrungen in seinem Gedächtnis. Erinnernswerte Ereignisse der relevanten Ereignisklasse werden kondensiert und konfirmiert, für Wiederverwendbarkeit abrufbar bereitgehalten oder bei Bedarf auch wieder vergessen. Nicht jede begriffsverwendende satzförmige Aussage muß erst hinterfragt werden, denn man versteht auch so, was gemeint ist. Nicht jede Zahlungsbereitschaft ist auf ihre möglichen Folgen hin zu prüfen, denn man kann sich einstweilen auf je bestehende Preisrelationen als Ausdruck von Zahlungsgeschichten verlassen. Ein gemeinter Sinn kann sich ebenso wie eine Preisrelation ändern. Allgemein ist zu sagen: Instabilität auf der Ebene der Elemente und ihrer laufenden Relationierung und Re-Relationierung geht einher mit Stabilität auf der Ebene relationierter Elemente und relationierter Relationen oder einfach Strukturen. Selbstreferenz ist nur als mitlaufende Selbstreferenz zu haben.

4. Umweltangepaßtheit ist schon mit der bloßen Existenz von Systemen anzunehmen. Nicht gemeint ist, daß sich die Umwelt die in sie passenden Systeme aussucht. Gleichwohl kann sich ein System in einer Umwelt nur halten, wenn es für seine Operationen in seiner Umwelt hinreichende Voraussetzungen vorfindet. Ohne Beteiligung von Gehirnarbeit kein Bewußtsein; ohne Beteiligung von Bewußtsein keine Kommunikation; ohne Gesprächsfähigkeit und -bereitschaft kein Gespräch; ohne Zahlungsfähigkeit und -bereitschaft kein wirtschaftliches System; ohne das Medium Sprache kein Gespräch; ohne das Medium Geld keine wirtschaftlichen Operationen. Umweltangepaßtheit erweist sich als ein vielschichtiger Sachverhalt. Angesprochen werden insgesamt Voraussetzungen des Funktionierens von Systemen, die sich mit Kopplung bezeichnen lassen.[83]

3.2.2   Psychische Systeme [84]

Psychische Systeme erzeugen sich selbst, indem sie Gedanken an Gedanken anschließen. Ein durch einen Gedanken beobachteter Gedanke ist eine Vorstellung, und eine beobachtete Vorstellung ist als Bewußtsein zu unterscheiden. Luhmann spricht häufig

---

vermag Schmidt (1987) nicht zu erkennen. Er will unbedingt einen bewegenden Akteur einfügen, weil er der Selbstbeweglichkeit irgendwie mißtraut bzw. Systemen partout nicht zubilligen möchte.

83 Der hier ebenfalls einzusetzende Begriff des Materialitätskontinuums ist etwa wie der traditionelle Begriff der materiellen Voraussetzungen von etwas in der doppelten Bedeutung von Materie und Sinn zu nehmen. Vgl. Abschnitt 4.1.

84 Vgl. Luhmann: 1980b, 1983f, 1985f, 1989e, 1990k, 1992d3, 1994d, 1995a, 1995c, 1995n, 1995q, 1995s u. 1995t. Vgl. dazu: Bette 1987, Buchholz 1993 u. Markowitz 1987. Vgl. im Lexikon: → Individuum, → Mensch, → Subjekt, → System, psychisches, → Wahrnehmung.

von Bewußtsein als Operationsbasis psychischer Systeme, obwohl, streng genommen, das Bewußtsein bereits einen reflexiven Sachverhalt ausmacht.[85]

Hinter der Unterscheidung eines psychischen Systems verbergen sich gewichtige sich bedingende theoriebautechnische Annahmen. Erstens steht die konsequente Einlösung des Anspruchs auf eine Abkehr von menschlicher Vernunft an. Zweitens geht es um die Versetzung des Menschen in die Umwelt der Gesellschaft, um die Überwindung einer anthropozentrischen Sichtweise des Verhältnisses von Mensch und Gesellschaft. Beides erfordert zunächst eine Dekomposition nicht des Menschen, sondern der Vorstellung von ihm. Die gedankliche Dekomposition besteht in der Unterscheidung von organischem und psychischem System, nicht von Körper und Geist. Letzteres läge der Vorstellung einer Geist-Körper-Einheit zu nahe; ersteres hebt auf eigenständig operierende Systeme ab. Sind eigene autopoietische Systeme gegeben, müssen diese füreinander und für die Gesellschaft Umwelt sein. Die Abstraktionsleistung, die hier erforderlich ist, entspricht etwa der geläufigen Abstraktion eines Handelns von einem gedachten Handlungsträger.[86]

Ein psychisches System kann sich in seinen Operationen nur auf sich selbst beziehen. Dann kann es sich aber auch als ein System vorstellen, das sich selbst vorstellt. Das könnte Vernunft signalisieren. Allerdings vermag jedes psychische System nur sich selbst in Differenz zu dem zu identifizieren, als was es sich nicht identifiziert. Des weiteren vermag ein psychisches System sich vorzustellen, das, was es sich vorstellt, zur Vorstellung aller anderen psychischen Systeme von sich selbst zu machen. Nur muß diese Vorstellung wiederum als von jedem anderen psychischen System vorstellbar vorgestellt werden. Im Ergebnis wird ein auf Einheit abgestellter Vernunftbegriff durch einen auf Differenz abgestellten Identitätsbegriff ersetzt. Intersubjektivität als Vernunftkriterium scheidet aus, und eine gemeinsame Vernunft psychischer Systeme kann nicht an deren Stelle treten.

3.2.3 Soziale Systeme

Die Gesellschaft und alle in ihr ausdifferenzierten sozialen Systeme sind soziale Systeme (vgl. Abbildung 8). Die sozialen Systeme gleichen sich hinsichtlich ihrer konstitutiven Elemente, der Kommunikationen. Die in der Gesellschaft ausdifferenzierten sozialen Systeme[87] unterscheiden sich hinsichtlich der Art und Reichweite der Kommunikationen und nach dem Grad des Aus- bzw. Einschlusses partizipierender Systeme, in Sonderheit psychischer Systeme.

---

85 Der von Luhmann nicht erwähnte Grund für diese gängige Sprachregelung liegt wohl in einer Parallelisierung zur Unterscheidung von Kommunikation und Handeln im Falle sozialer Systeme.

86 Vgl. auch Hinweise in den Abschnitten 2.1.1 u. 3.1.1 Bezeichnenderweise wird der letztgenannte Gedanke weithin akzeptiert, hingegen wird die Differenzierung in psychisches und organisches System, die der gleichen Logik folgt, mit wesentlich mehr Vorbehalten begleitet.

87 Siehe Abbildungen 5 u. 8 und weiter unten auch Abbildungen 12a u. 12b.

Die ausdifferenzierten gesellschaftlichen Teilsysteme nehmen für die Gesellschaft insgesamt spezifische Funktionen wahr. Dies könnte man etwa auch bei sozialen Bewegungen und im Falle der Kunst vermuten, nicht hingegen bezüglich Intimbeziehungen und Familien. Interaktionssysteme kommen überall in der Gesellschaft vor, sind nicht funktional spezialisiert. Organisationssysteme unterschiedlicher Reichweite finden sich in der Hauptsache in den Grenzen funktionsspezifischer gesellschaftlicher Teilsysteme.[88] Die Beteiligung von Systemen in der Form von Personen[89] an allen sozialen Systemen ist grundsätzlich möglich, jedoch unterschiedlich wahrscheinlich. Kommunikative Wirklichkeiten sind soziale Sachverhalte ohne Systemcharakter, die der Formung von Kommunikationen in und zwischen sozialen Systemen dienen können.

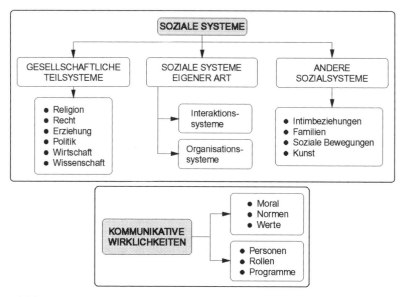

Abbildung 8: Soziale Systeme und kommunikative Wirklichkeiten

3.2.3.1 Konstitution sozialer Systeme [90]

Die andere Seite der Dekonstruktion des Menschen ist eine anthropologisch unschuldige Konstruktion des Sozialen. Soziale Systeme bestehen statt aus Menschen aus

---

88 Auf die zuletzt genannten Zusammenhänge bezogen sich bereits ersten Anfragen von Tyrell (1978).
89 Vgl. Abschnitt 4.2.2.
90 Vgl. Luhmann: 1969c, 1982a, 1984k, 1985f, 1986j, 1995x, 1991e4, 1992c2, 1992d3, 1995a, 1995h, 1995n, 1995x u. 1996d. Vgl. dazu: Baecker 1992, Bohnen 1994, Ellrich 1992, Giegel 1987, Markowitz 1991, Martens 1991 (und dazu Luhmann 1992d2). Vgl. im Lexikon: → Emergenz, → Handeln, → Interpenetration, → Kommunikation, → System, soziales, → Verstehen.

Kommunikationen als Elementen. Eine Kommunikation ist definiert als die Einheit der dreifach-selektiven Differenz von Information, Mitteilung und Verstehen. Um diese dreifach-selektive Differenz angemessen einordnen zu können, ist einiges vorauszusetzen (vgl. Abbildung 9).

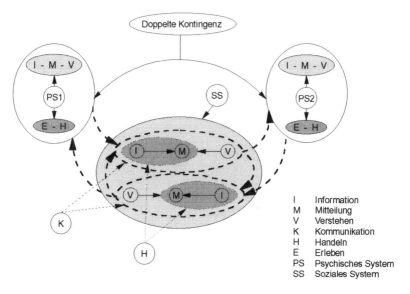

Abbildung 9: Doppelte Kontingenz - Kommunikation - Handeln

Eine Information ist different zu einer Mitteilung, eine Mitteilung zum Verstehen und eine Information zum Verstehen. Eine Information ist eine Differenz, denn sie könnte eine andere sein. Eine Mitteilung ist eine Differenz, denn sie könnte in verschiedener Form erfolgen. Das Verstehen ist eine Differenz, denn es kann verschieden zwischen Information und Mitteilung unterschieden bzw. in diesem Sinne verstanden werden. Der Kern dieses Begriffs von Kommunikation besteht in der Differenz zwischen mitgeteilter bzw. gemeinter und empfangener bzw. verstandener Information. Dieses beruht einerseits auf der Annahme, daß die an Kommunikation Beteiligten füreinander schwarze Kästen sind. Andererseits und deshalb gilt die Annahme einer selbstreferentiellen Erzeugung und Verarbeitung von Informationen seitens der Beteiligten. Es gilt nach wie vor die Ausgangslage doppelter Kontingenz.[91] Allerdings sind zwei wesentliche Umbauten erforderlich. Zum ersten sind die Abstraktionsfiguren Ego und Alter durch psychische Systeme zu ersetzen. Dadurch wird es möglich, der autopoietischen

---

91 Vgl. Abschnitt 3.1.1.

Umbettung Rechnung zu tragen. Zum zweiten ist der Unterscheidung von Handeln und Erleben die Unterscheidung der Einheit der dreifach-selektiven Differenz von Information, Mitteilung und Verstehen vorzuordnen.

Solche begrifflichen Abgrenzungen geben noch keine Auskunft darüber, wie Kommunikation als Vorgang zustandekommt. Es ist im einzelnen zu fragen, in welchem Verhältnis soziale als autopoietische Systeme zu psychischen als autopoietischen Systemen stehen und was dann Autopoiesis sozialer Systeme heißen kann. Die Aussage, es sei Kommunikation, die kommuniziere, besagt zunächst nur, Einzelkommunikation schließe an Einzelkommunikation an. Das ist nichts weiter als eine andere Bezeichnung für die Autopoiesis eines Systems mit Kommunikationen als elementaren Ereignissen.[92]

In der Umwelt des sozialen Systems finden sich psychische Systeme.[93] Die psychischen Systeme sind nicht Bestandteile sozialer Systeme; sie sind lediglich an ihnen beteiligt.[94] Den psychischen Systemen ist die Fähigkeit zugeschrieben, mit Informationen selbstselektiv umzugehen; sie erzeugen Informationen, können diese mitteilen und verstehen. Sie können sich auch die Mitteilung einer Information als Handeln zurechnen oder eine mitgeteilte Information als Erleben. Entscheidend ist nun, wie die psychischen Systeme an Kommunikation beteiligt werden, bzw., dahinterstehend, was Gedanken als Elemente psychischer Systeme von Kommunikationen als Elemente sozialer Systeme unterscheidet.[95]

Hier greifen folgende Aussagen (vgl. Abbildung 10)[96]: Soziale Systeme beanspruchen zur Aufrechterhaltung ihrer Operationen auf der Grundlage von Kommunikationen eigenselektiv das Bewußtsein psychischer Systeme. Umgekehrt beanspruchen psychische Systeme zur Aufrechterhaltung ihrer Operationen auf der Grundlage von Bewußtsein eigenselektiv die Kommunikationen sozialer Systeme.[97] Eigenselektive Beanspruchung ist nur denkbar, wenn das vorausgesetzt wird, was es zu erklären gilt, hier ein emergenter Zusammenhang aneinander anschließender Kommunikationen. Das ist tautologisch und paradox, es geht aber.[98] Man stelle sich den Beginn eines Gesprächs im Medium von Sprache vor. In dem Moment, in dem es begonnen wird, entsteht unmittelbar ein Zusammenhang, der einsehbar nicht aus einer Zusammenrechnung der in den beteiligten psychischen Systemen operierenden Gedanken bestehen

---

92 Im unterlegten Mittelteil der Abbildung 9 bezeichnen die gestrichelten Ellipsen Einzelkommunikationen und die sie verbindenden Pfeile ihren Anschluß aneinander.
93 In Abbildung 9 gekennzeichnet durch die beiden außen plazierten Ellipsen.
94 Vgl. auch die Abschnitte 3.2.2 u. 4.2.1.
95 Zu dieser Fragestellung finden etwa Kargl (1990:370ff.) und Buchholz (1993:114ff.) keinen Zugang.
96 Vgl. insgesamt auch Abschnitt 4.2.1.
97 Es geht um Interpenetrations- als Konstitutionsbeziehungen. Vgl. Luhmann: 1978a, 1985f, 1991b8, 1992d3 u. 1995a. Vgl. im Lexikon: → Interpenetration, → Kopplung.
98 Obwohl Bohnen (1994) behauptet, das völlig anders zu sehen, sind seine Belege eher belegtes Gegenteil.

kann. Jede Fortführung des Gesprächs setzt wiederum voraus, was vorher geschehen ist. Die Annahme oder Ablehnung einer kommunikativen Offerte im Gespräch gehört nicht zum Begriff der Kommunikation, sondern ermöglicht erst den Fortgang des kommunikativen Geschehens oder den Fortbestand des sozialen Systems.

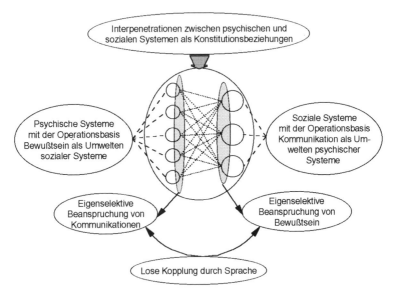

Abbildung 10: Interpenetrationen zwischen psychischen und sozialen Systemen

Die Bewußtseine psychischer Systeme werden eigenselektiv durch das kommunikative Geschehen beansprucht; und umgekehrt geschieht auf der Ebene der Einzelbewußtseine eine je eigenselektive Verarbeitung dessen, was kommunikativ abläuft. Deutlich wird jetzt auch, daß Verstehen als Bestandteil von Kommunikation nur selektiv sein kann.[99] Nachvollziehbar ist neben der Differenz von kommunikativer und gedanklicher Autopoiesis die Differenz von Kommunikation und Handeln. In diesem Sinne ist Kommunikation die elementare Einheit des Selbstkonstitution sozialer Systeme und Handeln die elementare Einheit der Selbstbeschreibung sozialer Systeme.[100] Im Rah-

---

99 Der relevante auf die Differenz von Information und Mitteilung zielende Verstehensvorgang ist in Abbildung 9 gekennzeichnet mit den entgegengesetzten durchgezogenen Pfeilen bei den Einzelkommunikationen K und die jeweilige volle Einzelkommunikation mit den gestrichelten, von einem psychischen System über das soziale System zum anderen psychischen System gehenden Richtungspfeilen. Vgl. inhaltlich angemessen die Darstellung von Kraft 1989.

100 Das Verhältnis zwischen psychischen und sozialen Systemen ist noch nicht vollständig beschrieben. Unter dem Gesichtspunkt von Systembeziehungen sind noch wesentliche Ergänzungen vorzunehmen und dabei die üblichen Einwände zu berücksichtigen. Vgl. Abschnitt 4.

men sich selbst beobachtender sozialer Systeme ist das Handeln nur der selektive Akt des Mitteilens.[101] Die an Kommunikation beteiligten Systeme können und müssen sich vereinfachend ihre Beteiligung als Handeln oder Erleben zurechnen.[102] Insgesamt zeigt sich eine gewisse Prominenz des Sozialen. An zwei besonderen Sachverhalten ist das beispielhaft zu illustrieren: 1. Psychische Systeme bauen sich und ihr Gedächtnis hauptsächlich in Abarbeitung von Irritationen in ihrer Umwelt sozialer Systeme auf. Motive sind von daher ausgeprägt sozial zustandegekommene Formen der Zurechnung von Handlungsgründen.[103] 2. Die Beobachtung von Systemen erfolgt durch einen Beobachter, der stets sozialen Systemen zugehört oder selbst soziales System ist. Aussagen über alles, was ist, sind insofern immer sozial begründete Aussagen. Noch weitergehend müßte man alle Erkenntnis im Kern als soziale Erkenntnis ausweisen.[104]

3.2.3.2   Interaktionssysteme - Organisationssysteme

Seit der autopoietischen Wende werden Luhmanns Beiträge zu sozialen Systemen jenseits der prominenten Teilsysteme beinahe übersehen und in ihrem Stellenwert für den ganzen Theoriebau unterschätzt. Hier ist besonders an Interaktionssysteme und organisierte Sozialsysteme zu denken.[105]

Interaktionssysteme [106]

Interaktionssysteme werden definiert als unter Bedingungen der Anwesenheit von an Kommunikationen partizipierenden Systemen aktualisiert. Die gemeinten sozialen Systeme umfassen: eine flüchtige wahrnehmende zwischenmenschliche Begegnung auf der Straße, eine Gesprächsrunde in einer Gaststätte, ein wissenschaftliches Seminar in der Universität, eine informelle Gruppe in einer Organisation usw. Maßgeblich ist die wechselseitige unmittelbare Wahrnehmbarkeit der beteiligten psychischen Systeme, um bei diesem einfacheren Fall zu bleiben, sofern diese zu einer selbstreferentiellen Erzeugung und Verarbeitung von Informationen veranlaßt.[107] Die Wahrnehmbarkeit

---

101 Dies ist eine Beobachtung zweiter Ordnung. Vgl. Abschnitt 5.2.
102 Zur Differenzierung von Erleben und Handeln in diesem Zusammenhang vgl. auch Heidenescher 1991 und Baecker 1994:28f..
103 Die Gründe liegen dabei der Zurechnung nicht voraus, sondern werden zurechnend hergestellt.
104 Vgl. Abschnitte 2.2.2 u. 5.4.
105 Vgl. zur Einordnung die Abbildungen 5 u. 8.
106 Vgl. Luhmann: 1981a3, 1984a, 1984g, 1985b, 1987a8, 1991a3 u. 1991c8. Vgl. dazu: Kieserling 1994, Misheva 1993. Vgl. im Lexikon: → Interaktionssysteme.
107 Die unter der Überschrift „Andere Systeme" beispielhaft genannten Systeme sind teilweise eher interaktiv oder interaktionsnaher Art. Konflikte können sehr intensive Interaktionen sein, jedoch auch unter Bedingungen von Abwesenheit ablaufen. Die Grenzen sind kaum sauber zu ziehen. Vgl. Abbildung 8 und weiter unten in den Abbildungen 12a und 12b die entsprechenden Zeilen. Vgl. zu anderen/übrigen sozialen Systemen Luhmann: 1981b4, 1983a, 1983h, 1984e, 1985f, 1986g, 1988d, 1988e, 1989k, 1990g, 1990r u. 1991a8. Vgl. dazu: Bergmann 1987, Hellmann 1993, Leupold 1983,

kann über das Medium des Körpers, der Sprache oder über beide Medien laufen. Hinterher sind die Beteiligten auf jeden Fall nicht mehr das, was sie vorher waren. Interaktionssysteme sind stets zeitlich begrenzte Systeme, können unterbrochen und wieder fortgesetzt werden, auf Wiederholbarkeit hin angelegt sein. Als autopoietische Systeme sind sie mehr oder weniger strukturiert. Das reicht von der Beanspruchung spezifischer Aufmerksamkeit bei einer kurzen Begegnung bis zur straffen Strukturierung einer Abfolge von Sitzungen durch ein im Medium der Sprache geformtes Thema, das selbst zu einem Medium der Formung von Beiträgen zum Thema wird. Wenn mehrere Anwesende gleichzeitig Beliebiges sagten, entstünden nur Geräusche.

Vom Thema einer Kommunikation hängt es ab, ob eine spezifische Systemzugehörigkeit vorliegt. Geht es um wahre oder falsche Aussagen, liegt wissenschaftliche Kommunikation vor. Geht es um das Aushandeln eines Preises, wird am wirtschaftlichen System teilgenommen. Bei körperlichem Begehren ist ein Fall von Intimkommunikation gegeben. Nicht in jedem Fall ist es möglich und nötig, eine solche Zurechnung anzugeben. Die inhaltliche Vielfalt möglicher Kommunikationen in zeitlich begrenzten Systemen, auch in Systemen unterhalb der Schwelle funktional spezifischer exklusiver gesellschaftlicher Teilsysteme,[108] ist weder vorab abschließend bestimmbar noch eigens codierbar.

Organisationssysteme [109]

Von anderen sozialen Systemen unterscheiden sich Organisationen als autopoietische Systeme erstens durch Entscheidungen als Elemente. Entscheiden heißt Auswahl aus Entscheidungsalternativen angesichts eines gegebenen Entscheidungsproblems. Eine Entscheidung ist genauer eine solche Auswahl einer Entscheidung aus Entscheidungsalternativen, bei dem in das betreffende Handeln Annahmen über die möglichen Handlungsfolgen einfließen. Das ist nur denkbar bei einem gegebenen Entscheidungsproblem, das seinerseits entweder der Organisation oder durch die Organisation gesetzt ist. Ein Entscheidungsproblem ist seinerseits ein kontingentes Problem, das kontingent lösbar ist.

Im Gegensatz zu Interaktionssystemen gilt für organisierte Sozialsysteme zweitens die leitende Annahme der Mitgliedschaft. Mitgliedschaft ist ein Merkmal, das auf die Absehbarkeit von bestimmten Personen als Mitglieder und auf die Anerkennung von personenunabhängig geltenden Mitgliedschaftsbedingungen abhebt.[110] Die Mitglied-

Mahlmann 1993 u. Tyrell 1987, 1988, 1989. Vgl. im Lexikon: → Familie, → Kommunikative Wirklichkeit, → Liebe, → Soziale Bewegung.

108 Vgl. zu letzteren Abschnitte 3.1.2 u. 3.2.3.3.

109 Vgl. Luhmann 1966b, 1984f, 1984m, 1988i, 1991a1, 1991c3, 1991c4, 1991f5, 1993h, 1994g u. 1995d. Vgl. im Lexikon: → Entscheidung, → Organisation.

110 Mitgliedschaft ist, präziser abgegrenzt, der Gesichtspunkt der Relevanz des psychischen Systems für das soziale System Organisation, also Ausdruck eines Verständnisses von Person als Adresse von Verhaltenszumutungen anderer. Vgl. hierzu auch Abschnitt 4.2.2.

schaftsbedingungen bestehen in Erwartungen an die Rolle als Mitglied, insbesondere in der Akzeptierung der Organisationszwecke und der auf deren Verwirklichung hin entworfenen Entscheidungsprogramme, der Hintanstellung aller nicht organisationsrelevanten personalen Merkmale bei der Auswahl für eine Mitgliedschaft und für das Handeln in der Organisation. Eine Organisation ist danach vor allem formale Organisation und als solche in erster Linie nicht zu verstehen als eine willentlich geschaffene zweckorientierte Einrichtung. Selbstverständlich kann und muß eine Organisation sich im Verhältnis zu ihrer externen Umwelt als zweckorientiert operierend beobachten. Im Innenverhältnis strukturieren sich Organisationen durch Entscheidungen über Entscheidungen, z. B. über Organisationsgrundsätze, Einrichtung von Stellen, Festlegung von Informationswegen, Festlegen von Verfahren der Personalauswahl bzw. für Stellenbesetzungen u. dgl. Sie beobachten sich auch in diesen Hinsichten oder im Verhältnis zu ihrer internen Umwelt als im Medium der Kausalität operierend. Organisationen sind also als formalisierte soziale Systeme zu beobachten, die sich selbst als entscheidungsorientiert und dabei namentlich als zweckorientiert entscheidend beobachten.

Organisationen können wie Interaktionssysteme je nach überwiegender Kommunikationsart einem gesellschaftlichen Teilsystem zugeordnet werden, und zwar nur wenn und insoweit die betreffende Kommunikation in Frage steht. In den formalen Grenzen von Organisationen gibt es ferner Interaktions- und andere soziale Systeme. Darauf ist noch ausführlicher einzugehen.[111]

Zwar kennzeichnet funktionale Differenzierung die gegenwärtige Gesellschaft primär, was nicht ausschließt, insbesondere dem organisationalen Unterbau funktionaler Teilsysteme eine prägende Rolle einzuräumen. Man könnte sogar folgendes sagen: Die bestimmende Überformung positiver durch negative Integration[112] hat ihre funktionalen Äquivalente in der Repräsentation von Einheit durch hierarchische Organisation und in organisational strukturierter Ungleichheit hinsichtlich der Teilnahme der Individuen[113] an Gesellschaft. Dies erklärt sich aus dem Status von formalen Organisationen als immer noch am wirkungsvollsten geformten Systemen der Leistungserfüllung in der Gesellschaft.

3.2.3.3 Funktionale Teilsysteme

Funktionale Differenzierung, das ist ein Kernbestandteil der Luhmannschen Systemtheorie von ihren Anfängen bis zur Gegenwart. An diesem Theoriestück und seiner zentralen Stellung hat auch die autopoietische Wende nichts geändert; es kann geradezu als Beleg für eine Theorie als Vollzug ihres eigenen Beispiels gelten. Gesell-

---

111 Vgl. Abschnitt 4.
112 Vgl. Abschnitt 4.
113 Individuum ist die Form der Selbstbeobachtung des psychischen Systems.

schaftliche Teilsysteme[114] sind kontingent-selektive codegeführt ausdifferenzierte soziale Systeme, die der spezialisierten Lösung gesellschaftlicher Probleme dienen. Sie sind zu verstehen als evolutorisch entstandene Problemlösungen für die Bewältigung zunehmender und sich zunehmend unterscheidender sinnhafter Kommunikationen.[115] Die üblicherweise unterschiedenen sozialen Systeme und ihre Merkmale sind schematisch in den Abbildungen 12a und 12 b zusammengefaßt.[116]

Symbolisch generalisierte Kommunikationsmedien [117]

Mittelstücke der funktionalen Differenzierung sind die symbolisch generalisierten Kommunikationsmedien.[118] Ihr Entstehungs- und Wirkungszusammenhang ist in Abbildung 11 verdeutlicht.[119] Als Einstiegsbeispiel seien wieder wirtschaftliche Kommunikationen gewählt. Symbolisch generalisiertes Medium der Kommunikation ist hier das Geld. Der Symbolcharakter des Geldes besteht nicht in der bloßen Bezeichnung der Differenz von Zahlen/Nichtzahlen, sondern in der Bezeichnung der Wiederanwendbarkeit der Differenz auf sich selbst: Zahlen als Bezeichnung der Einheit der Differenz von Zahlen/Nichtzahlen[120]. Generalisiert ist das Medium, weil es eine Vielheit in einer Einheit repräsentiert, Beschränkung mit Erweiterung kombiniert: Nur Kommunikationen im Medium des Geldes sind möglich, diese sind aber von sonstigen personalen und sozialen Rücksichten freigestellt. In das Medium lassen sich im Prinzip beliebige Formen einzeichnen. Für Butter kann ebenso wie für die Betrachtung eines Kunstwerkes gezahlt werden.

Gewirtschaftet wurde immer schon, gezahlt auch, auch unter Inanspruchnahme verschiedener Medien wie Fischgräten oder Findlinge. Das vollzog sich im wesentlichen eingelagert in einen insgesamt sachlich schwach und sozial eher segmentär differenzierten gesellschaftlichen Zusammenhang. Die Ausdifferenzierung bestimmter Kommunikationen vollzieht sich co-evolutionär mit mengenmäßiger und sinnhafter Diffe-

---

114 Als Teilsysteme gelten: religiöses, rechtliches, erzieherisches, politisches, wirtschaftliches, wissenschaftliches System und System der Kunst. Auch alle anderen sozialen Systeme unterliegen der Logik funktionaler Differenzierung. Deshalb sind sie in die Abbildungen 12a u. 12b aufgenommen worden, ebenso wie die sozialen Wirklichkeiten.

115 Vgl. Abschnitt 3.1.2. Funktionale Differenzierung setzt sich, um das nur der Sicherheit halber noch einmal zu betonen, nur als primäre Differenzierungsform durch; vgl. sehr schön Gerhards 1993. In ihren Grenzen gibt es auch nach Luhmann mehr oder minder ausgeprägte segmentäre und schichtungsmäßige soziale Formen. Vgl. dagegen Hondrichs (1987) Verweis auf ein „Orchesterproblem sozialer Differenzierung"; siehe auch Hondrich 1972.

116 Eine detaillierte Auseinandersetzung mit den Systemunterscheidungen würde den Rahmen dieser Einführung sprengen. Vgl. die Literaturhinweise in Fußnote 137.

117 Vgl. Luhmann: 1972a, 1972b, 1985f, 1987c2, 1988f, 1991a4, 1992a7, 1992d3, 1992d4, 1993i, 1993o, 1995k u. 1996d. Vgl. dazu Künzler 1989b. Vgl. im Lexikon: → Form, → Kommunikationsmedien, symbolisch generalisierte, → Medium, → Symbol, → Vertrautheit, → Zeichen.

118 Vgl. hierzu auch in Abbildung 12a die Spalten „Medium" und „Code".

119 Zum Entstehungszusammenhang vgl. auch Abschnitt 3.1.2.

120 Vgl. zur Denkfigur der Einheit einer Differenz Abschnitt 5.1.

renzierung sozialer Sachverhalte. Erst ab einem gewissen Punkt übernimmt z. B. das Medium Geld eine Führungsrolle bei der Verselbständigung des Wirtschaftens und ergreift mit der Zeit alle diejenigen gesellschaftlichen Kommunikationen, die sich im Medium des Geldes ausdrücken lassen. Welche Kommunikationen sich ausdifferenzieren und letztlich funktional spezifizierte gesellschaftliche Teilsysteme begründen, das ist nicht vorhersehbar.[121]

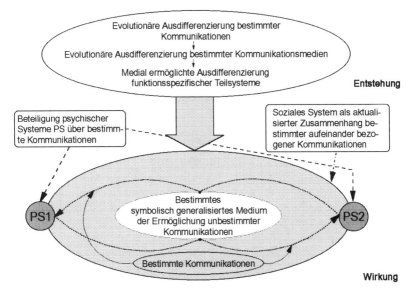

Abbildung 11: Symbolisch generalisierte Kommunikationsmedien

Ein symbolisch generalisiertes Kommunikationsmedium hat die Funktion, die Teilnahme von Systemen in der Umwelt des in einem bestimmten Medium operierenden Systems zu ermöglichen. Dazu ist es erforderlich, daß die potentiell teilnehmenden Systeme zur Teilnahme motivierbar sind, ihr Verhalten an verläßlichen Gegebenheiten orientieren können.[122] Hierfür stehen Kontingenzformeln.[123] So informiert Geldknapp-

---

121 Das Medienkonzept ist von Luhmann im einzelnen auf der Grundlage der Zurechnungsdifferenz von Erleben und Handeln entstanden. Vgl. dazu in Abbildung 12b die Spalte „Zurechnungsform". Um weiter beim Beispiel zu bleiben: Ein am wirtschaftlichen System teilnehmendes System erlebt das Handeln aller anderen teilnehmenden Systeme als Prämisse eigenen Handelns. Das ist leicht einzusehen, denn auf die Preise als Ausdruck der Erwartungen aller Teilnehmer hat der einzelne Teilnehmer keinen Einfluß.

122 Münch (1994:44ff.) möchte etwas ganz anderes. Er möchte statt auf die Systemfunktionen auf die Gründe für Zahlungen eingehen bzw. diese in den Mittelpunkt gerückt haben. Das kann man so sehen. Falsch ist die Annahme, daß Luhmann das nicht sehe.

123 Vgl. in Abbildung 12b die Spalte „Kontingenzformel".

heit in Form von jeweiligen Preisen über bestehende Zahlungserwartungen, an denen
man sein eigenes Handeln gegenwärtig orientieren kann, ohne daß entsprechendes
Handeln in der Zukunft ausgeschlossen wäre. Die Wirksamkeit von Medien gründet
sich einerseits auf ihre Exklusivität und andererseits auf Zusatzabsicherungen ihres
Funktionierens. Zu letzteren gehören etwa die Wirksamkeit symbiotischer Mechanismen als Verbindungen zur Ebene des Lebens[124] oder der Ausschluß bestimmter, die
Medienfunktion außer Kraft setzender Handlungen, wie etwa die Fälschung von Geld
oder die Anwendung physischer Gewalt.[125]

Funktionalität

In der Alltagssprache wird üblicherweise von wirtschaftlichen, rechtlichen, politischen
usf. Sachverhalten oder Systemen gesprochen. Das mag man ohne weiteres als Hinweis auf einen Zusammenhang von Gesellschaftsstruktur und Semantik nehmen. Problematisch ist dabei allenfalls die begleitende Vorstellung organisierter Handlungsein-
heiten. Beim wirtschaftlichen System denkt man an Unternehmen, beim Rechtssystem
an Gerichte, beim Erziehungssystem an Schulen usw.[126] Das ist letztlich nicht falsch,
zielt aber leicht an der eigentlich gemeinten funktionalen Bestimmung vorbei. In Frage
stehen ausschließlich die betreffenden Kommunikationen. Das wirtschaftliche ist wie
jedes andere Teilsystem ein auf der Grundlage von bestimmten Kommunikationen arbeitendes System, ein kommunikativer Zusammenhang bestimmter Art. An jedem dieser Systeme kann grundsätzlich jeder, genauer: jedes psychische System in der Form
von Person, teilnehmen. Jede aktuelle Teilnahme, und es wird in jedem Moment immer von einer Vielheit teilgenommen, ist Ausdruck der Selbstaktualisierung des jeweiligen Systems.

Jedes funktionsspezifische gesellschaftliche Teilsystem übernimmt für die Gesellschaft
exklusiv eine bestimmte Funktion.[127] Es repräsentiert in dieser Hinsicht jeweils die
Gesellschaft, ohne sie insgesamt repräsentieren zu können.[128] Dabei operiert es selbstreferentiell, was nicht mehr und nicht weniger heißt, daß wirtschaftlich nur relevant ist,
was wirtschaftlich relevant ist, sich in die Sprache von Geldpreisen übersetzen läßt.
Selbstverständlich können Recht, Politik oder Erziehung oder auch Werte, Moral oder
Normen wirtschaftlich relevant sein. Letzteres jedoch nur, sofern eben der jeweilige
Code berührt wird: Ein Boykott von als gesundheitsschädlich empfundenen Produkten
kann ein Unternehmen sehr wohl zur Veränderung seiner Produktpolitik veranlas-

---

124 Vgl. in Abbildung 12b die Spalte „Symbiotischer Mechanismus".
125 Vgl. Luhmann: 1991a4, 1991d6 u. 1995v. Vgl. im Lexikon: → Symbiotische Mechanismen.
126 Vgl. in Abbildung 12b die Spalte „Institutioneller Kern".
127 Vgl. in Abbildung 12a die Spalte „Funktion". Das betrifft, wie schon einmal angemerkt, in dieser
     Eindeutigkeit nicht alle sozialen Teilsysteme, obwohl auch sie im weiteren Sinne spezifische gesell-
     schaftliche Funktionen wahrnehmen. Dies betrifft die in Abbildung 12a in der Spalte „Andere So-
     zialsysteme" aufgeführten Systeme.
128 Vgl. Abschnitte 2.1.2 u. 3.2.3.4.

Beobachtungseinheit	Funktion	Leistung	Medium	Code	Programm
Teilsysteme					
Religion	Kontingenz-ausschaltung	Diakonie	Glaube	Immanenz/Transzendenz	Offenbarung, Heilige Schrift, Dogmatik
Recht	Ausschaltung der Kontingenz normativen Erwartens	Erwartungserleichterung, Konfliktregulierung	Recht (Rechtsprechung)	Recht/Unrecht	Konditionalprogramme, Rechtsnormen, Gesetze
Erziehung	Selektion für Karrieren	Ermöglichung unwahrscheinlicher Kommunikationen	Kind	besser lernen/schlechter lernen, Lob/Tadel	Lehr- und Lernpläne
Politik	Ermöglichung kollektiv bindender Entscheidungen	Umsetzung kollektiv bindender Entscheidungen	Macht	Macht haben/keine Macht haben, Regierung/Opposition	Parteiprogramme, Ideologien
Wirtschaft	Knappheitsminderung	Bedürfnisbefriedigung	Geld	Zahlung/Nichtzahlung	Zweckprogramme, Budgets
Wissenschaft	Erzeugung neuen Wissens	Bereitstellung neuen Wissens	Wahrheit	Wahrheit/Unwahrheit	Theorien und Methoden
Andere Systeme					
Intimbeziehungen			Liebe	geliebt werden/nicht geliebt werden	(Liebesgeschichten)
Familie			(Liebe)	Mitglied/Nichtmitglied	
Soziale Bewegungen	Gesellschaftliche Selbstalarmierung		Besorgnis, Betroffenheit, Angst	besorgt sein/nicht besorgt sein	
Kunst	Beobachtung von Welt		Kunstwerke	stimmig/nicht stimmig	Kunstwerk, Kunstdogmatik, Stilprinzipien
Kommunik. Wirklichk.					
Moral	(Inklusion)		Moral	Achtung/Mißachtung	(Ethik)
Normen	Ausschaltung der Kontingenz von Erwartungen	Verhaltenssteuerung	(Normen)	Konformität/Abweichung	
Werte			(Grundwerte)	Zustimmung/Ablehnung	Zweckprogramme, Ideologien

Abbildung 12a: Beobachtung sozialer Systeme und kommunikativer Wirklichkeiten I

	Beobachtungseinheit	Zurechnungsform	Kontingenzformel	Institutioneller Kern	Symbiotischer Mechanismus
Teilsysteme	Religion	(Erleben → Erleben?)	Gott	Amtskirche	
	Recht	Handeln → Handeln	Rechtspositivität (Gerechtigkeit)	Gerichte	(physische Gewalt)
	Erziehung	(Handeln → Erleben?)	Lernfähigkeit	Bildungssystem	
	Politik	Handeln → Handeln	Politische Freiheit	Parteien, Verwaltung, Publikum	physische Gewalt
	Wirtschaft	Handeln → Erleben	Knappheit	Unternehmen, Haushalte	Bedürfnisse, (Konsum)
	Wissenschaft	Erleben → Erleben	Limitationalität	Forschungsaktivitäten, organisierte Projekte	Wahrnehmung
Andere Systeme	Intimbeziehungen	Erleben → Handeln			Sexualität
	Familie	(Erleben → Handeln)		Ehe/Partnerschaften, Eltern-Kind-Beziehungen	(Sexualität?)
	Soziale Bewegungen	(Erleben → Erleben?)		(Spontane Organisationen)	
	Kunst	Handeln → Erleben		(Kunstbetrieb)	(Wahrnehmung)
Kommunik. Wirklichk.	Moral	(Erleben → Erleben?)	Freiheit der Befolgung		
	Normen	(Erleben → Erleben?)	(Kontrafaktische Geltung?)		
	Werte	(Erleben → Erleben)	(Wertpluralismus?)		

Abbildung 12b: Beobachtung sozialer Systeme und kommunikativer Wirklichkeiten II

sen, wenn und insoweit es seine Zahlungsströme berührt. Die boykottierenden Haushalte und die boykottierten Unternehmen gehören demgemäß insoweit zum wirtschaftlichen System, als sie ihre kommunikativen Handlungen im Medium des Geldes vollziehen. In allen anderen Hinsichten ist dann und insoweit keine Zugehörigkeit zum wirtschaftlichen System angezeigt.

Von der Funktion der Teilsysteme ist ihre Leistung für die Gesellschaft zu unterscheiden. Im Grunde besteht die Differenz darin, daß eine potentiell gesicherte Leistung, Funktion genannt, als aktuelle Leistung auch tatsächlich erbracht wird. Der Unterschied ist gleichwohl erheblich, da sich nur auf der Ebene von Leistungen Austauschbeziehungen zwischen jeweils partizipierenden Systemen beobachten lassen.[129]

Codierung und Programmierung [130]

Die Funktionsfähigkeit funktionaler Teilsysteme ist durch ihre Mediencodes gesichert. Verwirrend mögen die häufig bei Luhmann zu findenden sprachlichen Gleichsetzungen in bezug auf Medien und Codes sein[131] Geld ist ein Medium, das binär codiert ist. Das Medium heißt Geld und sein Code Zahlen/Nichtzahlen. Das ist eindeutig. Wahrheit ist das binär codierte Medium des wissenschaftlichen Systems. Das Medium heißt Wahrheit und der Code Wahrheit/Unwahrheit bzw. wahr/unwahr. Der Begriff des Mediums bezeichnet die positive Seite des Codebegriffs. Ähnlich ist es im Falle des Rechts. Noch etwas anders sieht es mit Systemen aus, die nicht im engeren Sinne funktionsspezifisch auf gesamtgesellschaftliche Funktionen hin ausdifferenziert sind. Für ein beliebiges soziales System haben die möglichen Kommunikationen den Stellenwert eines Mediums, und als Code fungiert Kommunikation/Nicht-Kommunikation. Für psychische Systeme gilt: Das Bewußtsein bezeichnet als Medium den Horizont formbarer Gedanken, und als Code fungiert Gedanke/Nicht-Gedanke.

Entscheidend an der Tatsache der Codierung aller autopoietischen Systeme ist folgendes: Sie ist co-evolutionär zu funktionaler Differenzierung im allgemeinen Verständnis der Ausdifferenzierung und der Differenzierung von Systemen. Sie schließt keine Hinweise darauf ein, nach welchen Bezügen oder Vorschriften ein funktional spezifiziertes System in die Lage versetzt wird, seine formal spezifisch codierten Operationen mit Inhalt zu füllen. Das bricht im ersten Zugriff mit der Tradition, daß man zu gerne wissen möchte, welcher Gedanke oder welche kommunikative Offerte akzeptabel oder was denn nun Recht oder Wahrheit ist.

Die bisherige Beschreibung des Aufbaus und der Arbeitsweise eines funktional differenzierten autopoietischen Systems könnte abermals den Eindruck erwecken, als ginge

---

129 Vgl. in Abbildung 12a die Spalten „Funktion" und „Leistung" im Vergleich.
130 Vgl. Luhmann: 1980h, 1981b5, 1986b, 1986g, 1987a4, 1990m, 1990n, 1991c1, 1991c6, 1993l u. 1996d. Vgl. im Lexikon: → Binarisierung, → Code, → Crossing, → Programme, → Unterscheidung.
131 Vgl. in Abbildung 12a die Spalten „Medium" und „Code".

es letztendlich nur um das bloße richtungslose Anschließen von Ereignis an Ereignis, von Zahlung an Zahlung bzw. deren Sicherheit bei gegebener Struktur unter Einschluß gegebener Strukturgefährdung.[132] Das System muß darüber hinaus natürlich seine Handlungen programmieren.[133]

Programmierung bedeutet den Wiedereintritt eines ausgeschlossenen Dritten. Ein Diskussionsbeitrag ist nur dann von Belang, wenn er zum Thema paßt bzw. als passend eingeschätzt wird. Das Thema ist Programm. Über Recht oder Unrecht ist nur zu entscheiden, wenn es eine Regel gibt, die es erlaubt, den einen oder den anderen Wert zuzuordnen. Das Gesetz ist Programm. Ohne ein ästhetisches oder Geschmacksurteil oder ein bestimmtes Stilverständnis ist eine Beobachtungsleistung nicht als Kunstwerk auszuzeichnen. Die Kunstdogmatik ist Programm. Der Geldcode Zahlen/Nichtzahlen enthält keine Anweisung darüber, wofür von wem wann wieviel zu zahlen ist. Der Rechtscode gibt keine Auskunft darüber, was unter welchen Bedingungen Recht ist. Die Programmierung kann im betreffenden System selbst erfolgen oder von einem anderen System ausgehen. Ein Seminar in der Universität wird thematisch durch Prüfungs- und Studienordnungen begrenzt oder durch die Teilnehmer geprägt. Für das Rechtssystem gelten die aus dem politischen System stammenden Gesetze oder/und die im heterarchisch-hierarchischen Kontext des Rechtssystems selbst ausgebildeten Regeln der Rechtsprechung.

Programmierung heißt in gewisser Weise Steuerung, Selbst- oder/und Fremdsteuerung. Der Begriff der Steuerung[134] bezieht sich üblicherweise allerdings darauf, daß ein System durch ein anderes System in seinen Aktionen in angebbarer Weise beeinflußt wird. Die Beeinflussung wird dabei meist so gedeutet, daß die operative Dominanz des Codes des beeinflussenden Systems mindestens beeinträchtigt wird.[135] Genau dies meint Programmierung nicht. Programmierung steht orthogonal oder komplementär und nicht etwa diametral oder substitutiv zu Codierung.

Ein Gesamtüberblick über die Abbildungen 12a und 12b macht zusätzlich einiges mehr deutlich.[136] Luhmann hat für keines der von ihm unterschiedenen und ausführlich oder mehr am Rande behandelten Systeme eine vollständige oder als geschlossen zu betrachtende Merkmalssystematik entwickelt. Nicht einmal die Systemunterscheidungen sind durchgehend gesichert. Darin mag man einen Mangel sehen, der auch zu unnötigen Mißverständnissen führt. Auf der anderen Seite ist zu sehen, daß die Entfaltung

---

132 Vgl. auch Fußnote 178.

133 Vgl. in Abbildung 12a die Spalte „Programm".

134 Vgl. weitere Hinweise dazu in den Abschnitten 4.1 u. 4.2.2; siehe insb. Fußnote 190.

135 Vgl. mit solcher Tendenz folgende Diskussionsbeiträge: Buß/Schöps 1979, Münch 1994 u. Tyrell 1978.

136 Ähnliche Darstellungen finden sich an folgenden Stellen: Künzler (1989b:100/101), Metzner (1993:150), Reese-Schäfer (1992:131), Preyer (1992:73). Einklammerungen ohne Fragezeichen stehen für eigene Ergänzungen, die zutreffen dürften. Bei Einklammerungen mit Fragezeichen bestehen Zweifel.

einer Beobachtungsweise mit der Entfaltung dessen, was beobachtet wird, verbunden ist. Das führt hier und da zu Lücken und hier und da zu geänderten Unterscheidungen.[137]

3.3   Gesellschaft [138]

Festzustellen ist genauer, was zur Gesellschaft gehört (vgl. Abbildung 13) und wie die Gesellschaft als Einheit bestimmt ist (vgl. Abbildung 14).

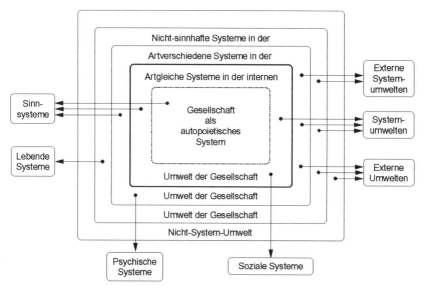

Abbildung 13: Die Gesellschaft und ihre Umwelten

---

137 Vgl. von Luhmann zu den einzelnen Teilsystemen: Erziehung (1981c7, 1987b9, 1987c4, 1989 u. 1995k), Kunst (1986f, 1990y, 1991c1, 1991e8, 1994b u. 1996d), Massenmedien (1991e6, 1994s u. 1996b), Politik (1981b5, 1984l u. 1991c6), Recht (1974b, 1981a, 1983d, 1986h, 1987b7 u. 1993l), Religion (1972e, 1987b2, 1987c6, 1990x, 1992a9 u. 1996e), Wirtschaft (1972b, 1983c, 1984r, 1984s u. 1994v), Wissenschaft (1980a, 1984i, 1988b, 1992d3 u. 1996a). Zu Auseinandersetzungen hiermit vgl. die zahlreichen Hinweise im Literaturverzeichnis. Vgl. im Lexikon: → System, erzie-herisches, → System der Kunst, → Massenmedien, → System, politisches, → System, rechtliches, → System, religiöses, → System, wirtschaftliches, → System, wissenschaftliches.

138 Vgl. Luhmann: 1969a, 1971, 1971d, 1984d, 1985f, 1991e9, 1992b6, 1992b7 u. 1992d3. Vgl. dazu: Breuer 1987, Brunkhorst 1988, Friedrichs/Sen 1976, Ganssmann 1986b, Habermas 1971, Hegsel-mann 1976. Vgl. im Lexikon: → Differenzierung, funktionale, → Gesellschaft, → Inklu-sion/Exklusion, → System, soziales.

Zur Entfaltung des Begriffs von Gesellschaft als Differenz von Einheit und Differenz
sei vorbereitend die Gesellschaft mit ihren gesellschaftlichen Umwelten dargestellt
(vgl. Abbildung 13). Die Gesellschaft ist ein autopoietisches System mit Kommunikationen als Elementen.[139] Nicht zur Gesellschaft gehört dann alles, was nicht auf der
Grundlage von Kommunikationen arbeitet. Gemeint sind, von innen nach außen gesehen, psychische Systeme als sinnhafte Systeme mit der Operationsbasis Bewußtsein
und nicht-sinnhafte Systeme mit der Operationsbasis Leben. Psychische und lebende
Systeme sind autopoietische Systeme in der, von innen aus gesehen, externen Umwelt
der Gesellschaft. Alles, was nicht mindestens als lebend einzuordnen ist, hat schließlich seinen Platz in der externen Nicht-System-Umwelt. Der ganze Bereich außerhalb
der Gesellschaft ist leicht abzugrenzen.[140] Zu beachten ist besonders der Ausschluß
psychischer Systeme,[141] die ja wie die mit Kommunikationen arbeitenden Systeme
Sinn beanspruchen. Zur internen Umwelt der Gesellschaft gehören alle bisher behandelten sozialen Systeme und kommunikativen Wirklichkeiten.[142]

Die eingangs angedeutete Paradoxie, etwas sei das, was es sei (Einheit) und doch wiederum nicht (Differenz), ist deutlicher geworden (vgl. Abbildung 14). Es bleibt eine
Differenz zwischen einer in der Form eines autopoietischen Systems abgreifbaren Gesamtheit für einander erreichbarer Kommunikationen (Einheit) und innerhalb dieser in
der Form eigener autopoietischer Systeme ausdifferenzierter Teilgesamtheiten (Differenz).[143] Diese Differenz kommt in sich selbst noch einmal vor, denn die sozialen Systeme im sozialen System unterscheiden sich ihrerseits voneinander. Eine Paradoxie ist
nicht auflösbar, aber entfaltbar. Der Vollzug der vorgestellten Unterscheidungen ist
Entfaltung der Paradoxie.[144]

Auf dem Hintergrund der Paradigmaumbettung[145] läßt sich die Paradoxie des Gesellschaftsbegriffs noch weiter verfolgen.[146] Sofern Gesellschaft noch nach dem Ganzes-
Teil-Schema beobachtbar ist, ist sie als Einheit beobachtbar (Stichwort: einheitliche
Repräsentation). Bei Beobachtbarkeit als funktional differenzierte Gesellschaft folgt
die Beobachtung dem Differenzschema (Stichwort: differentielle Repräsentation). Eine

---

139 Das symbolisiert in Abbildung 13 der gestrichelte innere Teil.
140 Dieser wird in Abbildung 13 symbolisiert durch eine dicke durchgezogene Trennlinie.
141 Vgl. Abschnitt 3.2.2.
142 In Abbildung 13 angeordnet zwischen der gestrichelten und durchgezogenen Trennlinie.
143 Vgl. den Mittelteil der Abbildung 14.
144 Breuer (1989) zeichnet aus kritisch-theoretischer Sicht die Parallelität einer Vorstellung von
     selbstreferentieller Gesellschaft nach, deren Einheit sich allenfalls noch als differentiell denken läßt,
     sei es als Vermittlungskategorie, sei es als bloßer Zusammenhang von Kommunikationen. Auf jeden
     Fall gäbe es nichts mehr, was die Einheit als wirkliche Einheit begreifbar machen könnte. Entspre-
     chend scheide ein emphatischer Begriff von vernünftiger oder als vernünftig intendierbarer Gesell-
     schaft aus. Allein die Sorglosigkeit Luhmanns gegenüber der gesellschaftlichen Selbstversorgung
     mit Sorgen berühre unangenehm.
145 Vgl. Abschnitte 2.1.2 u. 5.4.
146 Dies ist in den beiden Außenseiten der Abbildung 14 skizziert.

operativ einheitliche Bestimmung von Gesellschaft ist die als Gesamtheit der füreinander erreichbaren Kommunikationen. Operativ unbestimmt ist diese Gesamtheit in dem Sinne, daß Gesellschaften sich danach unterscheiden, welche Kommunikationen jeweils zugelassen bzw. füreinander zugänglich sind.

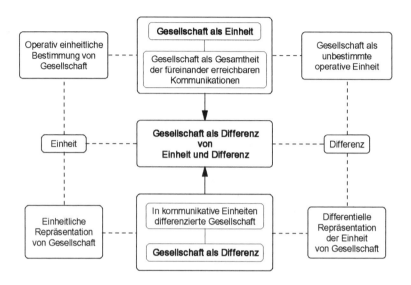

Abbildung 14: Begriff der Gesellschaft

Am Ende verbleibt ein Gesellschaftsbegriff, der alle üblichen Erwartungen enttäuscht. Der „Mensch" ist in die externe Umwelt von Gesellschaft verbannt, und die sozialen Systeme finden sich in ihrer internen Umwelt. Das, was Gesellschaft ist und in ihr geschieht, reduziert sich zunächst auf einen abstrakten Begriff von Kommunikation. Es scheint nichts mehr zu geben, was irgendeiner Vorstellung von Einheit der Gesellschaft im Verständnis entweder von ihr Wesen oder sie in ihrer Bewegung bestimmend entspräche.[147] Doch ist Gesellschaft unbestimmt und bestimmt zugleich, bestimmt etwa als funktional differenzierte Gesellschaft.[148]

---

147 In diesem Sinn bedauernd Giegel (1975). Habermas (1985) vermißt Intersubjektivität, ein gemeinsam geteiltes Drittes zwischen mindestens zwei Systemen, das nicht drittes System kraft eigener Konstitutionsbedingungen ist; kurzum: Habermas vermißt gesellschaftliche Vernunft.
148 Zu bestimmten Bestimmungen von Gesellschaft vgl. Luhmann: 1968, 1985h, 1986d u. 1994i.

4   Systembeziehungen

Die Beziehungen zwischen Systemen stellen neben erkenntnistheoretischen Problemen[149] den bedeutendsten Ansatzpunkt zur Kritik an Luhmanns Denkgebäude. Das ist insoweit berechtigt, als sich Luhmann tatsächlich mit klärenden Ausarbeitungen zurückhält. Diesem Punkt sei deshalb hier besondere Aufmerksamkeit gewidmet.

4.1   Lose und feste Kopplung [150]

Luhmann unterschied zuerst Beziehungen von Systemen zur Gesellschaft, unterteilt nach funktionalen und Leistungsbeziehungen. Gesellschaftliche Teilsysteme nehmen gesellschaftliche Funktionen wahr:[151] Bezugspunkt ist die Gesellschaft. Gesellschaftliche Teilsysteme erbringen in der Gesellschaft Leistungen: Bezugspunkt sind die jeweils anderen Teilsysteme. Gleichzeitig baute Luhmann die Idee von Beziehungen von Systemen zu sich selbst aus, zunächst unter dem Gesichtspunkt reflexiver Handlungen. Reflexiv ist ein Handeln oder Erleben, wenn es auf sich selbst angewandt wird: Lieben der Liebe oder Entscheiden des Entscheidens oder Denken des Denkens. Heute unterscheidet Luhmann unter dem Oberbegriff Systemreferenz meist Reflexionsbeziehungen und Kopplungen. Systembeziehungen oder -referenzen werden durch ein sich selbst oder andere Systeme unterscheidendes System lokalisiert, so daß letztlich alle Systembeziehungen unter den Bedingungen der Einheit der Differenz von Selbst- und Fremdreferenz beobachtbar sind.[152] Reflexionsbeziehungen sind Beobachtungen dritter Ordnung.

Die sich abzeichnenden Verwicklungen seien vom Kopplungsbegriff her aufgerollt. Luhmann verwendet zunehmend den Begriff der strukturellen Kopplung. Alternativ findet sich immer wieder die weitaus unschärfere und doch bezeichnende Bezeichnung Materialitätskontinuum.[153] Hier findet sich jener Aspekt von struktureller Kopplung gesondert herausgehoben, der auf die Umweltangepaßtheit von Systemen im Sinne des Erfordernisses des Vorhandenseins von beanspruchbaren materiell- und immateriell-medialen Substraten als Grundlagen für die Autopoiesis von Systemen zielt. Als Beispiele für Materialitätskontinuen finden sich u.a.: Schwerkraft für das Verhältnis von Körper und physischer Umwelt; Licht, Luft und Schrift für das Verhältnis von psychischem System und physischer Umwelt; Wahrnehmung für das Verhältnis von psychischem und Nervensystem, Wahrnehmung und Sprache für das Verhältnis zwischen

---

149 Vgl. Abschnitt 5.
150 Vgl. Luhmann: 1981b5, 1984h, 1985a, 1985f, 1986g, 1989k, 1990n, 1991c2, 1992d3 u. 1993l. Vgl. im Lexikon: → Funktion, → Interpenetration, → Kopplung, → Leistung, → Systemgrenze.
151 Vgl. Abschnitte 3.1.2 u. 3.2.3.3.
152 Vgl. die an den Systemreferenzbegriff anschließende Differenzierung von Beziehungsebenen bei Bendel (1993).
153 Zur Abgrenzung des Begriffs Materialitätskontinuum vgl. auch Fußnote 83.

psychischen Systemen und zwischen diesen und sozialem System; Eigentum für das Verhältnis von wirtschaftlichem und rechtlichem System.[154] Strukturelle Kopplung oder kurz Kopplung erfordert immer die Inanspruchnahme mindestens eines Mediums,[155] je nach Länge der beobachteten Kopplungskette. Deshalb sei im folgenden der Begriff der Kopplung gleichbedeutend mit dem Begriff des Materialitätskontinuums eingesetzt. Kopplungen sind ihrerseits als lose und feste Kopplungen zwischen Systemen zu unterscheiden (vgl. Abbildung 15).

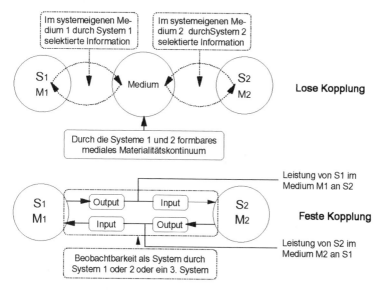

Abbildung 15: Lose und feste Kopplung

Lose Kopplung betrifft jene Art von Systembeziehungen, bei denen zwischen den autopoietisch operierenden Systemen ein Konstitutionsverhältnis besteht. Sind gemeinsame Elemente ausgeschlossen,[156] liegt lose Kopplung vor.[157] Ein autopoietisches System (S1 bzw. S2) operiert immer in dem Medium (M1 bzw. M2), in dem es operiert. Ein autopoietisches System kann sich in seiner Umwelt[158] nur erhalten, wenn es mit dieser die Inanspruchnahme eines Mediums zu teilen in der Lage ist.[159] Wichtig ist es,

---

154 Im einzelnen besteht hier einiger Aufklärungsbedarf.
155 Vgl. zum Medien- und Medium-Form-Begriff auch Hinweise in den Abschnitten 3.2.1 u. 3.2.3.3.
156 Dies kann erst weiter unten zusammenfassend verdeutlicht werden.
157 Vgl. die obere Hälfte von Abbildung 15.
158 S1 und S2 sind wechselseitig füreinander Umwelten.
159 Bei Systemumwelten ist das verhältnismäßig klar. Bei Nicht-Systemumwelten ist die mediale Verknüpfung aus der Sicht nur eines Systems anzunehmen.

ein gemeinsam beanspruchtes Medium von den systemeigenen Medien zu unterscheiden.[160] Wichtig ist ferner, jenen Fall von Beobachtung anzunehmen, in dem Systeme als ihr Verhältnis zu ihrer Umwelt beobachtend, als Beobachter erster Ordnung
beobachtet werden.[161]

Auch der Typ fester Kopplung setzt Autopoiesis voraus und gefährdet sie nicht.[162]
Das nunmehr jeweils sich selbst in seinen Beziehungen zu seiner Umwelt beobachtende System zeichnet in das gemeinsam beanspruchte Medium eine bestimmte Form
ein. Ein mediales Materialitätskontinuum ist zwar auch hier vonnöten, doch kommt es
darauf an, wie eines der beteiligten Systeme selbst seine Beziehungen zu einem anderen System in seiner Umwelt beobachtet oder als dies beobachtend von einem dritten
System beobachtet wird. Angesprochen sind Beobachtungen des Typs zweiter Ordnung. Jetzt kann eine satzförmig im Medium der Sprache mitgeteilte Information als
identisch für die an Kommunikation beteiligten Systeme oder eine Zahlung als Erfüllung einer Rechtspflicht gelten. Die Zahlungshandlung im Medium des Geldes ginge
von System 1 (S1) an System 2 (S2) und wäre als Äquivalent zu der im Medium des
Rechts von System 2 (S2) an System 1 (S1) geltend gemachten Forderung zu sehen.
Es läßt sich auch sagen: Der operative Vollzug loser Kopplung resultiert in gekoppelten Strukturen zwischen System und Umwelt. So erweisen sich am Ende lose und feste Kopplung als zwei verschiedene Seiten der autopoietischen Medaille.

Anhand von Abbildung 16 ist die Vielschichtigkeit der Beobachtbarkeit von Systembeziehungen systematisierend zusammenzufassen. Für die operative Beziehungsebene
gilt: Ein System 1 (S1) operiert in seinen Beziehungen zu einem anderen System 2
(S2) in seinem Medium 1 (M1); das System 1 (S1) identifiziert selbst die für es relevanten Umweltereignisse, etwa Zahlungsereignisse.[163] Für die transformative Beziehungsebene gilt: Ein System 2 (S2) beobachtet seine Beziehungen zu einem System 1
(S1) als Austausch- oder Leistungsbeziehungen.[164] Es kann aber den an seiner Grenze
beobachteten Input als Output von System 1 (S1) nicht unmittelbar in seine Sy-
stemsprache übersetzen. Es kann, z. B. als Wissenschaftssystem, mit einer Zahlung des
Wirtschaftssystems nur etwas anfangen, wenn es diese in Forschungsoperationen, also
in das Wahrheitsmedium, übersetzt.[165] Eine unmittelbare Konvertierung ist ausge-

---

160 Vgl. zu letzterem Hinweise in Abschnitt 3.2.3.3.
161 Vgl. Abschnitt 5.2.
162 Vgl. die untere Hälfte in Abbildung 15.
163 In Abbildung 16 gekennzeichnet durch gestrichelte Linien. Genauso gut hätte ein anderes System
     den Ausgangspunkt bilden können. Die Aufspaltung in zwei Beziehungsrichtungen soll ausschließ-
     lich symbolisieren, daß das System 1 (S1), z. B. das Wirtschaftssystem, seine Beziehungen zu seiner
     Umwelt nur in in seinem Medium, dem des Geldes, beobachten kann, gehe es um Geldzahlungen ir-
     gendeines Systems an das wissenschaftliche System oder des wissenschaftlichen Systems an ir-
     gendein anderes System.
164 In Abbildung 16 gekennzeichnet durch gepunktete Linien.
165 Vgl. auch nochmals Abbildung 15.

schlossen.[166] Für die Äquivalenzebene gilt: Ein drittes System oder ein externer Beobachter[167] beobachtet die Beziehungen zwischen zwei verschiedenen Systemen so, als
ob die zwischen diesen ausgetauschten Leistungen unmittelbar gegeneinander aufge-
wogen, also mittels eines dritten Mediums konvertiert würden, etwa vorstellbar als
Austauschrelation x Einheiten Geld gegen y Einheiten Wahrheit.[168]

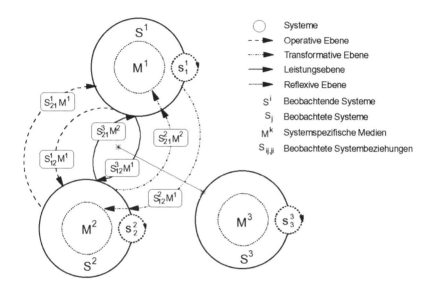

Abbildung 16: Beziehungen zwischen Systemen

Die Unterscheidung einer transformativen und einer Äquivalenzebene mag etwas
künstlich wirken, geht es doch um Aspekte ein- und derselben Austausch- bzw. Leistungsbeziehung. Es kommt allerdings darauf an, die Austauschbarkeit von Leistungen
unter dem doppelten Aspekt der unmittelbaren Nichtkonvertierbarkeit mittels eines der
Medien der beteiligten Systeme und des dennoch erfolgenden Austausches zu verdeutlichen.[169] Man mag dies als eine Art Paradoxieauflösung von der Art sehen, wie
sie in der Ökonomie altvertraut ist: Wie kann Verschiedenes und für die Austausch-
partner Ungleichwertiges als Gleichwertiges gegeneinander ausgetauscht werden?

---

166 Entsprechendes gilt für die Übersetzung des Outputs von System 2 (S2) als Input des Systems 1
    (S1) durch System 1 (S1).
167 Das dritte System könnte auch eines der sich selbst beobachtenden beteiligten Systeme (S1 oder S2)
    sein.
168 In Abbildung 16 gekennzeichnet durch durchgezogene Linien.
169 Luhmann bietet übrigens diese Unterscheidung begrifflich nicht an; sie ergibt sich aber zwingend.

Die kritische Frage des Einschlusses oder Ausschlusses einer Gemeinsamkeit von Elementen bei Systembeziehungen läßt sich nunmehr wie folgt beantworten: Die jeweils in die Beobachtungen involvierten Systeme operieren jeweils autopoietisch. Auf der operativen Ebene gibt es keinerlei Gemeinsamkeit von Elementen. Zwischen Systemen sind nur Transformierungen vorstellbar. Lediglich im Falle der Beobachtung zweiter Ordnung kann ein beobachtendes System seine Outputs als Inputs eines anderen Systems beobachten; auch ein drittes System vermag entsprechende Beobachtungen anzustellen. Nur in dieser sehr speziellen Sichtweise ließe sich eine Gemeinsamkeit der Elemente sehen, die jedoch, was entscheidend ist, die operative Autonomie der Systeme selbst nicht berührt.

4.2   Negative und positive Integration

Die Themen der Interpenetration und Interdependenz von Systemen sind unter dem Blickwinkel der Integration[170] nochmals aufzunehmen und fortzuführen. Leitunterscheidung ist dabei negative Integration/positive Integration.[171]

4.2.1 Negative Integration

Interpenetration

Wenn sich ein System in seinen umweltbezogenen Operationen auf sich selbst bezieht, nimmt es, so wurde gesagt, eigenselektiv die Elemente anderer Systeme für den Aufbau eigener Komplexität in Anspruch.[172]

Man denke wieder an eine Gesprächsrunde. Die an ihr teilnehmenden psychischen Systeme operieren auf der Grundlage von Bewußtsein mit Gedanken als Elementen im Medium der Sprache. Sie beteiligen sie jeweils am Gespräch nach Maßgabe ihrer Beobachtungen der Beteiligungen der anderen Systeme. Sie operieren je für sich selbstreferentiell. Das aufgenommene Gespräch ist ein eigenständiges und eigendynamisches soziales System. Eigenständigkeit heißt: Der individuelle Sinn eines kommunikativen Beitrags wird zu sozialem Sinn nur durch selektive Einbettung in den Strom bereits kommunizierten Sinns. Eigendynamik heißt: Die Kommunikation schließt an Kommunikation an, schlägt ihre eigenen verschlungenen Wege ein, ob die einzelnen Bewußtseine dem nun folgen oder nicht oder dieses gar dem Sinn ihrer Beiträge ent-

---

170 Die integrative Fragestellung überhaupt empfinden viele Autoren als unterbelichtet oder falsch belichtet; vgl.: Miller 1987, Kneer/Nassehi 1991:186ff., Stark 1994:106-135.

171 Diese Unterscheidung nimmt Luhmann selbst nicht vor. Gleichwohl variiert er seine Überlegungen zur Autopoiesis und Kopplung von Systemen unter Vorzeichen von Autonomie und Interdependenz. Es sei an die zentrale Aussage erinnert, wonach Systembildung Steigerung von Unabhängigkeit und Abhängigkeit zugleich bedeutet.

172 Vgl. Abschnitte 3.2.2 u. 3.2.3.1.

spricht oder nicht. Das erhellt auch ein weiteres Mal, weshalb die psychischen Systeme füreinander und das soziale System für sie bzw. die psychischen Systeme für das soziale System Umwelt bleiben. Das Gespräch ist, negativ abgegrenzt, nicht als Summe all dessen zu beobachten, was auf der Ebene der beteiligten Einzelbewußtseine an strukturdeterminierten Informationsverarbeitungen aus Anlaß der Bezugnahmen auf die laufende Kommunikation geschieht. Es ist, positiv abgegrenzt, erkennbar als ein eigenständiges, einer eigenen Dynamik folgendes soziales System mit Kommunikationen als Elementen. Nur hierfür gilt die dreifach-selektive Differenz von Information, Mitteilung und Verstehen.

Soziale Systeme sind mithin, wie übrigens auch psychische Systeme, emergente Systeme. Das Soziale geht keinesfalls dem Individuellen voraus oder umgekehrt. An ihrer Wiege steht die gemeinsame Evolution.[173] Kein System ist ein perpetuum mobile. So wie sich soziale Systeme unter Bedingungen doppelter Kontingenz[174] immer wieder konstituieren, der Beteiligung von Aspekten des Menschen bedürfen, so konstituieren sich psychische Systeme immer wieder unter Bedingungen sozialer Systeme. Interpenetrierende Systeme sind nicht-integrierte emergente Systeme, die ihre Autonomie nur dadurch halten können, daß sie Selbst- mit Fremdreferenz kombinieren. Das entspricht loser Kopplung oder Integration durch Nichtintegration oder einfach negativer Integration.

Inklusion durch Exklusion [175]

Eine Gesellschaft mit überwiegend funktionaler Differenzierung hat kein Steuerungszentrum mehr, keine ihre Einheit von oben nach unten oder von einer bestimmten Stelle aus dauerhaft sichernde Einrichtung.[176] Die Selbstbeweglichkeit des ganzen Geschehens ist hoch und eingelagert in einen seinerseits eher noch mehr Möglichkeiten versprechenden evolutionären Selbstbewegungszusammenhang.[177] Obwohl das so ist, fällt nicht alles mit einem großen Krach zusammen.

Funktionale Differenzierung löst einen Typus der Integration ab, der auf die Einbeziehung des ganzen Menschen in einen wohlgeordneten gesellschaftlichen Zusammenhang abgestellt ist. Der Weg des dekomponierten Menschen zurück in die Gesellschaft ist nur noch selektiv möglich.[178] Die psychischen Systeme können an den verschiedenen gesellschaftlichen Teilsystemen teilnehmen. Die Teilnahme ist stets eine temporäre und immer wieder mögliche; sie steht für Integration durch Nichtintegration oder

---

73 Vgl. Abschnitte 3.1.2 u. 3.2.3.1, insb. Abbildung 9.
74 Vgl. Abschnitt 3.1.1.
75 Vgl. Luhmann: 1994g u. 1995g.
76 Vgl. Abschnitte 2.1.2, 3.1.2, 3.2.3.3 u. 3.2.3.4.
77 Bühl (1993:214) unterstellt eine „Universalideologie der 'unlenkbaren Selbstentwicklung'" oder eine Theorie ohne Kontrollkonzept (1987).
78 Das bedauert z. B. Di Fabio (1991:105ff.).

einfach für negative Integration. Dabei hat die negative eine positive Seite. Negative Integration ist ja dauerhaft gewährleistet, aktualisiert stets von Zerfall bedrohte ausdifferenzierte und differenzierte soziale Systeme. Auch bei funktionaler Differenzierung erfolgt die konstitutive Bezugnahme der sozialen Systeme aufeinander lediglich nach dem Interpenetrationsmodell. Jedes einzelne System nimmt in seinen Umwelten anderer Systeme ausschließlich jene Irritationen wahr, denen es Informationswert für sich selbst zuschreibt. Dabei kann zuviel oder zuwenig Resonanz erzeugt, ein riskantes Ungleichgewicht zuwegegebracht werden. Die wechselseitigen Bezugnahmen aufeinander durch Bezugnahmen auf sich entsprechen ebenfalls der paradoxen Figur der Integration durch Nichtintegration.[179]

Negative Integration stellt sich insgesamt in doppelter Hinsicht als eine paradoxe Angelegenheit dar: 1. Sie ist von Grund auf gesicherte Absorption von Unsicherheit und insofern selbst positive Integration, weil sonst selbstnegationsfähige Integration überhaupt nicht möglich wäre. Dieser Typus von Integration kommt ohne einen allwissenden Lenker, z. B. Gott, und ohne die allumfassende sichtbare Hand des Staates oder ohne intellektuelle Priesterschaften aus. 2. Negative Integration schließt in ihren Grenzen und ihre Grenzen bestimmend positive Integration ein. Selbstabstimmungen von Beziehungen sind in doppeltem Sinne positive Abstimmungen. Es sind erstens Selbstabstimmungen, die ihre Möglichkeit von der Notwendigkeit der Stabilisierung einer Systemgrenze abhängig machen, der paradoxen Figur der Bestandssicherung durch Bestandsgefährdung folgen. Kein System kann sich in seiner Umwelt erhalten, wenn es nicht Umweltanforderungen in Systemanforderungen übersetzen kann. Es sind zweitens Abstimmungen, die sich selbst in ihren Beziehungen zu ihren Umwelten beobachtende oder als solche beobachtete Systeme zwischen sich und anderen Systemen in ihren Umwelten vornehmen.

4.2.2   Positive Integration

Person und Organisation

Bei den bisherigen Ausführungen war immer unscharf die Rede von der Beteiligung von Systemen an Systemen im allgemeinen und der Beteiligung von psychischen an sozialen Systemen im besonderen, gelegentlich mit dem zusätzlichen Hinweis „in der Form von Person". Die gemeinte Beteiligung hat zwei Seiten oder ist so zu beobachten. Von der Seite der Interpenetration her wird ein Konstitutionszusammenhang beobachtbar.[180] Von der Seite der Zurechnung her wird ein Handlungszusammenhang beobachtbar. Eine der zentralsten Aussagen Luhmanns in Verbindung mit der Einführung des Kommunikationsbegriffs und der Nachordnung des Handlungsbegriffs lautet: Soziale System beobachten sich selbst als Handlungssysteme. Genau dies eröffnet die

---

179 Bendel (1993) sieht hierin ausdrücklich einen eigenständigen integrativen Faktor.
180 Vgl. zum Handlungsverständnis auch die Abschnitte 2.1.1, 3.2.2, 3.2.3.1, 3.2.3.2 u. 4.1 i. V. m. 5.2.

Möglichkeit einer Zurechnung von Handlungen auf Systeme verschiedener Art und in verschiedener Weise. Psychische Systeme können ein Verhalten als Handeln oder Erleben zurechnen, sich selbst oder einem anderen psychischen System, auch einem sozialen System; zurechnen können auch soziale Systeme.[181]

Ein Bindeglied zum Verständnis der Akteursproblematik fehlt noch, die Beobachtungseinheit Person. Person bezeichnet jene Form, in der ein sinnhaft operierendes System sich die Verhaltenszumutungen eines anderen sinnhaft operierenden Systems zurechnet bzw. auf ein solches System durch ein anderes System Verhaltenszumutungen zugerechnet werden.[182] Es ist sicher auch zutreffend, Person als dasjenige Medium zu bezeichnen, auf das Systeme sich in ihren Bezugnahmen aufeinander beziehen, in dieses Medium verschiedene Formen einzeichnen.[183] Der Personbegriff ist gleichermaßen für ein psychisches wie für ein soziales System zu verwenden. Eine Familie, eine Partei, eine soziale Bewegung, ein Verband, ein Unternehmen usw. vermag sich zweifellos der Selbst- oder Fremdbeobachtung als Handlungs- oder Erlebenseinheit auszusetzen.[184] Festzuhalten ist: In der Systemtheorie Luhmanns haben der individuelle und der kollektive Akteur in der Form von Person einen systematischen Stellenwert.[185]

Weitreichende Folgen zeichnen sich ab. Beobachtungsfiguren wie „bewußte Kommunikation" oder „Einflußnahme auf das Handeln anderer Systeme" erhalten einen angemessenen Platz. Es handelt sich um Beobachtungen von Systemen als Akteuren. Man kann im Gespräch den Versuch machen, die eigene Meinung als zu akzeptierende darzustellen. Man kann vor Gericht ziehen, um rechtlich den Anspruch auf eine Zahlung einzuklagen. Das politische System kann über die Gewährung von Investitionszulagen das wirtschaftliche Handeln der Unternehmen beeinflussen. Auf dieser akteursspezifischen Ebene sind Beziehungen zwischen Systemen und zwischen Systemen in Systemen als integrative nachzuzeichnen.

---

181 An der Differenzierung der Beobachtungsebenen und den Folgen für ein angemessenes Handlungs-bzw. Akteursverständnis scheitert eine Reihe von Kritikern; vgl.: Esser 1994, Giegel 1987, Martens 1991:635ff., Münch 1994, Saurwein 1994:73ff., Schimank 1985b u. Stark 1994:93ff. Haferkamp (1987) hat zutreffend erkannt, daß sich aus der Perspektive der Selbstbeobachtung die Systemtheorie Luhmanns handlungstheoretisch aufrollen läßt. Dabei ist zu verweiden, a) den Handlungsbegriff dem Begriff des Handlungssystems vorzuordnen, b) die Handlungsverknüpfungen im Stile des zweipoligen Informationsmodells als Kommunikationen zu beschreiben und c) die kognitive mit der Leistungsbeziehungsebene gleichzusetzen.

182 Vgl. Luhmann 1995c. Zur Plazierung des Personbegriffs zutreffend Kneer/Nassehi 1993:90 u. 155ff. Vgl. im Lexikon: → Person, → System, psychisches.

183 Vgl. in diesem Sinne Hutter/Teubner 1995 u. Ladeur 1994.

184 Spätestens hier irren einige Autoren, wenn sie eine zu niedrig angesetzte Bedeutung organisierten Handelns behaupten; vgl.: Schemann 1992, Krawietz 1992a; Krawietz 1992b u. Werner 1992.

185 Der Personbegriff ist dabei, was das psychische System als Zurechnungsgesichtspunkt betrifft, gleichsam de-naturalisiert (Idee der natürlichen Person), und, was soziale Systeme betrifft, gleichsam re-naturalisiert (Idee der juristischen Person).

Auch die Inklusion durch Exklusion hat eine positive integrative Seite, nämlich die Inklusion in auf relative Dauer angelegte soziale Systeme, namentlich solche organisierten Typs.[186] Diese Inklusion ist nur zum Preis der Exklusion zu haben. Nicht jeder kann Mitglied auf der Grundlage von Gleichheit sein. Priviligierte organisationale Mitgliedschaften im allgemeinen und organisationales Handeln im besonderen verheißen herausgehobene Handlungs- bzw. Steuerungschancen. Systeme dieser Art erweisen sich als von einer Spitze aus steuerbar und eröffnen die Chance, das eigene Handeln als Organisation als Prämisse des Handelns anderer Organisationen und auch sozialer und psychischer Systeme zu setzen. Aus dieser Sicht gibt es ein beachtliches Steuerungs- oder Rationalitätspotential in der funktional differenzierten Gesellschaft. Dies kann jedoch die Grenzen autopoietisch operierender gesellschaftlicher Teilsysteme nicht überwinden. So läßt sich politisch ohne weiteres der Handlungsrahmen von Unternehmen als institutionellem Kern des wirtschaftlichen Systems im Medium der Macht begrenzen, aber nur so, daß die Begrenzungen durch die Unternehmen erst in die Sprache des Geldes zu übersetzen sind. Das ist das ganze Geheimnis und hat nichts mit Durchbrechungen der primären codegeführten Systemoperationen zu tun.[187]

Einmal mehr ist auf folgendes hinzuweisen: Integrative Beobachtungen bzw. ihnen entsprechende Handlungen und besonders Entscheidungen sind riskant, d. h. sie beruhen auf vereinfachenden System-Umwelt-Annahmen, und die mit ihnen verbundenen Erwartungen sind grundsätzlich enttäuschbar. Sicherheit ist über diesen Weg nicht erreichbar, nur mehr oder minder adäquate Absorption von Unsicherheit.[188] Rationalität im Verständnis der handlungsintentionalen Beherrschbarkeit von System-Umwelt-Beziehungen sind deutliche Grenzen gesetzt.[189]

Moral [190]

Der neue paradoxe Integrationstypus überlagert insbesondere auch den Typus konkreter Sozialintegration. Bei sozialer Integration denkt man zuerst an positive moralisch-normative Integration des ganzen Menschen oder mindestens der Person.[191] An zweiter Stelle hat man eine positive moralisch-normative Integration intra- und intersyste-

---

186 Vgl. im Lexikon: → Inklusion/Exklusion, → Organisation.

187 Vgl. Fußnote 135.

188 Vgl. insoweit zutreffend: Kneer/Nassehi 1993:167ff., Reese-Schäfer 1992:87ff.

189 Zu gemeinten Risikoproblematik und damit verknüpften Steuerungsdefiziten vgl. Luhmann 1985a, 1989h, 1990q, 1990u, 1991d2, 1993g u. 1994j. Mindestens skeptischer hinsichtlich des Luhmann-schen „Pessimismus" sind: Halfmann 1986, Hahn/Eirmbter 1992, Japp 1990, Kneer 1992, Mai 1994, Nahamowitz 1988, Ronge 1994, Scharpf 1989, Schimank 1987 u. Willke 1987a.

190 Vgl. zum hier relevanten Themenbereich von Werten, Normen, Vertrauen, Vertrautheit, Utopien u.ä. Luhmann: 1969d, 1977a, 1988c, 1985g, 1986c, 1987a3, 1988c, 1989c, 1990o, 1991b3 u. 1993e. Vgl. im Lexikon: → Moral, → Norm, → Vertrauen, → Vertrautheit, → Wert.

191 Zur Rolle von Ethik und Moral vgl. im allgemeinen zutreffend: Kneer/Nassehi 1991:178ff., Reese-Schäfer 1992:113ff.

mischen Typs im Auge.[192] Die Ausdifferenzierung sozialer Systeme folgt nun weder dem Wertecode noch dem moralischen oder dem normativen Code. Folglich können Werte, Moral und Normen nicht der Unterbau von systemischer Integration sein. Sofern Systeme in einem bestimmten Medium operieren, ist dieses Medium nicht wertmäßig, moralisch oder normativ zu substituieren. Selbstverständlich sind z. B. politische oder wirtschaftliche Handlungen sekundär wertmäßig, moralisch oder normativ begründbar, nicht jedoch wertmäßig, moralisch oder normativ als politische oder wirtschaftliche Handlungen begründet.[193] Über Werte, Moral oder Normen läßt sich nur in Systemen in bezug auf Systeme kommunizieren, um welche Art von Systemen es auch immer gehen mag. Systeme können solche Kommunikationen auch an sich selbst adressieren. Also: Über Werte im Medium der Werte, über Moral im Medium der Moral oder über Normen im Medium von Normen ist Kommunikation möglich. Wertmäßiges, Moralisches wie Normatives läßt sich überdies ohne weiteres als selbst- oder fremdadressierte Handlungs- und Erlebenszumutung geltend machen.[194]

4.3   Kopplung: Ein Beispiel

Die Abbildung 17 enthält ein Beispiel zur Kopplungs- bzw. Integrationsfrage. Die Beschreibungen am oberen und unteren Rand führen die funktionale und die organisationale Betrachtung als Bestandteile einer eigenen integrierten Betrachtung ein. Hervorzuheben ist, daß die funktionale Betrachtung einerseits die primäre Zugehörigkeit organisierter Sozialsysteme zu einem Funktionssystem und andererseits die Zugehörigkeit organisierter Sozialsysteme zu mehreren Funktionssystemen einschließt. Die Beschreibung am linken Rand weist hin auf eine Mehrheit ineinander verschachtelter sozialer Systeme. Aus diesen Vorgaben folgen eine Mehrheit von Systemreferenzen und das Zusammenwirken einer Mehrheit von Medien. Funktionale Systembeziehungen bestehen hier zwischen dem wirtschaftlichen und dem wissenschaftlichen System (oberste Zeile), treten aber auch innerhalb von organisierten Teilsystem der Organisationssysteme auf (dritte Zeile von oben). Leistungsbeziehungen sind als Beziehungen zwischen den Organisationen (zweite Zeile von oben) und zwischen organisationalen Teilsystemen in den Organisationen dargestellt (dritte Zeile von oben). Die Medien haben auf horizontaler Ebene oder in funktionaler Hinsicht gleichen Rang. In den Organisationen und ihren Untersystemen spielen sich Medienhierarchien ein. Ein Unternehmen als Bestandteil des wirtschaftlichen Systems operiert dominant im Medium des Geldes, aber als Organisation instrumentalisiert das Unternehmen das Medium

---

92 Preyer (1992:79ff.) vermißt allgemein einen normativen Unterbau nicht-nomativer Systemintegration.

93 Völlig anderer Auffassung ist Münch (1994).

94 Von einem moralischen Minimalismus, der zu moralfreiem Dezisionismus freisetzt, kann überhaupt keine Rede sein; vgl. anders Neckel/Wolf 1994: insb. 88ff.

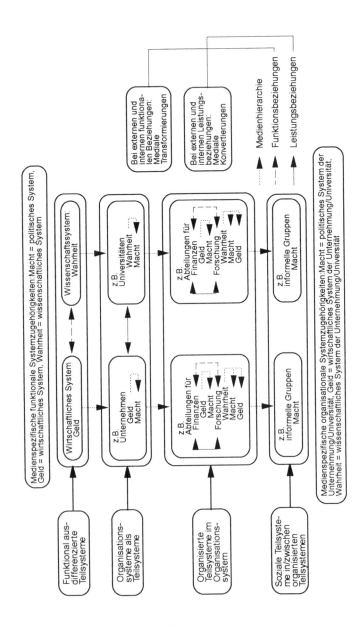

Abbildung 17: Systembeziehungen bei funktionaler und organisationaler Differenzierung

Macht zur Absicherung der Operationen im Medium des Geldes. Eingereiht in diese Hierarchie dominiert im Untersystem Forschung des Unternehmens das Medium Wahrheit. Integrative Wirkungen mag man auch noch mit informellen Gruppen (vierte Zeile von oben) oder mit wertmäßigen, moralischen oder normativen Verhaltenszumutungen verbinden, welche sich jeweils auf die gesamte Organisation beziehen können, aber nicht müssen.

Die ganze Vielfalt von Systemdifferenzierungen, Systemreferenzen und assimilierten Integratoren[195] mit negativen und positiven Implikationen schließt den Eindruck aus, unter Bedingungen der Autopoiesis von Systemen habe man es mit einem chaotischen oder zu hinreichender Selbstregelung unfähigen gesamten Zusammenhang der Beziehungen zwischen Systemen zu tun.

5   Beobachtung

Von Beginn der Ausführungen an wurde argumentativ immer wieder ein uneingeführter Begriff verwendet, der Begriff der Beobachtung. Weicht doch der übliche Sinn von Beobachtung von jenem Sinn ab, den Luhmann damit verbindet. Jedoch: Auch nach Luhmann hat Beobachten etwas mit Sehen, einen Gegenstand zu betrachten oder ein Geschehen zu verfolgen zu tun. Die Frage ist dann nur noch, ob man überhaupt und wie man ggf. sehen kann und was man zu sehen bekommt, wenn man sieht.

5.1   Beobachtung und Beobachter [196]

Beobachtung

Zu beginnen ist mit Beobachtung. Eine Beobachtung oder ein Beobachten ist in einem das Treffen einer Unterscheidung und die Bezeichnung des Unterschiedenen.[197] Beobachtung ist die Einheit der Differenz von Unterscheidung und Bezeichnung. Die Bezeichnung „Beobachtung ist die Einheit" verweist nicht auf wirkliche Einheit, sondern nur auf die semantische Benennung der Einheit einer Differenz. Ein Unterscheiden mit Bezeichnung des Unterschiedenen beinhaltet eine Entscheidung für etwas. Ausge-

---

195 Werte, Moral, Normen, Gefühle usw.
196 Vgl. Hinweise zu ausdrücklicher erkenntnistheoretisch formulierten Arbeiten in Abschnitt 5.3. Vgl. hier Luhmann: 1986g, 1986j, 1987a6, 1987c5, 1987c6, 1988l, 1990a, 1990n, 1991b6, 1991d1, 1991d5, 1991f2, 1992d3, 1992d4 u. 1993i; Luhmann/Bunsen/Baecker 1990a. Vgl. dazu: Baecker 1990, Holl 1985, Lauermann 1991, Pfütze 1991, Schulte 1993. Vgl. im Lexikon: → Beobachter, → Beobachtung, → Blinder Fleck, → Crossing,, → Differenz, → Einheit, → Form, → Marked space/unmarked space, → Paradoxie, → Unterscheidung, → Welt.
197 Beobachtung ist selbst eine Beobachtung.

schlossen ist alles das, was nicht unterschieden und bezeichnet wurde. Die andere Seite der Unterscheidung[198] ist nicht bekannt, trägt aber als das Nichtunterschiedene zur Bestimmung des Unterschiedenen bei. Jede Unterscheidung begründet hiernach eine Asymmetrie oder impliziert eine Zweiseitenunterscheidung, bei der nur die erste und nicht die zweite Seite als die Seite ausgewiesen ist, mit der weitergemacht werden kann. Man hätte natürlich anders unterscheiden und damit einen anderen Bezugspunkt für das Weitermachen vorgeben können: Beobachtung ist ein kontingent-selektiver Sachverhalt.

Die Beobachtung selbst hat noch eine Reihe weiterer Besonderheiten. Wenn sie das ist, was sie ist, dann ist sie eine schlichte Tautologie: Beobachtung ist Beobachtung. Damit könnte es sein Bewenden haben. Tautologien gelten nun einmal nicht als sinnvolle oder gar logisch überzeugende Startpunkte für weiteres Beobachten. Wird trotzdem beobachtet, entsteht ein Dilemma. Eigentlich könnte es überhaupt nicht weitergehen, und doch geht es weiter. Es liegt eine Paradoxie vor. Etwas ist das, was es ist, und es kann das, was es ist, dennoch nicht sein. Es wird beobachtet, obwohl oder weil nicht beobachtet werden kann. Da sich das kaum bestreiten läßt,[199] ist eine Paradoxie als die Einheit der Differenz von Paradoxie und Tautologie zwar nicht auflösbar, aber entfaltbar: Es wird beobachtet, weil nicht beobachtet werden kann. Sodann ist Beobachtung auf sich selbst beziehbar, als Beobachtung zu beobachten. Beobachtung ist ein selbstreferentieller Sachverhalt. Schließlich wird schlicht beobachtet, eingeschlossen alle hier vorgetragenen Beobachtungen: Beobachtung ist ein empirischer oder realer Vorgang.[200]

Die grundsätzlichen Bestimmungen des Beobachtungsbegriffs verdecken immer noch einige Schwierigkeiten. Jede Unterscheidung, so hieß es, impliziert eine Zwei-Seiten-Unterscheidung. Die Unterscheidung selbst ist jedoch immer nur eine Unterscheidung. Die unterschiedene und bezeichnete Seite ist in sich verschieden formbar. Unterschieden und bezeichnet werde Sein oder System oder Recht. Das impliziert Nicht-Sein oder Nicht-System oder Nicht-Recht. Unterschieden werde Sein/Nichtsein oder System/Umwelt oder Recht/Unrecht. Dies sind je für sich einzelne Unterscheidungen mit zwei Seiten. Hierbei ist die andere Seite in doppelter Hinsicht nicht unterschieden. Die andere Seite der Unterscheidung System/Umwelt bleibt unbestimmt. Innerhalb der System/Umwelt-Unterscheidung ist System als verschieden von Umwelt bestimmt, und es bleibt wiederum unbestimmt, was Umwelt ist (vgl. Abbildung 18). Das ist nicht weiter schädlich, denn es geht, so wurde gesagt, bei Beobachtungen darum, an die eine und nicht an die andere Seite anzuknüpfen, wobei die Umkehrung ebenfalls zulässig ist. Dann ergibt sich vom Sein her eine Bestimmbarkeit des Nichtseins, vom

---

198 Im folgenden wird aus sprachlichen Gründen häufig nur Unterscheidung gesagt, obwohl es eigentlich Unterscheidung und Bezeichnung oder Beobachtung heißen müßte.

199 Vgl. so auch Holl 1985. Siehe auch Abbildung 19.

200 Vgl. hierzu speziell Abschnitt 5.3.

System her eine Bestimmbarkeit von Umwelt und vom Recht her eine Bestimmbarkeit
von Unrecht - jeweils als Nichtbestimmbarkeit.

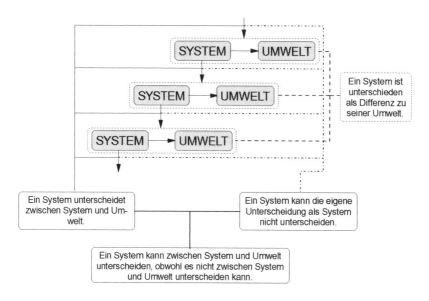

Abbildung 18: Die System - Umwelt - Unterscheidung

Im Augenblick des Beobachtens ist nur eine Beobachtung möglich. System und Sein
oder System/Umwelt und Sein/Nichtsein sind nicht gleichzeitig unterscheidbar. Ebenso ist innerhalb einer Unterscheidung nicht zugleich an beide Seiten mit weiteren Unterscheidungen anzuknüpfen. Jeder Seitenwechsel beansprucht Zeit, und sei die Zeitspanne noch so klein.

Beobachter

Soeben war mehr beiläufig die Rede von einem beobachtenden System. In der Tat,
eine Beobachtung kann sich nicht selbst vollziehen, wenngleich als vollzogen beobachtet werden. Die Operation des Beobachtens erfordert einen Beobachter. Dieser ist unterschieden als ein System, genauer als ein autopoietisches System. Ein System unterscheidet sich als System in Differenz zu seiner Umwelt. Es kann in dem Moment, in
dem es sich so unterscheidet, die eigene Unterscheidung als System nicht unterscheiden. Zusammengenommen läuft das wieder auf eine Paradoxie auf. Ein System kann
zwischen System und Umwelt unterscheiden, obwohl oder weil es nicht zwischen System und Umwelt unterscheiden kann. (Vgl. insgesamt Abbildung 18) Insofern gelten

für den Beobachter bzw. das beobachtende oder ein beobachtendes System dieselben Kennzeichen wie für die Beobachtung.[201]

Der Beobachter ist kein vernünftiges Subjekt.[202] Entscheidend an der Figur des Beobachters ist sein entsubjektivierter Status. Dies hat man sich wie folgt vorzustellen: ein autopoietisches System,[203] z. B. eine Zelle, registriert auf der Grundlage seiner basalen Operationen relevante Umweltereignisse. Das System unterscheidet aufgrund seiner codierten elementaren Operationen. Genauso arbeitet ein psychisches System. Entsprechend seiner Bezugnahme von Gedanken auf Gedanken unterscheidet es, welches Umweltereignis es gedanklich zu verarbeiten gedenkt. Im Falle des sozialen Systems muß man den ungewöhnlich wirkenden Versuch unternehmen, etwa von einem Gespräch aus oder von einer öffentlich geführten Debatte über Umweltschutz aus zu beobachten. Aus der Sicht des umweltbezogenen Diskurses sind die teilnehmenden Systeme Umwelt. Die Beiträge der Teilnehmer werden so beobachtet, ob und wie sie in den laufenden kommunikativen Zusammenhang hineinpassen, sich als anschlußfähig erweisen. Das macht es auch verständlich, wenn der Gesellschaft ein Beobachterstatus zugerechnet wird.

5.2   Beobachtung erster und zweiter Ordnung [204]

Alle vorstehenden Beobachtungen zur Beobachtung sind selbst als Beobachtungen erster Ordnung angelegt (vgl. Abbildung 19). Entsprechend sind bereits bekannte Beobachtungen in etwas veränderter Sprache in systematisierender Absicht zu wiederholen. Jede Unterscheidung ist im Moment ihres Vollzugs nur das, was sie ist. Der beobachtende Beobachter sieht nur das, was er vermittels seiner bezeichnenden Unterscheidung zu sehen bekommt. Er sieht dies und nicht das, er sieht Baum oder Kind oder psychisches System oder eine zehnprozentige Unfallwahrscheinlichkeit. Dann ist der Baum ein Baum oder ein System ein System, und das ist tautologisch. Ein Beobachter erster Ordnung vermag nicht zu sehen, welche Unterscheidung dem von ihm Unterschiedenen zugrundeliegt. Gleichwohl unterscheidet er, und das ist paradox. Das beobachtende System kann sich nur auf sich selbst und auf sonst nichts beziehen, und das ist selbstreferentiell. Der Beobachter beobachtet tatsächlich, was er beobachtet, und das ist real.

Ein System ist in der Lage zu beobachten, wie es selbst oder ein anderes System das beobachtet, was es beobachtet. Ein System beobachtet ein System. Dies ist der Fall

---

201 Zur Beobachtung im dargelegten Verständnis vgl.: Kneer/Nassehi (1991:95ff. u. 142ff.) u. Reese-Schäfer (1992:27ff. u. 75ff.); am Beispiel des Geldes siehe Baecker 1991a.

202 Vgl. insoweit zutreffend etwa Schulte 1993:12, 22 u. 26.

203 Vgl. im einzelnen die Bestimmungen hierzu in Abschnitt 3.2.1 i. V. m. 3.2.3.3.

204 Vgl. Luhmann: 1985f, 1992d3, 1993c, 1994m u. 1996d. Vgl. im Lexikon: → Beobachtung, → Selbst-/Fremdbeobachtung, → Re-entry.

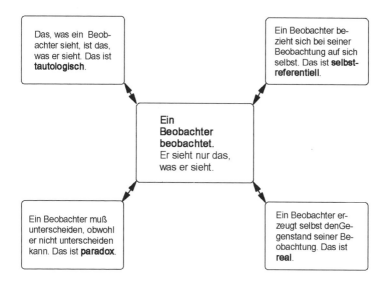

Abbildung 19: Beobachtung erster Ordnung

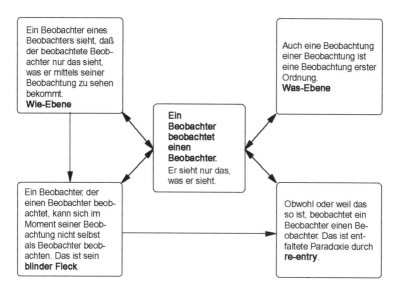

Abbildung 20: Beobachtung zweiter Ordnung

einer Beobachtung zweiter Ordnung (vgl. Abbildung 20), der die Unterfälle der Selbst- und Fremdbeobachtung umschließt. Zwischen der Beobachtung erster Ordnung und der Beobachtung zweiter Ordnung muß, soll erstere Gegenstand letzterer sein, eine zeitliche Differenz liegen, wie unmerklich klein diese auch immer sei. Eine Beobachtung erster Ordnung ist der Was-Ebene und eine Beobachtung zweiter Ordnung der Wie-Ebene des Beobachtens zuzuordnen. Das wiederum ist eine Beobachtung dritter Ordnung, denn es wird beobachtet, daß ein Beobachter beobachtet wie ein Beobachter beobachtet, was er beobachtet.

Der Beobachter zweiter Ordnung sieht, daß der Beobachter erster Ordnung eine für diesen unsichtbare Unterscheidung handhabt und nur vermittels dieser Unterscheidung seinen Gegenstand zu sehen bekommt. Der Beobachter erster Ordnung operiert blind, kann nicht sehen, wie er seinen Gegenstand zu sehen bekommt. Ein Beobachter eines Beobachters eines Beobachters erkennt den Beobachter eines Beobachters als Beobachter erster Ordnung usf. Blindheit ist Merkmal jeder Beobachtung eines Beobachters, so daß eine Hierarchie der Beobachter oder Beobachtungen ausscheidet. Eine Linearisierung im Sinne ein eindeutiger logischer Beziehungen ist schlechterdings nicht vorstellbar.[205]

Obwohl oder weil das so ist, beobachtet ein Beobachter einen Beobachter usf. Eine offensichtliche Paradoxie wird durch re-entry entfaltet.[206] Re-entry heißt Eintritt einer Unterscheidung in sich selbst. Ein System unterscheidet sich als System, indem es sich als verschieden von seiner Umwelt identifiziert. Das System benutzt die Unterscheidung von System und Umwelt, um sich als System unterscheiden zu können. Anders gesagt: das System setzt seine Unterscheidung als System zu seiner Unterscheidung als System voraus.[207] Was für das System zutrifft, trifft auch für den Beobachter zu, der ein System ist. Auf der paradoxieentfaltenden Logik des re-entry beruhen des weiteren alle codiert operierenden selbstreferentiellen Systeme. So wird z. B. vom Standpunkt des Rechts zwischen Recht und Unrecht unterschieden, was eine Vorunterscheidung des Rechts als Recht voraussetzt.

5.3 Realität des Beobachtens und beobachtete Realität [208]

Beobachtung geschieht und ist insofern real. Damit ist noch nicht die Frage beantwortet, ob es etwas zu beobachten gibt, das aller Beobachtbarkeit vorausgesetzt ist oder

---

205 Anderer Auffassung ist Gripp-Hagelstange (1995:61 u. 119).
206 Vgl. zur Paradoxie des Beobachtens und ihrer Entfaltung instruktiv, wenn auch mit ironisierenden Untertönen, Schulte (1993:27, 35ff., 115ff. u. 161).
207 Vgl. die „Hierarchie" in Abbildung 18.
208 Vgl. Luhmann: 1984i, 1985f, 1988b, 1990c, 1992a6, 1992d3, 1994f u. 1996a. Vgl. im Lexikon: → Beobachtung,, → Erkenntnis, → Erkenntnistheorie, klassische, → Konstruktivismus, systemtheoretischer.

sein muß. Objekt läßt Subjekt denken oder Subjekt denkt Objekt, das wären zwei mögliche Wege, die Möglichkeiten des Beobachtens einzugrenzen. Aus Luhmanns Sicht handelt es sich beide Male um Beobachtungen. Selbst wenn man also annähme, es gäbe der Beobachtung vorgängig Beobachtbares oder Realität, wäre das eine Annahme - eine durchaus nachvollziehbare Beobachtung. Jede Beobachtung verletzt in diesem Sinne einen als selbst unbeobachtbar gedachten Raum, einen unmarked space oder, wie es Luhmann neuerlich zu sagen bevorzugt, einen unmarked state. Der unmarked space selbst wird ja nur als unsichtbar sichtbar vermittels seiner Unterscheidung, und diese Unterscheidung wäre ihrerseits zu unterscheiden. Aus diesem Zirkel kommt man nicht heraus, auch nicht mit der Annahme der Verletzung eines unmarkierten Raums. So erweist sich ein unmarked space nur als die andere Seite der Unterscheidung von marked space/unmarked space. Das ist abermals eine selbstreferentiell gebaute Unterscheidung wiedereintrittsfähigen Typs.

Für die Beobachtung von Realität sind die wichtigsten Aussagen in Abbildung 21 zusammengefaßt. Enthalten sind Beobachtungen in Satzform. Die maßgeblichen Beob-

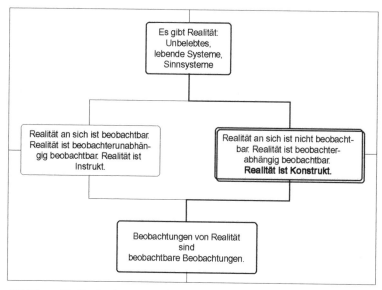

Abbildung 21: Beobachtung von Realität

‐chtungen finden sich im Mittelteil. Der Instrukttheorie des Beobachtens oder der Erkenntnis findet sich die Konstrukttheorie als Alternative gegenübergestellt. Jeweils geht es, um das ausdrücklich klarzustellen, um mögliche Beobachtungen von Realität, die ihrerseits als Beobachtungen beobachtbar sind. Der Unterschied ist der, daß das als instruiert bezeichnete Beobachten die eigene Beobachtung als instruiert leugnet, hingegen das als konstruiert bezeichnete Beobachten sich selbst als konstruiert zu beobachten vermag. Nach der Konstruktvariante oder nach der Variante des systemtheoretischen Konstruktivismus ist Realität ein beobachtungs- oder beobachterabhängiger, weil als solcher unterschiedener Sachverhalt. Das schließt die Aussage ein, wonach es Realität gibt oder Systeme real sind. Der Kreis schließt sich: Beobachtung ist real, Systeme sind real, oder es gibt Systeme, und folglich beobachtet das reale beobachtende System reale Systeme.

Luhmann sichert seinen objektivistisch-konstruktivistischen Ansatz noch weiter ab. Wie soll man über Beobachtung oder über Systeme reden, also beobachten, wenn dafür keine Möglichkeiten zur Verfügung stehen? Ohne Sinn läßt sich eine Beobachtung durch sinnhafte Systeme und von Systemen nicht machen. Ohne etwas zu Beobachtendes, etwa Welt oder Welt in der Welt oder Realität, wäre Beobachtung sinnlos, wobei die Identifizierung von Beobachtbarkeiten ihrerseits eine sinnhafte Angelegenheit wäre. Beobachtungen zeichnen sich nicht selbst als real aus, denn Realität ist eine Sinnkategorie eines auf der Basis von Sinn operierenden Systems. Sinn, Welt und Realität als sich wechselseitig implizierende Begriffe werden demgemäß als differenzlose Begriffe bezeichnet, obwohl sie als Beobachtungen selbstverständlich Einheiten von Differenzen bezeichnen. Differenzlosigkeit meint hier die Negierbarkeit nur durch sich selbst und durch nichts anderes. Sinn ist nur durch Sinn negierbar. Hinter dem Sinn steht nichts, was Sinn erklären könnte, denn das müßte wieder Sinn sein. Gewiß kann man sinnhaft oder beobachtend annehmen, Sinn müsse irgendwann irgendwie in die Welt gekommen, eine evolutionäre Errungenschaft sein. Selbst das geht nicht ohne Sinn.

5.4   Systemtheorie als Beobachtungsprogramm [209]

Es gibt Systeme (vgl. Abbildung 22). Dieser Satz bezeichnet den Ausgangs- und Bezugspunkt der Systemtheorie. Einleitend zu dieser Arbeit hieß es hingegen: Es gibt Komplexität. Komplexität als Grund für Systeme wäre kein Grund für Systeme, wenn es keine Systeme gäbe, die das Komplexitätsproblem formulierten. Das Kürzel „Es gibt Systeme" zeigt mithin diesbezüglich keinen Paradigmawechsel an. Es gibt Systeme, das ist eine Seinsaussage.[210] Am Sein von Systemen gibt es keine Zweifel. Als

---

209 Vgl. Luhmann: 1984n, 1987c5, 1991d4, 1991d7, 1992b9 u. 1993n. Vgl. im Lexikon: → Aufklärung, soziologische, → Reflexionstheorie, → Soziologie, → Universaltheorie, → Wissen.

210 Der ontologische Status einer Theorie, die beansprucht, sich von ontologischen Traditionen zu lösen, ist Kernpunkt vieler Kritiken. Diesen Kritiken ist in dem Sinne zuzustimmen, als Luhmann natürlich nicht ohne Annahmen hinsichtlich dessen, was er annimmt, auskommen kann. Unzutreffend sind die Einwände, insoweit sie unterstellen, Luhmann wisse das nicht bzw. seine Theorie sei so gebaut, daß das nicht gesehen werde. Gerade darin steckt der Einwand gegen bisherige Ontologie. Dies hat Luhmann (1966c:90) übrigens schon sehr früh deutlich gemacht. Im folgenden seien einige

Bezugspunkt ist ein seiender Gegenstand vorgegeben, dessen Eigenheiten als weiter erforschbar gelten. Der maßgebliche Unterschied zu anders angesetzten Seinsaussagen ist zum einen in der Reflexion darauf zu sehen, daß dies so beobachtet und nicht unabhängig von Beobachtung so ist; zum anderen und deshalb ist diese Seinsaussage kontingent.

Sätze über Systeme

▶ Es gibt Systeme.

▶ Systeme unterscheiden sich selbst als Systeme.

▶ Systeme sind ihrer Selbstunterscheidbarkeit vorausgesetzt.

▶ Systeme können ihre Selbstunterscheidung nicht unterscheiden.

▶ Systeme sind paradox konstituiert.

▶ Systeme ermöglichen sich selbst durch die Operationen, durch die sie sich selbst ermöglichen: Systeme operieren selbstreferentiell.

▶ Systeme stellen ihre Umweltkontakte durch Selbstkontakte her: Systeme operieren selbstreferentiell fremdreferentiell.

▶ Systeme relationieren selbst ihre fremdreferentiellen Operationen: Systeme sind strukturdeterminiert.

Sätze über Systemtheorie

▶ Systemtheorie begründet sich durch Bezugnahme auf sich selbst: SelbstreferentielleTheorie.

▶ Systemtheorie ist Theorie der Differenz von Einheit und Differenz: Differenztheorie.

▶ Systemtheorie ist unmöglich und möglich zugleich: Paradoxe Theorie.

▶ Systemtheorie ist Theorie der Wahrscheinlichkeit des Unwahrscheinlichen: Evolutionstheorie.

▶ Systemtheorie ist reale Theorie real operierender Systeme: Empirische Theorie.

▶ Systemtheorie bezieht sich auf alles das, worauf sie sich bezieht, und sie bezieht sich dabei selbst ein: Universaltheorie.

Abbildung 22: Sätze über Systeme und Systemtheorie

Alle weiteren Sätze über Systeme sind Sätze, die von einer Theorie her formuliert werden, die zum Beobachten anleitet (vgl. Abbildung 22). Die Sätze über Systeme

---

Kritiker in alphabetischer Reihenfolge aufgelistet: Brandt (1992) sieht in Systemzeit die heimliche ontologische Prämisse. Für Englisch (1991:204ff., 210ff. u. 225ff.) avanciert mit selbstreferentiellem Beobachten des Bestands- zur Relationenontologie. Gripp-Hagelstange (1995) meint, Luhmann bleibe alteuropäisch oder eben ontologisch, weil seine objektivierende Abstraktion von der Tradition her eben typisch traditionell erscheine. Habermas (1985:426, 429f. u. 444) vermutet, vielleicht nicht ganz zu Unrecht, den Versuch einer Steigerung und Beerbung der subjektphilosophischen Erbmasse. Metzner (1993:201) unterstellt eine Systemontologie des Sozialen. Nassehi (1992) benennt einfach und deshalb auch zutreffend als das bei Luhmann Vorausgesetzte die Beobachtung. Pfütze (1993:230) sieht das konkrete Sosein der Dinge auf ihr abstraktes Dasein binär reduziert. Schulte (1993:12 u. 22) vermutet eine umgestülpte Subjekttheorie, eine schlichte Umstellung von Subjekt auf System. Wagner (1994:276f., 261ff. u. 287) interpretiert Einheit einer Differenz statt als Bezeichnung von Differenz als differenzaufhebende Einheit. Wagner/Zipprian (1992:398, s. auch 399ff.) meinen, Differenzlogik sei letztlich doch als Identitätslogik gebaut (vgl. dazu Luhmann 1994f.). Nach Wetzel (1992) geht jede Ontologie letztlich in Sinn auf. Auch Zimmermann (1989) vermutet eine als Identitätslogik aufzufassende Differenzlogik, Abstraktion auf System hin bedeute transzendentale Systemtheorie.

fassen die bisherigen systemtheoretisch angeleiteten Beobachtungen zusammen. Systemtheorie ist erklärtermaßen ein wissenschaftliches Beobachtungsprogramm, eine Anleitung zum Beobachten. Sie ermöglicht eine Reflexion des Systems im System. Sie kann nichts anderes reflektieren als das, was sie selbst voraussetzt. Systemtheorie ist ihrer Selbstreflexion nach Universaltheorie. Sie unterwirft sich in allen ihren Beobachtungen sich selbst, weiß von sich, daß sie selbst zu den von ihr beobachteten Gegenständen gehört.[211] Alle Sätze über Systeme sind aus diesem Grunde zugleich Sätze über Systemtheorie (vgl. Abbildung 22). Daraus folgt z. B., daß sie als Evolutionstheorie weder Anfang noch Ende allen Theoretisierens oder Beobachtens markiert. Andererseits kann sie sich als Evolutionstheorie wohl als kontingent, nicht jedoch als beliebig begreifen.

Die verschiedenen Eigenheiten systemtheoretisch angeleiteten Beobachtens sind aus etwas anderer Perspektive noch einmal in Abbildung 23 schlagwortartig zusammenge-

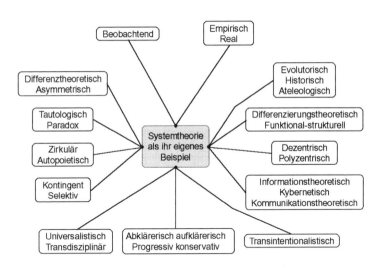

Abbildung 23: Luhmanns Ansatz beobachtet

faßt. Die vom Kern ausgehenden vier Gruppen von Unterscheidungen ließen sich nur recht ungenau mit vereinheitlichenden Bezeichnungen belegen, zumal die Grenzen zwischen den Gruppen eher fließend sind. Die drei Unterscheidungen am unteren

---

211 Vgl. insoweit bereits Abschnitt 2.2.2.

Rand weisen auf Ausgangspunkte der soziologischen Aufklärung hin.[212] Sie geben die Richtung von Aufklärung über die Komplexität von Realität an, die erst mit der Theorie der Beobachtung auf einen eigenen theoretischen Begriff gebracht wird.[213] Am linken Rand sind die vielleicht eher formal zu nennenden Anforderungen an ein systemtheoretisches Beobachtungsprogramm zu finden. Wie ist Systemtheorie und das, was sie tut, angemessen begründen? Begründen ist nicht wörtlich zu nehmen, da eine Begründbarkeit von einem seinerseits nicht begründungsbedürftigem Punkt aus nicht vorgesehen ist. Überwog hierbei zu Beginn die Betonung von Kontingenz, so wurde in der Folge Differenz hervorgehoben. Bei Kontingenz war freilich Differenz als Andersmöglich-Sein mitgedacht, und in Differenz ist Kontingenz des Differenten enthalten. Am rechten Rand finden sich Bezeichnungen, die vielleicht mit eher inhaltlich zu nennenden Bestandteilen eines systemtheoretischen Beobachtungsprogramms zu tun haben. Angesprochen werden Theoriestücke, die auch in anderen Theorieprogrammen vorkommen, in der Systemtheorie aber eigenen Stellenwert erhalten. Luhmann sieht sich etwa durch die strukturell-funktionale Systemtheorie von Parsons zu einer funktional-strukturellen Umformulierung veranlaßt.[214] Er übernimmt nicht das, was andere Kommunikationstheoretiker sagen, sondern läßt sich durch deren Aussagen zu einer eigenständigen Einpassung in seine Theoriearbeit anregen. Dies betrifft erst recht die außerhalb der Sozialwissenschaften entwickelten Ideen von Kybernetik und Autopoiesis. Luhmann operiert gerade in dieser Hinsicht als autopoietisches System!

Insgesamt ist die Abbildung von ihrem Zentrum aus zu lesen: Systemtheorie ist ihr eigenes Beispiel. Sie ist kein stromlinienförmig durchkomponiertes Unternehmen, weshalb es auch problematisch ist, von einem Paradigmawechsel der Systemtheorie zu sprechen, wo es doch allenfalls um eine theoriekonformes Verhältnis von preadaptive advances und evolutionären Errungenschaften geht, um nicht mehr und nicht weniger.

6   Pro und contra Luhmanns Systemtheorie

Wer sich mit Theorie beschäftigt, erwartet Anleitungen oder Anregungen zum Verständnis von Wirklichkeit und zum Umgang mit ihr. Auch abstrakteste Theorie will keine rein artistische Veranstaltung sein. Was bringt die Beschäftigung mit Luhmanns Theorie? Zur Beantwortung dieser Frage seien ein paar Argumente pro und contra vorgetragen. Bezeichnenderweise fehlt den Argumenten contra weitaus mehr Durchschlagskraft als den Argumenten pro.

---

212 Vgl. Abschnitt 2.2.
213 Vgl. oberen Rand in Abbildung 23.
214 Vgl. Luhmann 1981c6 u. 1988p.

6.1   Pro Luhmann

Für Luhmann sprechen: 1. Vermittlung von Einsicht durch Fernsicht, 2. Befreiung von logischen Fesseln des Beobachtens, 3. Rückzug aus sinnstiftenden Rückzugspositionen, 4. ernsthafte Spielfreude und 5. Vermittlung von sicherer Unsicherheit. (Vgl. Abbildung 24) Die paradoxen Formulierungen sind kein Zufall.

> ► Einsicht durch Fernsicht
> ► Abklärung von Aufklärung - vernünftiger Abschied von der Vernunft
> ► Entobjektivierung von Realitäten
> ► Entautorisierung von Autoritäten
> ► Selbstbezüglicher Fremdbezug - offene Geschlossenheit - differentielle Einheitlichkeit
> ► Paradoxieentfaltung - Logifizierung des Unlogischen
> ► Verzicht auf Letztabsicherungen - sozialisierte Transzendenz - Option für offene Weltformeln
> ► Entdogmatisierungen - Entfinalisierungen - Entintentionalisierungen - Entmoralisierungen - Enthumanisierungen
> ► Entmystifizierung von Gesellschaft
> ► Entideologisierte Theorie offener Gesellschaft
> ► Experimentierfreude
> ► Themenvielfalt
> ► Schocktherapeutische Formulierungskunst
> ► Latente Selbstironisierung - anspruchsvolle Anspruchslosigkeit - Mut zur Trivialität
> ► Erfrischend trockener Geist
> ► Progressiver Konservativismus - emanzipatorischer Nihilismus - Umstellungen auf sichere Unsicherheiten
> ► Positive Teufeleien - quasi-religiöse Positivierungen des Negativen

Abbildung 24: Schlagworte pro Luhmann

1. Die soziologische Aufklärung hat sich zu einer Theorie des Beobachtens oder Sehens aufgeschwungen, zu einer abgeklärt aufgeklärten Einsicht durch Fernsicht.[215] Was bringt die Theorie des Sehens? Die Antwort ist ziemlich einfach: eine Anregung zur Selbstaufklärung über Möglichkeiten, mit Wirklichkeit umzugehen, ein Denkangebot, das es in sich hat. Man lernt zu sehen, wie man sehen kann, was man eigentlich nicht sehen kann. Wenn man nicht bereit ist zu sehen, wie Luhmann sieht, bekommt man natürlich nicht zu sehen, was Luhmann zu sehen bekommt.[216] Paradoxerweise bekommt man mehr zu sehen, als jene Seher oder Autoritäten versprechen, die vorgeben, genau zu sehen, was so und nicht anders als Realität zu sehen ist. Damit das möglich wird, muß freilich ein Aussichtspunkt bereitgestellt werden, der andere Aussichts-

---

215 Vgl. in Abbildung 24 die Schlagworte „Einsicht durch Fernsicht", „Abklärung von Aufklärung - vernünftiger Abschied von der Vernunft", „Entobjektivierung von Realitäten" und „Entautorisierung von Autoritäten".

216 Vgl. im letztgenannten Sinne die Beiträge von Münch 1992 u. Pfütze 1988.

punkte als Aussichtspunkte sichtbar macht. Der zusätzliche Witz ist die Ausflaggung des eigenen Aussichtspunktes als ebenfalls nur eines beobachtbaren Aussichtspunktes.[217]

2. Um eine solche Sicht zu eröffnen, ist die eine oder andere logische Fessel des Denkens abzustreifen.[218] Es geht im Grunde um ein schlichtes Eingeständnis. Irgendwie muß man anfangen. Da die Annahme eines Anfangs allen Anfangens auch nur eine anfängliche Annahme ist, reicht es aus zu sagen, daß immer irgendwie angefangen werden muß. Ein anfangsloses Anfangen ist ausgeschlossen. Der zu zahlende Preis ist hoch: Auf einen archimedischen Punkt für richtiges Sehen wird verzichtet, und dieser neue archimedische Punkt ist ohne weiteres als nur möglicher statt als notwendiger auszuzeichnen. Alle Wahrheiten erweisen sich als kontingent und als konstruiert, obwohl ihre Konstruktion keinesfalls der Beliebigkeit anheimgestellt, weil auf immer schon erfolgte Anfänge verwiesen ist. Eine derartige konstruierte Wahrheit der Konstruktion von Wahrheit kann Augen öffnen.

3. Luhmanns Theorie des Sehens führt zwangsläufig zu einer ernüchternden Sicht all dessen, was zumindest dem Soziologen vorherrschender Bauart lieb und teuer ist.[219] Lieb und teuer sind diesem kausale Erklärungen sozialer Wirklichkeit oder von Gesellschaft und, damit eng verwoben, Wegweisungen für zu Erstrebendes oder Gesolltes. Hier regt Luhmann zu wohlerwogener Abstandnahme an. Nichts von dem, was war bzw. ist, mußte bzw. muß so sein, wie es war bzw. ist. Nichts trägt den Stempel einer notwendigen Entwicklung von oder in Gesellschaft, einer unverbrüchlichen Wahrheit vom Wesen des Menschen in Gesellschaft, von dem, was der gesellschaftlichen Natur des Menschen gemäß ist und die Gesellschaft zu befördern hat. Das alles schließt beobachtbare Regelmäßigkeiten unterschiedlicher Reichweite nicht aus. Auch Werte, Moral und Normen sind nicht vom Himmel gefallen, sondern kontingente wirkliche gesellschaftliche Konstrukte von erheblicher verhaltenssteuernder Wirksamkeit. Luhmann bestreitet weder Kausalitäten noch Moralitäten, doch setzt er ihren Stellenwert durch Auszeichnung als Beobachtungsleistungen und durch die Beobachtbarkeit begrenzter Steuerungskapazitäten niedriger an, man ist geneigt zu sagen: ins rechte Licht. Das ernüchtert, mehr nicht.

4. Luhmann gibt vor, in der Sache und semantisch so zu beobachten, wie es der Gegenstand erfordere. Wissenschaft könne nur verständlich und unverständlich zugleich

---

217 Letzteres empfinden diejenigen Beobachter Luhmanns als unerträglich, die sich ihres Aussichtspunktes als einzig möglichen gewiß sind.

218 Vgl. in Abbildung 24 die Schlagworte „Selbstbezüglicher Fremdbezug - offene Geschlossenheit - differentielle Einheitlichkeit", „Paradoxieentfaltung - Logifizierung des Unlogischen" und „Verzicht auf Letztabsicherungen - sozialisierte Transzendenz - Option für offene Weltformeln".

219 Vgl. in Abbildung 24 die Schlagworte „Entdogmatisierungen - Entfinalisierungen - Entintentionalisierungen - Entmoralisierungen - Enthumanisierungen", „Entmystifizierung von Gesellschaft" und „Entideologisierte Theorie offener Gesellschaft".

sein.[220] Bei alledem ensteht nie der Eindruck einer verbissenen Ernsthaftigkeit.[221] Dennoch fühlt sich der Schritt-fürSchritt-Denker oder der auf die Einlösung bestimmter altvertrauter sinngebender Erwartungen hoffende Intellektuelle ebenso frustriert wie derjenige sich für unbefangener haltende Beobachter, der vergeblich ein versöhnliches Ende des Beobachtens ersehnt. Immer, wenn man glaubt, daß man jetzt endlich begriffen hat, was man begreifen wollte, folgt die Ernüchterung auf dem Fuße. Die merkwürdige Mischung eines Duktus trockener großer oder bisher größter Theorie mit schocktherapeutischen, ironisierenden[222] und trivialisierenden erfrischenden Versatzstücken mahnt dazu, sich nicht beruhigend an die Einsicht durch Fernsicht und ihre logifizierte Unlogik anzulehnen. Mit allem, was dadurch sichtbar wird, ist behutsamer Umgang angeraten.

5. Schulte hat völlig recht, wenn er sagt: „Luhmanns Teufel der grenzüberschreitenden Beobachtung verletzt alles."[223] Verletzung setzt nicht zu Beliebigkeiten frei, sondern gewinnt dem Verletzen und dem Verletzten oder dem Negativen eine positive Seite ab: sich dem zu stellen und damit konstruktiv umzugehen.[224] Das ist vielleicht eine überraschende Wendung. Luhmanns Theorie hat aber keinesfalls einen unbedingten fatalistischen oder nihilistischen Anstrich.[225] Schwierig ist es dennoch, im Negativen selbst das Positive zu entdecken. Wenn man einsieht, daß in keiner Hinsicht letzte Sicherheit zu haben ist, und wer hätte das je behauptet!?, dann kann man sich doch an diese Sicherheit halten und mit dem bisher vermeintlich als sicher Geltenden so aufgeklärt abgeklärt umgehen. Dazu ein triviales Beispiel: Der Verfasser dieser Schrift vertritt theoretisch eine völlig andere Position als Luhmann. Er betreibt eine durch eine ökonomische Theorie des Sozialen angeleitete empirische Sozialforschung. Rationales Handeln und empirische Ermittlung sozialer Regelmäßigkeiten geraten nun aber immer wieder ins Visier Luhmanns. Muß ich deshalb aufhören zu arbeiten? Mitnichten! Meine Art zu beobachten sehe ich mit Luhmann als eine Art zu beobachten, eine konstruktivistische Art. Ich bekomme nur das zu sehen, was ich so zu sehen bekomme. Immerhin weiß ich das. Das, was ich zu sehen bekomme, ist so mager, daß es ei-

---

220 Zu Luhmanns Arbeits- oder Beobachtungsstil finden sich schöne Hinweise bei: Baecker (1986), Grathoff (1987), Reese-Schäfer (1992:7ff. u. 19ff.) u. Soentgen (1992).

221 Vgl. in Abbildung 24 die Schlagworte „Experimentierfreude", „Schocktherapeutische Formulierungskunst", „Latente Selbstironisierung - anspruchsvolle Anspruchslosigkeit - Mut zur Trivialität" und „Erfrischend trockener Geist".

222 Zu einer angenehmen ironischen Grundhaltung gegenüber Luhmann vgl.: Fach/Reiser 1990, Joerges 1988 u. Schwanitz 1987.

223 Schulte 1992:132.

224 Schulte (1992) vermutet mehr, nämlich einen neuen Gottesbeweis: „Sein (Luhmanns, D. K.) Gottesbeweis ist der Beweis eigener Göttlichkeit. Diese Systemtheorie ist das re-entry Gottes selbst in seine Schöpfung." (161). Schulte muß dann gegen sich selbst gelten lassen, was er Luhmann unterlegt: „Wer meint, er hätte die Einheit gesehen, der irrt sich; denn hätte er recht, könnte er das nicht mehr mitteilen." (151); vgl. auch 229.

225 Vgl. in Abbildung 24 die Schlagworte „Progressiver Konservativismus - emanzipatorischer Nihilismus - Umstellungen auf sichere Unsicherheiten" und „Positive Teufeleien - quasi-religiöse Positivierungen des Negativen".

nen zur Verzweiflung treiben könnte. Deshalb aufgeben? Dazu besteht nicht der geringste Anlaß, denn mehr als das Wenige ist nicht möglich, aber immer noch besser als garnichts. Der Bannstrahl der Systemtheorie trifft nur den, der sich durch ihn treffen läßt. Luhmann läßt sich ja auch nicht durch sich selbst beirren und macht weiter.

6.2   Contra Luhmann

Die Schlagworte contra Luhmann (vgl. Abbildung 25) lassen sich wie folgt bündeln:[226] 1. Nutzloses abstraktes Philosophieren, 2. Sprachkunst statt Begriffsschärfe, 3. Autopoiesis als Täuschungsmanöver, 4. Selbstbewegung versus bewegende Selbste, 5. über allem der Schleier des Sozialen, 6. geringe Benutzerfreundlichkeit. Das Ärgerliche an diesen Einwänden ist neben ihrer wechselseitigen Abhängigkeit ihre Unterdeckung - zumindest teilweise.

> ► Flug über den Wolken
> ► Überbetonung von Wie-Fragen auf Kosten von Was-Fragen
> ► Selbstbeobachtungsdefizit - latente Ontologie
> ► Semantischer Eklektizismus
> ► Argumentative und begriffliche Unschärfen
> ► Multifunktionale Begriffsverwendungen
> ► Überforderungen des semantischen Potentials seiner Beobachter
> ► Unklare und unvollständig durchgeführte Systemunterscheidungen
> ► Überbelichtung funktionaler und Unterbelichtung leistungsmäßiger Differenzierung
> ► Fehlende Verknüpfungen mit organisationalen Differenzierungen
> ► Systembeziehungen nur unzulänglich systematisiert
> ► Defizite empirischer Rückversicherung
> ► Akteursperspektive kaum respezifizierbar
> ► Mystifizierung des Sozialen
> ► Zu viel Kontingenz von oben - zu wenig Kontingenz von unten
> ► Geringe Benutzerfreundlichkeit
> ► Sinngebungs-, Praxeologisierungs- und Popularisierungsdefizite
> ► Fast alles, was gesagt wird, könnte einfacher, mit weniger Worten und der Reihe nach gesagt werden.

Abbildung 25: Schlagworte contra Luhmann

1. Anhand der Luhmannschen Schriften der letzten zehn bis fünfzehn Jahre kann man ohne weiteres den Eindruck einer abgehobeneren Einordnung von Beobachtungen gewinnen, eine Überbetonung von Wie-Fragen auf Kosten von Was-Fragen beobachten. Der Flug findet über den Wolken oder als himmlische Veranstaltung statt, und nur sel-

---

226 Eine ganz andere Zusammenstellung findet sich bei Kiss (1990:103ff.).

ten reißt die Wolkendecke auf, um Durchblicke auf die höllisch labyrinthische Erde freizugeben. Die Unterscheidung von Himmel und Erde soll vor allem den Gegensatz von nutzlos-abstrakt-wirklichkeitsferner Theorie und nützlich-konkret-wirklichkeitsnaher Theorie symbolisieren.[227] Geht es wirklich darum? Theorien sind doch als konstruierte kontingente Programme der Beobachtbarkeit von Wirklichkeit zu beobachten.[228] Das geht von der Erde so, als ginge es vom Himmel aus.[229] Abstraktion (Himmel) setzt aber Konkretion (Erde) voraus und umgekehrt.[230] Ob das am Ende so oder so nützlich ist oder nicht, das erweist sich nur durch den Vollzug des Theorieprogramms.[231] Eine im Unanschaulichen angesetzte Theorie ist zweifellos der Gefahr ausgesetzt, an sich selbst Gefallen zu finden, die eigene Auflösung immer weiterzutreiben. Dabei sähe man gerne Haltepunkte oder Aussichtsplattformen eingerichtet. Ein Haltepunkt beträfe die ausdrückliche Auszeichnung des eigenen Beobachtens als selbst transzendental verortet, z. B. als relationsontologisch und darin als substanzontologisch.[232] Ein anderer und wichtigerer Haltepunkt beträfe die genauere und ausführlichere Auszeichnung des Weges vom Himmel zurück zur Erde. Wenn etwa Kommunikation, obwohl eine Beobachtung, selbst nicht beobachtbar ist, sondern der vereinfachenden Zurechnung als Mitteilungshandeln in sich selbst als Handlungssystemen beschreibenden sozialen Systemen bedarf, dann darf doch auf entsprechende beispielhafte Beschreibungen gehofft werden. Diese müßten freilich anders ausfallen als vor dem Abflug in den Himmel. Es gibt durchaus derartige Beschreibungen. Ausdrücklich wird in bezug auf Sachverhalte wie Menschenrechte und soziale Ungleichheiten nicht wie allgemein üblich ein optimaler Beklagungsbedarf befriedigt, sondern im Gegenteil eine Rückkehr von der Zirkuskuppel auf den Manegenboden angemahnt. Unternehmensberatung erweist sich ebenso als systemtheoretisch anleitbar wie Psychotherapie, empirische Sozialforschung ebenso wie die Erforschung der Grenzen des Wohlfahrtsstaates.[233] Man erfährt sozusagen im Vorbeigehen tatsächlich mehr und anderes als sonst üblich über die Möglichkeiten des Handelns in Gesellschaft.[234] Der Wunsch nach weiteren und besonders weithin auffallenden Vererdungen einer himmlischen Theorie ist vollauf berechtigt.

---

227 Weyer (1994) sieht nicht einmal das, nur Wortgeplapper. Giegel (1991) nimmt nur irritierende Geräusche wahr.
228 So ging Luhmann (1966d:II. Kapitel) von Anfang an mit anderen Theorien um.
229 Ontologiefreiheit ist dabei nicht zu haben. Ein Ausgangspunkt ist allemal anzugeben. Vgl. Fußnote 211.
230 Vgl. die schöne Nachzeichnung von Starnitzke 1992.
231 Sigrist (1989: 850ff) sieht nur negativen Nutzen. Unter dem Titel „Politische Semantik und Lingua Tertii" leistet er sich gar unglaubliche Entgleisungen.
232 Vgl. oben unter 5.4.
233 Vgl. in diesem Zusammenhang Luhmann: 1981b5, 1988m, 1990g, 1991b3, 1992a8, 1992b5, 1993e, 1995j u. 1995o.
234 Natürlich wird kritisiert, daß Luhmann Gesellschaft entweder falsch sieht (so Ganssmann 1986b u. Berger 1989), oder so sieht, wie sie wirklich ist, aber daraus nichts Kritisches macht (so der Tenor bei Gripp-Hagelstange 1995).

2. Es hängt zweifellos mit der Eigenart einer Theorie zusammen, die als ihr eigenes Beispiel betrachtet sein will,[235] wenn sich ihre Sprache und ihre sprachlich geformten Begriffe als eine Zutrittsschranke darstellen.[236] Die Sprache selbst[237] ist im Grunde einfach, von den benutzten Worten her verständlich statt soziologenchinesisch; am Satzbau erkennt man die Schwierigkeit, in einem Atemzuge vieles sagen zu wollen und es doch nicht zu können.[238] Der gemeinte Sinn ist keineswegs immer umstandslos zu erschließen. Der Haupteinwand betrifft die wissenschaftliche Begriffsbildung.[239] Einerseits ist sicher einsehbar, daß eine im Unanschaulichen des Komplexen angesiedelte und selbst noch in Entfaltung begriffene Theorie begrifflich nicht folgenlos bleiben kann. Dieser Preis ist zu zahlen. Das schließt unvermeidlich verfremdende Anknüpfungen an bereits vorhandene wissenschaftliche Begriffe ein.[240] Nicht hinzunehmen sind Unschärfen bezüglich ganz entscheidender theorietragender Begriffe. Zu denken ist etwa an nicht sauber durchgeführte Unterscheidungen von Unterscheidungen.[241] Wie kann ein unmarked state verletzt werden, wenn er oder obwohl er selbst bereits eine als unmarkiert markierte Markierung ist? Wie kann die nicht bezeichnete andere Seite einer Unterscheidung als dennoch mehr oder weniger unterschieden bezeichnet werden, wenn nicht auf der als zweiseitig unterschiedenen einen Seite? Zu denken ist ferner an die mit erheblichen Unschärfebereichen begrifflich eingefangenen Systembeziehungen.[242]

3. Ein Zufall ist es nicht, wenn sich so manche Kritik an Luhmanns Theorie an der Beobachtungsfigur der Autopoiesis von Systemen entzündet. In der Sache ist die Kritik völlig unberechtigt, wenn man auf die vollständige Bestimmung der Bedingungen von Autopoiesis[243] und die Einfügung der Autopoiesis von Systemen in einen evolutionären Zusammenhang blickt. Gründe für die Kritik sind wenigstens zum Teil in den nicht immer klaren Systemunterscheidungen und in den häufig unvollständigen Unter-

---

235 Vgl. nochmals Abbildung 23.
236 Vgl. in Abbildung 25 die Schlagworte „Semantischer Eklektizismus", „Argumentative und begriffliche Unschärfen", „Multifunktionale Begriffsverwendungen".
237 Vgl. Luhmann 1991e3. Zu Luhmanns Sprache vgl. allgemein: Fuchs 1992:11ff., Reese-Schäfer 1992:19ff.
238 Vgl. auch Luhmann 1992b4.
239 Allgemeine begriffliche Unschärfen werden beklagt: negativ gewandt von Bußhoff (1976), positiv gewandt von Teubner (1987b).
240 Hier sicht sich übrigens der weniger klassischem Wissen verpflichtete und mit weniger enzyklopädischen Beobachtungsmöglichkeiten ausgerüstete Beobachter des Beobachters Luhmann streckenweise überfordert.
241 Das ist am Beispiel folgender im Lexikon umschriebener Begriffe leicht nachzuvollziehen: → Asymmetrie, → Asymmetrisierung, → Begriff, → Beobachtung, → Bezeichnung, → Code, → Crossing, → Differenz, → Differenzlose Begriffe, → Einheit, → Marked space/unmarked space, → Objekt, → Re-entry, → Unterscheidung, → Welt.
242 Vgl. im Lexikon die Verweisungen unter dem Stichwort → Systembeziehungen. Siehe dazu weiter auch folgenden Absatz.
243 Gemeint sind: Operative Geschlossenheit, kognitive Offenheit, Strukturdeterminiertheit und strukturelle Kopplung oder Umweltangepaßtheit. Vgl. die Ausführungen in den Abschnitten 3.2.1 u. 4.

scheidungen innerhalb der unterschiedenen Systeme zu suchen.[244] Irgendwie gelingt es Luhmann aber immer wieder und wohl nicht ohne hintergründige Absicht, den Blick seiner Beobachter auf den Kern der Autopoiesis von Systemen, ihre basale Selbstreferenz, zu lenken. Warum das? Rechnet er mit dem Einwand, sonst nichts Neues zu bieten? Immerhin behandelt er die Funktionsvoraussetzungen, die funktionalen und kausalen Verflechtungen autopoietisch operierender Systeme, stets nur mit wie ablenkend wirkenden Seitenblicken. Ihre vollständige und vertiefte Darstellung würde zu einer Annäherung an alltägliche Vorstellungen von systemischen Wirklichkeiten führen: vom Himmel zurück zur Erde, aber eben doch anders als beim Start von der Erde in den Himmel. Vielfältig bedingte und stets der Bewährung ausgesetzte Autopoiesis ist wirklich und kein Täuschungsmanöver.[245]

4. Eine auf die ungewöhnliche Vorstellung der Autopoiesis von Systemen hin entfaltete hochabstrakte Theorie ist wie von selbst Geburtshelfer des Einwandes eines fehlenden Empirie- und Akteursbezuges. Der Vorwurf der Empirieferne ist berechtigt, sofern man einen Empiriebegriff im Auge hat, wie er einem zwischen Konstrukt- und Instrukttheorie gelagerten neopositivistisch fundierten Programm empirischer Sozialforschung entspricht.[246] Der Einwand wird hinfällig angesichts des beobachtungstheoretischen Anspruchs, selbst real zu sein und so real vorgestellte Realität zu beobachten, und zwar bei Vorabunterstellung eines korrelativen Verhältnisses zwischen vorstellbarer Realität und realer Realität. Von dieser Position aus ist es überdies paradoxerweise nicht ausgeschlossen, ja sogar eingeschlossen, daß Systeme ihre Wirklichkeit in ihrer Umwelt vereinfacht nach dem Schema der empirisch überprüfbaren Bewirkbarkeit von Wirkungen im Medium der Kausalität beobachten.[247] Die Suche nach den Wirkungen bewirkenden Akteuren gestaltet sich kaum schwieriger. Den intentionalen Akteur vom Schlage eines Subjekts gibt es nicht mehr. An dessen Stelle ist das objektivierte System getreten, das sich selbst als Person, d. h. als Adresse von Handeln beobachtet. Von hier aus ließe sich ohne weiteres die allenthalben vermißte Akteursperspektive rekonstruieren. Da hält sich Luhmann unnötig deutlich zurück.[248] Die Differenz von systembewegten Selbsten und die Systeme bewegenden Selbsten ist auf jeden Fall nur eine Differenz und kein Widerspruch.

5. Fehlende Einlassungen der zuletzt angesprochenen Art hängen zweifellos auch zusammen mit einer Mystifizierung des Sozialen, einer Emergenz eines normativ gerei-

---

244 Vgl. in Abbildung 25 die Schlagworte „Überbelichtung funktionaler und Unterbelichtung leistungsmäßiger Differenzierung", „Fehlende Verknüpfungen mit organisationalen Differenzierungen", „Systembeziehungen nur unzulänglich systematisiert". Vgl. Anmerkungen dazu in Abschnitt 3.
245 Warum lassen sich Bühl (1987) und Münch (1992) so täuschen?
246 Vgl. in diesem Sinne die Kritik von Esser 1991.
247 Sicher wünschte man sich mehr entsprechende Ausarbeitungen. Reese-Schäfer (1992:169ff.) vermutet jedenfalls zu Unrecht eine bewußte Abfederung gegen Empirie; ähnlich auch Knorr-Cetina 1992.
248 Vgl. auch die Bemerkungen weiter unten.

nigten Sozialen.[249] Das beinhaltet bei allen Beobachtungen eine Bevorzugung der Kontingenz „von oben" statt „von unten". Es fragt sich, ob dafür die Anhaltspunkte reichen. Luhmann selbst betont immer wieder die entscheidende Rolle von Vorgängen auf der Ebene elementarer Ereignisse innerhalb und außerhalb von Systemen als Herausforderung für die Arbeit von Systemen an ihrer evolutionären Stabilisierung. Systeme sind in ihrer Existenz auf den Dauerzerfall der in ihnen möglichen Ereignisse angewiesen, wofür ohne ereignisrelevante Irritationen durch ihre Umwelt keine Grundlage vorhanden wäre. In diesem Sinne ist insbesondere nicht auszumachen, wie man das Henne-Ei-Problem in den konstitutiven Beziehungen zwischen psychischen und sozialen Systemen auflösen könnte. Oder ist etwa soziale Kontingenz nur ein anderer Ausdruck für die schlichte Tatsache, daß jedes Beobachten stets nur angesichts gesellschaftlich ermöglichter Beobachtungen ihrer selbst möglich ist? Also wären Kontingenz „von oben" und Kontingenz „von unten" nur die zwei Seiten einer Unterscheidung - mit der Möglichkeit des Seitenwechsels.

6. Die bisherigen Einwände sind nicht gerade Leuchtzeichen für eine Theorie mit hoher Benutzerfreundlichkeit. Das hängt einerseits mit der Selbstprogrammierung der Theorie zusammen. Sie will in jedem Augenblick mehr als sie kann. Sie verwischt mit jeder Fortführung eines irgendwann einmal begonnenen Themas, mit jeder neuerlichen Aufnahme eines Themas, bereits liebgewonnene Bestimmungen. Es werden häufig mehr Fragen gestellt als beantwortet, mehr Schleusen geöffnet, als das Auffangbecken an Wasser aufnehmen kann. Man muß nicht gerade selten staunend zur Kenntnis nehmen, was geschieht, ohne das Wahrgenommene sortieren zu können. Der Verzicht auf klarere und auf klärende Ausarbeitungen bestimmter Theoriestücke kann nicht allein an der Eigenart der Theorie liegen. In seinen frühen Schriften hat Luhmann eine bemerkenswert anschauliche Schritt-für-Schritt-Argumentation und alle Argumente im einzelnen empirisch absichernde Technik gepflegt. Da sich sein grundsätzlicher Beobachtungsstil nicht geändert hat, kann man nur vermuten, daß Luhmann zunehmend der Gefahr unterliegt, Opfer seines eigenen fachlichen Universalitätsanspruchs zu werden, paradoxerweise. Andererseits ist zuzugeben, daß es ein gegen den Strom allen bisherigen Beobachtens gestricktes Theorieprogramm schwer hat, auf Verständnis zu stoßen. Wie soll es auch Sinn stiften, wenn Sinnstiftung gerade in Nichtstiftung von Sinn besteht, wenn die Erwartung von Handlungsanweisungen durch Verweis auf deren bedenkliche Einfachheit enttäuscht wird, wenn der Anspruch auf Verständlichkeit als Anspruch auf Unverständlichkeit paradoxiert erlebt wird usw.?

Und dennoch: Alles, was gesagt wird, könnte einfacher, mit weniger Worten und der Reihe nach gesagt werden und dann in abgeklärt aufgeklärter Weise Sinnbedarfe befriedigen und Handeln anleiten. Dies eine paradoxe Beobachtung, eine verständliche auf dem Rücken der Argumente pro Luhmann.

---

249 Auffällig ist, wie bereits angemerkt (vgl. Fußnote 144), die formale Gemeinsamkeit mit kritisch-theoretischem Denken.

Teil II: Lexikon

Abweichendes Verhalten hat keine moralische, sondern eine systemische Qualität. A. V. kommt zustande, wenn die durch die Verhaltenserwartungen sozialer Systeme irritierten (→ Information, → Irritation) psychischen Systeme durch ihr V. die sozialen Systeme irritieren (→ Person). „Die Jugendlichen stören die Ordnung, weil die Ordnung die Jugendlichen stört." (1987b7:116) Nur ein soziales System oder eine kommunikative Wirklichkeit institutionalisiert einen offenen Bereich möglichen → Handelns, der im weitesten Sinne normativ konditioniert wird und damit die Differenz von normkonformen und von der → Norm abweichenden Handelns freisetzt.

Achtung → Moral

Äquivalenzfunktionalismus → Funktion, → Methode, funktionale, → Methode, kybernetische, → Problem

Alter → Ego/Alter

Alternativen, selektive Ereignisse der Art, daß die Verwirklichung einer Möglichkeit die Verwirklichung einer anderen Möglichkeit ausschließt. A. stehen hiernach in einem substitutiven Verhältnis (→ Entscheidung). Das trifft insoweit auch für funktionale Äquivalente zu, mit der spezifizierenden Maßgabe der alternativen Lösbarkeit entweder eines gegebenen kontingenten Problems oder der Eignung einer gegebenen kontingenten A.e zur Lösung alternativer Probleme (→ Methode, funktionale). A., die immer das sind, was sie sind, sind zwar als solche nicht füreinander substituierbar, können jedoch limitational oder komplementär relationiert werden.

Anfang → Emanation, → Evolution, → marked space/unmarked space

Angst als eine → kommunikative Wirklichkeit liegt vor, wenn die Enttäuschung bestimmter → Erwartungen nicht mehr bestimmt werden kann. Dies entspricht der Umwandlung von Risiken in Gefahren (→ Risiko/Gefahr), besonders aufgrund der durch das gesteigerte naturwissenschaftliche Auflösevermögen erzeugten Mikrowelten (Atome, Gene) und an ihnen anknüpfender Rekombinationsmöglichkeiten (→ Auflöse-/Rekombinationsvermögen). A.kommunikation ist zu einer kommunikativen Wirklichkeit quer zu den ausdifferenzierten Bereichen gesellschaftlicher Kommunikation geworden. A. gewinnt in einer sich selbst als sich selbst gefährdend beobachtenden funktional differenzierten → Gesellschaft, die keine die Funktionssysteme übergreifende einheitliche moralisch-normative Sinngebung mehr kennt (→ Moral), den Stellenwert eines funktionalen Äquivalents (→ Methode, funktionale) für Sinngebung (→ Sinn).

Anschlußfähigkeit. → Ereignisse in Systemen aller Art müssen grundsätzlich aufeinander beziehbar, aneinander anschließbar sein, um sich selbst als Ereignisse autopoietisch dauerhaft zu ermöglichen (→ System, autopoietisches). Dazu muß jedes Ereignis von jedem anderen Ereignis als ein anderes beobachtbar sein (→ Asymmetrie, → Beobachtung, → Differenz, → Unterscheidung). Ist etwa eine bestimmte Handlung (→ Handeln) gegeben (Klingeln an der Haustür), kann daran eine bestimmte andere Handlung anschließen (Öffnen der Haustür). Die Unterscheidung krank ist zum Ausgangspunkt der unterscheidenden Operation heilbar krank/unheilbar krank zu nehmen. An die Unterscheidung System ist mit der Unterscheidung

System/Umwelt anzuknüpfen. Das prinzipielle Erfordernis von A. besagt weder, daß immer Ereignisse aneinander angeschlossen werden, noch, daß jeder jederzeit an Systemen teilzunehmen vermag: Im Falle mangelnder Rechtskenntnis mag Recht nicht eingeklagt oder im Falle nicht ausreichender Zahlungsfähigkeit der Kauf eines erstrebten Gutes nicht möglich sein (→ Inklusion/Exklusion).

Anschlußrationalität in sich selbst als Handlungssystemen beschreibenden sozialen Systemen (→ System, soziales) ist gegeben, wenn Handlungen (→ Handeln) unter Zuhilfenahme von → Zeit (→ Komplexität, Temporalisierung von) in → Entscheidungen umgeformt, d.h. asymmetrisiert (→ Asymmetrisierung) und sequenzialisiert (→ Sequenzialisierung) werden.

Ansprüche, auf Erfüllung drängende → Erwartungen verdichteter Art. A. sind deshalb → Strukturen → psychischer Systeme, die diese in kommunikativen Situationen geltend machen (→ Person). Ein typischer Fall ist die → Selbst-/Fremdbeobachtung psychischer Systeme unter dem Gesichtspunkt von → Individualität.

Anthropologie, frühneuzeitliche, evolutorisch mit dem sich anbahnenden Übergang von primär stratifikatorischer zu primär funktionaler gesellschaftlicher Differenzierung verknüpfter Übergang von einer primär religiösen zu einer primär anthropologischen Bestimmung des → Menschen. Der Mensch wird zunehmend als endogen unruhige selbstreferentielle Natur gesehen. Diese gilt wegen ihrer Unbestimmbarkeit und Grenzenlosigkeit als negativ. Versuche wie der einer religiösen Negation des Nega-

tiven (Aufhebung der Differenz von gut und böse als gottgewollte positive Einheit) oder einer anthropozentrischen sozialen Negation des Negativen (Rückbindung der Selbstliebe an die Menschenliebe oder Kopplung des Egoismus an den Altruismus) greifen zu kurz angesichts fehlenden Bezugs auf die veränderte Form gesellschaftlicher Differenzierung. Die selbstreferentielle kann letztlich nur durch ihre eigene selektive fremdreferentielle Negation an differentielle funktionsspezifische Umwelten Anschluß finden, d.h. die Negation von Negativität muß als Selektion zurechenbar werden. Die f. A. bereitet diesen Schritt vor, vollzieht ihn aber noch nicht; sie bleibt am Menschen orientiert.

Anwesenheit → Interaktionssysteme

Apriorisierung, jene Festlegung von Bedingungen der Möglichkeit von Erkenntnis, welche z.B. eine angenommene Differenz von identischem → Subjekt und identischem Objekt in eine Identität identifizierende Erkenntnisrelation überführt (→ Erkenntnistheorie, klassische, → Ontologie, → Reflexionstheorie, → Transzendenz).

Arbeit → Kapital/Arbeit

Argumentation ist „laufende Vermittlung von Redundanz und Varietät auf der Suche nach besseren kombinatorischen Lösungen." (1992d3:491)

Asymmetrie von → Unterscheidungen heißt einfach, daß als verschieden Unterschiedenes nicht gleich sein kann. Der markierte ist kein Spiegelbild des unmarkierten Raumes, das System nicht seiner Umwelt und eine Frau nicht des Mannes. Jeder Gedanke, der an einen Gedanken anschließt, und sei er bekräftigend, ist ein anderer; jede Kommunikation, die auf Kommunikation folgt, und sei es zustimmend, ist eine andere - wie auch die Zustände der je beteiligten Systeme hinterher andere als vorher sind. A. ist in sachlicher, zeitlicher und sozialer Hinsicht möglich (→ Asymmetrisierung). Asymmetrisch ist, allgemein gewandt, jene → Beobachtung, die Verschiedenes unterscheidet und bezeichnet, ohne daß das als → Differenz Beobachtete in → Einheit überführt werden könnte.

Asymmetrisierung von System und Umwelt ist selbstselektive Konstitutionsbedingung für Systeme (→ Komplexität, → Komplexitätsgefälle, → Komplexität, Temporalisierung von) und in dem speziellen Sinne Funktionsbedingung für Systeme, als ein Fortgang ihrer autopoietischen Reproduktion (→ System, autopoietisches) Nichtidentitäten von anschließenden → Ereignissen erfordert. Für → soziale Systeme sind insbesondere zeitliche, sachliche und soziale Hinsichten (→ Sinndimensionen) der A. zu nennen.

Attribution. Die A.sforschung gibt Anlaß zur Umformulierung des Problems der → Kausalität. Zu fragen ist danach, wie und von wem Wirkungen auf Ursachen und Ursachen auf Wirkungen, wie und von wem sinnhafte → Ereignisse einem System als → Handeln und seiner Umwelt als → Erleben zugerechnet werden. Ob irgendein Ereignis einem beobachteten System als Handeln oder der Umwelt des beobachteten Systems als Erleben zugerechnet wird, das hängt allein vom → Beobachter und seinen → Unterscheidungen ab. Jede Zurechnung beruht folglich auf Zurechnungen. Einen archimedischen Punkt für richtige Zurechnungen gibt es nicht.

Aufklärung, soziologische, will sich nicht auf bestimmte Möglichkeiten der Erfassung von → Welt festlegen lassen, sondern eine → Form des beobachtenden Umgangs mit den Möglichkeiten von Welt einrichten (→ Beobachter, → Beobachtung), die keine Vorzugsregel präferiert, sich dabei selbst als nur eine Möglichkeit begreift (→ Soziologie, → Universaltheorie). Daraus folgt, daß alle jene Zugänge zur Erfassung von Welt durch Einschluß ausgeschlossen werden, die irgendeiner Annahme über die Zugänglichkeit eines an und für sich seienden Seins verpflichtet sind (→ Erkenntnistheorie, klassische, → Ontologie, → Rationalität, europäische), darunter besonders jene, die das → Subjekt zum Dreh- und Angelpunkt der Erkenntnis und Perfektibilität von Welt machen (→ Transzendenz). Statt um Vernunftaufklärung geht es um deren Abklärung: „Es geht nicht um Emanzipation zur Vernunft, sondern um Emanzipation von der Vernunft, und diese Emanzipation ist nicht anzustreben, sondern bereits passiert." (1992b7:42) Gegen die „Emanzipation zur Vernunft" wird zunächst die → funktionale Methode und dann die in eine Theorie der Beobachtung eingelagerte → kybernetische Methode gesetzt. Diese weisen der A. nur noch den Rang einer hochunwahrscheinlichen Möglichkeit und der s.n A. selbst den Rang einer Möglichkeit einer abgeklärten Selbstaufklärung zu. Als abgeklärte Aufklärung ist s. A. selbstaufgeklärte A., als emanzipierte Emanzipation ist s. A. selbstemanzipierte Emanzipation. S. A. ist entfaltete → Paradoxie und dient als solche statt der Blockierung der Steigerung des → Auflöse-/Rekombinationsvermögens von gesellschaftlicher → Erkenntnis.

Auflöse-/Rekombinationsvermögen.
A. ist die Fähigkeit zur Auflösung von vorgegebenen → Unterscheidungen und deren Ersetzung durch neue Unterscheidungen sowie zur Ermöglichung weiterer Unterscheidungen des neu Unterschiedenen. R. bezieht sich dann auf die innerhalb des je Unterschiedenen (z.B. des über das → Medium → Wahrheit ausdifferenzierten → wissenschaftlichen Systems) kontingent-selektiv (→ Kontingenz, → Selektivität) mögliche Verknüpfung von → Elementen (z.B. → Wissen) des zugehörigen Mediums (z.B. Wahrheit) zu neuartigen → Formen (Wahrheiten). Evolutorisch ist von einer Steigerung des A.s und R.s auszugehen (→ Evolution, → Evolution von Wissen).

Ausdifferenzierung, die kontingent-selektive (→ Kontingenz, → Selektivität) und in der Regel codegeführte (→ Code) systembildende Grenzziehung (→ Systemgrenze). Sie ist allgemein auf Systembildung als System-Umwelt-Differenzierung (→ System, → System-Umwelt-Theorie) bezogen. A. etabliert und steigert die Unempfindlichkeit für beliebige und die Empfindlichkeit für bestimmte Umweltereignisse (→ Information, → Irritation).

Austauschbeziehungen → Konvertierbarkeit, → Leistung, → Systemgrenze, → Tausch

Autologik ist gegeben, wenn sich eine Aussage in den eigenen Aussagenzusammenhang einbezieht oder auf sich selbst angewandt wird. Systemtheorie ist autologische oder → Universaltheorie, da sie in ihren Aussagenzusammenhang eingeschlossen ist, ihre Selbstexemtion ausschließt. A. leugnet die Möglichkeit von Standpunkten außerhalb.

Autonomie eines → Systems ist statt als relative Umweltunabhängigkeit (→ Umwelt) besser als Selbstregulierung eigener Unabhängigkeit und Abhängigkeit zu verstehen (→ Selbst-/Fremdreferenz). Steigerung von A. heißt deshalb statt Steigerung von Unabhängigkeit/Verminderung von Abhängigkeit Steigerung hinsichtlich beider → Referenzen. A. findet sich zunehmend als etwas engere Bezeichnung für die operative (→ Operation) Geschlossenheit eines Systems (→ System, autopoietisches).

Autopoiesis → System, autopoietisches

Autorität, allgemein → Repräsentation eines Systems im System und eine darauf gegründete kommunikative Überzeugungsüberlegenheit. Die System-im-System-Repräsentation kann nur selektiv sein, eine nur je eigene Sicht dessen, was ist, bieten. So repräsentiert Wissenschaft oder wissenschaftliches Wissen zwar nur eine selektive Sicht von Welt, von Welt in der Welt, dies aber immer noch relativ überzeugungsüberlegen im Vergleich zum alltäglichen oder Objektwissen.
Nach dem Schema der → Differenzierung von → Sinndimensionen des → Erlebens und → Handelns liegt im Falle von A. ein zeitlich generalisierter → Einfluß eines Systems auf andere Systeme aufgrund einer vorgängigen Differenzierung der entsprechenden Einflußchancen vor. Dies ist etwa der Fall, wenn den an Organisation partizipierenden Personen positional vermittelte unterschiedliche Einflußchancen zugewiesen sind. A. ist formal, wenn sie durch eine Regel gedeckt ist, die den A. Akzeptierenden von → Verantwortung entlastet. A. setzt kein Vorgesetzenverhältnis voraus.

Banken partizipieren am Wirtschaftssystem (→ System, wirtschaftliches) dadurch, daß sie ihre durch andere am Wirtschaftssystem partizipierenden Systeme hergestellte Zahlungsfähigkeit in der hinreichend wahrscheinlichen → Erwartung mindestens der Wiederherstellung ihrer Zahlungsfähigkeit an andere am Wirtschaftssystem partizipierenden Systeme weitergeben (→ Zahlung/Nichtzahlung, → Geld). In diesem Fall der Anwendung von Zahlungen auf sich selbst (→ Kredit, → Reflexivität) bedarf es mangels zureichender Limitierbarkeit der Über- oder Unterbeanspruchung des Zahlungsmediums (→ Inflation/Deflation, → Kommunikationsmedien, symbolisch generalisierte) eines systeminternen reflexiven → Beobachters, der die auf Zahlungen gerichteten Zahlungen vermittels Zahlungen/Nichtzahlungen limitieren, sich selbst allerdings ebenfalls nicht zureichend limitieren kann (z.B. Zentralbank).

Basale Selbstreferenz → Selbstreferenz, basale

Bedürfnis, Begriff des → wirtschaftlichen Systems für die in seiner Umwelt liegenden Gründe oder → Motive für Zahlungen (→ Zahlung/Nichtzahlung). Mit dieser selbstselektiven Wahrnehmung von relevanten Umweltinformationen bindet sich das wirtschaftliche System so in den Zusammenhang der Selbsterzeugung von B.sen ein, daß es sich selbst von sich selbst abhängig macht. Dabei ist zu berücksichtigen, daß ein B. letztlich nur in der Form einer Ausstattung mit Zahlungsfähigkeit den wirtschaftlichen Code berührt.

Begriffe sind im Gegensatz zu Worten als aktuellen Momenten der kommunikativen, insbesondere alltäglichen, Auto-

poiesis von Gesellschaft im allgemeinen gleichsam kondensierte (→ Kondensierung) und konfirmierte (→ Konfirmierung) Worte relativ situations- oder kontextfreier → Geltung, speziell für wahrheitsbezogene → Kommunikationen im Wissenschaftssystem (→ System, wissenschaftliches, → Wahrheit, → Wissen). B. sind, anders als → Objekte, Differenzbegriffe, d.h. nur dann B., wenn sie sichtbar machen, was sie ausschließen; deshalb wirken sie als durch das System selbsterzeugte redundante Limitierungen. B. sind keine Gründe und begründen nichts.

Begriffe, differenzlose, sind → B., die ihre eigene → Negation einschließen. Es handelt sich daher statt um absolute B. - oder B. letzter Einheits- oder Wirklichkeitsgarantie - um kontingente (→ Kontingenz) B. D. B. sind → Welt (Einheit der Differenz von System und Umwelt), → Sinn (Einheit der Differenz von Aktualität und Possibilität), → Realität (Einheit der Differenz von Erkenntnis und Gegenstand). Welt kann nur welthaft, Sinn nur sinnhaft und Realität nur real negiert werden. Differenzlosigkeit von B.n bedeutet nicht, daß es sich um B. handelte, die nicht auf → Differenzen beruhten - das Gegenteil ist der Fall. Ausgeschlossen ist nur die differentielle Begründbarkeit der B. von Sinn oder von Welt oder von Realität durch B. wie Nichtsinn (nicht: Sinnlosigkeit) oder Nichtwelt (nicht: Weltverlust) oder Nichtrealität (nicht: Wirklichkeitsverlust). Die drei d.n Begriffe drücken, zusammengenommen, die Einheit der Differenz von Beobachtbarkeit und Unbeobachtbarkeit aus.

Beliebigkeit → Willkür

Beobachter, immer ein → System. Insoweit zur → Beobachtung das Unterscheiden (→ Unterscheidung) und Bezeichnen (→ Bezeichnung) des Unterschiedenen gehört, kann ein B. nur ein mit → Sinn operierendes System (→ Sinnsystem) sein. Der B. ist seinerseits keine irgendeine der Beobachtung vorgegebene Letzteinheit, sondern eine → Einheit, die durch Beobachtung unterschieden und bezeichnet ist. Unterschieden und bezeichnet wird der B. als ein System, das vermöge seiner Fähigkeit zur Beobachtung sich selbst als B. durch den Vollzug seiner Beobachtungen ermöglicht (→ System, autopoietisches). In der Systemtheorie tritt der B. an die Stelle des → Subjekts. Er ist sozusagen objektivierte (weil System) und enttranszendentalisierte (weil selbstreferentiell begründete) Einheit der Beobachtung. Ein Problem ist das der → Emergenz des B.s. Wie, so lauten die Fragen (die Probleme), kann aus Einheit heraus Einheit oder Einheit als → Differenz oder Einheit einer Differenz oder Differenz von Einheit und Differenz beobachtet werden? Das geht auf überlieferte Weltsichten, also Beobachtungen, zurück, bei denen es um Einheiten wie → Welt, Kosmos oder → Gott geht. Das betrifft auch die Systemtheorie. Um Einheit oder Einheit als Differenz oder Einheit einer Differenz oder Differenz von Einheit und Differenz beobachten zu können, ist es erforderlich, eine Einheit der Beobachtung auszugrenzen, die beobachtet. Was dann auch immer als Einheit oder Differenz beobachtet werden mag, das ist immer schon beobachtungsabhängige Einheit (→ marked space/unmarked space). Ohne B. keine entsprechende Beobachtung. Ohne B. keine Beobachtung eines entsprechend beobachtenden B.s. Der B. ist immer schon vorhanden, ist Bedingung seiner eigenen Möglichkeit.

Beobachtung, die Handhabung einer → Unterscheidung, eine unterscheidende und das Unterschiedene zugleich bezeichnende (→ Bezeichnung) → Operation. Das → autopoietische System beobachtet sich z.B. anhand der operativen Einheit der Geldzahlung als wirtschaftliches System, unterscheidet sich als System von Zahlungen und als nichts anderes, nicht als ein anderes System.

Ein → Beobachter erster Ordnung kann nur sehen, was er sieht; er operiert auf der Ebene des Faktischen (Objektiven). Ein Beobachter erster Ordnung kann nicht zwischen → System und → Umwelt unterscheiden. Zwar ist durch jede Unterscheidung und Bezeichnung von etwas das Nichtunterschiedene stets mitgegeben, hier durch die Unterscheidung von System die Umwelt des Systems. Das operierende bzw. seine Unterscheidung vollziehende System (z.B. ein Unternehmen als System im wirtschaftlichen System) sieht uno actu nur Geldzahlungen. Im Moment des Vollzugs der Operationen sind etwa das Woher und Warum der Zahlungen in der Umwelt des Systems unsichtbar. Als Beobachter erster Ordnung kann sich also das System in Abgrenzung zu seiner Umwelt nicht selbst wie von außen von innen beobachten.

Dagegen vermag ein Beobachter zweiter Ordnung zu sehen, was der beobachtete Beobachter erster Ordnung sieht und was er nicht sieht. Erst er kann eine System-Umwelt-Unterscheidung benutzen. Beobachter zweiter Ordnung ist jeder Beobachter, der einen Beobachter beobachtet. Es kann sich um einen Beobachter außerhalb, z.B. um einen Sozialforscher, oder innerhalb, z.B. das Unternehmen selbst, handeln. Dieser sieht dann vermittels seiner eigenen Unterscheidung, daß das beobachtete beobachtende System zwischen sich und anderem, zwischen System und Umwelt unterscheidet. Ein externer oder interner Beobachter des Beobachters sieht, daß an das Unternehmen (an sich selbst) Geldzahlungen aus den Haushalten in seiner nicht-wirtschaftlichen Umwelt für an diese abgegebene Leistungen fließen → (Selbst-/Fremdbeobachtung).

Eine B. erster und zweiter Ordnung ist nicht gleichzeitig möglich, ihre operative Handhabung setzt eine Zeitdifferenz voraus (→ Asymmetrisierung). Ein Beobachter erster oder zweiter Ordnung kann jedoch auch immer nur sehen, was er sehen kann; er kann nicht sehen, was er nicht sehen kann. Die B. zweiter Ordnung ist der B. erster Ordnung zwar hierarchisch übergeordnet, bleibt aber selbst eine B. erster Ordnung. Im Falle der B. dritter Ordnung wird nach der Beobachtbarkeit des Beobachtens von B.en gefragt (→ Reflexionstheorie), aber auch das bleibt eine B. erster Ordnung. B.sverhältnisse bleiben strikt horizontale und dabei zirkuläre Beziehungen.

Auch Erkenntnistheorie (→ Erkenntnistheorie, klassische) ist Theorie der B. Sie muß unterscheiden, um sehen zu können. Das, was sie sieht, das sieht sie, mehr nicht. Sie ist B. erster Ordnung. Ein Beobachter eines erkennenden Beobachters sieht, was jener sieht (z.B. das Sein) und nicht sieht (das Nichtsein); doch dieser kann seine Unterscheidung von Sein und Nichtsein - das ist eine (!) Unterscheidung - nicht selbst unterscheiden (→ Erkenntnis, → Konstruktivismus, systemtheoretischer). Denn dann müßte er sie als Unterscheidung und

nicht als unterscheidbare → Einheit einer → Differenz unterscheiden. Er müßte sich selbst als Beobachter beobachten können. Da eine Letztunterscheidung aller Unterscheidungen ausgeschlossen ist, kann es eine einzigrichtige Erkenntnis nicht geben. Und: Da Erkenntnis immer Erkenntnis von Wirklichkeit oder → Realität zu sein beansprucht, Erkenntnis jedoch beobachtungsabhängig ist, scheidet die Erkennbarkeit von Wirklichkeit oder Realität an sich aus. Die B. selbst ist dennoch real, ein zweifellos empirischer Vorgang.

Wenn B. Unterscheidung heißt, wenn überhaupt und dieses unterschieden wird und wenn diese Unterscheidungen und überhaupt Unterscheidungen nicht letztunterschieden werden können, dann ist B. ein paradoxer Sachverhalt (→ Paradoxie). Die B. benutzt die eigene Unterscheidung als B. als ihren → blinden Fleck: sie kann nicht sehen, was sie nicht sehen kann. Das Nichtsehenkönnen ist Bedingung der Möglichkeit des Sehenkönnens. Dies gilt auch für die B. der B. So ist die B. selbst paradox konstruiert und nur entparadoxierbar über die Möglichkeit des → re-entry. Deshalb bedeutet B. statt Paradoxievermeidung Entfaltung von Paradoxie (→ Sthenographie/Euryalistik).

Bestandsformel, beruht letztlich auf jenen ontologischen Prämissen, die eine Unveränderlichkeit des Seins und der Elemente des Seins, seines bzw. ihres unveränderlichen Wesens, annehmen (→ Ontologie). Die B.n des frühen Funktionalismus und des Strukturfunktionalismus sind vom Ansatz her noch der Vorstellung eines Bewirkens von Wirkungen verpflichtet. Erst in der funktionalistischen → System-Umwelt-Theorie (→

Methode, funktionale) wird der Bestand eines Systems zu einem offenen → Problem, und in der Theorie → autopoietischer Systeme wird die B. zur paradoxen Formel der selbstveranstalteten Bestandssicherung durch Bestandsgefährdung.

Bewußtsein → System, psychisches

Bezeichnung. → Beobachtung ist B. der → Einheit der → Differenz von → Unterscheidung und B. Jede Unterscheidung bedarf der B., denn sonst wäre ja nur bekannt, daß und nicht, was unterschieden wurde. Andererseits könnte ohne B. nichts als unterschieden bezeichnet werden. B. ist dann inhaltliche oder Sinnbestimmung der an sich rein formalen → Operation des Unterscheidens wie des operativ Unterschiedenen. Dies drückt sich in der Zuweisung semantischer Artefakte (Worte, → Begriffe, Sätze) aus. Semantische Artefakte (→ Semantik) fungieren vor allem als wiederverwendbare Prämissen für anschlußfähige Operationen des Beobachtens psychischer und sozialer Systeme.

Bifurkation, unterscheidet und bezeichnet den evolutorischen Vorgang der → Unterscheidung und → Bezeichnung anschlußfähiger Unterscheidungen (→ Anschlußfähigkeit), setzt → Beobachtung voraus und ist selbst Beobachtung. Erste Grundlage ihrer Möglichkeit sind die Beobachtungen zwangsläufiger → Selektivität von Wahrnehmbarkeit (→ Wahrnehmung) und selektiver Kommunizierbarkeit des selektiv Wahrgenommenen (→ Kommunikation). Zweite Grundlage ihrer Möglichkeit sind einmal die Möglichkeiten der Anknüpfung an bereits erfolgte Unterscheidungen im Sinne ihrer → Kondensierung und → Konfirmierung und zum anderen Anderunterscheidungen auf der Grundlage des bereits Unterschiedenen. Deshalb ist B. ein rekursiver (→ Rekursivität) und ein nicht-rekursiver Vorgang anschlußfähigen Unterscheidens zugleich. Das Alte ermöglicht sich selbst und Neues, und zwar nach dem Muster von → Emergenz statt von → Emanation.

Binarisierung, unterscheidet und bezeichnet eine besondere Art von → Unterscheidungen. Unterschieden werden Duale, deren eine bezeichnete die andere bezeichnete Seite negativ mitmeint (→ Code), wobei jedoch beide Seiten zusammen nicht eine Seite einer anderen bezeichneten Unterscheidung sein können (→ marked space/unmarked space), wie dies etwa bei Emanationshierarchien (→ Emanation) oder Gattungsunterscheidungen der Fall ist. Bei Unterscheidungen binären Typs geht es primär darum, an die eine positive Seite anknüpfen zu können, also etwa unterscheiden zu können, was Recht, was Wahrheit, was Schönheit ist. Dies erfordert den Ausschluß dritter Möglichkeiten. Binäre Codierungen führen die → Ausdifferenzierung von Systemen und ermöglichen deren Autopoiesis (→ Kommunikationsmedien, symbolisch generalisierte, → System, autopoietisches).

Bistabilität, kennzeichnet Systeme, deren operative Geschlossenheit auf zweiwertiger Codierung beruht (→ System, autopoietisches). Grundsätzlich kann entweder an die eine oder die andere Seite des → Codes angeknüpft werden (→ Anschlußfähigkeit, → Binarisierung). Die Anknüpfung an die eine/andere Seite schließt im Moment ihres Vollzugs die Anknüpfbarkeit an die andere/eine Seite aus. Der Seitenwechsel erfordert Zeit (→ crossing). Es kann gezahlt werden oder nicht, erst kann gezahlt werden und dann nicht oder umgekehrt. Wenn gezahlt wird, wird weiteres Zahlen ermöglicht, wobei jeweils die Option des Nichtzahlens mitgeführt ist. B. ist Stabilität auf der Grundlage zweier Werte, die sich einschließen, weil sie sich ausschließen.

Black box. Für jedes System, das sich selbst oder ein anderes System beobachtet (→ Beobachter, → Beobachtung, → Selbst-/Fremdbeobachtung), ist das beobachtete System eine b. b. Das beobachtende System kann nur vermittels eigener Annahmen im Umgang mit dem beobachteten System Erfahrungen gewinnen und diese zur Grundlage weiteren Umgangs miteinander machen (→ Erwartungen). Nur insofern erzeugt Schwarzheit Weißheit (→ Verstehen). Die beteiligten Systeme bleiben dabei füreinander prinzipiell intransparent (→ doppelte Kontingenz, → ego/alter). Der b. b.-Charakter eines Systems ist kein beobachtungsunabhängiger Sachverhalt.

Blinder Fleck. Jede → Beobachtung ist paradox. Sie unterscheidet, obwohl sie nicht unterscheiden kann, was sie unterscheidet (→ Paradoxie). Ein → Beobachter unterscheide bspw. System und Umwelt. Der Beobachter unterscheidet. Woher kommt seine → Unterscheidung? Er kann sie dann, wenn er sie handhabt, als Unterscheidung nicht unterscheiden: Der Beobachter kann nicht unterscheiden. Er unterscheidet, und er kann nicht unterscheiden. Diese Paradoxie ist nicht aufzulösen. Jedes Sehen muß sich seines b.n F.s gewiß sein, nicht sehen zu können, was es nicht sehen kann (→ Stheographie/Euryalistik). Daß der b. F. selbst nicht blind macht, Sehen ermöglicht, obwohl nicht gesehen werden

kann, liegt an der paradoxieentfaltenden Möglichkeit des → re-entry. Ein Beobachter unterscheidet sich bspw. als System von seiner Umwelt. Er verwendet eine Unterscheidung, die er nicht unterscheiden kann, zu seiner Unterscheidung (→ Erkenntnis, → Konstruktivismus, systemtheoretischer, → Realität). Eine solche Paradoxieentfaltung bedeutet Inanspruchnahme von Zeit, denn jede Beobachtung geschieht, wenn sie geschieht, danach ist sie vorbei. Eine Beobachtung einer Beobachtung verlangt nach einer Zeitdifferenz zwischen der ersten und der zweiten Beobachtung (→ Asymmetrisierung, → crossing).

Borniertheit → Empathie/Borniertheit

Code, eine binäre Leitdifferenz (→ Binarisierung) oder eine bistabile → Form (→ Bistabilität) zur Erzeugung von binären → Differenzen oder → Unterscheidungen. C.s sind immer zweiwertig, haben einen positiven und einen negativen Wert. Sprachlich genauer wäre vom Dual Wert und Gegenwert zu sprechen und zu betonen, daß logisch auch an die jeweils andere Seite angeschlossen werden könnte. Der jeweilige Gegenwert, der immer mitgemeint ist, wenn die Entscheidung für Wert gefallen ist, verweist auf die latent bleibende, nur unter Inanspruchnahme von Zeit zu ergreifende Möglichkeit einer anderen Entscheidung (→ crossing). Der positive Wert vermittelt → Anschlußfähigkeit, der negative Kontingenzreflexion (→ Kontingenz). Begriffsduale wie Bevorzugung (Akzeptanz) und Ablehnung (Rejektion) oder positiver Wert und negativer Wert oder Destinations- und Reflexionswert sind völlig wertungs- und moralfrei konzipiert, sagen nichts über Vorzuziehendes, Richtiges oder Gutes aus.

C.s sind → Paradoxien, die sich selbst entparadoxieren können: Bei binärer Codierung von Kommunikationen, im Falle sozialer Systeme, wird die Einheit einer Kommunikation durch die Einheit der Differenz einer Kommunikation ersetzt: z.B. die Einheit von Recht ist Recht durch die Einheit der Differenz von Recht und Unrecht (→ Kommunikationsmedien, symbolisch generalisierte). Die Entscheidung für die eine statt für die andere Seite, z.B. für Recht statt für Unrecht, verdeckt die vorgängige Frage, welche Unterscheidung der Unterscheidung von Recht/Unrecht zugrundeliegt, ob sie selbst rechtens ist oder nicht. Das entspricht der Wiedereinführung des zuvor ausgeschlossenen Dritten Recht ist Recht.

Ohne diese paradoxe Entparadoxierung ist Systembildung, insbesondere die Ausdifferenzierung funktionaler Teilsysteme (→ Differenzierung, funktionale), nicht möglich. Der Entscheidungsspielraum eines Systems, hier als Beispiel des Rechtssystems, wird durch den C., hier: Recht/Unrecht, limitiert; doch das Limitierte ist dann seinerseits grundsätzlich unlimitiert, da entscheidbar (→ Komplexität, Reduktion und Steigerung von). Deshalb ermöglichen C.s einen bestimmten unbestimmten Operationsraum. Deshalb sind C.s Leitdifferenzen zur Erzeugung von Differenzen. Der Leitwert eines C.s, z.B. Recht, kann jedoch nicht zugleich Kriterium der Selektion von richtigen Operationen sein. Programmierung (→ Programme) formt C.s zu → Medien um. Auch die Programmierung von Systemen, z.B. des Rechtssystems durch gesetzliche Vorgaben des politischen Systems, ist Wiedereinführung eines ausgeschlossenen Dritten.

Durch binäre Codierung wird ein → Beobachter (ein System) in die Lage versetzt, sich selbst vermittels eines C.s zu beobachten (→ Selbst-/Fremdbeobachtung oder Beobachtung zweiter Ordnung). Das Erkennen des Problems binärer Codierung (ihr „Daß", ihr „Wie", ihr „Warum") ist eine Reflexionsleistung, erfordert einen Beobachter dritter Ordnung (→ Reflexionstheorie).

Crossing. Wenn im strengen Formenkalkül der → Beobachtung unterschieden und bezeichnet wird, etwa Garten oder Schüler oder Garten und Haus oder Schüler und Lehrer, ist die jeweils andere Seite der → Unterscheidung zwar mitgegeben, jedoch selbst nicht unterschieden (→ Asymmetrie). Die andere Seite ist zunächst alles das, was die eine Seite nicht ist oder durch sie ausgeschlossen ist. Die andere Seite ist in diesem Sinne durch Einschluß ausgeschlossen. Um die andere Seite unterscheiden und zu bezeichnen, ist ein Seitenwechsel, ein c., erforderlich, der Zeit beansprucht. Der Wechsel auf die andere Seite ist ein Wechsel in ein noch nicht markiertes Gebiet (→ marked space/unmarked space). Wird die andere Seite etwa bestimmt als Wiese bzw. Eltern oder Wald und Flur bzw. Vorgesetzter und Untergebener, wäre die eingeschlossene ausgeschlossene andere Seite wieder nicht markiert. C. heißt also neu oder anders unterscheiden und nicht etwa auf eine von zwei bekannten Seiten einer Unterscheidung zu wechseln. Dieses strenge Formerfordernis, das gattungs- und wiedereintrittsfähige Unterscheidungen gleichermaßen betrifft, ist beim Ansetzen an eine bereits markierte Seite außer Kraft gesetzt. Die unmarkierte Seite der Differenz Recht/Unrecht inter essiert nicht, wenn es darum geht, Anschlußunterscheidungen auszuführen, d. h. über Recht und Unrecht zu entscheiden. Entweder ist etwas Recht oder nicht; ist es Unrecht, ist von der positiven Seite auf die negative des → Codes zu wechseln.

Dauerzerfall. Zum Operationsmodus → autopoietischer Systeme gehört, daß die basalen → Elemente als → Ereignisse im System (Gedanken, Kommunikationen, Handlungen, Zahlungen) im Augenblick ihres Auftretens auch schon wieder vergehen. Autopoietische Systeme sind basal instabil; basal instabile Interaktionen sind das Spielmaterial gesellschaftlicher → Evolution.

Deflation → Inflation/Deflation

Dekomposition. Kein → Problem ist unmittelbar als das, was es ist, behandelbar. Es bedarf einer D. des Problems. Ein Problem sei etwa: Wie ist → soziale Ordnung möglich? Als Problem ist dieses Problem nie lösbar, denn sonst wäre es kein Problem. D. bedeutet Erprobung kontingent-selektiver (→ Kontingenz, → Selektivität) Problemlösungen: z.B. Herrschaft ermöglicht soziale Ordnung. Jetzt wird die Problemlösung zum Problem: Wie ist Herrschaft möglich? Dieses Problem ist abermals kontingentselektiv dekomponierbar: z.B. Eigentum begründet Herrschaft. D. ist gleichbedeutend mit immer weiterer Problemauflösung und Eröffnung neuer Möglichkeiten problematischer Rekombinationen (→ Auflöse-/Rekombinationsvermögen). D. ist bei alledem keine Methode der Problembehandlung nach dem Muster der Zerlegung eines vorgegebenen Ganzen in seine Teile. Sie ist eine Methode der Differenzierung, d.h. der kontingentselektiven Neubildung.

Demobürokratisierung, bezieht sich darauf, daß eine → Demokratisierung von Entscheidungsprozessen in → Organisationen oder organisational verfaßten Institutionen eine Steigerung der Entscheidungsabhängigkeit von Entscheidungen, also eine weitere Bürokratisierung bewirkt.

Demokratie, statt Selbstherrschaft des Volkes Spaltung der Spitze des → politischen Systems in Regierung und Opposition, wobei die Differenz von Regierung und Opposition eine → Zweitcodierung von politischer → Macht als Macht haben (an der Regierung sein) und keine Macht haben (in der Opposition sein) bedeutet. D. nach dem Verständnis der Einsetzung eines unmittelbaren Souveräns, des Volkes, als gleichsam externer Letztinstanz für die dauernde unmittelbare Ermöglichung und Legitimation kollektiv verbindlicher politischer Entscheidungen oder nach dem Verständnis der laufenden Beteiligung aller an den sie betreffenden Entscheidungen (→ Demokratisierung) verkennt die → Komplexität von Systemen. Angesichts der Komplexität des Entscheidbaren in sachlicher, zeitlicher und sozialer Hinsicht kann es D. immer nur mit Selektionen, mit dem Offenhalten von Entscheidungsmöglichkeiten zu tun haben. Dieser Begriff von D. stellt ab auf → Kontingenz und → Selektivität sowie Temporalisierung und Re-Programmierung politischer Macht (→ Wahl, politische).

Demokratisierung, Begriff für die Ausweitung oder Verallgemeinerung der Beteiligung von Organisationsmitgliedern an organisationalen Entscheidungen oder auch der Gesellschaftsmitglieder (→ Person) an allen sie in ihren verschiede-

nen Inklusionen betreffenden Entscheidungen innerhalb des jeweiligen Inklusi-
onsbereichs (→ Inklusion/Exklusion). D.
bewirkt über die Auflösung und Re-
kombination von Entscheidungen ihre
Vervielfachung.   Komplexitätsadäquate
Rationalität kann in komplexitätsadäquate Irrationalität umschlagen. Folge wäre
eine → Demobürokratisierung.

Diabolische Symbolisierung → Symbolisierung, diabolische

Differenz. Am Anfang steht immer eine
D. (→ Asymmetrie, → Beobachtung, →
marked state/unmarked state, → Unterscheidung); und jeder Anfang beruht auf
einer Differenz (Paradoxie des anfangslosen Anfangens oder der nicht unter-
scheidbaren Unterscheidung). Am Anfang steht die Leitdifferenz von → Identität und D. Dem entspricht die Umstellung von → Einheit eines Systems oder
System-Umwelt-Zusammenhangs   auf
Einheit einer D. von System und Umwelt. Ein System muß sich selbst als System identifizieren (konstituieren), indem
es sich von einer selbst different gesetzten Umwelt abhebt (→ Selbst-/Fremd-
beobachtung, → Selbst-/Fremdreferenz,
→ System, autopoietisches, → Umwelt).
Die Leitdifferenz von Identität und D.
hebt darauf ab, daß es in der Systemtheorie nicht um eine Vorabverge-
wisserung der Identität von etwas (hier:
eines Systems), genauer der Aufhebung
von etwas Differentem in einer es ein-
schließenden Einheit oder Identität geht
(etwa nach dem Muster These + Synthe-
se = Antithese oder nach dem Muster −a
und +a haben die Einheit a). Deshalb
heißt es auch nicht Identität von Identität
und D. Ein System gründet und identifiziert sich vielmehr als System, indem

es sich als different zu seiner mit sich
selbst gesetzten Umwelt setzt. Das System ist folglich weder die Einheit der
D. von System und Umwelt, noch kann
es selbst die eigene Identität als System
als aus irgendeiner vorausgesetzten Einheit hervorgegangen beobachten. Letzteres führt zu der Aussage, daß die Unterscheidung von etwas als Einheit einer D.
nur begrifflich ausgezeichnete → Form
einer Unterscheidung ist, nicht aber Unterscheidung von differenzaufhebender
Einheit. Die Einheit einer D. läßt sich
nicht beobachten. Der → blinde Fleck
bleibt. Kurz: Eine D. ist logisch nicht
ableitbar (→ Paradoxie).
Systemtheorie ist D.theorie, sie wird von
D.en her und auf D.en hin entfaltet,
vielleicht auf bessere D.en hin, die mehr
sichtbar machen, aber nicht in Richtung
auf Aufhebung des Differenten in Einheit.

Differenzierung von Systemen meint
Bildung von Systemen in Systemen, jene
Art von Systemunterscheidungen, die
mit vorgängigen Systemunterscheidungen vereinbar ist, ohne aus diesen unmittelbar hervorzugehen (→ Emanation). So
ist die vorgängige → Ausdifferenzierung
eines wirtschaftlichen Systems vereinbar
mit der Bildung organisierter Sozialsysteme im Wirtschaftssystem und von
Interaktionssystemen in den Grenzen eines organisierten Sozialsystems im Wirtschaftssystem (→ Differenzierung, funktionale, → Systemdifferenzierung).

Differenzierung, funktionale, ist im
Kern kontingent-selektive (→ Kontingenz, → Selektivität), codegeführte (→
Code), auf die alternative oder funktional äquivalente Lösung von Spezialpro-
blemen (→ Methode, funktionale) bezogene → Ausdifferenzierung von Teilsy-

stemen wie → politisches System, → rechtliches System, → wirtschaftliches System, → religiöses System, → wissenschaftliches System, → erzieherisches System, Kunstsystem (→ System der Kunst). Funktionale Teilsysteme sind mit ihren Systemumwelten insgesamt qua → Funktion (= Funktion für die Gesellschaft) und - aus der Perspektive der → Beobachtung zweiter Ordnung - mit einzelnen Systemen in ihrer Umwelt qua → Leistung (= Leistung für die Gesellschaft) verknüpft (→ Selbst-/Fremdbeobachtung); auf sich selbst als Beobachter ihrer selbst können sie sich qua Reflexion (→ Reflexionstheorie) beziehen (→ Systemreferenz).

F. D. bedeutet vor allem: Steigerung von → Komplexität durch Reduktion von Komplexität (Schließung durch Einschließung, Offenheit durch Geschlossenheit, Steigerung von → Auflöse-/Rekombinationsvermögen), Ablösung der Möglichkeit der → Repräsentation der → Einheit eines Systems im System durch vielfältige Repräsentationen von Einheit (Verzicht auf redundante Absicherung in einer übergreifenden Einheit oder in anderen Systemen), Verzicht auf die Möglichkeit von (übergreifender und eigener eindeutiger) → Rationalität (→ Resonanz).

F. D. überlagert → segmentäre und → schichtungsmäßige D. Unter Bedingungen primärer f.r D. wird dem einzelnen jedoch sein Standort in der → Gesellschaft nicht mehr qua unmittelbarer im wesentlichen differenzloser Zugehörigkeit zu einem Ganzen (z.B. Stamm) oder zu einem Segment (z.B. einer Verwandtschaftsgruppe, einem Clan, einem Stand, einer Schicht, einer Familie), sondern über potentiell gleiche Inklusion in funktional ungleiche Teilsysteme zugewiesen

(→ Inklusion/Exklusion).

In den Funktionssystemen selbst wiederholen sich Differenzierungsmuster wie Zentrum/Peripherie und Hierarchie/Heterarchie. Im Rechtssystem bilden Gerichte, im Wirtschaftssystem Zentralbanken und im politischen System die Staatsorganisation Zentren. Die Zentren können auf gleicher und verschiedener Ebene heterarchisch-segmentär differenziert sein. In der Peripherie der Zentren finden sich beim Rechtssystem anklagende und streitende Parteien, beim Wirtschaftssystem Unternehmen und Haushalte und beim politischen System politische Parteien und Wahlverfahren. An der Peripherie kommen ebenfalls hierarchische, besonders aber heterarchische Organisationsformen mit segmentärer Differenzierung vor.

Institutionell abgrenzbare („konkrete") soziale Systeme (Familien, Behörden, Unternehmen, Schulen usw.) erfüllen mehrere Funktionen, sind multifunktional. Dabei überwiegen jedoch typischerweise bestimmte Funktionen (primäre Funktionen), die den übrigen (sekundären) Funktionen gegenüber gewisse Freiheiten eröffnen. So ist ein Unternehmen funktional dominant ein wirtschaftlichen System bzw. dem funktional ausdifferenzierten wirtschaftlichen System zugehörig. Das emanzipiert das Unternehmen vom Erfordernis einer gleichrangigen Erfüllung anderer Funktionen (→ Systemgrenze).

Differenzierung, schichtungsmäßige (auch: rangmäßige, stratifikatorische), erfolgt auf der Grundlage der Gleichheit im System, der Zugehörigkeit zu einer jeweiligen Schicht, und der Ungleichheit in bezug zur Systemumwelt, den übrigen Schichten (→ Klasse, soziale). Die

Schichten können ihrerseits wieder segmentär differenziert sein, auch → funktionale D. kann sich anbahnen (Religion, Politik, Arbeitsteilung). Gegenüber primär → segmentärer D. wird innerhalb der Schichten (in den jeweiligen Teilsystemen) im Verhältnis zu den jeweils anderen Schichten (den jeweiligen anderen Teilsystemen) mehr kommunikative Komplexität freigesetzt, was besonders für die Oberschicht zutrifft. Stratifizierte Gesellschaften sind hierarchisch gebaut (→ Hierarchie). Ihren primären Strata oder Schichten können sekundär auch noch verschiedene → Funktionen (→ Redundanz) zugewiesen sein. S. D. setzt die Entwicklung schriftlicher Kommunikation voraus.

Differenzierung, segmentäre, erfolgt auf der Grundlage der Gleichheit von System (dem jeweiligen Segment) und Umwelt (den übrigen Segmenten): archaische Gesellschaft. S. D. erfordert bereits die Evolution von Sprache.

Differenzlose Begriffe → Begriffe, differenzlose

Dogmatik. Eine sich selbst als ihrer selbst gewiß reflektierende semantische Tradition ist dogmatisch zu nennen. D. weist sich selbst als Bedingung für alle Änderung aus.

Doppelte Kontingenz, setzt einerseits → psychische Systeme je eigener → Selektivität ihres → Erlebens und → Handelns und andererseits die selbstreferentielle Beteiligung der psychischen Systeme an der Konstitution eines von ihnen unterschiedenen → sozialen Systems voraus. Aber: d. K. selbst bezeichnet nicht die bloße Verschiedenheit zweier erlebens- und handlungskontingenter psychischer Systeme, nicht die Verdopp-

lung verschiedener kontingenter Systemperspektiven zweier Systeme und auch nicht die Aufhebung derartiger → Differenzen in irgendeiner sozialen → Einheit (→ Soziales). D. K. heißt konstitutive und auf Dauer gestellte wechselseitige Unbestimmtheit und Unbestimmbarkeit der Beziehungen zwischen Sinnsystemen. Sie bezeichnet die Universalität kontingent-selektiver (→ Kontingenz) Möglichkeiten des Erlebens und Handelns, kurz von → Sinn.

Zugleich ist d. K. der Unterbau des Problems → sozialer Ordnung. Bei und wegen operativer Geschlossenheit und kognitiver Offenheit (→ System, autopoietisches) psychischer Systeme kommt es immer wieder zu der an sich hochunwahrscheinlichen mindestens mutualistischen Konstitution sozialer Systeme bzw. deren → Referenz für die Selbst- und Fremdadressierung von → Erwartungen in bezug auf die beteiligten psychischen Systeme (→ Person). Die Bildung sozialer Systeme beseitigt jedoch weder das Problem der d.n. K. noch das Problem sozialer Ordnung.

Ego/Alter. Die Unterscheidung von E. und A. setzt einen diese Unterscheidung handhabenden → Beobachter voraus (→ Attribution), seinerseits ein E. oder A. E. und A. sind weder psychische noch soziale Systeme und auch keine Personen. Sie stellen gewissermaßen nur abstrakte Vergleichsgesichtspunkte für die Analyse interaktiver Situationen dar. Es kommt darauf an, anschlußfähig an die eine Seite, nämlich E., oder die andere Seite, nämlich A., anzuknüpfen, um z.B. das Problem der → doppelten Kontingenz bzw. der Möglichkeit → sozialer Ordnung, des Aufbaus von verhältnismäßig enttäuschungsfesten kontingent-selektiven A.-E.- und E.-A.-Perspektiven (→ Erwartungen) reflektieren zu können.

Eigentum, eine paradox konstituierte Ausschließungsrelation. E. ist die Einheit der Differenz von E. und Nichteigentum. Das Merkmal einer paradoxen Konstitution gilt auch für das Gemeineigentum, das eigentlich nicht E. sein kann, weil es niemanden ausschließt. E. wird immer als eigentlich unrechtes Recht rechtlich abgesichert. E.stheorien nehmen meist einen unschuldigen Naturzustand der E.slosigkeit und in der Natur des Menschen oder seinem natürlichen Verhältnis zur Natur oder zu anderen Menschen liegende bestimmte rechtfertigende Gründe der Entstehung von E. an. Jeder Versuch einer E.sbegründung kann nur als Entfaltung einer → Paradoxie aufgefaßt und auf seine jeweilige historisch-gesellschaftliche Plausibilität hin beobachtet werden. Bei → funktionaler Differenzierung verliert E. seinen allgemeinen gesellschaftlich differenzierenden Stellenwert, weil es in den einzelnen Funktionssystemen unterschiedlich behandelt wird: im Rechtssystem wird anhand gesetzlicher Programme über E.skonflikte entschieden, und im Wirtschaftssystem funktioniert E. als → Zweitcodierung des Mediums Geld und wird über Budgets die E.sverwendung festgelegt.

Eigenwert, nicht-zufällige Eigenschaft von Systemen. Sie verweisen auf eine geordnete Beschränkung oder systemische Gebundenheit von Alternativen. So besteht der E. der funktional differenzierten Gesellschaft in der wechselseitigen Limitierung der funktionalen Teilsysteme oder der E. des wissenschaftlichen Systems in der Berücksichtigung der Beobachtung von fremden Beobachtungen bei eigenen Beobachtungen oder der E. des wirtschaftlichen Systems in der Beobachtung von Preisen als Beobachtungen von Beobachtungen. Der E. eines Systems entsteht durch → Kopplungen rekursiven (→ Rekursivität) Beobachtens (→ Selbst-/Fremdbeobachtung). E.e sind im Grunde Ausdruck der Tatsache, daß Systeme immer Systeme mit einer Geschichte in einer Umwelt sind und dies in ihren → Strukturen (→ Gedächtnis) präsent halten.

Einfluß, eine generalisierte Form der Übertragung von Selektionsleistungen zwischen sinnhaften Systemen. E. setzt kommunikative Situationen und Zurechnungen (→ Attribution) von → Kommunikationen als → Erleben oder → Handeln voraus. Als generalisierte E.formen sind zu unterscheiden zeitliche (→ Macht), sachliche (→ Autorität, → Reputation) und soziale Generalisierung (→ Führung): „Einfluß wird zur Macht, wenn und soweit die wiederholte Annahme erwartet werden kann, zur Autorität, wenn und soweit die Annahme auch anderer Kommunikationen erwartet werden kann, und zur Führung, wenn und soweit auch andere Personen den Einfluß annehmen." (1995d:124) Das Merkmal der Generalisierung (→ Generalisierung/Spezifizierung) betrifft die Absehbarkeit von spezifischen → Motiven zur Teilnahme an Kommunikationen des spezifizierten Typs.

Einheit. Wenn etwas als E. vorausgesetzt wird, entsteht die doppelte Frage, ob das geht und ob das beobachtet werden kann. Wenn etwas als E. vorausgesetzt wird, ist das nichts der → Beobachtung Vorgängiges, sondern selbst schon Beobachtung. Also kann E. niemals beobachtungsunabhängige absolute, sondern nur beobachtungsabhängige relative sein. Natürlich kann eine vorausgesetzte E. als E. nicht beobachtet werden (→ blinder Fleck), denn Beobachtung heißt ja → Unterscheidung. Die vorausgesetzte E. wird verletzt (→ marked space/unmarked space). Genauer: Eine vorausgesetzte E. wird als → Differenz rekonstruiert, ist dann aber nicht mehr die vorausgesetzte E. So setzt Differenz statt E. letztlich Differenz voraus, und die E. einer Differenz ist nichts Drittes gegenüber dem Differenten, vor allem: keine operationsfähige Einheit. Es ergibt sich: E. kann nicht vorausgesetzt werden. E. muß aber vorausgesetzt werden, denn sonst könnte sie nicht nicht vorausgesetzt werden. Das ist paradox, und das geht (→ Paradoxie).

Einschließung/Ausschließung → Inklusion/Exklusion

Elemente sind die für die jeweiligen Systeme konstitutiven und für sie selbst nicht weiter auflösbaren Einheiten: z.B. Kommunikationen, Handlungen, Zahlungen, Gedanken (→ System, autopoietisches). Die E. von Systemen sind immer → Ereignisse.

Emanation, drückt die Annahme des Entstehens aller Dinge aus einem höchsten oder letzten Einen (z.B.: Gott, Natur) aus. Bezeichnend ist die Unterstellung eines Anfangens des Anfangens (z.B. → Gott, → Natur, Gemeineigentum) und die mit dem jeweiligen Anfang des Anfangs mitgelieferte → Unterscheidung dessen, was nicht am Anfang war, aber aus ihm hierarchisch folgt (z.B. → Teufel, Zivilisation, Privateigentum). Diese → Semantik der E. wird systemtheoretisch abgelöst durch die Semantik des anfangslosen Anfangens.

Einerlei, was auch immer angefangen wird, stets wird eben angefangen und ist alles andere Anfangen eingeschlossen (→ Evolution). Man ist immer mittendrin. Der autopoietische Zirkel ist nicht auflösbar. Wenn Systemtheorie mit System beginnt, dann hat sie mit System begonnen, ohne den Beginn mit System beginnen (System unterscheiden) zu können (→ Beobachter, → Beobachtung, → Erkenntnis, → Konstruktivismus, systemtheoretischer, → Paradoxie). Das wiederholt sich bei allen anschließenden unterscheidenden → Operationen. Im Resultat erhält man dann eine in sich selbst paradoxe E.shierarchie.

Emergenz. Systeme gelten in dem Sinne als emergente Erscheinungen, als sie eine selbstreferentielle Erzeugung und Erhaltung von eigenen → Elementen über deren Relationierung leisten (→ System, autopoietisches), statt sich lediglich durch eine Vermehrung von gegebenen Elementen oder/und durch besondere Verknüpfungen zwischen gegebenen Elementen auszuzeichnen. Obwohl z.B. → soziale Systeme auf Bewußtsein als Elemente → psychischer Systeme angewiesen sind, sind ihre Elemente Kommunikationen, die Bewußtsein in Anspruch nehmen, aber sich als Kommunikationen weder auf Summen von Bewußtseinsvorgängen oder Gedanken noch auf Verknüpfungen zwischen ihnen reduzieren lassen. In diesem Sinne ist eine Gemeinsamkeit der Elemente ausgeschlossen (→ Interpenetration, → Kopplung).

Empathie/Borniertheit sind Reaktionen seitens psychischer Systeme auf informationelle oder eben unterscheidende Überforderungen durch die moderne funktional differenzierte Gesellschaft. E., der Akzeptanzwert der Unterscheidung, ist die Fähigkeit, sich in andere einzufühlen, das Betroffensein anderer als eigenes Betroffensein erleben zu können. B., der Rejektionswert der Unterscheidung, meint soziale Begrenzung der eigenen Präferenzen.

Empirische Sozialforschung, soweit sie der Methodologie des → kritischen Rationalismus folgt, ist bisher nicht in der Lage, auch nur Theorien mittlerer Reichweite vorzulegen. Sie ist als hypothesengeleitete (→ Hypothese) → Beobachtung durch ein gegenüber der Komplexität der kommunikativen Welt zu geringes kombinatorisches Potential gekennzeichnet und kann deshalb nur geringe informationelle → Redundanz erzeugen. : „Die entsprechende Methodologie lehrt ... , die Komplexitätsunterlegenheit des Systems durch selbsterzeugte Komplexität zu kompensieren und dann in der Welt der selbstgemachten Daten unter Ausscheiden zahlloser kombinatorischer Möglichkeiten nach Ergebnissen zu suchen." (1995d3:370) Obwohl e. S. beobachtet, z.B. ihren Gegenstand durch theoriegeleitete Unterscheidungen konstituiert, beobachtet sie sich nicht selbst und kann folglich nicht sehen, daß sie nicht sehen kann, was sie nicht sehen kann (→ Erkenntnistheorie, empirische). Das macht e. S. nicht untauglich für die Beobachtung von System-Umwelt-Beziehungen, wenn und insoweit sie als → Selbstsimplifikation des sie handhabenden Systems (→ Selbst-/Fremdbeobachtung) beobachtbar bleibt (→ Kausalität).

Entparadoxierung → Paradoxie

Entropie/Negentropie. E. wäre analog der physikalischen Formel vom Zerfall aller Energieformen in ungeformte Zustände der Energielosigkeit als Auflösung von Differenzen in Differenzlosigkeit zu verstehen. N. wäre entsprechend eine „evolutorisch laufende Umwandlung der Unwahrscheinlichkeit des Entstehens in Wahrscheinlichkeit der Erhaltung von Differenzen." (1995u:19) (→ doppelte Kontingenz, → Wahrscheinlichkeit, → Zufall) Systeme können mit der paradoxen Einheit der Differenz E./N. umgehen. In ihnen gibt es einen → Dauerzerfall gleichwahrscheinlicher Ereignisse. Das System vergißt. Die Kehrseite ist eine dem Dauerzerfall stets entgegenwirkende kontingent-selektive Relationierung oder Ordnung von Ereignissen (→ Ordnung, soziale, → Struktur). Das System erinnert sich (→ Eigenwert, → Gedächtnis).

Entscheidung heißt jene kommunikative Handlung (→ Handeln), die aus vorhandenen E.salternativen eine auswählt und vollzieht. Die vorgegebenen → Alternativen sind ihrerseits ein Resultat des dauernden Anknüpfens von E.en an E.en, Resultat autopoietischer Absorption von Unsicherheit. In diesem umfassenden Verständnis stellen verknüpfte E.en E.sprämissen dar (→ Reflexivität). Der gesamte Zusammenhang der dauernden Ermöglichung von E.en ist wie jede einzelne darin eingebundene E. kontingent (→ Kontingenz, → Selektivität). Eine E. formt gegenwärtig künftige in vergangene Kontingenzen um, und stets ist anschließendes Entscheiden an vorausgegangenes Entscheiden gebunden. Immer gilt: Es könnte anders entschieden werden, und es hätte anders entschieden werden können (→ Risiko/Gefahr). Eine E. läßt sich folglich auf eine in Aussicht gestellte Zukunft ein.

Ob die Entscheidung richtig oder falsch war, das kann man immer erst hinterher wissen (→ Zeit).

Entscheidungsprogrammierung → Entscheidung, → Konditionalprogramm, → Programme, → Zweckprogramm

Enttautologisierung → Tautologie

Episode. Ein → Beobachter ist in der Lage, andere oder eigene → Operationen als aufeinanderfolgend zu beobachten. Er stellt die Operationen in einen bestimmten zeitlichen Zusammenhang, darunter auch kausaler Art. Eine E. ist eine beobachtete Abfolge aneinander anschließender zeitbegrenzter Operationen bestimmter Art (z.B. → Interaktionssystem). E.n können durch bestimmte organisatorische Vorkehrungen eines Systems auf Dauer ermöglicht werden, etwa durch → Verfahren.

Ereignis, temporalisiertes → Element von Systemen - z.B. eine Kommunikation, eine Handlung, eine Zahlung, ein Gedanke - ; es setzt Zeitlichkeit (→ Zeit) voraus und bestätigt diese. Ein E. ist stets die → Einheit der → Differenz eines Vorher und eines Nachher, also eine → Beobachtung; mit seinem Auftritt ist es sogleich vorbei (→ Punktualisierung). Ein derart temporalisiertes E. ist nicht bestandsfähig. Ohne E.haftigkeit seiner Elemente und ohne die Ermöglichung neuer elementarer E.se besäße das System keine Möglichkeiten der Selbsterhaltung durch selbstinszenierte Fremdanpassung, zur Änderung seiner → Struktur (→ Selbst-/Fremdreferenz, → System, autopoietisches).

Erkenntnis als System ist immer nur das, was über → Beobachtung von Beobachtungen als → Realität unterschieden wird. E. als System kann sich wie jedes System immer nur auf sich selbst beziehen, d.h. Umweltkontakt als Realitätskontakt nur durch Selbstkontakt herstellen, real eine systemeigene Unterscheidung von Realität leisten (→ System, autopoietisches). Insgesamt ist so E. als System rekursiv (→ Rekursivität) in erkannter Realität als System abgesichert. E. als Konstruktion ist eine Konstruktion (→ Konstruktivismus, systemtheoretischer). Da E. auf der Beobachtung von Beobachtungen, aber nicht auf Gründen gründet (→ Erkenntnistheorie, klassische), operiert sie blind (→ blinder Fleck, → Paradoxie).

Erkenntnistheorie, empirische, ist zwar eine Theorie, die auch sich selbst zum Gegenstand macht, aber ihre Erkenntnisgegenstände in ihrer Reichweite von dem empirisch Erkannten abhängig macht, sich insofern selbst beschränkt (→ empirische Sozialforschung, → Hypothese).

Erkenntnistheorie, klassische, schließt es aus, die Bedingungen der Möglichkeit ihrer → Erkenntnis zum Gegenstand der eigenen Erkenntnis zu machen. Für alle vor-systemtheoretische oder ontologische (→ Ontologie) oder alteuropäische (→ Rationalität, europäische) Erkenntnishaltungen gilt: Die Prämissen der Abkopplung eines erkennenden → Subjekts vom zu erkennenden Gegenstand, der unmittelbaren Erkennbarkeit des Wesens der Dinge bzw. des Seienden oder der Setzung eines zur mittelbaren Erkenntnis des Seins fähigen transzendentalen (→ Transzendenz) Subjekts sind als selbstgesetzte Prämissen nicht zum → Problem geworden.

Erkenntnistheorie, systemtheoretische → Beobachtung, → Code, → Erkenntnis, → Erkenntnistheorie, klassische, →

Konstruktivismus, systemtheoretischer, → marked space/unmarked space, → Methode, funktionale, → Methode, kybernetische, → Ontologie, → Rationalität, europäische, → Realität, → Reflexionstheorie, → Subjekt, → System, wissenschaftliches, → Transzendenz, → Wissen

Erleben ist ein der Umwelt eines sich verhaltenden Systems zugerechnetes sinnhaftes → Verhalten. Es hängt allein von der Zurechnung eines → Beobachters ab, ob sinnhaftes Verhalten als E. oder als → Handeln behandelt wird (→ Attribution). Der Beobachter kann das sich selbst beobachtende System oder ein System sein, das ein anderes System (andere Systeme) beobachtet (→ Selbst-/Fremdbeobachtung).

Erwartungen sind Erlebens- und Handlungszumutungen zwischen Systemen oder kondensierte (→ Kondensierung) und konfirmierte (→ Konfirmierung) Erfahrungen, auf die Systeme sich einlassen können. Die wechselseitige Unterstellung von E. begründet Erwartungs-E. (Erwartungsreflexivität); E. sind soziale Sachverhalte; Adressaten von E. sind → Personen. Die relativ enttäuschungsfeste Erwartbarkeit von Erwartungs-E. ist Erwartungsstabilisierung und beruht auf Erwartungsinstitutionalisierung; letztere hat weniger real-konkreten Konsens als die erfolgreiche Unterstellung von fiktiv-abstraktem Konsens zur Grundlage (→ doppelte Kontingenz). E. können auf den Ebenen → Personen, → Rollen, → Programme und → Werte organisiert werden, wobei auf dem Wege von den Personen zu den Werten ein Abstraktionsgewinn hinsichtlich erwartbarer Erwartungs-E. zu verzeichnen ist, was eben mehr enttäuschbare E. ermög-

licht. Als Generalisierung (→ Generalisierung/Spezifizierung) von Verhaltens-E. wird das Zusammenspiel von Erwartungsabstraktionen und -reduktionen in zeitlicher Hinsicht (enttäuschungsfeste Stabilisierung), sozialer Hinsicht (institutionelle Absicherung) und sachlicher Hinsicht (sinnhafte Identifikationen, ebenenspezifische Organisation) definiert. Im Zusammenhang mit funktionaler Differenzierung ist die Differenzierung von normativen und kognitiven E. bedeutsam. Normative E. (→ Norm) werden im Enttäuschungsfalle durchgehalten. Dem normativen Erwartungsstil entspricht die Differenz von konformem und → abweichendem Verhalten. Kognitive E. (→ Kognition) signalisieren Lern- oder Änderungsbereitschaft. Dem kognitiven Erwartungsstil entspricht die Differenz von → Wissen und Nichtwissen.

Erziehung besteht in der Absicht der Änderung von → Personen durch darauf spezialisierte Kommunikationen (→ System, erzieherisches). E. ist eine hochinteraktionsintensive Veranstaltung (→ Interaktionssysteme, → Unterricht). Bei der E. wählt der Erzieher sein → Handeln nach Maßgabe seiner Antizipation des → Erlebens der zu erziehenden Personen (→ Kind).

Erziehungssystem → System, erzieherisches

Ethik im üblichen Verständnis beansprucht, eine solche → Reflexionstheorie der → Moral zu sein, die moralische Begründungen für moralische Urteile liefern kann. Systemtheoretisch kann eine E., die sich auf der Ebene der → Beobachtung erster Ordnung bewegt, jedoch nicht unterscheiden, ob eine → Unterscheidung wie etwa gut oder schlecht ihrerseits gut oder schlecht ist (→ blinder Fleck). E. als Reflexionstheorie der Moral kann vielmehr nur die → Einheit der → Differenz von Moral, nämlich Achtung/Mißachtung, beobachten, nicht jedoch Moral begründen.

Europäische Rationalität → Rationalität, europäische

Euryalistik → Sthenographie/Euryalistik

Evidenz → Plausibilität/Evidenz

Evolution, → Einheit der → Differenz von Differenz und Anpassung. E. setzt sich selbst voraus, ist paradoxes anfangsloses Anfangen. Die evolutorische Entstehung und Entwicklung autopoietischer lebender, psychischer und sozialer Systeme (→ Evolution, soziale) beruht auf ihrer selbstselektiven Abkopplung von ihrer Umwelt statt ihrer umweltselektierten Anpassung.

Der Grund von E. liegt nicht in unerwarteten → Ereignissen als solchen, denn für das System gibt es in seiner → Umwelt nur zufällige Ereignisse (→ Zufall). Evolutorisch relevant sind nur diejenigen Zufälle oder Ereignisse, welche die Aufmerksamkeit des Sytems beanspruchen (→ Irritation): → Variation. → Selektion ist dann die Auswahl solcher Ereignisse, von denen das System annimmt (→ Information), es müsse etwas an seiner → Struktur ändern. Das System hat dann seine Struktur stabilisiert (→ Stabilisierung), wenn es künftig durch entsprechende Ereignisse in seiner Umwelt nicht mehr so wie zuvor oder überhaupt nicht mehr irritiert wird. Der Vorgang der E. unterbricht weder die Autopoiesis eines Systems noch setzt er sie außer Kraft.

E. besteht dann darin, daß strukturdeterminierte → autopoietische Systeme in ihrer Umwelt unerwartete Ereignisse wahrnehmen (Variation), diese das System zu Strukturänderungen veranlassen (Selektion), die sich bewähren können (Stabilisierung). E. ist dabei nicht gerichtete oder kontinuierliche, sondern eher sprunghafte Entwicklung (→ Fortschritt, → Geschichte), die gleichwohl auf → preadaptive advances angewiesen ist. Die einzige Richtung von E. ist die Ermöglichung ihrer selbst. E. heißt insgesamt entteleologisierte (→ Teleologie) Entfaltung selbstreferentieller Verhältnisse.

Evolution, soziale, selbstreferentieller gesellschaftlicher Vorgang der anschlußfähigen Unterscheidung von → Einheit und → Differenz des Sozialen (→ Evolution, → Soziales, → System, soziales). Zu einer solchen Beobachtbarkeit (→ Beobachter, → Beobachtung) s.r. E. kommt es erst durch die evolutorische Ablösung einer über entscheidende Ereignisse oder Interaktionsgeschichten vermittelten gesellschaftlichen Situation durch eine Situation der Beobachtbarkeit von Geschichten von Gesellschaft. S. E. impliziert die → Ausdifferenzierung und die → Differenzierung (→ Systemdifferenzierung) von sozialen Systemen und besteht darin; sie besteht in der Veränderung und Erweiterung von Möglichkeiten aussichtsreicher → Kommunikationen. S. E. heißt, wie E. allgemein, immer zufallsgenerierter (→ Zufall) Aufbau von immer mehr hochunwahrscheinlicher (→ Wahrscheinlichkeit) sozialer → Komplexität und zunehmende → Selektivität sozialer Systeme. Die s. E. differenziert sich wechselseitig voraussetzende Ebenen der Systembildung (z.B. → Interaktionssysteme, → Organisationssysteme, → Gesellschaft, → Weltgesellschaft) und Differenzierungsmuster (z.B. → segmentäre Differenzierung, → schichtungsmäßige Differenzierung, → funktionale Differenzierung, → Systemdifferenzierung). S. E. verändert Gesellschaft, indem sie diese „desozialisiert" (d.h. auf Individualität umstellt bzw. diese freisetzt), „de-humanisiert" (d.h. den → Menschen nicht mehr als Substrat von Gesellschaft erscheinen läßt) und „de-moralisiert" (d.h. ihre → Integration bzw. → Sozialintegration nicht mehr über → Moral bewirken kann). Für die gegenwärtige Gesellschaft läßt sich eine evolutorische Wandlung von ihrer → Geschichte als → Fortschritt über ihre Geschichte zunehmender Differenzierung und Komplexität zu einer Geschichte zunehmender Unwahrscheinlichkeiten beobachten.

Evolution von Wissen. → W. ist gleichermaßen ein kommunikativer und evolutiver Sachverhalt (→ Evolution, → Evolution, soziale). W., genauer: neuartiges begriffliches oder wissenschaftliches W., setzt ein ausdifferenziertes → wissenschaftliches System der Gesellschaft voraus bzw. entsteht im Zusammenhang mit dessen codegeführter (→ Code) → Ausdifferenzierung. Für das soziale System Wissenschaft sind die → Wissenschaftler (→ Person) Umwelt; nur sofern und soweit diese an wissenschaftlicher → Kommunikation beteiligt sind, gehören sie zum wissenschaftlichen System. Die Variationsquelle für neuartiges W. liegt nun in den psychischen Systemen der Wissenschaftler. Beteiligen sich diese mit neuartigen Wissensofferten an Kommunikation, muß die Kommunikationsofferte wahrgenommen

werden, um angenommen bzw. selektiert oder abgelehnt werden zu können. Eine Offerte gehört dann zur bis auf weiteres bewahrenswerten → Struktur des Systems, wenn ihr das Prädikat wahr zuerkannt worden ist (→ Wahrheit). Die Dreiheit von → Variation, → Selektion und → Stabilisierung von W. ist ein kontingent-selektiver (→ Kontingenz, → Selektivität) und kein rationaler (→ Rationalität) oder intentionaler oder logisch kontrollierbarer Vorgang.

Evolutionäre Errungenschaft. Begriff für e. Strukturänderungen (→ Evolution, → Evolution von Wissen, → Fortschritt) größerer Breitenwirkung. Wichtigste e. E. ist die → funktionale Differenzierung des Gesellschaftssystems. Diese ermöglicht es, die → Einheit der → Gesellschaft als → Differenz zu behandeln. Andere e. E.en sind: Sprache, Schrift, Buchdruck, bürokratische Herrschaft, Organisation, Geldwesen, Verfassung, Vertrag, Verfahren usw.

Exklusion → Inklusion/Exklusion

Experten sind → Beobachter erster Ordnung, denen man unter Bedingungen von → Kontingenz und Risiko (→ Risiko/Gefahr) Fragen stellen kann, die sie nicht beantworten können (→ Wissen).

Externalisierung. Da Systeme nicht rein selbstreferentiell operieren, Geschlossenheit nur über Offenheit erlangen können, müssen sie Internalisierung (Selbstreferenz) und Externalisierung (Fremdreferenz) balancieren (→ Eigenwert, → Struktur), sich als Systeme mit Geschichte (→ Gedächtnis, → Selbstreferenz, mitlaufende) in einer Umwelt begreifen (→ Selbst-/Fremdreferenz, → System, autopoietisches). E. bezeichnet dann allgemein systemische Zurechnungen (→ Attribution) von Erleben und Handeln zur → Umwelt, auf die sich das System in seinem eigenen Handeln und Erleben beziehen kann: Auslagerungen aus dem System in seine Umwelt. Dabei kann sich die Bezugnahme auf Umwelt wiederum über andere Systeme vermitteln, z.B. des → politischen Systems im engeren Sinne auf das → Publikum über die → öffentliche Meinung.

Familie, → soziales System in der Gesellschaft, das als ein System von → Personen operiert. Für die F. sind die körperlichen Systeme (→ Körper, → Leben), die → psychischen Systeme und die außerfamilialen kommunikativen Inklusionen (→ Inklusion/Exklusion) der Mitglieder Umwelt. Intern hebt die F. die Differenz von personal zugerechneten inner- und außerfamilialen Kommunikationen auf. Für die F. sind alle die kommunikativen Beteiligungen relevant, die für ihre Mitglieder relevant sind. Bei jeder innerfamilialen Beteiligung an → Kommunikation ist die Bedeutung der Kommunikation für die anderen Mitglieder in Rechnung zu stellen. Das setzt das Sozialsystem F. unter Dauerirritation (→ Irritation), die nur über die Bildung von relativ stabilen → Eigenwerten aufgefangen werden kann.

Form. Jede → Unterscheidung erzeugt eine F.; alle auf Unterscheidungen beruhenden → Begriffe sind F.begriffe. Zu unterscheiden ist im einzelnen zwischen den Unterscheidungen Unterscheidung als F., Unterscheidung von F. und Entparadoxierung von F.paradoxien. Was auch immer unterschieden und bezeichnet werden mag, stets wird das, was nicht unterschieden und bezeichnet wird, als die andere Seite mitgeführt, stets gewinnt das, was unterschieden und be-

zeichnet wurde, nur Sinn im Lichte der dunkel bleibenden anderen Möglichkeiten von Unterscheidungen und Bezeichnungen (→ marked space/unmarked space). In diesem Sinne ist jede Unterscheidung von zwei Seiten nur als Ein-Seiten-Unterscheidung möglich, in die F. der → Einheit einer → Differenz zu bringen.

Wenn jede Unterscheidung eine F. erzeugt/ist, dann sind auch Unterscheidungen wie Unterscheidung und Bezeichnung und Beobachtungen von Beobachtungen F.en. Die Einheit der Differenz von Unterscheidung und Bezeichnung ist jene F., die eine Beobachtung als Unterscheidung und Bezeichnung hat. Die Beobachtung von Beobachtungen ist jene F., die F.en formt. Das ist wieder eine paradoxe F. Es läßt sich verallgemeinernd von wiedereintrittsfähigen F.en oder von → re-entry als Wiedereintritt einer F. in eine F. sprechen: → Sinn (Aktualität/Possibilität), → System (System/Umwelt), → Code (z.B. Recht/Unrecht), → Beobachtung (Unterscheidung/Bezeichnung). Codes sind symmetrische F.en mit der Möglichkeit des re-entry auf beiden Seiten; Systeme sind asymmetrische F.en mit der Möglichkeit des re-entry nur auf der Seite von System.

Die Unterscheidung als F. und von F. läuft grundsätzlich auf eine → Paradoxie auf. Um anders zu beobachten, z.B. mit der Unterscheidung System/Umwelt statt Sein/Nichtsein, um dann an System beobachtend mit der Selbstunterscheidung von System und Umwelt anzuknüpfen, oder um innerhalb von System statt des positiven den negativen Wert des Codes zu wählen, z.B. Unrecht statt Recht, bedarf es der F. der Paradoxieauflösung. Diese vermag verschiedene F.en anzunehmen: eine sachliche F. (daß etwas unterschieden wird), eine zeitliche F. (daß nur nacheinander unterschieden wird) und eine soziale F. (daß mit verschiedenen Beobachtern und verschiedenen Beobachtungen zu rechnen ist).

Formale Organisation → Organisation

Fortschritt ist anzunehmen, wenn mindestens zwei Strukturänderungen (→ Struktur) vorliegen, eine einfache → Differenz (Strukturänderung) mindestens zweimal anzunehmen ist, um eine Differenz der Differenzen (der Strukturänderungen) beobachten zu können. Dieser neutralisierte Begriff von F. löst jenen Begriff ab, der F. statt mit einer Zunahme von Unwahrscheinlichkeiten mit einer Verbesserung von Erlebens- und Lebensmöglichkeiten gleichsetzt.

Frau → Mann/Frau

Freiheit, die Vorstellung der Möglichkeit, die eigenen Möglichkeiten selbst einschränken zu können. Und umgekehrt: ohne Einschränkung von Möglichkeiten keine Möglichkeiten der Wahl, keine F. Deshalb beschreibt F. die Institutionalisierung eines Bereichs zurechenbaren Handelns (→ Attribution, → Kontingenz, → Selektivität) und ist weder über den Begriff des Subjekts als Ausstattung des Menschen noch als fehlende Begrenzung von Handlungsmöglichkeiten (Abwesenheit von Zwang) zu sehen. F. ist allgemein vielmehr die in → Kommunikation eingebaute Fähigkeit, „nein" sagen zu können. Sie muß wie Gleichheit und Gerechtigkeit als ein nicht in Einheit aufhebbarer wertneutralisierter Differenzbegriff gesehen werden, dessen andere Seite die durch Ausschluß eingeschlossene Unfreiheit ist. F. erweist sich in dem Sinne als Existenzbedingung für Systeme, als für jedes System hinsichtlich seiner selbstreferentiellen Identifizierung Determiniertheiten und Indeterminiertheiten gegeben sind. Die Determiniertheiten resultieren aus Strukturfestlegungen, die Indeterminiertheiten aus dem Erfordernis selbstreferentieller Strukturänderung (→ System, autopoietisches). Dies gilt für psychische wie für soziale Systeme. Wissensbezogen formuliert heißt das: F. ist Moment von → Kognition. Erwartungsbezogen formuliert heißt das: F. in sozialen Systemen zeigt sich allgemein an der Enttäuschbarkeit von → Erwartungen und besonders in der bewußten Enttäuschung von Erwartungen an das eigene Verhalten. F. ist → Kontingenzformel der Moral und politische Freiheit Kontingenzformel des politischen Systems.

Fremdbeobachtung → Selbst-/Fremdbeobachtung

Fremdreferenz → Selbst-/Fremdreferenz.

Freundschaft. Ursprünglich einheitsstiftende ethisch-moralisch fundierte Antwort auf eine für spätarchaische Gesellschaften bezeichnende Differenzerfahrung hinsichtlich des Einzelmensch- und Mitglied-eines-Gemeinwesens-Seins. F. ist gedacht als diese Differenz wirklich vermittelnd. Im Übergangsbereich von stratifikatorischer zu funktionaler Differenzierung ist F. eine besondere Form frei eingegangener verdichteter kommunikativer Reziprozitätsbeziehungen zwischen Personen. F. ist hier eine private Perfektionsform des Sozialen subsidiären Charakters. Sie setzt auf der einen Seite noch nicht voll ausgebildete Individualität voraus und kann auf der anderen Seite nicht mehr das soziale Ganze repräsentieren. Die Freunde bauen ihre sehr persönlichen Interaktionen auf der wechselseitigen Respektierung sonstiger sozialer Verhaltenszumutungen auf. Eine primär funktional differenzierte → Gesellschaft (→ Differenzierung, funktionale) setzt an die Stelle konkreter → Integration bzw. → Sozialintegration vom Typ der F. oder mittels → Moral oder → Normen oder → Werten die abstrakte asoziale Form der Integration durch Desintegration (→ Inklusion/Exklusion, → Person).

Führung, neben → Autorität eine weitere Form sozial generalisierten → Einflusses. F. hat ihren Grund oder ihre selbsterzeugte → Geltung darin, daß deshalb eigene Folgebereitschaft besteht, weil andere Folgebereitschaft zeigen. F. gibt es in einfachen und differenzierten sozialen Systemen; in formal organisierten sozialen Systemen tritt sie als formalisiertes funktionales Äquivalent für die nicht ausreichende Steuerungsleistung sozialer Normen in Erscheinung.

Funktion, Gesichtspunkt „für die Beurteilung der Äquivalenz verschiedener Problemlösungen" (1991f5:120). Der Begriff F. ersetzt namentlich den Zweckbegriff (→ Zweck), da der Bezugspunkt ein kontingentes Problem kontingenter Lösbarkeit (→ Methode, funktionale) und weder die Bewirktheit (seinswissenschaftliche Methode) noch die Bewirkung (kausalwissenschaftliche Methode) von Wirkungen ist. Systeme sind funktional statt zweckspezifisch-zielgerichtet ausdifferenziert und intern differenziert (→ Ausdifferenzierung, → Differenzierung, → Systemdifferenzierung). Alle Systeme erfüllen F.en im Kontext ausdifferenzierter Systeme: z.B. das politische System die Ermöglichung kollektiv bindender Entscheidungen, das Wirtschaftssystem die Minderung von Knappheit durch Steigerung von Knappheit, das Wissenschaftssystem die Erzeugung neuen wahren Wissens, das Rechtssystem die rechtsförmige Bearbeitbarkeit von Konfliktperspektiven, das Religionssystem eine Transformation unbestimmter in bestimmte Komplexität, psychische Systeme die dynamische Stabilisierung von Selbst- und Fremdzurechnung von Handeln und Erleben, die Familie u.a. die Erziehung usw. Abgesehen vom letztgenannten Beispiel steht die jeweils exklusive Erfüllung gesellschaftlicher F.en im Vordergrund. Die F.en werden in dem Sinne universell erfüllt, als sie für alle in → Gesellschaft durch Ausschluß eingeschlossenen Systeme wahrgenommen werden (→ Differenzierung, → Differenzierung, funktionale, → Inklusion/Exklusion, → Systemdifferenzierung). Es geht jeweils um manifeste und latente F.en, funktionale und dysfunktionale sowie intendierte und nicht intendierte Folgen von Systemoperationen.

Funktionale Differenzierung → Differenzierung, funktionale

Funktionale Methode → Methode, funktionale

Ganzes-Teil-Schema, derjenigen Beobachtung verpflichtet, die das Sein des Seienden unterscheidet und bezeichnet. Danach ließ sich entweder das Ganze als das Seiende und jedes Teil als → Repräsentation des Ganzen auffassen oder das Sein des Ganzen auf das Sein seiner Teile zurückführen. Mit der Differenzierung von Ganzem und Teil stellt sich die doppelte Frage, was die Differenz des Ganzen gegenüber seinen Teilen ausmacht, worin der „Mehrwert" des Ganzen besteht, und wie es denn möglich sein kann, daß ein Teil das Ganze repräsentieren und es doch nicht sein kann. Mit dem → Paradigmawechsel zur System-Umwelt-Theorie und zur Theorie autopoietischer Systeme hin wird diese Art von Unterscheidung aufgegeben.

Gedächtnis, kein Substrat des Nerven- oder des psychischen Systems oder überhaupt etwas Bestandsförmiges. Es ist diejenige → Form, in der sich jedes System die → Eigenwerte seiner rekursiven (→ Rekursivität, → Struktur, → System, autopoietisches) Produktionsweise zur Verfügung hält. Das G. organisiert die Einheit von Erinnern und Vergessen, es diskriminiert laufend zwischen Vergessen und Erinnern. Das G. sichert die für den Fortgang der Autopoiesis eines Systems erforderliche Verfügung über die im Moment passende Erinnerung zwecks Anschließbarkeit von Ereignissen (→ Anschlußfähigkeit). Es ermöglicht sich über seine gegenüber der Erinnernsseite stärker ausgeprägte Gedächtnisseite Zukunftsfähigkeit. Mit der Ausdifferenzierung von Kommunikation, speziell schriftförmiger, verlagert sich die Selektionsfunktion des G.ses vom psychischen auf das soziale System.

Gedanke → System, psychisches

Gefahr → Risiko/Gefahr

Gefühle, drücken keine undefinierbare Erlebnisqualität aus. G. beschreiben die Selbst- oder interne Anpassung → psychischer Systeme infolge problematischer → Ansprüche an die eigene Autopoiesis. Es geht um eine Immunfunktion innerhalb des psychischen Systems angesichts anders nicht zu verarbeitender Erfüllungen und Enttäuschungen von → Erwartungen (→ Immunsystem).

Gegenwart → Zeit, → Zukunft

Geld, das → symbolisch generalisierte Kommunikationsmedium (→ Code) des funktional ausdifferenzierten → wirtschaftlichen Systems. G. impliziert und generalisiert → Knappheit als Geldknappheit. Wie jedes Medium reduziert G. die Kommunikationsmöglichkeiten - nur die im Medium des G.es erfolgenden kommunikativen Handlungen zählen - und steigert sie zugleich - es gibt vorab keine Beschränkungen dessen mehr, was in die Sprache des G.es zu übersetzen ist: „Erst die bürgerliche Gesellschaft ersetzt die Omnipräsenz Gottes durch die Omnipräsenz des Geldes." (1972b:191) G. befreit zu beliebigen Tauschchancen (Sachdimension), zu beliebigen Tauschpartnern (Sozialdimension) und zur gegenwärtigen Verfügung über künftige Tauschchancen (Zeitdimension). G stellt die Verfügung über eigene → Freiheit frei, ohne die Verfügung anderer über ihre Freiheit zu beschränken.

Wie jedes Medium befreit das Medium des G.es als solches grundsätzlich vom Erfordernis der Begründung von G.zahlungen (Moralität, Wohltätigkeit) und der Rechtfertigung ungleicher Zahlungsmöglichkeiten (Verteilungsfrage). Letzteres verweist auf die diabolische Seite des symbolischen Mediums G (→ Symbolisierung, diabolische).

Das Medium G. verdankt seine Entstehung folgender Konstellation: B.s → Handeln ist Prämisse von A.s → Erleben. B.s Handeln ist von A ohne die Möglichkeit einer Entscheidung über Annahme oder Ablehnung hinzunehmen. Bei B.s Zugriff auf knappe Ressourcen muß A nolens volens stillhalten; das impliziert Reichtumstoleranz als Tolerierung des Habens anderer.

Geltung von irgendetwas wird nicht

spezifisch durch besondere inhaltliche Gründe oder Motive und auch nicht normativ oder konsensuell begründet oder legitimiert (→ Legitimität); sie gründet sich vielmehr allgemein auf Kontingenzausschaltung (→ Kontingenz) im Bereich normativen Erwartens (→ Erwartungen, → Norm). Daß etwas gilt, weil es gilt, das ist die Botschaft des G.ssymbols. Die Frage nach dem Warum von G. dient lediglich der Enttautologisierung von G. Werden Gründe vorgebracht, können sie lediglich als Argumente für und nicht als Letztabsicherung von G. gelten.

Generalisierung, symbolische. Für sinnhafte Systeme steht s. G. für ein Festhalten von → Sinn in einem Einheit repräsentierenden → Symbol, wobei der symbolisierte Sinn mit einer Vielheit von situativen System-Umwelt-Zuständen vereinbar ist (→ Kommunikationsmedien, symbolisch generalisierte). Der s. generalisierte Sinn ist zu verstehen als erwartbar gemachte Beschränkung des Möglichen.

Generalisierung/Spezifizierung, evolutionäre Errungenschaften. G.en erfolgen nach Maßgabe ihres Potentials für die Vermittlung von S.smöglichkeiten, und umgekehrt steigert jede G. ihrerseits Möglichkeiten für S.en. G. wurde früher unschärfer, aber anschaulicher als Verdichtung von Sinn zu allgemein erwartbaren → Erwartungen oder als Verallgemeinerung von Erwartungen gefaßt. Später genauer, aber abstrakter, Begriff für die Darstellung einer Einheit in einer Vielheit.

Gerechtigkeit ist weder die Funktion noch der Code, sondern lediglich die → Kontingenzformel des → rechtlichen Systems. G. ist angesprochen, wenn die rechtlichen Entscheidungen im Rechtssystem zueinander passen. Somit bezeichnet G. einen abstrakten Vergleichsgesichtspunkt, nämlich die Konsistenz oder Redundanz rechtlichen Entscheidens, nicht jedoch inhaltliche oder moralische oder sonstige Wertgesichtspunkte als übergeordnete entscheidungsleitende Zwecke. G. im allgemeinen, d.h. auf die Gesellschaft bezogen und darin das Rechtssystem einschließend, muß wie Freiheit und Gleichheit als ein nicht in Einheit kurzschließbarer wertneutralisierter Differenzbegriff gesehen werden, dessen andere Seite die durch Ausschluß eingeschlossene Ungerechtigkeit ist.

Geschichte, entsteht als Selektion aus Möglichkeitshorizonten (→ Evolution, → Evolution, soziale, → Fortschritt). Dann ist Systemgeschichte die Selektionsgeschichte des Systems (→ Eigenwert, → Gedächtnis, → Selbstreferenz, mitlaufende, → Struktur) und Weltgeschichte die G. der vom System selbst nicht vollzogenen Selektionen.

Gesellschaft, in operativer Hinsicht die abschließende Gesamtheit der füreinander erreichbaren oder aufeinander bezugnehmenden → Kommunikationen. Füreinander erreichbar sind nur Kommunikationen, die jeweils möglich sind; insofern richtet G. stets letzte grundlegende Reduktionen ein. G. „besteht" aus Kommunikationen und nicht aus → Menschen. Eine soziale → Umwelt von G. gibt es nicht. Die „Menschen" sind Umwelt der G., ebenso die natürliche und technische Umwelt.

G. ist zwar immer operativ einheitlich bestimmt, kann jedoch verschiedene → Formen annehmen, etwa als segmentär, schichtmäßig oder funktional differenzierte G. (→ Differenzierung, funktionale). Übergreifend ist G. als ein im historisch-evolutiven Prozeß sich differenzierendes Sozialsystem zu bestimmen. G. als funktional differenzierte G. beschreibt dann einen bestimmten Zusammenhang füreinander erreichbarer Kommunikationen. Die Bestimmtheit dieses Typs von G. liegt in seiner funktionalen Differenzierung, welche die → Einheit von G. als Vielheit autopoietisch operierender und uneinheitlich G. beschreibender Teilsysteme (vielfältige Einheit oder unitas multiplex) beobachtbar macht (→ Multizentrizität, → Polykontexturalität). Obwohl funktional differenzierte G. als umfassende operative Einheit füreinander erreichbarer Kommunikationen von gesellschaftlichen Teilsystemen als selektiv operierenden Einheiten (für bestimmte Kommunikationen) unterscheidbar ist, ist sie nicht übergreifende Einheit der Teilsysteme im Sinne von Einheit/Einheitlichkeit stiftend: G. repräsentiert nur die → Einheit der → Differenz der Teilsysteme (→ Repräsentation). Es wäre mithin falsch zu sagen, diese G. bestehe aus Teilsystemen wie ein Ganzes aus Teilen.

Die drei Bestimmungen 1. G. ist die operative Einheit der füreinander erreichbaren Kommunikationen, 2. G. ist als funktional differenziert bestimmt, und 3. G. repräsentiert die Einheit der Differenz der Teilsysteme, lassen sich wie folgt zusammenführen: G. ist ein kommunikativer Zusammenhang, der unter Bedingungen funktionaler Differenzierung statt als einheitliche nur noch als vielfältige Einheit repräsentiert und beobachtet werden kann. Somit gilt für funktional differenzierte G., was für die differenztheoretische Sichtweise allgemein konstitutiv ist: G. ist paradox konstituiert, denn sie ist zugleich operativ einheitlich und funktional vielfältig bestimmt, und sie läßt sich nur noch als die Einheit dieser Differenz bestimmen (→ Paradoxie). G. läßt sich nicht von außen, sondern nur von innen wie von außen beobachten. → Beobachtung von G. ist immer nur als Selbstbeobachtung (→ Selbst-/Fremdbeobachtung) möglich (→ Soziologie). Entsprechend gilt für die Beobachtbarkeit von G., was für Beobachtung schlechthin gilt.

Gesetzgebung stellt dar „eine Art Pauschalentscheidung über einige Entscheidungsprämissen, die sich besonders zu summarischer Behandlung und rechtssatzmäßiger Formulierung eignen." (OF)

Gewalt, physische, Erzwingungshandeln oder alternativenloses Handeln. Als symbiotisches Korrelat zur → Macht kommt p.r G. der Stellenwert einer Vermeidungsalternative zu. Historisch-genetisch geht das homogene Mittel Gewalt dem dagegen differenzierten heterogenen funktionalen Medium Macht voraus. Doch ist nunmehr die Einsetzung von p.r G. als letzter Deckungsgarantie für machtbezogene Kommunikationen, die als Handeln in der Form von Entscheiden zugerechnet werden, zu verstehen als Einsetzung durch Nichteinsetzung. Oder: Mit der Ausdifferenzierung des → politischen Systems hat sich die Gesellschaft ihrer freien Disposition über p. G. sozusagen selbst begeben. So wird p. G. von einem Durchsetzungs- zu einem Darstellungs- oder symbolischen Mittel (→ Symbol). Das gilt im wesentlichen für alle machtbezogenen Kommunikationen, insbesondere aber für die vom Typ kollektiv bindender Entscheidungen.

Gewissen, jene kondensierte (→ Kondensierung) und konfirmierte (→ Konfirmierung) Selbstfestlegung des → psychischen Systems, die grundlegendere eigene und fremde → Erwartungen an das eigene Verhalten thematisiert, integriert und auf relative Dauer anlegt. G. ist „eine Art Eruption der Eigentlichkeit des Selbst, die man nur mit staunender Toleranz zur Kenntnis nehmen und respektieren, aber inhaltlich nicht überprüfen kann." (1981a9: 330) Es geht um Selbstidentifikation der Persönlichkeit, personale Identität oder Selbstthematisierung der → Person, wobei sich diese Bezeichnungen nur auf jenen Aspekt des → psychischen Systems beziehen, mit dem dieses seine Beziehungen zu seiner Umwelt → sozialer Systeme selbstreferentiell auf einer generalisierten Ebene regelt (→ Eigenwert, → Immunsystem, → Struktur). Das G. kommt zum Ausdruck in der Möglichkeit der Abwehr geltender sozialer Verhaltenszumutungen oder in der Freiheit für Lebensentscheidungen.

Gleichheit, wird in problemfunktionalistischer und differenztheoretischer Betrachtung wie Freiheit und Gerechtigkeit ihres wertbesetzten Charakters entkleidet. An die nicht in Einheit aufhebbare Differenz G./Ungleichheit ist selektiv über einen Vergleichsgesichtspunkt anzuschließen, der die Zuweisung von Werten wie gleich oder ungleich regelt. Ein solcher Vergleichsgesichtspunkt ist etwa die gleiche Inklusion in Funktionssysteme und die ungleiche Exklusion aus/in Organisationssysteme(n) (→ Inklusion/Exklusion).

Gott. Voraussetzung der → Unterscheidung G.es ist, daß nur eine → Kommunikation über G. statt mit G. möglich ist und der → Code des → religiösen Systems in der → Differenz → Immanenz/ Transzendenz besteht. G. ließe sich dann entweder als → Transzendenz oder als das eingeschlossene Dritte der Differenz von Immanenz und Transzendenz bestimmen. Aus differenztheoretischer Sicht ist jedoch beides nicht möglich, sondern könnte G. nur die Selbstbezeichnung der Differenz von Immanenz und Transzendenz, das eingeschlossene ausgeschlossene Dritte, meinen, denn Gott ist nicht beobachtbar (→ Teufel).

Grenze → Ausdifferenzierung, → Code, → crossing, → Differenzierung, funktionale, → marked space/unmarked space, → System, → System, autopoietisches, → Systemgrenze, → Systemdifferenzierung, → System-Umwelt-Theorie

Grundwerte, begriffen als semantisches Nachfolgekonzept von Zivilreligion, haben ihren Ort in der Gesellschaft als sozialem System. Zivilreligion meint dabei nicht eine Religion neben anderen, das indizierte Teilsystemzugehörigkeit, sondern die Unterstellung eines allgemeinen Wertkonsenses (→ Wert) in allen Kommunikationen. Das gilt insoweit auch für die gegenwärtige Semantik von G.n. G. haben sich zu „Start- und Stützbegriffen" (1980c:55) für öffentliche Kommunikationen verändert, die etwas in Aussicht stellen, was nicht mehr erreichbar ist. G. wie Recht auf Unversehrtheit des Lebens, Freiheit, Gleichheit und Gerechtigkeit usf. sind vielmehr angemessen nur als Beobachtungen zu beobachten, d.h. als Differenzen, deren andere Seite per Ausschluß eingeschlossen ist. G. kennzeichnen keine in Einheit aufhebbaren Differenzen.

Handeln ist als Begriff zweckfrei, subjektlos und anti-intentional angelegt. H. ist nicht Ausdruck der Selbsterfüllung der menschlichen → Natur oder des Wesens des Menschen schlechthin. H. ist weder Ausdruck des sich selbst intendierenden → Subjekts noch das aufgeschlagene Buch seiner Motive. H. ist in isoliertem Zugriff nicht zu fassen nach dem Zweckschema des Bewirkens von Wirkungen (→ Zweck).

H. als solches ist vielmehr zunächst ein bloßes augenblickliches (zeitirreversibles) kontingent-selektives (→ Kontingenz, → Selektivität) sinnhaftes → Ereignis. Nur ein → Beobachter kann einem System ein → Verhalten als H. und einem anderen System die Wahrnehmung dieses H.s als → Erleben zurechnen und umgekehrt (→ Attribution), wobei mit der Zurechnung eines Verhaltens als H. oder Erleben jeweils auch der → Sinn des jeweiligen H.s oder Erlebens bestimmt wird (→ Intentionalität). Der gemeinte Beobachter kann der Handelnde oder der Erlebende selbst sein (Selbst-/Fremdbeobachtung).

Im einzelnen: An einer Haustür wird geklingelt. Das ist ein bloß augenblickliches Ereignis, auch das Wiederholen des Klingelns, auch das Öffnen der Haustür. Es liegen kontingent-selektive Ereignisse vor, d.h. es könnte statt um das Klingeln an einer Haustür um das Pflücken eines Apfels und statt um das Klingeln an einer um das Klopfen an eine Haustür gehen usf. Es handelt sich um sinnhafte Ereignisse, denn es geht um die Aktualisierung von Möglichkeiten des Erlebens und Handelns. In diesem Sinn ist „Klingeln an einer Haustür" für sich genommen ein singuläres sinnhaftes Ereignis, und jedes sinnhafte Ereignis als solches ist nur das, was es ist, ist identisch mit sich selbst.

Die Bestimmung bestimmten Sinnes eines bestimmten sinnhaften Ereignisses ergibt sich erst, wenn dieses in einen Zusammenhang mit einem anderen Ereignis oder mit anderen Ereignissen gebracht wird. Dies erfordert erstens die Zurechnung eines Ereignisses auf ein → psychisches System A und zweitens die Annahme, daß das, was für A Ereignis ist, aus der Sicht von A für ein psychisches System B ebenfalls Ereignis ist. A sagt sich oder weiß von sich, daß es etwas Bestimmtes tut, damit etwas Bestimmtes geschieht. Die Operation des Klingelns an der Haustür soll die Operation des Öffnens der Haustür bewirken. A erwartet, daß B das Klingeln wahrnimmt (A erwartet von B ein entsprechendes Erleben) und seinerseits erwartungsgemäß handelt, also die Haustür öffnet (→ Erwartungen). Es geht um soziales H.; dieses liegt immer dann vor, wenn in der Sinnbestimmung eines Verhaltens der Bezug auf ein anderes Verhalten eine Rolle spielt: einsames Lesen eines Buches, Teilnahme an einer Vorlesung, Beteiligung an einem Gespräch, Abwicklung einer Zahlung usf. Statt psychisches System müßte es korrekterweise heißen: das sich selbst als am sozialen System teilnehmend beobachtende oder als entsprechend teilnehmend beobachtete psychische System, wobei die Bezeichnung → Person für die soziale → Referenz der psychischen Seite des Menschen einzusetzen wäre.

Nach wie vor gilt, daß die Einzelhandlungen kontingent-selektive momenthafte Ereignisse sind. Erst im Rahmen eines sich selbst als Handlungssystem beobachtenden → sozialen Systems werden die Möglichkeiten von H. (→ Anschlußfähigkeit) auf Dauer gestellt.

Handeln, kommunikatives, gleichbedeutend mit Mitteilungshandeln oder an Kommunikation beteiligtem → H. oder einfach H. Demgegenüber grenzt aus sytemtheoretischer Sicht die kritische Theorie von Habermas k. H. wie folgt ab: „Kommunikatives Handeln kann man begreifen als Teilnahme an einer Kommunikation, die Widerspruch gegen einsichtige Gründe inkommunikabel macht." (1995h:174) (→ Verständigung) Systemtheoretisch ist k. H. dagegen auf → Widerspruch als seine Existenzbedingung angewiesen.

Handeln, rationales → Handeln, → → Intentionalität, → Kausalität, → Rationalität, → Zweck

Handlungssystem → System, soziales

Helfen (Hilfe), ein erwartbarer Beitrag einer Person zur Befriedigung unbefriedigter Bedürfnisse einer anderen Person. In der funktional differenzierten Gesellschaft ist das Helfen primär eine in organisierter Form erbrachte zuverlässig erwartbare professionelle Leistung geworden.

Herr und Knecht. „Wir definieren den 'Herren' als jemanden, der keine Rücksicht darauf nehmen muß, daß er beobachtet wird; also im Unterschied zum Knecht als jemanden, der die Perspektive der Beobachtung zweiter Ordnung vermeiden kann." (OF)

Hierarchie, eine Ordnungsform sinnhafter Ereignisse, die eine differenzlose Spitze (ein „Oben") voraussetzt, welche (welches) das Ganze repräsentiert. Eine funktional differenzierte (→ Differenzierung, funktionale) → Gesellschaft ist mit H.sierung nicht vereinbar, leistet sich statt einer → Repräsentation multiple heterarchische teilsystemspezifische Repräsentationen das Ganzen. H.sierungen

in den Teilsystemen, insbesondere in deren Zentren, sind zu verstehen als systeminterne Reaktionen auf die Zumutung der Verarbeitung von zu hoher → Komplexität. Eine stabile H. muß mindestens dreistufig sein, und zwar deshalb, weil eine einfache → Differenz mindestens zweimal angewandt werden muß, um eine Differenz der Differenzen beobachten zu können. Bei zunehmender Komplexität von Entscheidungsstrukturen findet sich H. durch Heterarchie zunehmend als eine Art Notbehelf für besonders problematische Entscheidungssituationen in den Hintergrund gedrängt.

Horizont, symbolisiert (→ Symbol) die Reichweite des Sinnbegriffs. Aktualisierter → Sinn impliziert immer selektierte Möglichkeiten von Sinn. Jede Sinnselektion impliziert ihrerseits den Verweis auf nicht selektierten Sinn. So konstituiert jede Bildung sinnhafter Systeme mit dieser Bildung einen H. von Möglichkeiten, sozusagen bestehend aus den gewählten (→ System) und den nicht abschließend bestimmbaren nicht gewählten Möglichkeiten (→ Umwelt). Der H. der Möglichkeiten ist weder zureichend als unendlich (unbegrenzt) noch zureichend als endlich (begrenzt) faßbar; er wird stets kontingent-selektiv (→ Kontingenz, → Selektivität) als → Einheit der → Differenz des Bestimmten und des Nichtbestimmten erzeugt. Der H.begriff entspricht insofern dem Weltbegriff (→ marked space/unmarked space, → Welt).

Humanismus, eine Semantik, die der → Perfektion/Perfektibilität des Menschen verpflichtet ist.

Hyperkomplexität liegt dann vor, wenn Systeme Beobachtungen ihrer selbst wieder in sich einführen, d.h. ihre Operationen an der selbstsimplifizierten Beobachtung ihrer selbst orientieren (→ Selbst-/ Fremdbeobachtung). Ein System, das sich ein Handeln kausal zurechnet, muß damit rechnen, daß dies zu einem kausalen Faktor der kausalen Handlungszurechnung des Systems wird.

Hypothese, in der kritisch-rationalistischen Methodologie der → empirischen Sozialforschung Ausdruck für die Vorläufigkeit einer Wissensannahme. Dabei gilt die grundsätzliche Annahme der Möglichkeit wahren gegenstandsabhängigen oder instruierten → Wissens (→ Erkenntnistheorie, klassische). In der Systemtheorie, speziell in der Reflexion ihrer selbst → im wissenschaftlichen System ist hingegen nicht von der Möglichkeit beobachterabhängig sicherbaren oder gar beobachterunabhängigen Wissens auszugehen (→ Beobachter, → Beobachtung, → Erkenntnis, → Konstruktivismus, systemtheoretischer, → Realität). Hier besteht die Funktion von Wissenschaft konstitutiv in der Ermöglichung neuen Wissens, das immer systemintern konstruiertes Wissen ist. Wissen ist hier grundsätzlich und nicht bloß vorläufig hypothetisch, wie sehr auch immer an schon vorhandenes Wissen anzuknüpfen ist (→ Wissen, Evolution von). Mit der Steigerung des wissenschaftlichen → Auflöse-/Rekombinationsvermögens vermehrt jeder Wissenszuwachs paradoxerweise die Möglichkeiten von Wissensalternativen bzw. das Nichtwissen. Dies steht im Gegensatz zur Intention der Methodologie des → kritischen Rationalismus.

Identität eines sinnhaften → Ereignisses setzt → Beobachtung (und die → Kondensierung und → Konfirmierung) des sinnhaften Ereignisses voraus. Ein System, das sich selbst beobachtet, kann sich als System von dem, was nicht zum System gehört, unterscheiden, seine I. bestimmen (→ System, autopoietisches). I. bezeichnet dann so etwas wie einen nur mit sich selbst identischen → Eigenwert des jeweiligen sinnhaft operierenden Systems. Systeme sind mit sich selbst identisch, sie sind, was sie sind. I. in diesem Sinne hat nichts mit Bestimmung des wirklichen Wesens oder des wirklichen Soseins von etwas zu tun, sondern ist nur begrifflich bezeichnete paradoxe Einheit von Differenzreflexion (→ Paradoxie). Anders gesagt: I. ist unzulänglich bestimmt, wenn sie auf der Ebene der Beobachtung erster Ordnung einfach als solche unterschieden wird. Es bedarf der Ebene der Beobachtung zweiter Ordnung, um die Beobachtung I. von → Einheit auf Einheit einer → Differenz umzustellen. „Scharf gesehen ist die Identität eines Systems letztlich eine Paradoxie: Sie ist, was sie ist, nur dadurch, daß sie nicht ist, was sie nicht ist. Sie ist die Einheit einer Differenz, in der sie selbst als Einheit wiedervorkommt." (1992d3:483)

Ideologie. Der I.begriff beschreibt die Bewertung von → Werten oder symbolisiert das Reflexivwerden von Werten, von Begründungen um der Begründung willen (→ Reflexivität). I. hat hiernach die Funktion, die unbegrenzt bewirkbaren Wirkungen durch ein bestimmtes Handeln unter Wertgesichtspunkten zu begrenzen. Ideologisch nicht prämiierte Handlungsfolgen werden neutralisiert. Die Umsetzung von I.n geschieht vorzugsweise über → Zweckprogramme. An I.n. wird gegenwärtig kontrafaktisch besonders wegen ihrer Konsensfähigkeit festgehalten.

Immanenz/Transzendenz, der → Code des → religiösen Systems. I. heißt, die → Welt beobachten, wobei Welt jeweilige → Einheit der → Differenz von System und Umwelt ist. T. bezeichnet die immanente Beobachtung der Welt so, als ob das von außen geschähe (= Duplikation der I. durch die T.). Die → Paradoxie dieses Codes liegt in der → Unterscheidung immanenten Erlebens von T. und transzendenten Erlebens von I. Immanentes Glauben des Transzendenten setzt das transzendentale Glauben des immanenten Glaubens voraus (→ Gott).

Immunsystem, dient als → System im System dem Auffangen von aktuell nicht verarbeitbaren → Irritationen. Ein System schützt sich vermittels seines I.s mit Hilfe des Nein gegen im Augenblick nicht mögliche Jas. Dabei operiert es im wesentlichen kognitionsfrei. In dieser Weise wirken → Gefühle, die Vergessensseite des → Gedächtnisses und das → Gewissen als I. des psychischen Systems und der → Widerspruch oder das → rechtliche System als I.e. im Rahmen sozialer Systeme. I.e tragen zur Lösung von Systemproblemen durch Entlastung von Problemlösungen bei.

Individualisierung impliziert mehr Möglichkeiten des → Individuums und mehr Möglichkeiten interindividuellen → Verstehens und Nicht-Verstehens, eine verstärkte individuelle Zurechenbarkeit (→ Attribution) von sinnhaften Ereignissen.

Individualismus ist „Ausdruck der Herrschaft von Kollektivideen über den Menschen." (1989e:218)

Individuum, in segmentär und stratifikatorisch geschichteten Gesellschaften durch soziale Inklusion definiert; es erhält seinen Sinn als bekanntes In-dividuum vom Segment bzw. vom Stand her. Eine eigene Semantik von I., die über die Vorstellung einer durch soziale Zugehörigkeit definierten unverwechselbaren Person hinausginge, gibt es noch nicht. Im Übergang zu → funktionaler Differenzierung entsteht bereits die Vorstellung eines I.s, das sich außerhalb der → Gesellschaft durch sich selbst als → Einheit, als → Subjekt, bestimmt. Bei funktionaler Differenzierung erfolgt die Definition als I. durch soziale Exklusion (→ Inklusion/Exklusion, → Mensch, → Person, → System, psychisches). Man kann auch sagen: Sozial ist das I. durch Asozialität bestimmt. Aus differenztheoretischer Sicht bezeichnet dagegen das I. schließlich nur noch die Einheit einer → Differenz, einen sich selbst von seiner sozialen Umwelt unterscheidenden und sich selbst vermittels dieser Unterscheidung beobachtenden bzw. identifizierenden → Beobachter (→ Identität, → Selbst-/Fremdbeobachtung).

Inflation/Deflation, Über- bzw. Unterbeanspruchung eines → symbolisch generalisierten Kommunikationsmediums im Verhältnis zu seiner Funktion der Motivierung zur Annahme von → Kommunikationen. Angezeigt werden Differenzen zwischen symbolischen und motivationalen Ressourcen oder Potentialen eines jeweiligen sich selbst als Handlungssystem beschreibenden kommunikativen Systems (→ System, soziales). Inflation: Die in Aussicht gestellten überschreiten die wahrnehmbaren Kommunikationschancen. Es können etwa zu hohe → Erwartungen an die Leistungsfähigkeit wissenschaftlicher Theorien bestehen (Nachfrageüberhang). Deflation:

Die in Aussicht gestellten sind geringer als die wahrnehmbaren kommunikativen Chancen. Die Leistungsfähigkeit wissenschaftlicher Theorien wird unterschätzt (Angebotsüberhang).

Informale Organisation → Organisation, informale

Information, eine → Differenz, die eine Differenz erzeugt. Oder: Jede → Unterscheidung erzeugt deshalb eine I., weil sie unterscheidet. Oder: I. ist der Überraschungswert eines → Ereignisses. I.en sind immer Eigenleistungen einer unterscheidenden Einheit (→ Beobachter, → System, autopoietisches), d.h. niemals von außen gegeben; draußen oder in der Umwelt des Systems gibt es für das System zunächst ein unspezifiziertes Rauschen (→ Irritation), das nur potentiell informativ ist. Es kann dabei nichts überraschend sein, wenn es nichts Nichtüberraschendes als Hintergrundsfolie gibt. Nichtüberraschendes oder → Strukturen (→ Gedächtnis) dienen der Normalisierung informativen Erlebens, der Ereignisver- und -einarbeitung. Im kommunikativen Prozeß ist I. die erste von drei kontingenten Selektionen.

Inklusion/Exklusion. I. durch E. ist diejenige systembildende und -strukturierende Operation, die spezifische Möglichkeiten einschließt und alle anderen Möglichkeiten ausschließt, jedoch für künftige Selektionen verfügbar hält: Offenheit durch Geschlossenheit. So ist in das → System alles eingeschlossen, was zum System gehört. Was nicht zum System gehört, gehört aus der Sicht des sich selbst beobachtenden oder des beobachteten Systems (→ Selbst-/Fremdbeobachtung) zu seiner → Umwelt. Das, was ausgeschlossen ist, bleibt auch ausgeschlossen, wenngleich seine Ausschließung auf Wiedereinschließung verweist. Die Differenz von I. und E. bleibt erhalten, kann jedoch paradoxieentfaltend auf der einen oder der anderen Seite wieder in sich eintreten (→ Paradoxie). E. ist dann Differenz von E. und I. oder I. Differenz von I. und E.

Am Beispiel des Verhältnisses von → Mensch und → Gesellschaft ergibt sich: Die Gesellschaft setzt sich nicht aus Menschen zusammen. An diese Stelle ist die Differenz von Kommunikations- und Bewußtseinssystemen getreten, die sich wechselseitig ausschließen, Umwelt füreinander sind. Das verweist auf E. des Menschen aus der Gesellschaft. Die Menschen nehmen dadurch wieder an Gesellschaft, an ihren → sozialen Systemen und insbesondere an ihren ausdifferenzierten Teilsystemen teil, daß das Bewußtsein ihrer → psychischen Systeme von den sozialen Systemen für die Abwicklung spezifischer Kommunikationen in Anspruch genommen wird. Das ist der Aspekt der I. des Menschen in die Gesellschaft. Jeder kann an einem Gespräch oder an einer Demonstration teilnehmen, und jeder kann eine Zahlung leisten, auf sein Recht pochen, eine Wissensofferte machen, jedenfalls grundsätzlich. Wenn das geschieht, werden die psychischen Systeme qua Bewußtsein nur in der jeweiligen kommunikativen Hinsicht nach Maßgabe der jeweiligen Eigenselektivität entstehender (z.B. Interaktionssysteme) oder bestehender (z. B. wirtschaftliches System) sozialer Systeme eingeschlossen. Das ist dann der Fall von I. durch E. Potentiell universelle I. geschieht insoweit immer nach dem Modell loser struktureller → Kopplung oder → Interpenetration. Dabei wäre, weil I. und E. soziale Sachverhalte beschreiben, statt Inanspruchnahme der psychischen Seite des Menschen oder Beteiligung psychischer Systeme exakter einzusetzen: das als am sozialen System vom sozialen System aus in der Form von → Person teilnehmend beobachtete psychische System.

Bezogen auf die zentrale Differenz von funktional ausdifferenzierten Teilsystemen (→ Differenzierung, funktionale) und organisierten Sozialsystemen (→ Organisation) impliziert potentiell universelle I. in Teilsysteme ihrerseits E. aus bestimmten organisierten Sozialsystemen. Dies ist bei vorgängiger I. durch E. insoweit eine Form der E. durch I., als über spezifisch ungleiche Chancen der Teilnahme an organisierten Sozialsystemen ungleiche Chancen der Umsetzung potentiell gleicher Chancen der Teilnahme an den funktionalen Teilsystemen folgen können. Jeder kann zur Schule gehen, aber nicht den gleichen Abschluß erreichen. Jeder kann sein Recht geltend machen, aber nicht unbedingt Recht bekommen. Jeder kann kaufen, was er möchte, aber nicht jeder ist gleich zahlungsfähig. „Innerhalb der Organisationen und mit ihrer Hilfe läßt die Gesellschaft die Grundsätze der Freiheit und Gleichheit scheitern." (1994g:193) Im Falle stratifikatorischer im Übergang zu funktionaler Differenzierung kann E. von der I. die harte Form der E. auf der Basis des menschlichen Körpers annehmen.

Inkommunikabilität, ein Paradox der → Kommunikation. Wie kann etwas kommuniziert werden, was nicht kommuniziert werden kann? Am bekanntesten sind Beobachtungen wie I. von Aufrichtigkeit oder I. von Ich-Erfahrung. I. von Aufrichtigkeit war insbesondere ein Problem in interaktionsnah schich-

tungsmäßig differenzierten Gesellschaften. Wenn jemand die Aufrichtigkeit seiner → Motive oder seiner guten Absichten in die Kommunikation einbringt, muß er sich die → Erwartung gefallen lassen, nicht aufrichtig zu sein. Warum sonst sollte er seine Aufrichtigkeit betonen? Warum sagt man: „Ich liebe dich!"? Die I. von Ich-Erfahrung schließt den vorgenannten Fall ein. Sie besteht einfach in der Unmöglichkeit, ein nichtselektives Bild seiner selbst zu kommunizieren. Beide I.en werden unter Bedingungen → funktionaler Differenzierung und → Differenzierung von Aspekten des → Menschen vollends normalisiert als Ausdruck kontingent-selektiver (→ Kontingenz, → Selektivität) → Selbst-/Fremdbeobachtung des an Kommunikation beteiligten → psychischen Systems.

Input-Output-Modell. Als sich selbst beobachtende Systeme können sinnhafte Systeme intern ihre System-Umwelt-Differenz als I.-O.-M. abbilden. Auch ein externer Beobachter kann die Beziehungen zwischen einem System und seinen Umwelten entsprechend zurechnen. (→ Selbst-/Fremdbeobachtung) Das I.-O.-M. impliziert, daß ein System nur zwei Grenzen hat, je eine für den Input als Mittel und den Output als → Zweck. Das System sieht sich dann bzw. wird gesehen als eine → Trivialmaschine, die nach einem feststehenden Algorithmus Inputs in Outputs transformiert. Das ist möglich als hochgradige Simplifikation (→ Kausalität, → Punkt-für-Punkt-Entsprechung, → Selbstsimplifikation); allerdings ist bereits bei wenigen variablen Inputs und variablen Outputs die logisch mögliche Zahl von Transformationsmöglichkeiten praktisch kaum noch zu kontrollieren. Eine Alternative besteht

darin, I.-O.-M.e als solche Entschei-
dungsmodelle aufzufassen, welche bei
der Transformation funktionale Äquivalente in den Beziehungen von Inputs auf
Outputs und umgekehrt in Rechnung
stellen (→ Kausalität, → Methode,
funktionale). Bei einer Beobachtung
nach dem I. - O. - M. sieht der Beobachter eine Gemeinsamkeit von Elementen.

Instrumentalität von → Wissen oder
Wissenschaft beruht nach klassischer
Auffassung auf der Prämisse einer
Rückanwendbarkeit natur- oder außen-
weltanalog gewonnenen Wissens zur
Gestaltung von → Natur oder Außenwelt (→ Wissenschaft, anwendungsorientierte). Sie setzt im systemtheoretischen Kontext die Beobachtbarkeit von
→ Punkt-für-Punkt-Entsprechungen im
Verhältnis zwischen → System und →
Umwelt (→ System-Umwelt-Theorie)
voraus. Für die erste Variante gibt es
gemäß der Prämisse der Unmöglichkeit
beobachterunabhängigen Beobachtens
(→ Beobachter, → Beobachtung, → Er-
kenntis, → Konstruktivismus, systemtheoretischer, → Realität) keine Grundlage. Für die zweite Variante ist wegen
der begrenzten Beherrschbarkeit der Alternativen der Transformation von Inputs
in Outputs durch einen Beobachter zweiter Ordnung (→ Selbst-/Fremdbeob-
achtung), speziell des transformierenden
Systems selbst, allenfalls ein begrenzter
Möglichkeitsbereich anzunehmen (→ Input-Output-Modell, → Kausalität). Der
Erfolg von Wissensanwendungen in
Form von Techniken (→ Technik/Tech-
nologie) und → Therapien ist letztlich
nach dem Muster funktionierender Simplifikationen zu erklären.

Integration von → Gesellschaft kann
strukturell oder funktional geschehen.

Strukturelle oder soziale I. überwiegt,
wenn die vorwiegend segmentären Teile
einer interaktionsnah gebauten Gesellschaft → Redundanz ermöglichen oder
die Teile in moralischer oder/und normativer oder/und konsensueller Hinsicht
recht ähnlich verfaßt sind (→ Differenzierung, schichtmäßige, → Sozialintegration). Bei → funktionaler Differenzierung sind die Teilsysteme wechselseitig füreinander Umwelt, operieren in
ihrem Verhältnis zueinander unter Verzicht auf Redundanz und schließen ihre
moralische, normative oder konsensuelle
I. aus (→ Norm, → Moral, → Systemgrenze). Die Formel von struktureller I.
ist zu ersetzen durch die Formel von der
Inklusion durch Exklusion (→ Inklusi-
on/Exklusion). I. diesen Typs besteht in
einer wechselseitigen Beschränkung der
Freiheitsgrade der autonom operierenden
Systeme.

Intelligenz „ist die Bezeichnung dafür,
daß man nicht beobachten kann, wie es
zustande kommt, daß das selbstreferentielle System im Kontakt mit sich selbst
die eine und nicht die andere Problemlösung wählt." (1985f:158)

Intentionalität als eine Auszeichnung
des Wesens der Dinge (→ Natur, →
Teleologie) oder des menschlichen Wesens oder als eine Eigenschaft des vernünftigen → Subjekts (→ Transzendenz)
oder als eine Vorstellung von einer Bewirkbarkeit von Wirkungen durch einen
Handelnden (→ Zweck) ist kein Ausgangspunkt systemtheoretischen Beobachtens (→ Aufklärung, soziologische).
I. wird eher heruntergestuft auf die Ebene der simplifizierenden Selbstbeschreibung (→ Selbstsimplikation) eines sinnhaft operierenden Systems (Selbst-/
Fremdbeobachtung). Erst dieses kann

sich oder einem anderen System ein Verhalten als bewußtes → Handeln zurechnen (→ Attribution, → Kommunikation, → System, soziales), Handeln als motiviert (→ Motiv) beobachten und in diesem Sinne deutend verstehen (→ Verstehen).

Interaktionssysteme sind einfache → soziale Systeme. Sie entstehen und bestehen als kontingent-selektive (→ Kontingenz, → Selektivität) Systeme, wenn sich anwesende → psychische Systeme in der Form von → Personen („Anwesenden") wechselseitig wahrnehmen (→ Mensch, → Wahrnehmung). Hier kann durchaus noch „eine gefühlsgesteuerte Einheit von persönlicher Motivation und sozial geschätzter Leistung" (1995d:90) zum Tragen kommen. Es kann sich um bloße Situationssysteme oder um schon relativ dauerhafte intermittierende Systeme handeln (→ Episode). Die Wahrnehmung kann sprachlos sehr diffuskomplex oder/und sprachlich sehr selektiv vermittelt sein.

In einem Interaktionssystem sind kommunikative Handlungen aufeinander bezogene punktualisierte (→ Punktualisierung) und zeitlich sequenzialisierte (→ Sequenzialisierung) Ereignisse (→ Handeln, → Kommunikation). I. sind soziale Systeme eigener Art, die nicht vorgängig auf → funktionale Differenzierung des Gesellschaftssystems angewiesen sind. Unter Bedingungen funktionaler Differenzierung werden interaktive Systeme als soziale Systeme in sozialen Systemen unabhängiger, d.h. sind nicht mehr auf die Erfüllung aller möglichen sozialen Funktionen festgelegt und setzen, aus solchen Beschränkungen entlassen, zugleich mehr und riskantere Möglichkeiten der Kommunikation frei: „Die Ge-

samtheit der Interaktionen bildet eine Art basaler Anarchie, bildet ... das Spielmaterial für gesellschaftliche Evolution." (1985f:575f.)

Interdependenz, frühere Bezeichnung für die Beziehungen zwischen zwischen funktional ausdifferenzierten Teilsystemen (→ Differenzierung, funktionale). Funktionale Systemdifferenzierung bedeutet zugleich Verminderung und Vermehrung von Abhängigkeiten zwischen den Teilsystemen. Die Verminderung drückt sich in der selbstselektiven Bearbeitung nur bestimmter Kommunikationen (→ Kommunikationsmedien, symbolisch generalisierte) und die Vermehrung in einer Vervielfältigung irritierender (→ Irritation) Systemumwelten aus. Die Selbstabstimmung zwischen den Teilsystemen wird insgesamt riskanter (→ Resonanz, → Steuerung). Die I.en werden über strukturelle oder lose → Kopplungen vermittelt. Ein → Beobachter (→ Beobachtung, → Selbst-/Fremdbeobachtung), der ein beteiligtes Teilsystem sein kann, kann jedoch die I.en als feste Kopplungen beobachten (→ Systemgrenze).

Interdependenzunterbrechung   →
Asymmetrisierung

Interesse. Ein → Beobachter kann sein oder das → Handeln anderer als interessenbezogenes Handeln erleben, entsprechende Zurechnungen vornehmen (→ Attribution). Interessenbezogenes Handeln ist dann intentionales Handeln (→ Intentionalität). Dies ist es nicht per se, sondern per → Beobachtung eines Beobachters. Alle diejenigen Systeme, die an I.n interessiert sind, lassen sich als Interessenten beobachten. Dann und nur dann können I.n als Beweggrund des Handelns beobachtet werden (→ Motiv).

Dieser Begriff von I. bricht mit dem klassischen Begriff, nach dem der Interessent alleiniger Adressat für Auskünfte über seine I.n ist.

Interferenz, der Fall, in dem ein System in der Lage ist, sein → Handeln als Prämisse des Handelns eines anderen Systems zu setzen (→ Macht).

Interpenetration. Systeme nehmen eigenselektiv operative Einheiten oder → Operationen anderer Systeme für den Aufbau eigener operativer Einheiten oder Operationen in Anspruch (→ System, autopoietisches). So sind etwa mit → Kommunikationen operierende → soziale Systeme auf Gedanken als operierende Einheiten → psychischer Systeme angewiesen. Die operativen Einheiten psychischer wie sozialer Systeme (Gedanken bzw. Kommunikationen) bleiben jedoch unverändert. Es findet kein Austausch der Einheiten als solcher statt. Durch I. werden erst recht psychische Systeme nicht Bestandteil sozialer Systeme und umgekehrt. I. ist ein Konstitutions- und kein Leistungszusammenhang. Das Konstitutionsverhältnis bspw. zwischen psychischem und sozialem System läßt sich auch als Verhältnis struktureller → Kopplung beschreiben. Dabei erfolgt die Kopplung im wesentlichen im Medium der → Sprache, die gleichermaßen Bewußtsein faszinieren und Kommunikation anregen kann.

Im einzelnen: Ein psychisches System nimmt wahr, wird dadurch irritiert (→ Irritation), daß im Rhein tote Fische treiben (→ Information). Das ist eine gedankenförmige oder bewußte und in diesem Falle auch bereits latent Sprache beanspruchende selektive → Wahrnehmung. Das psychische System A ist ja ein autopoietisches strukturdeterminiertes System. A stoße später auf ein ihm vertrautes (→ Lebenswelt, → Vertrautheit) autopoietisches strukturdeterminiertes psychisches System B als System in seiner → Umwelt. Dem System B ist System A ebenfalls vertraut. Beide Systeme nehmen sich in der Form von → Person selektiv wahr. A beanspruche dann die Aufmerksamkeit von B mit der manifesten sprachförmigen selektiven Mitteilung (→ Handeln) der selektiven → Information: „Im Rhein treiben tote Fische." B. wird durch diese Mitteilung irritiert, sein Bewußtsein wird in Anspruch genommen, und er versteht, streng genommen selektiv, daß im Rhein tote Fische treiben (→ Verstehen). Erst jetzt ist Kommunikation unter Inanspruchnahme von Bewußtsein im Medium der Sprache entstanden. Erst jetzt wird die Einheit der Differenzen von Information, Mitteilung und Verstehen konstitutiv für Systembildung. Die sprachliche Gleichheit der Vorgänge in den beteiligten psychischen Systemen und die von ihnen sprachlich als gleich angesehene mitgeteilte Information ändert weder etwas an der Verschiedenheit der Systeme noch an der Verschiedenheit der in ihnen prozessierenden Elemente.

Bei alledem ist zu beobachten, daß es sich um → Beobachtungen der Ebene erster Ordnung handelt. Beobachten die beteiligten psychischen Systeme sich selbst oder würden sie durch einen externen → Beobachter (→ Selbst-/Fremdbeobachtung) beobachtet, ließe sich der Output des A als Input bei B (oder umgekehrt) zurechnen (→ Attribution), und zwar durchaus in der Münze einer medialen (hier: sprachlichen) Gleichheit von bewußter Wahrnehmung und mitgeteiltem Bewußtsein als eines Verhältnisses fester Kopplung. Letzteres heißt nicht, daß Bewußtsein und Kommunikation unmittelbar oder über ein drittes Medium ineinander konvertiert (→ Konvertierung) werden.

Intersubjektivität → Beobachter, → Subjekt

Intimität oder zwischenmenschliche → Interpenetration beruht auf der Differenzierung persönlicher und unpersönlicher Beziehungen und liegt vor, wenn immer mehr Aspekte psychischen (→ System, psychisches) und körperlichen (→ Körper, → Sexualität), nicht aber: sozialen, → Verhaltens zweier → Menschen wechselseitig und ausschließlich füreinander wichtig werden (→ Liebe).

Invisibilisierung, Bedingung der Entparadoxierung. Bei Entparadoxierung (→ Paradoxie) durch → re-entry wird die Ausgangsunterscheidung unsichtbar gemacht, als → blinder Fleck invisibilisiert.

Irritation → ist zu unterscheiden von → Information. I. steht für das systemisch zwar wahrgenommene, aber noch nicht informationell nach Maßgabe des eigenen operativen → Codes spezifizierte Rauschen (noise) in der → Umwelt des → Systems, das informationell relevant werden kann oder nicht.

Kapital, unter Bedingungen der Ausdifferenzierung eines → wirtschaftlichen Systems unter Führung des Geldcodes (→ Geld) und der Normalisierung des Geldzahlens (→ Zahlung/Nichtzahlung) Ausdruck für die Möglichkeit und Notwendigkeit (→ Knappheit), Zahlungen zur Überbrückung von Zeitdistanzen nutzen zu können.

Kapital/Arbeit. Der historisch vorgän-

gige Gegensatz von arm und reich hat A. als ausgeschlossenes Drittes eingeschlossen. Der historisch folgende Gegensatz von K. und A., in der Marxschen Fassung, stellt hingegen eine in sich völlig abgeschlossene → Einheit einer sich selbst erzeugenden (→ Selbst-/Fremdreferenz) und am Ende aufhebenden → Differenz dar: Lohnarbeit setzt K. als vergegenständlichte A., und K. als vergegenständlichte Arbeit setzt Lohnarbeit voraus (→ Asymmetrie). Das ist, systemtheoretisch gesehen, ein sich selbst voraussetzendes antagonistisches Verhältnis oder die → Repräsentation des Systems durch einen Gegensatz im System. Das geschlossene System von K. und A. operiert nach der Logik der Ausbeutung der einen Seite (der A./der Arbeiter) durch die andere Seite (das K./die Kapitalisten) bei gleichzeitig fortschreitender Selbstruinierung der anderen Seite mit der Folge der Selbstaufhebung des Systems in der klassenlosen Gesellschaft. Fällt die einheitsstiftende Differenz zwischen der A. der vielen armen Ausgebeuteten und der Nichtarbeit der wenigen reichen Ausbeuter weg, kann es auch nicht mehr die vorausgesetzte Einheit des Systems im System geben. An die alte geschlossene Einheit einer Differenz muß sich dann eine nicht mehr auf Differenzen beruhende geschlossene neue Einheit anschließen, jedenfalls nach der Eigenlogik des Systems.

Das K.verhältnis trug allenfalls historisch vorübergehend die Züge eines in sich geschlossenen Systems. Die internen Inkonsistenzen des Systems sind mehr oder minder erfolgreich externalisiert worden: → Wohlfahrtsstaat. Allgemein zeigt sich, daß die Lebensverhältnisse der Menschen zunehmend mehr von der Konsumseite als von der A.s seite her geprägt sind. Der Konsum erscheint deshalb als das eigentlich in den Gegensatz von K. und A. eingeschlossene ausgeschlossene Dritte - aus systemtheoretischer Sicht. Die Systemtheorie als Theorie autopoietischer Systeme arbeitet mit der Annahme der Externalisierung von Inkonsistenzen, die sich infolge der Umstellung sozialer Differenzierung auf → funktionale Differenzierung bei binärer Codierung (→ Code) teilsystemspezifischen Kommunizierens ergeben. Die Marxsche Theorie arbeitet nach diesem Modell mit der Annahme der Internalisierung der Externalisierung von Inkonsistenzen, die sich aus dem K.verhältnis untrennbar ergeben. Letzteres bedeutet eine Kurzschließung von Theorie und Wirklichkeit, von theoretischem und empirischem System. Unerwartete Veränderungen der Wirklichkeit können durch eine letztlich wirklichkeitsfremde Theorie, die nicht auf Offenheit durch Geschlossenheit abgestellt ist (→ System, autopoietisches), nicht erfaßt werden.

Karriere, eine relationierte Abfolge von personal zugerechneten (→ Person) positiv oder negativ bewerteten selbst- und fremdselektiven Ereignissen, insbesondere infolge von → Erziehung (→ System, erzieherisches) und → Sozialisation. K. baut sich selbst auf, ist ein kontingent-selbstselektiver (→ Kontingenz, → Selektivität) Vorgang. Der Begriff K. bezieht sich auf den Tatbestand eher unvorhersehbarer diskontinuierlicher Lebensereignisse im Gegensatz zu eher vorhersehbaren kontinuierlichen Ereignissen eines Lebenslaufes.

Kausalität, läßt sich zunächst als die in die Grenzen eines ontologisch eingespannten kausalwissenschaftlichen Funk-

tionalismus eingespannte Form der → Beobachtung der seinsmäßigen Verflechtungen des Seienden beobachten (→ Erkenntnistheorie, klassische, → Ontologie). Das Denken in K.en ist den Vorstellungen der Bewirktheit von und des Bewirkens von Wirkungen, dem klassischen Handlungs- und Zweckmodell verpflichtet (→ Zweck).

K. ist kein zu erkennender Sachverhalt einer als bestehend vorauszusetzenden Außenwelt, sondern eine beobachtungsabhängige Konstruktion (→ Erkenntnis, → Konstruktivismus, systemtheoretischer). Bei K. handelt es sich stets um eine operativ eingesetzte Komplexitätsreduktion. In diesem Sinne kann ein System als → Beobachter seiner selbst seine System-Umwelt-Beziehungen oder ein Beobachter die Beziehungen zwischen einem anderen System und dessen Systemumwelt(en) sehr wohl auch im nomologischen Sinne von kausal zurechnen (→ Attribution, → Selbst-/Fremdbeobachtung).

K. liegt mithin vor, wenn von einem Beobachter aus der Fülle möglicher Ereignisse bestimmte wenige Ereignisse ausgewählt und zwischen - in der Regel wieder einer Auswahl aus - ihnen bestimmte Verknüpfungen, etwa die einer angebbaren Abhängigkeit eines bestimmten Ereignisses von einem anderen vorgängigen bestimmten Ereignis, hergestellt werden (→ Input-Output-Modell, → Punkt-für-Punkt-Entsprechung, → Trivialmaschine). K. ist auf jeden Fall eine vereinfachende Zurechnung von Ereignissen aufeinander. Je umfangreicher und verwickelter solche Zurechnungen ausfallen, desto unwahrscheinlicher ihr kausaler Charakter (→ Hyperkomplexität).

K. ist sytemtheoretisch am besten als die → Einheit einer → Differenz von → Medium und → Form zu verorten. K. ist dann ein Medium, eine Menge lose gekoppelter Elemente, in das stets selektiv und nicht abschließbar Formen eingezeichnet werden können. Die Umstellung des K.smodells von einer Zweck-Mittel-Einheit auf eine Medium-Form-Differenz begünstigt den Anreiz zum Vergessen zu Lasten des Erinnerns, den Anreiz zur Einzeichnung neuer Formen der K. in das Medium der K.

Kind, das formbare (→ Form) → Medium des sozialen Systems der → Erziehung (→ System, erzieherisches). K. muß man als semantisches Beobachtungskonstrukt sehen. Dieses Konstrukt benutzt die Differenz Kind/Erwachsener und die Differenzen zum psychischen und organischen System zu seiner Unterscheidung. Was bei der Erziehung geschieht, ist dann die durch die kommunikativen Angebote eines Erziehers ausgelöste Selbstformung (→ Sozialisation) des Mediums K. in der Form von Wissen.

Klasse, soziale, stellt einen Sonderfall der sozialen Schichtung dar. Soziale Schichtung entsteht, wenn sich eine Mehrzahl ubiquitärer sozialer Ungleichheiten wechselseitig verstärkt und dies die Gesellschaftsmitglieder in ungleicher Weise betrifft (→ Inklusion/Exklusion). Wird die Verteilung auf soziale Schichten als änderbar (kontingent) betrachtet, geht es um die Verteilung von Verteilungen oder um s. K.n (→ Differenzierung, schichtungsmäßige).

Knappheit, ein sich selbst steigernder Zusammenhang von Aktualität und Inaktualität. Jeder momentan knappheitsmindernde Zugriff auf Möglichkeiten von A verengt momentan den Bereich der Zugriffsmöglichkeiten von B: K. erzeugt sich selbst. Je differenzierter der Zugriff, desto differenzierter die nicht aktualisierten Zugriffe: K. steigert K; ein paradoxer Sachverhalt.

Im → wirtschaftlichen System symbolisiert K. eine Situation, in der Entscheidungen über gegenwärtige Bedürfnisbefriedigungen unter der Bedingung getroffen werden können und müssen, zugleich künftige Bedürfnisbefriedigungen zu sichern (→ Bedürfnis). K. wird also weder als absolute noch als relative oder als negativer Saldo von erstrebten und möglichen Bedürfnisbefriedigungen definiert. Die Entscheidungen über Bedürfnisbefriedigungen erfolgen im Medium des → Geldes, in der Sprache von Geldpreisen als im System und vom System in Abtastung der Bedürfnisse der Systeme in seiner Umwelt selbst erzeugten Ausdrücken von Zahlungserwartungen. K. ist deshalb die → Kontingenzformel des wirtschaftlichen Systems.

Knappheit der Zeit. Mit Ausdifferenzierungen und Differenzierungen von Sinnsystemen wird das Muster zeitgleichen Erlebens und Handelns durchbrochen. Systeme haben nicht genug → Zeit, sich der vollen → Komplexität ihrer Umwelt zu vergewissern, sonst wären sie ja keine Systeme. Damit wird Zeit für Systeme knapp. Systeme müssen durch Strukturbildung Zeit gewinnen, knapp gewordene Zeit entknappen, was wiederum Zeitdruck oder K. d. Z. erzeugt usf. Anders gesagt: Je mehr Zeit zur Verfügung steht, desto knapper wird die Zeit, in der etwas geschehen muß, damit anschließend etwas geschehen kann.

Körper, die nicht-sinnhafte biologischorganische Seite, in diesem Sinne die Seite des → Lebens des → Menschen. Ein selbstreferentielles nicht-sinnhaftes System, das ingesamt oder über seine selbstreferentiellen Teilsysteme → Umwelt des selbstreferentiellen → psychischen Systems des Menschen ist (→ Selbstreferenz/Fremdreferenz, → System, autopoietisches).

Mit einer ausdifferenzierten und spezialisierten K.lichkeit wird ein generalisiertes Bereitstellen von K.potential, eine Freisetzung von generalisiertem K.sinn möglich (→ Generalisierung/Spezifizierung). Das drückt sich z.B. aus in Sachverhalten wie Nutzung des K.potentials für Gesten, Aufwertung körperlicher Jugend, Ausdifferenzierung von körperlichen Abstimmungen (Tanz), spezialisierter Beanspruchung des K.s für sportliche Leistungen. Mit der Ausdifferenzierung körperlicher Selbstreferenz entsteht für das psychische System das Erfordernis selbstreferentieller Bezugnahme auf seine K.lichkeit, seine Seite des Lebens. Hier sind → symbiotische Mechanismen wie → Wahrnehmung, → physische Gewalt und → Sexualität angesprochen.

Kognition. Alle K. ist → Beobachtung; und → autopoietische Systeme organisieren die Einheit der Differenz von → Operation und K. Der Begriff K. findet sich auch im eingeschlossenen engeren Verständnis von lernbereiten → Erwartungen. Bezogen auf das Problem der Erkenntnis von → Realität zeichnen sich lernbereite Erwartungen aus als jener Erkenntnisstil, der Änderungen von Realitätskonstruktionen akzeptiert (→ Erkenntnis, → Konstruktivismus, systemtheoretischer, → Wissen).

Kommunikation ist nicht angemessen zu beobachten (→ Beobachter, → Beob-

achtung) als ein zwischen Menschen unmittelbar ablaufender Vorgang, bei dem das, was von A mitgeteilt wird, von B auch verstanden wird.

Zunächst ist die → Einheit → Mensch zu differenzieren (→ Differenz, → Unterscheidung), etwa in ein biologisches System, ein Nervensystem und vor allem ein → psychisches System. Dann gilt: ohne Körperbeteiligung (→ Körper) ist keine Beteiligung psychischer Systeme an K. denkbar (→ Materialitätskontinuum). Die Bewußtseine der autopoietisch operierenden psychischen Systeme (→ System, autopoietisches) sind ihrerseits nur Selektionshorizonte (→ Kontingenz, → Selektivität) für Mitteilungen von Bewußtseinsinhalten oder Informationen. Die Formen der Mitteilung von Bewußtseinsinhalten lassen sich gleichfalls aus einem Formenvorrat wählen. Das, was unter diesen Bedingungen von einem A doppelt selektiv einem B an Informationen mitgeteilt wird, kann von diesem wiederum selektiv verstanden werden, je nach seiner Differenzierung der mitgeteilten Information und der Form ihrer Mitteilung. Die jeweiligen Bezugnahmen aufeinander (des A auf den B und des B auf den A) spiegeln die individuelle Relevanz des → Sozialen, sind je für sich allein noch keine K.

Eine K. ist allgemein zu beobachten als eine emergente (→ Emergenz) kontingent-selektive Einheit der Selektivität je von → Information, Mitteilung (→ Handeln) und → Verstehen unter Inanspruchnahme der Bewußtseine mindestens zweier psychischer Systeme. K. ist das → konstitutive Element → sozialer Systeme. An der Aktualisierung dieses Elements sind die Bewußtseine psychischer Systeme über die Mitteilung von Bewußtseinsinhalten lediglich unabdingbar beteiligt (→ Interpenetration, → Kopplung); zum K.sbegriff gehört hingegen nicht die Annahme oder Ablehnung einer kommunikativen Offerte. Wenn es K.en sind, die kommunizieren, so besagt dies lediglich, daß nur kontingente K.en an kontingente K.en anschließbar sind (→ Anschlußfähigkeit). Auf keinen Fall werden die Bewußtseine psychischer Systeme irgendwie kommunikativ kurzgeschlossen. Das, was auf der Ebene jeweiliger Bewußtseine geschieht, ist und bleibt ein an ihre Autopoiesis verwiesener und nicht interpsychisch übertragbarer Sachverhalt. Demgegenüber läuft die K. so, wie sie läuft, gibt sozusagen ein Wort das andere, und die Bewußtseine haben Mühe zu folgen. Das kommunikative ist ebenfalls autopoietisches Geschehen.

Da sich soziale Systeme als Handlungssysteme beobachten (→ Selbst-/Fremdbeobachtung), wird in ihnen K. auf Handeln, genauer auf kommunikatives oder soziales Handeln reduziert. Kommunikatives oder soziales Handeln deshalb, um Handeln als kommunikatives oder soziales gegen Handeln in nicht-kommunikativen oder -sozialen Situationen unterscheidbar zu halten. Hier kann und muß die Differenz von mitgeteilter und empfangener Information im Normallauf des kommunikativen Geschehens simplifizierend aufgelöst werden.

Das zum paradoxen Theorem der → doppelten Kontingenz analoge paradoxe Theorem der Unwahrscheinlichkeit der K. bezieht sich darauf, daß etwas Unwahrscheinliches (hier die K.) dennoch wahrscheinlich ist (→ Wahrscheinlichkeit), sich sogar als sich selbst steigernder Zusammenhang beobachten läßt. Die einzelnen Aspekte der Unwahrscheinlichkeit betreffen die Erreichbarkeit der Adressaten, die Verstehbarkeit durch die Adressaten und den Erfolg der K. Die Erweiterung von K. ist vorzugsweise an die Entwicklung von → Sprache und die Erweiterung von K. über den Kreis von Anwesenden hinaus vorzugsweise an die Entwicklung von Schriftsprache (→ Schrift) gebunden. Dies alles ist zu sehen als eingelagert in den seinerseits kommunikative Möglichkeiten entscheiden ausweitenden evolutorischen Vorgang der Entstehung von → symbolisch generalisierten Kommunikationsmedien und der hierdurch geführten Ausdifferenzierung namentlich funktionaler gesellschaftlicher Teilsysteme (→ Differenzierung, funktionale).

Kommunikation, ökologische → Ökologische Kommunikation

Kommunikationsmedien, symbolisch generalisierte, setzen die Erweiterung von → Kommunikationen über den Kreis von Anwesenden (→ Interaktionssysteme) hinaus voraus und ermöglichen Kommunikationen für noch nicht bekannte Situationen.

Es geht um Medien (→ Medium), also lose gekoppelte Mengen von je bestimmten Elementen, für Kommunikation. Diese Medien sind generalisiert (→ Generalisierung/Spezifizierung), erlauben die Realisierung einer Vielheit (verschiedenster kommunikativer Selektionen) in einer Einheit (im jeweiligen Medium) Formung (→ Form). Symbolisch generalisiert sind die Medien, wenn sie selbst nicht die Einheit des Verschiedenen sind, sondern diese nur repräsentieren (→ Symbol, → Zeichen).

Die Bildung verschiedener s. g.r K. is mit dem Erfordernis der Übertragung unterschiedlicher Arten kommunikative Selektionen verbunden: → Wahrheit (→

Erleben als Prämisse von Erleben), → Geld (→ Handeln als Prämisse von Erleben), → Liebe (Erleben als Prämisse von Handeln), → Macht und Recht (Handeln als Prämisse von Handeln). S. g. K. überbrücken die Differenz von Motivation (→ Motiv) und Selektion (→ Selektivität) in hochkomplexen/-kontingenten (→ Komplexität, → Kontingenz) Situationen: Z.B. erfordert → Handeln im wirtschaftlichen System, daß alle beteiligten Systeme ihre Selektionen an in Geld ausgedrückten → Erwartungen orientieren und sich dies wechselseitig sicher unterstellen können.

Die kommunikative Leistung von s. g.n K. wird durch ihre Anwendung auf sich selbst, durch → Reflexivität gesteigert: Zahlung um der Zahlung willen, Lieben um des Liebens willen usw. Die funktionsspezifischen Medien (z.B. Macht für das politische System, Wahrheit für das wissenschaftliche System) können nicht wechselseitig füreinander einspringen: so läßt sich wirtschaftliches Handeln zwar wissenschaftlich fundieren, kann sich aber selbst nicht der Wahrheit als Medium bedienen. Direkte → Konvertierungen auf medialer Ebene sind demgemäß ausgeschlossen.

S. g. K. sind über Verknüpfung mit den zugehörigen → symbiotischen Mechanismen in Verbindung mit Selbstbefriedigungsverboten wirksam: z.B. Verbot der Selbstherstellung von Geld, Verbot der Anwendung physischer Gewalt, Evidenzerleben (Wahrnehmen) einzelner als unzulässige Grundlage wahrheitsfähiger Kommunikation. S. g. K. differenzieren sich gegen ihre zugehörigen symbiotischen Mechanismen, und zwar um so mehr, je höher das Generalisierungsniveau der Medien. Das steigert Unabhängigkeiten und Abhängigkeiten zugleich.

S. g. K. entstehen im Verlaufe der gesellschaftlichen → Evolution (→ Evolution, soziale). Diese ist gleichbedeutend mit einer Zunahme insbesondere kommunikativer Möglichkeiten für besondere soziale Situationen. In diesen lassen sich die jeweiligen Kommunikationen nicht mehr nach dem Modell einer in sozio-kulturelle Selbstverständlichkeiten eingelagerten unmittelbar-konkreten → Verständigung abwickeln. Erforderlich werden Spezialsprachen in der Form bestimmter codierter (→ Code) Medien, welche die jeweilige Teilklasse unwahrscheinlicher Kommunikationen aufeinander beziehbar machen. Die auf bestimmte Kommunikationen spezialisierten Medien übernehmen ihrerseits uno actu die Führung bei der → Ausdifferenzierung funktional spezialisierter Teilsysteme (→ Differenzierung, funktionale).

Kommunikative Wirklichkeit, zum einen übergreifende Bezeichnung für kommunikatives Geschehen, zum anderen besondere Bezeichnung für jene kommunikativen Zusammenhänge, die es in sozialen Systemen gibt, ohne selbst soziale Systeme zu sein, wie z. B. Moral, Werte, Normen, Angst, Personen, Rollen.

Komplementarität, liegt vor, wenn A von B eine → Leistung erwartet und B durch sein leistendes → Handeln dieser → Erwartung genügt. Die Symmetrie der Erwartungen ist keine zureichende Bedingung für die Symmetrie der Leistungen. Letzteres ist erst der Fall bei Reziprozität erfüllter Erwartungen (→ Tausch).

Komplexität, anfangs eher als Gesamt-

heit der sinnhaften Möglichkeiten des →
Erlebens und → Handelns bestimmt (→
Sinn), dann als systemselektive Gesamt-
heit möglicher → Ereignisse als → Ele-
menten eingegrenzt und abschließend
durchgängig folgendermaßen definiert:
Komplex ist eine solche systemselektive
Menge von Elementen, bei der nicht
mehr jedes Element mit jedem anderen
Element verknüpfbar ist.

Jede Ermöglichung von selektiven (→
Selektivität) Ereignissen beruht auf kontingenter (→ Kontingenz) Systembildung (→ System), wobei Systembildung
als evolutive Antwort auf eine sonst
nicht übersehbare und beherrschbare
Fülle unbestimmter Möglichkeiten zu sehen ist. Kontingent-selektive Systembildung führt ihrerseits über die Reduktion
auf bestimmte Ereignisse zu einer von
allen sonstigen Beschränkungen freige-
setzten weiteren Bestimmbarkeit der bestimmten Ereignisse (→ Komplexität,
Reduktion und Steigerung von). Im System ergibt sich dadurch wieder ein Zustand der K. Kein System kann in sich
alle ihm möglichen Ereignisse gleichzeitig aktualisieren.

Somit läßt sich K. wie folgt umfassend
bestimmen: K. ist beobachtbar als die →
Einheit der → Differenz von kompletter
und selektiver Relationierbarkeit (→
Relation) von Ereignissen. K. ist ein
selbstreferentieller Tatbestand, denn es
ist K., die K. ermöglicht (→ Selbst-/
Fremdreferenz). K. ist ein paradoxer
Sachverhalt, denn sie ist bestimmt und
bzw. weil unbestimmt zugleich (→ Paradoxie). K. ist auf paradoxe Weise entparadoxierbar durch ihre Reduktion und
Steigerung in sachlicher Hinsicht (Selektion bestimmter Ereignisse), zeitlicher
Hinsicht (→ Komplexität, Temporalisierung von) und sozialer Hinsicht (→ Dif-

ferenzierung, funktionale).

**Komplexität, Reduktion und Steige-
rung von.** Jede → Ausdifferenzierung
eines Systems bedeutet Erzeugung von
geringerer systemeigener → Komplexität und größerer systembezogener Umweltkomplexität (→ Komplexitätsgefälle). Komplexität wird in diesem Sinne
zugleich reduziert und gesteigert. Werden die in einem System selektiv (→
Selektivität) zugelassenen und selektiv
relationierten (→ Relation) → Ereignisse, z.B. legitime Rechte, ihrerseits im
System selektiv relationiert, d.h. abstra-
hiert, z.B. positive Rechte, werden wiederum mehr Ereignisse, etwa rechtliche
Entscheidungen, als zuvor möglich, da
sie ja unbestimmter und deshalb bestimmbarer geworden sind. Gleichzeitig
wird Systemkomplexität reduziert und
Umweltkomplexität gesteigert. Logisch
zwingend ist nur die Gleichzeitigkeit von
Reduktion und Steigerung, nicht aber in
der Zeit (→ Komplexität, Temporalisierung von) ein Steigerungsverhältnis bezüglich der Gesamtkomplexität. Evo-
lutorisch-historisch ist dennoch eine Steigerung von Gesamtkomplexität wahrscheinlich.

Komplexität, Temoralisierung von. →
Zeit als gegenwärtige Unterscheidung
von vorher und nachher, als im Gegen-
wartsbegriff zusammengezogene Differenz von Vergangenheit und Zukunft, ist
eine der Folgen des Komplexitätspro-
blems-/ drucks). T. v. K. besteht in der
laufenden Wiederherstellbarkeit (tempo-
ralisierte → Elemente als Grundlage)
und Wiederherstellung (Relationierung
temporalisierter Elemente als Grundlage)
reduzierter Komplexität. Systeme sind
folglich basal unruhig (wegen temporalisierter Elemente) und strukturell ruhig

(wegen relationierter Elemente) und unruhig (wegen re-relationierbarer Elemente) zugleich (→ System, autopoietisches).

Komplexitätsgefälle. Da Systembildung
immer selektiv erfolgt, sich durch eine
kontingente (→ Kontingenz) Auswahl
von Ereignismöglichkeiten konstituiert
(→ Selektivität), ist die Systemkomplexität auch immer geringer als die →
Komplexität der durch das System kon-
stituierten Systemumwelt. Die → Umwelt des Systems enthält aus der Sicht
des Systems immer mehr Ereignismöglichkeiten, als jemals im System aktualisiert werden könnten.

Kondensierung, Verdichtung sinnhafter
→ Ereignisse zu erkennbaren und wiederholbaren unverwechselbaren (identischen) Einheiten in der Gesamtheit von
je möglichen sinnhaften Ereignissen (→
Identität, → Sinn).

Konditionalprogramm, eine besondere
Form der Programmierung (→ Programme) von → Entscheidungen (→
Handeln), eine besondere Form der
Kombination von normativer Geschlossenheit und kognitiver Offenheit eines
Systems. Einem K. liegt ein Wenn-
Dann-Schema zugrunde. Wenn bestimmte programmatisch definierte Gründe
vorliegen, dann wird ein bestimmtes
Entscheidungshandeln ausgelöst. Wenn
eine bestimmte Tatsache vorliegt, die eine bestimmte Entscheidung auslöst, dann
ist die regelgebundene Entscheidung
normativ (→ Norm) und die ihr vorausgesetzte Identifizierung der Tatsache nur
kognitiv (→ Kognition) möglich.

Konditionierung, eine bestimmte oder
selektive (→ Selektivität) Verknüpfung
(→ Relation) von → Elementen. K. ist

Prämisse jeder Systembildung. Systeme
sind nicht einfach Relationen zwischen
Elementen, sondern relationierte Relationen zwischen Elementen.

Konfirmierung, Ausweitung der →
Geltung von kondensierten (→ Kondensierung) sinnhaften → Ereignissen auf
eine größere Zahl verschiedener Situationen, eine Generalisierung (→ Genera-
lisierung/Spezifizierung) von sinnhaften
Ereignissen (→ Begriffe, → Semantik,
→ Sinn, → Struktur).

Konflikt, liegt vor, wenn ein an →
Kommunikation in der Form von →
Person beteiligtes System das selektive
Kommunikationsangebot oder den Se-
lektionsvorschlag eines anderen beteiligten Systems ablehnt und dies zum Thema weiterer Kommunikation gemacht
wird. Ein K. ist kein kommunikativer
Defekt oder aufzuhebender → Widerspruch, sondern selbst ein kommunikatives bzw. → soziales System. Sein
Grund liegt in der Möglichkeit der Freiheit des Nein-sagen-Könnens. K.e sind
aber hochintegrierte Systeme, weil die
kommunikativen Anschlußmöglichkeiten
(→ Anschlußfähigkeit) deutlich begrenzt
sind. Die → Funktion von K.en liegt in
der Ermöglichung von Erwartungssi-
cherheiten im Falle von Erwartungsunsi-
cherheiten (→ Erwartungen). Die Ablehnung einer kommunikativen Offerte
verschafft zunächst einmal Sicherheit
dadurch, daß künftig die Ablehnungser-
wartung nicht enttäuscht wird. Normative oder kognitive Erwartungsänderungen
bleiben gleichwohl möglich.

Konservativ/progressiv. Die Differenz
k./p. fungiert als eine → Zweitcodierung
im Bereich des → politischen Systems.
Sie ersetzt das soziale Freund-Feind-
Dual durch ein zeitliches Dual, das

durch → Ideologie programmiert (→ Programme) wird. Rein k.es → Handeln ist revolutionär, weil das zu Bewahrende selektiv (→ Selektivität) zu bestimmen ist (→ Reform, → status quo, → Tradition), und rein p.es Handeln ist k., weil nicht erfüllte Vergangenheitswerte bewahrt werden sollen.

Konservativismus, die Zumutung, angesichts der → Komplexität von Gesellschaft auf den → status quo als Prämisse von riskanten Veränderungen (→ Reform) verwiesen zu sein.

Konstruktivismus, systemtheoretischer, im Kern nur eine andere Bezeichnung für → Unterscheidungen wie → Beobachtung oder Kybernetik zweiter Ordnung (→ Methode, kybernetische). Der s.e K. ersetzt Unterscheidungen wie Idee/Realität, Sein/Nichtsein, Subjekt/Objekt, Zeichen/Bezeichnetes usf. durch Unterscheidungen wie Beobachtung (Unterscheidung/Bezeichnung) und System (System/Umwelt) als Modus der Beobachtung (→ Erkenntnis). Angriffspunkte sind Erkenntnistheorien, die ihren Gegenstand als solchen unmittelbar oder mittelbar für erkennbar (beobachtbar) halten: Instrukttheorie der Erkenntnis (→ Erkenntnistheorie, klassische, → Ontologie, → Subjekt, → Transzendenz). Dagegen wird zunächst die Beobachtung gesetzt, wonach alle Erkenntnis Beobachtung ist, mit Unterscheidungen arbeiten muß (→ Rationalität, europäische). Daran schließt die Beobachtung an, daß sich jede Beobachtung die Frage gefallen lassen muß, wie sie zu ihren Beobachtungen kommt. Den Abschluß bildet die Beobachtung, hiervon die Beobachtung von Beobachtung nicht ausnehmen zu können (→ Universaltheorie). Wenn aber jede Beobachtung

blind operiert (→ blinder Fleck), aber eben doch stattfindet (→ Paradoxie), dann muß das, was beobachtet wird, ein Konstrukt sein: Konstrukttheorie der Erkenntnis. S. K. weiß, daß er konstruiert und selbst konstruiert ist. Das ist → Realität, und das erzeugt Realität. S. K. unterscheidet sich von radikalem K. durch Vermeidung einer Radikalisierung der Subjektivität des Beobachtens. Denn würde der Subjektstandpunkt radikalisiert, seiner Gegenseite, des Objekts, entledigt, dann wäre keine Erkenntnis mehr möglich, da diese auf einer Unterscheidung beruhen müßte. S. K. hat weniger den Abschluß oder die Vollendung klassischer Erkenntnistheorie als mehr deren emergente Ersetzung zum Ziel. An die Stelle des sich seiner selbst in Differenz zu seinem Objekt gewissen Subjekts tritt der quasi-objektivierte → Beobachter als ein beobachtendes System. An die Stelle des Objekts an sich außerhalb des Subjekts tritt die → Operation des Beobachtens des Beobachters, wobei man sich diese Operation als einen quasi-objektlosen Vollzug vorzustellen hat. Erkenntnis wird so zur Operation des Beobachtens, und der Gegenstand der Erkenntnis wird in und mit der Operation des Beobachtens gesetzt. In einem Satz: Erkenntnis wird als eine paradoxe selbstreferentielle Operation (re-)konstruiert. Statt s. K. ließe sich auch operativer K. sagen.

Kontingenz, Negation von Notwendigkeit und Unmöglichkeit. Der Begriff von K. bezeichnet nicht die → Einheit der → Differenz von Wirklichem und Möglichem, sondern nur die von Möglichkeit und Unmöglichkeit des Wirklichen. Er generalisiert auf sinnhafte Möglichkeiten des Erlebens und Handelns hin, und er distanziert dabei von Wirklichem als nur bestimmt Möglichem. Daraus folgt nicht Beliebigkeit (→ Willkür), denn es gibt zufällige und nicht-zufällige Konditionierungen des Möglichen. Der K.begriff unterstellt eine historisch-gesellschaftliche Entwicklung, die einer einheitlichen, einzigrichtigen, so und nicht anders möglichen Beobachtbarkeit der → Welt oder der → Realität (dessen, was ist) den Boden entzogen hat. Er ist folglich ein Begriff der → Beobachtung zweiter Ordnung. Als solcher bezeichnet er die → Einheit der → Differenz von Bestimmbarkeit und Unbestimmbarkeit.

Kontingenz, doppelte → doppelte Kontingenz

Kontingenzformel, Begriff für die Übersetzung (besonderer) unbestimmbarer in (besondere) bestimmbare → Kontingenz bzw. → Komplexität. Hierzu reicht die Selektionsfunktion von → Codes nicht aus. So dienen K.n der Umformung von regelloser Beliebigkeit zu bestimmbarer Möglichkeit. Wichtige K.n sind: Knappheit für das wirtschaftliche System, Rechtspositivität für das rechtliche System, politische Freiheit für das politische System im allgemeinen, Lernfähigkeit für das Erziehungssystem, Gott für das Religionssystem, Limitationalität für das Wissenschaftssystem, Freiheit des Individuums für Moral. Eine K. wirkt wie ein unverbrauchbarer Katalysator für den betreffenden Bereich sozialer Kontingenz. So ist Knappheit deshalb K. des wirtschaftlichen Systems und nur dieses Systems, weil die Orientierung an Knappheit das Unbestimmte laufend bestimmbar macht, denn jedes in der Form von → Person beteiligte System kann sein individuelles an seinen Geldzahlungsbereitschaften orientiertes Handeln verläßlich an den stets dafür relevanten, in Form von Geldpreisen als allgemeine Zahlungserwartungen signalisierten, momentanen Knappheiten orientieren, ohne daß deshalb weiteres entsprechendes Handeln ausgeschlossen oder gar Knappheit beseitigt würde.

Kontrolle, soziale, kann man definieren als entschiedenen Versuch eines Systems, die eigenen Möglichkeiten des → Handelns als Bedingung der Möglichkeiten des Handelns anderer Systeme zu setzen (→ Einfluß).

Konvertierung, betrifft medial (→ Medium) vermittelte Systembeziehungen (→ Kopplung). Aus der operativen Selbstreferenz (→ Operation) eines Systems folgt, daß im System externe nur als interne → Informationen verarbeitbar sind (→ Selbst-/Fremdreferenz, → System, autopoietisches). Das System muß also fremdmedial codierte Informationen in den eigenen medialen → Code übersetzen. Das Wissenschaftssystem kann etwa mit Geldzahlungen nur etwas anfangen, wenn diese die Erzeugung wahrheitsfähigen Wissens anregen. Die beteiligten Systeme bleiben in funktionaler Sicht auf ihrer jeweiligen operativen Ebene völlig getrennt. K. von Geld in Wahrheit ist nicht möglich. Wenn das Wissenschaftssystem selbst seine Beziehungen zum Wirtschaftssystem beobachtet (→ Beobachter, → Beobachtung, → Selbst-/Fremdbeobachtung), kann es sehen, daß es Wahrheit gegen Geld tauscht (→ Leistung). Auch ein drittes System kann die Beziehungen zwischen dem Wissenschafts- und dem Wirtschaftssystem als Austauschbeziehung beobachten. Nach beiden Möglichkeiten wird nicht das eine unmittelbar in das andere Medium umgewandelt. Aus der Sicht eines Beobachters zweiter Ordnung wird „verrechnet", ohne daß dadurch die beteiligten Medien in ein gemeinsames drittes Medium überführt werden könnten (→ Systemgrenze).

Kopplung, Begriff dafür, daß und wie → Systeme mit ihrer → Umwelt verbunden sind und sich mit ihrer Umwelt verbinden. Zu unterscheiden ist zwischen operativer und struktureller, fester und loser, temporärer und dauerhafter K. sowie zwischen → Form und → Medium der K. Dabei wären einerseits die → Unterscheidungen operativ, fest, temporär und Form und andererseits die Unterscheidungen strukturell, lose, dauerhaft und Medium auf je einer Seite zusammenzuziehen, um dann mit K. die → Einheit der sich ergebenden → Differenz operative K./strukturelle K. bezeichnen zu können.

Strukturelle K. betrifft die medial ermöglichten Beziehungen von Systemen zu ihren Nichtsystem- und Systemumwelten (→ Systemarten), wobei beide Systemumwelten jeweils verschieden- oder gleichartig sein können. Ohne Schwerkraft ist kein Gehen möglich, ohne Nahrungsaufnahme kein menschliches Leben. Ohne das Medium Luft könnte nicht gehört und ohne das Medium Licht nicht gesehen werden. Das psychische System muß irgendetwas wahrnehmen (→ Wahrnehmung), um sich in seinen internen Operationen darauf beziehen zu können. Die Beteiligung psychischer Systeme an sozialen Systemen bedarf der Mitteilbarkeit von Wahrgenommenem, besonders im Medium der ihrerseits hör- oder sichtbaren → Sprache. In einer Seminarsitzung als Interaktionssystem übernehmen Themen die Funktion eines Mediums. So verwi-

ckelt die Sachverhalte im einzelnen auch liegen mögen, stets geht es darum, daß es eines nichtverbrauchbaren und gemeinsam beanspruchbaren Mediums lose gekoppelter Elemente bedarf, um Systeme in ihren Umwelten bzw. Systemumwelten auf unbestimmte Dauer grundsätzlich zu ermöglichen. In diesem Sinne geht es bei struktureller K. um die Sicherung eines → Materialitätskontinuums für System-Umwelt-Beziehungen. Operative (→ Operation) K. ist strukturelle K. im Vollzug, beschreibt die Arbeit eines strukturdeterminierten → autopoietischen Systems an seiner Selbsterhaltung in Auseinandersetzung mit seiner Umwelt. Das psychische System benutzt etwa das Medium Sprache, um sich in seinem Verhältnis zu einem anderen psychischen System eine sprachförmige Mitteilung, einen Satz, als eine in das Medium der Sprache eingezeichnete Form, als Handeln oder Erleben zurechnen zu können (→ Attribution, → Person). Es koppelt auf diese Weise über ein temporäres Ereignis seine Struktur fest an seine Umwelt. Operative K. besteht in der K. eigener an fremde Strukturen, die im Moment ihres Geschehens die Form fester K. annimmt: als eine bewußte Kommunikation oder als eine Zahlung in Erfüllung einer Rechtspflicht. Unter Bedingungen struktureller K. führen operative K.en zu gekoppelten Strukturen.

Kredit in sozialen Systemen ist → Symbol für die aktuelle Erwartbarkeit noch nicht aktueller → Erwartungen oder Symbol für die → Wahrscheinlichkeit unwahrscheinlicher → Kommunikationen. Z.B. steht K. im wirtschaftlichen System wie → Kapital für die gegenwärtige Eintauschbarkeit zukünftiger

Chancen der Tauschbarkeit von Tausch-chancen oder im wissenschaftlichen System für die Erwartbarkeit wahrheitsfähiger Kommunikationen durch → Reputation. K. ist immer medial (→ Medium) vermittelt und kann über- oder unterbeansprucht werden (→ Inflation/Deflation).

Krise. Die übliche Semantik von Kritik und K. setzt → Gesellschaft als beobachtungsunabhängig gegebenen Gegenstand voraus. K.n gelten dabei als Erscheinungen, die sich einer Deformation eines eigentlich als krisenfrei gedachten möglichen Vollzugs von Gesellschaft verdanken. „Krisen wird man immer sehen, wenn man mit der Doppelbrille von Sollwerten und historischem Bewußtsein auf die Gesellschaft blickt." (1978c:38) Auch eine funktional differenzierte Gesellschaft (→ Differenzierung, funktionale) entzieht der wissenschaftlichen K.nsemantik nicht den Boden. K.n bleiben „heikle Situationen in System/Umwelt-Beziehungen, die den Fortbestand des Systems oder wichtiger Systemstrukturen unter Zeitdruck in Frage stellen." (1991f5:327) Nicht auszuschließen ist die Beobachtbarkeit von starken, auch sich wechselseitig aufschaukelnden, teilsystemspezifischen → Resonanzen als Ausdruck überfälliger Strukturänderungen in den Systemen. Hier geht es um K.n als gleichsam normalisierten unnormalen Begleiterscheinungen der Autopoiesis von Systemen (→ System, autopoietisches). Dazu gehören auch die systeminterne Thematisierungen der Auswirkungen systemischen Handelns auf nichtsystemische Umwelten (→ ökologische Kommunikation, → soziale Bewegung).

Kritik ist → Beobachtung von Beobach-

tung, also Beobachtung zweiter Ordnung (→ Selbst-/Fremdbeobachtung).

Kritische Theorie, unterstellt eine beobachtungsunabhängig gegebene bessere → Gesellschaft hinter der gegebenen Gesellschaft, die dem erkennenden → Subjekt zugängig (→ Erkenntnistheorie, klassische, → Natur, → Ontologie, → Rationalität, europäische, → Transzendenz) und der zu ihrem Recht zu verhelfen sei (→ Handeln, kommunikatives). Ihre kennzeichnenden, als emanzipationskonservativ einzustufenden Merkmale sind die klassischen Annahmen eines vernünftigen Subjekts (→ Verständigung) und einer human finalisierten bzw. finalisierbaren Gesellschaft (→ Aufklärung, soziologische, → Praxis von Wissenschaft). K. T. kann nicht sehen, daß sie lediglich auf der Ebene der → Beobachtung erster Ordnung operiert; sie kann sich selbst nicht als kontingent beobachten (→ Erkenntnis, → Konstruktivismus, systemtheoretischer). So sieht k. T. in der Version von Habermas etwa nicht, daß vernünftiger Konsens auf der anderen Seite die Unvernunft von Dissens ausschließt, daß eine letztlich angemahnte normative Rationalität nichtnormative Rationalität ausschließt, daß Einheit nicht als differenzlose zu haben ist.

Kritischer Rationalismus, nimmt eine beobachtungsunabhängig gegebene → Gesellschaft an, die dem erkennenden → Subjekt als solche letztlich zugängig sei (→ Erkenntnistheorie, klassische, → Natur, → Ontologie) bzw. deren Eigengesetzlichkeiten als erkennbar und konstruktiv rückanwendbar gelten (→ Wissenschaft, anwendungsorientierte). Als konservativ ist k. R. trotz seiner Methodologie der Hypothetik (→ empirische

Sozialforschung, → Hypothese) allen bisherigen → Wissens einzuschätzen, weil er vorzugsweise an das anknüpft, was man schon sicher weiß oder sicher zu wissen glaubt. Der k. R. kann nicht sehen, daß er lediglich auf der Ebene der → Beobachtung erster Ordnung operiert, er kann sich selbst nicht als kontingent beobachten (→ Erkenntnis, → Konstruktivismus, systemtheoretischer).

Kultur, ihre → Semantik setzt einen Vergleichsgesichtspunkt voraus. Was erscheint, das erscheint im Lichte anderer Möglichkeiten, anderer Möglichkeiten der Rekomposition des Dekomponierten (→ Dekomposition). K. ist eine Veranstaltung der → Beobachtung zweiter Ordnung. Deshalb läßt sich K. wie Wissen oder wie Gedächtnis nicht als ein substanzhaft zeitbeständiger Zusammenhang spezifischer Sinngebungen behandeln (→ Sinn). Sie dient vielmehr als ein kontingent-selektiver (→ Kontingenz, → Selektivität) → Horizont für je zeitgebundene Sinngebungen, ist ein entsprechend formbares → Medium. Im weitesten Sinne ermöglicht jeweilige K. Paradoxieentfaltungen (→ Paradoxie) je bestimmten Typs, etwa gegenwärtig der Steigerung von Unabhängigkeit (→ Individualisierung) und Abhängigkeit (Außenkontrolle) sowie der „zielsuchenden Besorgnis, um nicht zu sagen: der gepflegten Angst." (1992b9:202)

Kunst → System der Kunst

Kybernetik zweiter Ordnung → Beobachter, → Beobachtung, → blinder Fleck, → Erkenntnis, → Methode, kybernetische, → Konstruktivismus, systemtheoretischer, → marked space/unmarked space, → Realität; → re-entry, → Unterscheidung

Kybernetische Methode → Methode, kybernetische

Latenz, beobachtbare Unbeobachtbarkeit (→ Beobachter, → Beobachtung, → Erkenntnis, → Konstruktivismus, systemtheoretischer, → marked space/unmarked space, → Realität). L. oder latente Struktur bezieht sich darauf, daß die Handhabung einer → Unterscheidung als Unterscheidung unsichtbar bleiben muß, daß nicht beobachtet werden kann, was nicht beobachtet werden kann (→ blinder Fleck, → Paradoxie). L. suggeriert folglich nicht die Möglichkeit einer besseren, richtigeren, wahre(re)n Unterscheidung hinter einer Unterscheidung. Das klassische L.problem (→ Erkenntnistheorie, klassische, → Natur, → Ontologie, → Rationalität, europäische, → Transzendenz) beruht hingegen genau auf der Annahme, es gäbe etwas, was verborgen hinter allem stecke und als notwendig vorauszusetzen sei. Systemtheoretisch wird eine derartige strukturelle in operative L. überführt, in eine L., die mit jeder Unterscheidung gewählt und mit jeder anderen Unterscheidung auch anders gewählt werden kann. L. als die Nichtunterscheidbarkeit der Unterscheidung, mit der ein Beobachter operiert, wird so zur Bedingung der Möglichkeit von Erkenntnis.

Leben, Inbegriff des Organischen. Im Bereich des Organischen werden zahlreiche → autopoietische Systeme angenommen. Sinnhafte Systeme sind mit organischen Systemen gekoppelt. Bspw. vermag für den Bereich von Intimbeziehungen die Unterscheidung von Sexualität und Liebe zum einen die → Kopplung des sozialen Systems Intimbeziehungen (→ Intimität) wie der daran beteiligten psychischen Systeme an den

Bereich des Organischen beleuchten und zum anderen die Differenzierung in die zwei Bereiche ihrerseits Anlaß zu ihrer weiteren Differenzierung (z.B. Ausdifferenzierung der Anforderungen an sexuelles Erleben und Handeln) und hierüber wieder verschiedener Kopplungen mit den organischen Systemen geben.

Lebenswelt, Begriff für gegebene und als unproblematisch fraglos zu akzeptierende Hintergrundsüberzeugungen, die sich mit der Metapher des Vertrauten (→ Phänomenologie, → Vertrautheit) belegen lassen. Systemtheoretisch gilt: Jede wiederholungsfähige (→ Kondensierung, → Konfirmierung) → Unterscheidung erzeugt Vertrautheit. Das als vertraut Unterschiedene ermöglicht die vertraute Unterscheidung von vertraut/unvertraut (→ Symbol). L. ist dann die Welt, die durch jeweilige vertraute Unterscheidungen als vertraut/unvertraut repräsentiert wird. Eine allen Unterscheidungen vorgängige Letztunterscheidung von vertraut/unvertraut ist ausgeschlossen.

Legitimität, traditionell die rein faktisch verbreitete Überzeugung von der Gültigkeit von → Entscheidungen und ihrer rechtfertigenden Grundlagen. L. irgendeines Entscheidungshandelns ist unter Bedingungen dominant funktionaler Systemdifferenzierung und der ihr entsprechenden Vielheit selbstreferentieller Beobachtungen nicht mehr wie von außen (durch: Gott, Tugenden, Prinzipien, Faktizität, Konsens) begründbar. L. eines Entscheidungshandelns, speziell politischen und rechtlichen, begründet sich vielmehr durch sich selbst, indem es sich in spezifischer Weise als anschlußfähig erweist. Alle Legitimation ist Selbstlegitimation: Entscheidern und auch Entscheidungsbetroffenen wird eine kognitive Erwartungshaltung (Lernen) in bezug auf Entscheidungen zugemutet (→ Erwartungen). Legitim sind hiernach Entscheidungen, bei denen zu unterstellen ist, daß beliebige Dritte normativ erwarten, daß die Entscheidungsbetroffenen sich kognitiv auf das einstellen, was die Entscheidenden als normative Erwartungen in der Form von Entscheidungen mitteilen (→ Kognition, → Norm). Das Institutionelle der L. liegt in der Unterstellbarkeit des Akzeptierens.

Leistung, eine besondere Form der Beziehung zwischen Systemen (→ Systemgrenze). Systeme stellen anderen Systemen L.en zur Verfügung: das rechtliche System Rechtssicherheit, das wirtschaftliche System Zahlungsfähigkeit, das wissenschaftliche System Wissen. L. ist eine selektive Ereignisverkettung derart, daß ein vorgängiges → Ereignis selektiv (→ Selektivität) auf ein nachfolgendes Ereignis wirkt.

Über L.en können die abgebenden oder Output-Systeme und die aufnehmenden oder Input-Systeme immer nur nach Maßgabe ihres je eigenen → Codes operativ (→ Operation) verfügen (→ Beobachtung erster Ordnung). Eine Geldzahlung des wirtschaftlichen Systems an das Wissenschaftssystem bleibt immer eine Geldzahlung, also ein Ereignis im Wirtschaftssystem. Das Wissenschaftssystem kann mit Geldzahlungen des wirtschaftlichen Systems nur umgehen, wenn es diese im Hinblick auf die Erzeugung wahrheitsfähigen Wissens thematisiert bzw. entsprechend transformiert, aber nicht konvertiert. Dies ist die hinter jeder L.sbeziehung stehende funktionale oder Intrasystemperspektive von Intersystembeziehungen.

Ein → Beobachter zweiter Ordnung, der jedes der beteiligten Systeme selbst oder ein drittes System sein kann (→ Selbst-/ Fremdbeobachtung), vermag hingegen die Intersystembeziehungen durchaus als Austauschbeziehungen zu sehen (→ Tausch): Das Wirtschaftssystem zahlt Geld an das Wissenschaftssystem und erhält im Gegenzug dafür anwendungsfähiges Wissen. Obwohl in diesem Falle Wissen gegen Geld getauscht wird, wird weder unmittelbar Geld in Wissen noch unmittelbar Wissen in Geld konvertiert (→ Konvertierung). Dies ist die Austausch- oder Input-Output-Perspektive von Intersystembeziehungen (→ Input-Output-Modell).

Obwohl ein operativ geschlossenes System nur vermittels des eigenen Codes und nicht des Codes eines anderen Systems operieren kann, ist es dennoch möglich, daß es in den Organisationen und vermittels der Organisationen, die seinen institutionellen Kern ausmachen (die Verwaltungen im politischen System, die Universitäten im Wissenschaftssystem), sekundär auch über das Medium eines dritten Systems verfügen und mit diesem über dessen Kopplung an das eigene primäre Medium Einfluß auf das zweite System ausüben bzw. mit diesem in L.sbeziehungen eintreten kann: Die Verwaltung des politischen Systems vermag über den kraft seiner Macht (Medium des politischen Systems) möglichen Transfer von Geld (Medium des Wirtschaftssystems) an die Universitäten des Wissenschaftssystems auf die Erzeugung wahrheitsfähigen Wissens (Wahrheit als Medium des Wissenschaftssystems) einwirken.

Leitdifferenz → Differenz, → Einheit, → Paradigmawechsel

Lernfähigkeit. Lernen geschieht u.a. in bewußt dafür vorgesehenen → Interaktionssystemen, in lernspezifischen Interaktionssituationen. Eigentliches Lernziel ist dabei das Lernen des Lernens (→ Reflexivität) oder die Ausbildung von bzw. → Erziehung zur L.: Es kommt weniger auf das immer gegenstandsspezifische Lernen an, als auf das Lernen selbst und dessen Nutzung für weiteres Lernen von noch Unbekanntem. L. impliziert einen kognitiven (änderungsbereiten) statt normativen (enttäuschungsfesten) Erwartungsstil (→ Erwartungen, → Kognition, → Norm). L. ist statt Perfektion oder Bildung die → Kontingenzformel des → erzieherischen Systems.

Liebe, → symbolisch generalisiertes Kommunikationsmedium der zwischenmenschlichen → Interpenetration. L. setzt soziale Regression (Freisetzung von sozialen und moralischen Begrenzungen) als Bedingung der Möglichkeit der ebenso exklusiven wie universellen statt totalen zeitlich begrenzten wechselseitigen Identitätsbestätigung und -steigerung der Beteiligten voraus. Intimbeziehungen im Medium der L. sind gleichermaßen kommunikativ und nicht-kommunikativ vermittelt, unter Beteiligung von Körperbezug (→ Intimität, → Sexualität).

Dieses → Medium verdankt seine Entstehung folgender Konstellation: B.s → Erleben ist Prämisse von A.s → Handeln. Im einzelnen heißt das: A erlebt B als Geliebten und sich selbst als Liebenden oder Handelnden. A.s Erleben des Geliebten muß A.s Handeln als Liebenden unmittelbar auslösen. Andernfalls könnte er sich nicht als Liebender erleben. Wenn B nun erlebt, daß A ihn liebt, und wenn B seinerseits dieses Erleben auch als sein Handeln erlebt, ist er auch

Liebender. Entscheidend ist jeweils die A-Perspektive des A und des B als Voraussetzung des Gelingens der simultanen Perspektiven des B-A. Es liegt aber jeweils in der Wahl des jeweiligen A, sich selbst ein Erleben als Handeln zuzurechnen. Genau diese Konstellation stellt das Gelingen von L. als Form wechselseitiger Identitätsbestätigung unter hohe Anforderungen (Steigerung der Unwahrscheinlichkeit), macht L. äußerst riskant.

Limitationalität liegt immer dann vor, wenn die Aussage, etwas sei nicht A (→ Umwelt) zur Bestimmung von A (System) beiträgt (→ Asymmetrie). Umgekehrt limitiert die Bestimmung von A Nicht-A, denn das, was Nicht-A ist, ergibt sich im Rahmen der Theorie → autopoietischer Systeme für ein System (=A) als dessen Umwelt (=Nicht-A) (→ Binarisierung). L. ist somit die mit der Differenz von System und Umwelt gegebene Beschränkung von Möglichkeiten des Systems. Jedes System limitiert seine codierten (→ Code) Möglichkeiten weiter durch anschließende Differenzierungen (→ Dekomposition). Besonders weitreichend ist die L. infolge von Selbst-/Fremdprogrammierungen (→ Programme). Die Beschränkung des Wissenschaftssystems auf die Ermöglichung wahrheitsfähiger Kommunikationen wird etwa weiter beschränkt durch → Theorien/Methoden als selektiven Programmen für die Zuweisung von Wahrheitswerten. L. findet sich ausdrücklich bestimmt als → Kontingenzformel des → wissenschaftlichen Systems. Das schließt die Bestimmung anderer Kontingenzformeln als Bezeichungen für besondere Formen von L. nicht aus.

Logik, zweiwertige, beobachtet mit Hilfe der → Unterscheidung von richtig und falsch, die nur eine eindeutige Zuordnung eines beobachteten Sachverhalts zu einem der beiden Werte zuläßt. Der Gegenstand der → Beobachtung ist z.r L. beobachtungsunabhängig gegeben (→ Erkenntnistheorie, klassische, → Objektivität, → Rationalität, europäische).

Macht, → symbolisch generalisiertes Kommunikationsmedium. M. fungiert als → Code des → politischen Systems. Eine im → Medium der M. vermittelte → Kommunikation ist wie folgt gekennzeichnet: Eine Kommunikation ist den beteiligten Systemen als → Handeln statt als → Erleben zuzurechnen (→ Attribution). Seitens der Beteiligten muß es eine Mehrheit von Handlungsmöglichkeiten geben, die wechselseitig relevant werden können (→ Alternativen). Voraussetzung dazu ist die Bildung von Präferenzordnungen, die wechselseitig als bekannt zu unterstellen sind. Insbesondere gilt dies bezüglich derjenigen Alternative und ihrer Bewertung (→ Wert), welche die Beteiligten am ehesten vermeiden möchten. Der Beteiligte mit dem dringlicheren Vermeidungsbedürfnis ist machtunterlegen und sieht sich veranlaßt, die Vermeidungsalternative tunlichst zu vermeiden. M.ausübung besteht mithin in der Veranlassung zu einem Handeln, welches der Vermeidung der Vermeidungsalternative dient. M. ist nur ein der Möglichkeit nach sanktionsbedrohtes Handeln (→ Sanktion). Mit der tatsächlichen negativen Sanktionierung durch Anwendung → physischer Gewalt bräche M. zusammen.

M. verdankt seine Entstehung folgender Konstellation: B.s Handeln ist Prämisse von A.s Handeln. B.s Handeln ist darauf gerichtet, ein bestimmtes Handeln von A zu bewirken. A hat grundsätzlich keine Wahl, die Kommunikation anzunehmen oder abzulehnen.

Machtkreislauf. Dem Übergang von schichtmäßiger zu → funktionaler Differenzierung entspricht im → politischen System der Übergang von zweistellig-hierarchischer (→ Hierarchie) zu drei-stellig-kreislaufförmiger → Differenzierung. An die Stelle der Oben-unten-Relation von Herrschern und Beherrschten (→ Machttheorie, klassische, → Politikbegründung, → Souveränität, politische) ist die folgende Kreislauf-Gegenkreislauf-(Doppelkreislauf-)Relation getreten: Politik im politischen System (Parteien als Dauerorganisationen und andere Träger politischer Willensbildung bzw. politischer Programmierung (→ Programme), → Verwaltung (an der unmittelbaren Herstellung politischer Entscheidungen beteiligte Institutionen wie Parlamente, Regierung und Verwaltungsinstitutionen im engeren Sinne) und → Publikum (Wähler und Gesamtheit der an Politik teilnehmenden Systeme). Der dynamische selbstreferentielle M. operiert geschlossen und offen zugleich, unter der Prämisse der Handhabung von Macht als Nicht-Nullsummenspiel.

Machttheorie, klassische, hat ein kausales Machtverständnis (→ Macht). Ihr Credo ist das intentionale Bewirken antizipierbarer Wirkungen (→ Intentionalität, → Zweck). Sie setzt einen ressourcenbezogenen Machtbegriff voraus, sieht also Macht gegründet auf das Überlegenheit verschaffende Haben von etwas, letztinstanzlich besonders auf physische Überlegenheit im Falle des Kampfes. Auch mit Denkfiguren wie a) Entzug der allgemeinen Verfügung über → physische Gewalt, ihrer Konzentration in der

Hand des → Staates und ihrer rechtlichen Konditionierung (→ Rechtsstaat) sowie b) konsens-, demokratie- und partizipationsmäßiger (→ Demokratie) Domestizierung von Macht wird Macht als aktuell überlegenes Haben von etwas besser Verteilbarem bzw. im Grenzfall der Gleichverteilung Aufhebbarem angenommen. Die k. M. thematisiert die Machtnatur des Systems und nicht die Systemnatur der Macht.

Mann/Frau, eine nur sozial variable → Unterscheidung. Die → Differenz von M. und F. ist auf jeden Fall nicht nach dem Muster einer paradoxen wiedereintrittsfähigen → Unterscheidung gebaut. Die → Beobachtung der Beobachtung M./F. könnte allenfalls auf die Einheit Geschlecht weisen, eine bloße klassifikatorische oder Gattungsunterscheidung sein. Die Unterscheidung M./F. besagt aber, daß es beides gibt und gleichwohl zu entscheiden ist, was jeweils vorliegt - mehr nicht. Die M./F.- Unterscheidung liegt heute insbesondere der → Familie und der Frauenbewegung zugrunde. Familial verknüpfen sich mit ihr immer weniger Folgeunterscheidungen mit der Folge ihrer Unterscheidung als Nichtunterscheidung (oder Reduktion auf → Liebe). Die Frauenbewegung strebt mindestens die Aufhebung der M./F.-Unterscheidung über ein Programm der Gleichheit an, was ebenfalls auf das Ende der sozialen Relevanz der Unterscheidung hinausliefe.

Marked space/unmarked space, ein kontingent-selektiver (→ Kontingenz, → Selektivität) → Horizont von Möglichkeiten (→ Sinn, → Welt), der durch eine → Beobachtung erzeugt wird.
Das Verhältnis von markiertem und nichtmarkiertem Horizont von Möglich-

keiten kann man sich in dreifacher Hinsicht vorstellen, d.h. beobachten: 1. Wird nicht beobachtet, gibt es keine Markierung. Dies wäre unbeobachtbare Welt, beobachtet im Sinne eines allen Beobachtungen vorausgesetzten Horizonts von Möglichkeiten der Beobachtung. Wenn aber der m. s. das ist, was entsteht, wenn beobachtet wird, dann wäre Welt markierter u. s., eine → Paradoxie. 2. Wird beobachtet, dann ist oder bleibt das, was vermöge einer anderen Beobachtung beobachtbar würde, unbeobachtbar. Eine Beobachtung wie Sein/Nichtsein markiert einen anderen Horizont von Möglichkeiten als die Beobachtung System/Umwelt. Welt erscheint hier als beobachtungskorrelativer verschiedener Sachverhalt. Beobachtungen wie Sein/Nichtsein oder System/Umwelt markieren oder verletzen einen u. s., wobei sie als Beobachtungen aber unbeobachtbar, also unmarkiert bleiben, zumindest im Augenblick der Operation des Beobachtens (→ blinder Fleck, → crossing). Das ist wieder eine Paradoxie. 3. Die System-Umwelt-Unterscheidung gemäß 2. impliziert ein sich als System mit einer Umwelt unterscheidendes System. Ausgangspunkt ist System, aber nicht Umwelt. Dann ist Umwelt nicht unterschieden, aber unterscheidbar, ist markierbarer u. s.; auf das Nichtsein ließe sich diese Beobachtung nicht anwenden.

Beobachtung läßt sich als die paradoxe Operation der Markierung eines u. s. auffassen. Es gibt nichts der Beobachtung vorgängiges Unmarkiertes, was markierbar wäre, denn das wäre etwas Markiertes. Beobachtung erzeugt die Unterscheidung markiert/unmarkiert, Beobachtung erzeugt Beobachtung: Draw a distinction.

Markt, interne → Umwelt des → wirtschaftlichen Systems. Der M. besteht aus den von den am wirtschaftlichen System partizipierenden Systemen (→ Person) beobachteten Zahlungshandlungen (→ Zahlung/Nichtzahlung) der am wirtschaftlichen System partizipierenden Systeme. Zwischen wirtschaftlichem System und M. ist eine → Differenz zu beobachten. Das wirtschaftliche System als Gesamtheit der füreinander erreichbaren kommunikativen Handlungen im Medium des → Geldes (Geldzahlungshandlungen) ermöglicht es in sich, daß sich jedes partizipierende System mit seinen bestimmten Möglichkeiten der Partizipation im Spiegel der durch alle anderen partizipierenden Systeme erzeugten bestimmten Möglichkeiten der Partizipation beobachten kann.

Massenmedien sind autopoietisch operierende → soziale Systeme, die auf technisch besondere Art und Weise der Erzeugung und Verbreitung von → Kommunikationen potentiell für die Gesamtheit aller sinnhaft operierenden Systeme dienen. Die Elemente des Systems sind Kommunikationen, diese werden als → Information/Nichtinformation codiert (→ Code). → Funktion wäre wie im Falle des Buchdrucks die → Asymmetrisierung von Kommunikationen. Die kommunikative Asymmetrisierung vollzieht sich in der → Form der Formung von Kommunikationen als Voraussetzung weiterer Kommunikationen, in einer Formung gesellschaftlicher Selbstbeobachtung (→ Gedächtnis, → Struktur). Die → Leistung bestünde in der selektiven Normalisierung von Informationen für die → Öffentlichkeit oder kurz in der Formung (→ Medium) von → öffentlicher Meinung. Dabei operieren die M.

selbst formgebend im Medium der Öffentlichkeit und sind zugleich als Repräsentanten (→ Repräsentation) öffentlicher Meinung beobachtbar.

Materialitätskontinuum, äußere Bedingung der Funktionsfähigkeit von Systemen. Das organische System ist auf Materie angewiesen, das psychische System auf Materie und Leben, das soziale System auf Materie, Leben und Bewußtsein. Ein M. ist Voraussetzung der → Kopplung von Systemen mindestens in dem Sinne, daß z.B. weder Bewußtsein noch Kommunikation ohne die Bindung an die Körperlichkeit des Menschen auskommen. Im weiteren Sinne ist von einem M. zu sprechen, wenn Systeme für ihre Kopplung eines gemeinsam beanspruchbaren → Mediums bedürfen. Dies schließt etwa Leben als Medium für Kopplungen zwischen dem organischen und psychischen System ein, aber auch sprachförmiges Bewußtsein im Falle der Kopplung von psychischem und sozialem System (→ Interpenetration). Entscheidend für diesen M.sbegriff ist der Ausschluß einer trivialmaschinellen Gemeinsamkeit von Elementen zwischen Systemen oder einer im klassischen Sinne kausalen Beziehung zwischen Systemen auf der Grundlage gemeinsamer Elemente.

Mechanismen, reflexive → Reflexivität

Mechanismen, symbiotische → Symbiotische Mechanismen

Medium, eine bestimmte Möglichkeit der Ermöglichung unbestimmter Möglichkeiten, ein Formung (→ Form) zugängiger loser Zusammenhang von bestimmten → Elementen.
Was M. sein kann, ist relativ offen: Schwerkraft, Hören, Sehen, Sprache,

Kausalität, Geld, Macht, Recht, Wahrheit, Liebe. Gehen bedarf des M.s der Schwerkraft. Wahrnehmung benutzt zum Sehen und Hören, unscharf ausgedrückt, Licht und Luft als Medien. → Sprache dient als M. der → Kopplung von psychischen und sozialen Systemen (→ Interpenetration, → Materialitätskontinuum). → Kausalität ist das M. sich selbst als Handlungssysteme beschreibender sozialer Systeme für die Beobachtung ihrer Sytem-Umwelt-Beziehungen. Geld, Macht, Wahrheit und Liebe gehören zur Gruppe der → symbolisch generalisierten Kommunikationsmedien, die über ihre Codierung (→ Code) eine bestimmte unbestimmte Vielfalt von Kommunikationen ermöglichen.
M. ist immer nur M. in → Differenz zu einer Form. Ein M. ist nichts, was übertragbar wäre, sondern immer nur ein zeitbeständiger Vorrat von Elementen, in den sich bestimmte vergängliche Formen einzeichnen lassen. Sprache als lose gekoppelter Zusammenhang von Worten als Elementen läßt sich zur Formung von Sätzen nutzen. Ein symbolisch generalisiertes M. der Kommunikation (z.B. Macht, Geld, Wahrheit) als lose Kopplung von Elementen (z.B. Beschränkung von Handlungsoptionen, Zahlungen, wahrheitsfähigen Kommunikationen) ermöglicht in sich die Ausbildung fester Kopplungen (z.B. politisches Programm, Investionsprogramm, wissenschaftliche Theorie).
Die Differenz M./Form wird selbst zum M., wenn sie der Einzeichnung verschiedener M./Form-Differenzen dient, und Form ist die Differenz M./F. als Form der → Beobachtung. M.-Form-Verschachtelungen und -hierarchien kennzeichnen die Realität autopoietische operierender Systeme und ihrer Kopp-

lungen.

Mehrsystemzugehörigkeit → Leistung, → Kopplung, → Selbst-/Fremdbeobachtung, → Systemgrenze

Meinung → Öffentliche Meinung

Mensch, anfangs noch begrifflich nach dem Modell eine vorgestellten → Einheit von Verschiedenem (Körper, Psyche) verwendet, jedoch bereits in die Umwelt der → Gesellschaft versetzt. Später nur noch ein Sammelbegriff für die → Differenzierung von Aspekten des M.en: genetisches System, organisches System, neurophysiologisches System, mentales System, → psychisches System (→ Individuum) o. ä. Diese oder ähnlich unterschiedene Systeme und die Gesellschaft sind wechselseitig füreinander Umwelt. Die Bezeichnung Aspektdifferenzierung ist nicht mißzuverstehen als Hinweis auf eine dem Differenzierten zugrundeliegende Einheit, sondern ersetzt die bezeichnete Einheit oder das Wort M. durch ein Agglomerat von Systemen: „Es gibt nichts, was als Einheit eines Gegenstandes dem Wort entspricht." (1995w:52) Auch die Bezeichnung → Person verweist nur auf die kommunikative Relevanz des psychischen Systems.

Methode, funktionale. Der methodische Stil der funktionalen oder problemfunktionalen oder äquivalenzfunktionalen oder → kybernetischen Methode knüpft nicht an den methologischen Stil der → Ontologie (→ Erkenntnistheorie, klassische) und des diesem verpflichteten kausalwissenschaftlichen Funktionalismus (→ Bestandsformel) an, weil nicht Seiendes als nicht anders Mögliches, sondern anders Mögliches als Seiendes den problematischen (→ Problem)

Bezugspunkt bildet. Die ontologische Prämisse wird umgekehrt, alle Substanzen werden in → Funktionen aufgelöst.

Auszugehen ist von einer kontingentselektiven (→ Kontingenz, → Selektivität) → Beobachtung. Diese wird mittels der Unterscheidung Problem und Problemlösung methodisch kontrolliert beobachtet. Ein Problem entsteht also erst durch die Anwendung der Unterscheidung Problem/Problemlösung. Ein Problem ist ein abstrahierter kontingenter Vergleichsgesichtspunkt. In bezug auf die Lösbarkeit des Bezugsproblems gilt statt der Bestands- die kontingente Problemformel. Es geht um die Ermittlung verschiedener Ursachen für eine Wirkung oder um die Ermittlung verschiedener Wirkungen einer Ursache (→ Zweck). Oder: Gefragt wird nach funktional äquivalenten Möglichkeiten der Relationierbarkeit von Elementen oder/und Relationen.

Die f. M. ist folglich eine vergleichende Methode nichtdeterministischen oder offenen Typs in den Grenzen immer vorauszusetzender → Systemreferenzen. Sie kann lediglich Vergleiche zwischen funktionalen Äquivalenten, nicht aber Entscheidungen für bestimmte Problemlösungen begründen. Eine Problemlösung kann dabei alles sein, nur nicht beliebig (→ Willkür). Unter Bedingungen → funktionaler Differenzierung ist überwiegend mit unwahrscheinlichen Möglichkeiten der Problemlösung zu rechnen (→ Wahrscheinlichkeit, → Zufall).

Methode, kybernetische, in der autopoietisch gewandten Systemtheorie (→ System, autopoietisches) anstelle der Bezeichnung → funktionale Methode bevorzugt. Die Bestimmungsmerkmale der funktionalen Methode werden beibehalten, jedoch eingelagert in die für die Theorie der → Beobachtung leitenden Bestimmungen. Die k. M. ist dann jene Methode, die sich auf strikt selbstreferentielle und damit zirkuläre und paradoxe Beobachtungsverhältnisse einläßt (→ Erkenntnis, → Konstruktivismus, systemtheoretischer, → Paradoxie). Sie beansprucht, in sich die Postulate klassischer Logik aufheben zu können. Die Probleme klassischer Logik finden sich als → Probleme benannt und mit der problembestimmenden k.n M. als lösbar formuliert. Der Satz vom Grunde wird in den Satz des zu begründenden Grundes umgeformt; selbstreferentieller Paradoxieentfaltung werden Lösungen für das Identitäts-, das Widerspruchs- und das Problem des ausgeschlossen Dritten zugemutet.

Methoden → Theorien/Methoden

Mitgliedschaft → Organisation

Mitteilung → Handeln, → Kommunikation, → Handeln, kommunikatives

Mode, das mit seinem Vergänglichkeitswert ausgezeichnete Neue, das während der Zeit seiner → Geltung weithin Meinungen und Gewohnheiten bindet. M. entsteht, wenn erfolgreich qua „Nichtimitation auf Imitation spekuliert" (1992 b9:196) wird. Die Konformitätschance von M. beruht auf der Differenz zu dem, was vorher galt.

Moderne. Modernes im allgemeinen ist zu differenzieren als Differentes, als → Einheit der → Differenz zu dem, was nicht mehr ist, und zu dem, was noch nicht ist. Das spezifisch M. der gegenwärtigen M. besteht in der Unmöglichkeit eines Durchgriffs auf letzte Einheit. Die M. ist sozusagen negativ zu bestimmen als Verlust der Möglichkeit ei-

ner letztabsicherbaren Erklärung dessen, was ist, und Vorhersehbarkeit dessen, was einmal sein könnte. Die abstrakten Merkmale der M. sind Differenz statt Einheit, → Unterscheidung (kontingentselektive → Beobachtung) statt Einteilung, → Referenz (mit dem Dual von → Selbst-/Fremdreferenz) und Codierung (mit dem Dual von positivem und negativem Codewert (→ Code)), Geschlossenheit (auf der operativen Ebene) und Offenheit (auf der Beobachterebene) (→ System, autopoietisches), das → Wissen des Nichtwissens usw. Kurz: Das M. der M. fällt mit den Implikationen des differenztheoretischen Ansatzes zusammen (→ Erkenntnis, → Konstruktivismus, systemtheoretischer). Der Begriff Postmoderne mag auf diesem Hintergrund als Formel für das Nicht-erkannt-Haben dessen gelten, was die M. auf den ihr gemäßen Begriff bringt.

Moral, betrifft nur eine Teilklasse von → Kommunikationen, nämlich alle diejenigen, die sich auf Achtung oder Mißachtung von → Personen als kommunikativ kondensierten und konfirmierten kommunikativen Adressen beziehen. Als Kommunikation ist M. symmetrisch gebaut, d.h. auf Inklusion von Personen in Gesellschaft hin angelegt (→ Inklusion/ Exklusion, → Integration, → Sozialintegration), selbst aber kein soziales System (→ kommunikative Wirklichkeit) und erst recht keine Integrationsformel für → Gesellschaft. M. operiert als ein → symbolisch (→ Symbol) generalisiertes (→ Generalisierung/Spezifizierung) → Medium und dient der losen → Kopplung interpersonaler und sozialer Beziehungen (→ Interpenetration). Der → Code der M. ist die → Differenz von Achtung und Mißachtung. Die Möglichkeit der Differenz von Achtung und Mißachtung verdankt sich der Bildung von Erwartungserwartungen (→ Erwartungen), und die Wirklichkeit von M. ergibt sich aus den jeweiligen aktuellen gesellschaftlichen Kommunikationen über Achtung und Mißachtung.

Moralische Kommunikation bedeutet ferner immer moralische Selbstbindung der Kommunizierenden und ist deshalb konfliktärer (→ Konflikt) Natur. Insofern ist → Freiheit der Annahme/Ablehnung einer Kommunikation konstitutiv für M. (→ Kontingenzformel). M. oder moralische Kommunikation findet in der Umwelt sozialer Systeme und in sozialen Systemen statt. Wenn soziale Systeme im allgemeinen und funktional ausdifferenzierte Teilsysteme im besonderen Adressen moralischer Kommunikationen sind, dann können diese ihre kommunikativen Handlungen moralisch unterfüttern, sofern das ihre codierte Autopoiesis nicht gefährdet (→ Systemgrenze). In sozialen Systemen ist jederzeit moralische Kommunikation möglich, dies um so eher, da sie selbst nicht primär moralisch codiert sind. Gesellschaft selbst kann aber weder moralisch noch unmoralisch sein. M. entzieht sich außerdem außergesellschaftlicher oder metamoralischer Begründung. D.h. es gibt keine Möglichkeit einer moralischen Entscheidung über das, was moralisch und was unmoralisch ist (→ Ethik). M. ist mit moralfreien Begriffen zu begreifen.

Motiv, keine originäre Einrichtung des → psychischen Systems. Ein M. wird letztinstanzlich vielmehr kommunikativ gebildet, vom Bewußtsein des psychischen Systems in Anspruch genommen und über die Inanspruchnahme von Bewußtsein durch Kommunikation zum darstellbaren Grund selektiven sozialen Handelns. Daher läßt sich ein Motiv auch als ein → Medium struktureller → Kopplung zwischen psychischem und sozialem System begreifen (→ Person).

Multizentrizität, liegt vor, wenn in einem System mehrere teilsystemspezifisch verfaßte Steuerungszentren existieren und keines der Systeme in der Lage ist, den ganzen Systemzusammenhang zu steuern (→ Resonanz, → Steuerung), das Ganze im Ganzen zu repräsentieren (→ Repräsentation).

Natur. Alteuropäische N.begriffe besagen: N. ist die Einheit der Selbstbewegung dessen, was ist, so wie es ist, sich in seiner Selbstbewegung, in seinem Entstehen und Vergehen, in seinem Wesen verwirklicht. N. kann etwa einen natürlichen (perfekten) wie unnatürlichen (korrupten) Zustand annehmen (→ Perfektion/Perfektibilität). Oder: N. kann sich beziehen auf die N. menschlicher Vernunft. Stets geht es um die Annahme eines letztlich natürlichen unschuldigen paradoxiefreien Anfangs aller Dinge (→ Erkenntnistheorie, klassische, → Ontologie, → Rationalität, europäische). Aus systemtheoretischer Sicht ist die N.semantik umzustellen von N. als etwas, was einen → Beobachter sicher instruiert oder dessen sich ein sich selbst instruierender Beobachter vergewissert, auf N. als ein paradoxes Konstrukt der Einheit der Differenz → Entropie/Negentropie (→ Paradoxie, → Realität). N. wird gleichsam zu einem → Medium lose gekoppelter Elemente.

Naturrecht, ursprünglich beobachtet als aus sich selbst heraus entstandenes und durch sich selbst als wahr begründetes bindendes und nicht änderbares Recht.

Frühneuzeitlich geht es um die Annahme der allen Menschen unter Abstraktion von Gesellschaft von Natur aus zukommenden Rechte. Natürliche Rechte (natural rights) sind zunächst Rechte ohne eigene Grenzen. Grenzen werden durch Verweis auf natürliche Gesetze (natural laws) gewonnen. Natürliches Recht wird historisch in Richtung auf → subjektives Recht normalisiert. N. läuft hinaus auf die Annahme einer Asozialität des Rechts, der Leugnung von Recht als gesellschaftlicher Konstruktion.

Negation. → Sinn ist negierbar. Die N. von etwas bedeutet Pauschalausklammerung von Möglichkeiten. Oder: um etwas negieren zu können, muß das zu Negierende als solches erst einmal unterschieden und bezeichnet worden sein (→ Asymmetrie, → Beobachtung, → Unterscheidung). Dies ist die Generalisierungsleistung (→ Generalisierung/Spezifizierung) von N. Mit der N. von etwas unbestimmt Gelassenem wird ein Bereich bestimmter Möglichkeiten bestimmt, ohne den späteren Zugriff auf das unbestimmt gelassene Negierte damit auszuschließen; letzteres bezeichnet die → Reflexivität von N. oder die N. der N (→ Freiheit, → Sprache, → Widerspruch). Dagegen führt die N. der N. der N. zur Vorstellung eines gesetzesmäßigen Ablaufs von Zuständen.

Negentropie → Entropie/Negentropie

Nervensystem, Einrichtung der Selbstbeobachtung (→ Selbst-/Fremdbeobachtung) des Organismus lebender Systeme.

Nichtwissen → Wissen

Norm, → Einheit der → Differenz von konformen und nichtkonformen → Erwartungen. Konformität des Erwartens kennzeichnet nichtlernbereites Erwarten,

Erwartungsabweichung lernbereites Erwarten (→ Kognition, → Wissen). N.en. bestätigen konforme oder enttäuschen nichtkonforme Erwartungen (→ abweichendes Verhalten), sind enttäuschungsfeste kontrafaktische Formen der Erwartungsstabilisierung. Über die N.ierung normativen Erwartens werden N.en zu Rechtsnormen (→ Recht, positives).

Normalität. Evolutionstheoretisch (→ Evolution) ist jede Systembildung höchst unwahrscheinlich, und trotzdem findet sie laufend statt (→ doppelte Kontingenz, → Ordnung, soziale): N. ist unwahrscheinliche N (→ Wahrscheinlichkeit, → Zufall). N. fällt nicht auf, ist das Fehlen von Auffälligkeit. Normal ist folglich nicht das, was häufig oder typischerweise stattzufinden pflegt, sondern daß dies überhaupt geschieht. N. ist ein Schema der Generalisierung (→ Generalisierung/Spezifizierung) erwarteten Geschehens quer zu bestimmten situativen Typen.

Objekte, im Gegensatz zu → Begriffen, gegen alles andere abgegrenzte wiederholbare Bezeichnungen ohne spezifische Gegenbezeichnungen.

Objektivität, beruht auf der Unterscheidung von objektiv/subjektiv, wobei als objektiv das bezeichnet werden kann, worin alle → Beobachter (erster Ordnung) übereinstimmen (→ Erkenntnistheorie, klassische, → Ontologie → Subjekt).

Öffentliche Meinung, → Medium für die Formung (→ Form) ausgewählter Kommunikationen (bestimmter Sinnformen oder → Themen); sie ist eine bestimmte → Einheit der → Differenz von → Medium und → Form. Meinungen sind vorübergehend verfestigte (geformte), für richtig gehaltene besondere Kommunikationen (Meinungen zu einem Thema), und → Öffentlichkeit steht, aus der Sicht eines Systems, für die Unterstellbarkeit der Akzeptierbarkeit von Themen oder die systeminterne Umwelt. Formgeber der ö.n M. sind vor allem die → Massenmedien Presse, Funk und Fernsehen. Die ö. M. der Gesellschaft ist weder ein allgemeines noch ein Bewußtsein aller. Ö. M. hat im Verhältnis des → politischen Systems zu seiner Umwelt die Funktion eines Mediums zur Ordnung von Selektionsleistungen. Der Spiegel der ö.n M. dient dem politischen System als Einrichtung der → Beobachtung zweiter Ordnung zur Sichtbarmachung seiner Selektionsgeschichte (→ Selbst-/Fremdbeobachtung) und nicht etwa dessen, was auf der anderen Seite des undurchsichtigen Spiegels in den Bewußtseinssystemen an M.en vorhanden ist.

Öffentlichkeit heißt nicht Zugänglichkeit in bezug auf irgendetwas für jedermann. Als Ö. ist allgemein die gesellschaftsinterne → Umwelt sozialer Systeme in der Gesellschaft zu bezeichnen. Aus der Sicht einzelner sozialer Systeme oder gesellschaftlicher Funktionssysteme ergeben sich dann verschiedene sozial- oder funktionssysteminterne Ö.en, für das politische Systeme die → öffentliche Meinung, für das wirtschaftliche System der → Markt.

Ökologische Kommunikation. Ökologisch ist eine Fragestellung dann zu nennen, wenn ein → soziales System (die → Gesellschaft) über seine (ihre) Umwelt kommuniziert, insbesondere über die Folgen seines (ihres) eigenen → kommunikativen Handelns auf seine (ihre) nicht-kommunikative Umwelt (→

Hyperkomplexität).

Offenbarung. „Das Dogma der Offenbarung dient als koordinierende Generalisierung. Es kombiniert (1) eine universell verwendbare Autorschaft (Gott) mit (2) relativ verweisungsoffenen, deutungsfähigen Inhalten, deren Rationalität und Interpretierbarkeit gleichwohl garantiert ist und (3) mit dem wirklichen Erscheinen einer Möglichkeit in der Form (4) eines besonderen historischen Ereignisses, das als ein besonderes (5) unmittelbare Evidenz hat und als ein historisches einmaliges (6) der variierenden Disposition durch die je gegenwärtige Gesellschaft entzogen ist, vielmehr allein einer theologischen Dogmenverwaltung unterliegt" (i. O. Hervorhebungen). (1992a9:170)

Offenheit eines autopoietisch operierenden Systems (→ Operation, → System, autopoietisches) kommt zum Ausdruck in seiner selbstreferentiellen (→ Selbst-/Fremdreferenz) und kontingent-selektiven (→ Kontingenz, → Selektivität) codegeführten (→ Code) Erzeugung von Umweltereignissen (→ Ereignis, → Information, → Kognition) und deren Eingliederung in den Strom systemeigener Ereignisse und ggf. auch deren Re-Relationierung (→ Relation, → Struktur). Dieser Begriff von O. ist unterschieden von dem innerhalb der → System-Umwelt-Theorie (→ Paradigmawechsel) gebräuchlichen.

Ontologie oder ontologische Metaphysik „soll ... heißen, daß ein Beobachter mit der Unterscheidung Sein vs. Nichtsein operiert und mit dieser Unterscheidung das bezeichnet, was er für relevant, für anschlußfähig, kurz: für 'seiend' hält." (1990j:170) Annahmen wie etwas sei seiend oder sei an sich seiend oder sei Realität an sich verdienen Prädikate wie logisch einwertig oder ontisch. Denn: das Seiende als es selbst ist als Gegenstand der Erkenntnis ausgewiesen, wobei die Unterscheidung von Sein und Nichtsein nur dazu dient, das Nichtsein aus dem Sein auszuschließen (→ Erkenntnistheorie, klassische, → Logik, zweiwertige, → Transzendenz). Immer dann, wenn Beobachtungen mit einem Wert arbeiten, d.h. etwas in seinem Sein als wahr auszeichnen, einen archimedischen Punkt der Erkenntnis beanspruchen, operieren sie ontologisch. Es geht hier um → Beobachtungen erster Ordnung.

Die → funktionale Methode (→ Methode, kybernetische) der Systemtheorie thematisiert hingegen statt eines Seienden an sich alternative Seinsmöglichkeiten und schließt deshalb die Möglichkeit nur eines wahren Seins aus (→ Erkenntnis, → Konstruktivismus, systemtheoretischer, → Realität). Systemtheorie ist keine ontologische Metaphysik, ist vielmehr postontologische Theorie, weil sie ihre Unterscheidungen, darunter eine Unterscheidung wie Sein/Nichtsein, statt als fraglos gegeben als Unterscheidungen behandelt und dabei auch sich selbst einbezieht; sie ist zu selbstreflexiver Beobachtung fähig. (→ Reflexionstheorie, → Universaltheorie). Dabei erkennt sie, daß Beobachter oder Systeme nur das erkennen können, wozu sie keinen Zugang haben (→ blinder Fleck, → Paradoxie).

Operation, bloßer Vollzug einer augenblicklichen und nicht wiederholbaren Unterscheidungshandlung. Eine O. ist ein → Ereignis. O.en knüpfen immer an O.en an (→ Anschlußfähigkeit), sind immer rekursiv (→ Rekursivität).

Jedes beobachtende System (→ Beobachter) ist operativ in seine beobachtungsabhängige Umwelt eingebettet. Jede → Beobachtung ist eine anschließende und anschlußfähige O. Eine Beobachtung erster Ordnung ist bloßer operativer Vollzug einer → Unterscheidung; eine Beobachtung zweiter Ordnung selbst ist einerseits bloßer operativer und andererseits zugleich reflexiver Vollzug einer Unterscheidung. Also sind Beobachtungen immer rekursiv und können reflexiv (→ Reflexivität) sein. Hier liegt der Kern der → Differenz von O. und Beobachtung.

Die O. geschieht einfach (ein Gedanke, eine Kommunikation, eine Zahlung), ist blind oder monovalent, und die Beobachtung unterscheidet das, was sich vollzieht, ist bivalent (Gedanke statt Nicht-Gedanke, Kommunikation statt Nicht-Kommunikation, Zahlung statt Nichtzahlung).

Ordnung, soziale, ist weder ein zu rechtfertigender noch ein zu kritisierender, weder ein natürlich noch normativ zu erklärender, weder ein intendierter noch ein finalisierter Sachverhalt, sondern ein selbstimplikatives → Problem. Die Auszeichnung von s.r. O. als Problem besagt: s. O. ist ein Dauerproblem, ist als Problem nicht aus der Welt zu schaffen, und s. O. erweist sich dauernd als lösbar; s. O. ermöglicht sich trotz aller evolutionären Unwahrscheinlichkeiten immer wieder (→ doppelte Kontingenz; → Entropie/Negentropie, → Evolution, soziale, → Zufall, → Wahrscheinlichkeit). S. O. ist folglich nicht aus irgendeinem archimedischen Punkt heraus erklärbar. Wenn sie möglich ist, ist sie auch anders möglich, erscheint ihr Möglichsein stets im Lichte anderer

Möglichkeiten ihres Möglichseins. S. O. ist kontingent-selektiv (→ Kontingenz, → Selektivität), jedoch nicht beliebig möglich (→ Willkür).

Organisation oder organisiertes Sozialsystem oder formale Organisation ist allgemein ein autopoietisches auf der Basis von → Entscheidungen differenziertes und auf der Basis von Entscheidungen operierendes → soziales System (→ System, autopoietisches). O. zeichnet sich aus durch ein besonderes System-Umwelt-Verhältnis, eine formalisierte Erwartungsstruktur und eine besondere Programmierung ihres Entscheidungshandelns.

O. konstituiert sich aufgrund einer kontingenten (→ Kontingenz) Entscheidung hinsichtlich ihres → Zwecks. In ihrem System-Umwelt-Verhältnis beobachtet sie sich als ein im → Medium der → Kausalität kontingent operierendes System (→ Input-Output-Modell, → Leistung); dies betrifft die äußeren und die inneren Systemumwelten (→ Systemgrenze). Im Gegensatz zu den Implikationen des klassischen Zweck-Mittel-Schemas bedarf O. grundsätzlich keiner transitiven Wert- oder Zweckordnung. Der äußere Zweck ist mit einer inneren Vielfalt von Mitteln als Zwecken vereinbar, und Merkmal der inneren Zweck-Mittel-Beziehungen ist eine gegen äußere Zwecke weitgehend unabhängige vielfältige Vertauschbarkeit von Zwecken und Mitteln. O. koppelt insbesondere ihren Zweck oder ihre Zwecke von den Zwecken bzw. Motiven der an ihr in Form von Mitgliedern partizipierenden → Personen ab (→ Zweck und Motiv). Die Formalität von O. sieht man an der Invarianz systemspezifischer → Erwartungen gegenüber bestimmten personalen Mitgliedschaften und Motivationen (→ Motiv) oder Orientierungen der Mitglieder. Kern der Formalität von O. ist die Anerkennung der Mitgliedschaftsregel, d.h. die Anerkennung der formalisierten Erwartungen. Erwartungen sind dann formalisiert, wenn sie zu Mitgliedschaftsbedingungen geworden sind. Erwartungsformalisierung heißt in zeitlicher Hinsicht Bindung an den Fortbestand des Systems, in sachlicher Hinsicht Institutionalisierung von Unpersönlichkeit und Rollentrennung und in sozialer Hinsicht Unterstellung von Konsens mit den formalisierten Erwartungen. Formale O. lenkt nicht unmittelbar Handeln, sie wirkt durch die Präsenz des in der Erwartungsstruktur institutionalisierten Möglichen.

O. ist in besonderer Weise darauf verwiesen, → Redundanz und → Varietät nach eigenen Kriterien von → Rationalität auszubalancieren. Redundanz wird erzeugt durch Entscheidungen über Entscheidungsprämissen (→ Reflexivität, → Konditionalprogramm, → Programme, → Zweckprogramm), → Stellen, Kommunikationswege und Personen. Sie koppelt hierarchisierte (→ Hierarchie) und sequenzialisierte (→ Sequenzialisierung) selektive Entscheidungen besonders eng (Kommunikationswege bzw. Organisationstechnologie) und hat deshalb eine besonders hohe Schwelle der Selbständerungsfähigkeit.

O. ist die vorherrschende und wirkungsvolle Form der Funktionserfüllung und Leistungserbringung in fast allen funktional ausdifferenzierten Teilsystemen (→ Differenzierung, funktionale), z.B.: Unternehmen und Banken in der Wirtschaft; Bürokratien, Parteien und Interessenverbände im politischen System; Universitäten im Wissenschaftssystem

(→ Systemgrenze).

Organisation, informale. Im Gegensatz zur vorherrschenden Auffassung läßt sich i. → O. nicht als dysfunktionale Folge formaler O. sehen. I. O. ist eher funktionales Komplement denn funktionales Äquivalent formaler O. Sie ist in ihrer situativen Funktion notwendig, rettet jedoch nicht gefühlsbetonte interaktive Unmittelbarkeit hinüber in organisierte Sozialsysteme.

Paradigmawechsel, in der Systemtheorie ein Wechsel von zugrundegelegten Leitdifferenzen. Eine Leitdifferenz ist Paradigma, wenn sie als → Differenz in Differenz zu anderen Differenzen gewählt wird.

Erste Leitdifferenz ist die von Ganzem und Teil (→ Ganzes-Teil-Schema). Die Gesellschaft besteht aus Menschen wie ein Ganzes aus Teilen. Hierher gehört auch noch die Idee der Repräsentierbarkeit des Ganzen im Ganzen (→ Repräsentation). Zweite Leitdifferenz ist die von System und Umwelt (→ System-Umwelt-Theorie). Systeme existieren als jeweilige Differenzen von Systemen und Umwelten, wobei Systeme offen (→ Offenheit) sind, also mit ihren Umwelten als im wesentlichen austauschmäßig verflochten betrachtet werden. Das Ganze erscheint jetzt mehrfach aus der Sicht eines Teilganzen und dessen Umweltverflechtungen. Dritte und aktuelle Leitdifferenz ist die Differenz von → Identität und Differenz als Rational → autopoietischer Systeme; in die dritte ist die zweite Leitdifferenz sekundär eingeschlossen. Ein System kann sich nur selbst als System etablieren und dadurch von dem als Umwelt abgrenzen, was das System als nicht zu sich gehörig betrachtet. Die → Identität des Systems beruht

auf seiner selbstreferentiellen Produktion und Reproduktion als System, das sich als von seiner Umwelt verschieden weiß.

Paradoxie, keine Nebenmeinung, wie es der klassische P.begriff besagt, denn der setzt bekanntlich voraus, daß das eigentliche Sein paradoxiefrei ist. P. ist allgemein Begriff für etwas, was zugleich ist/gilt und nicht ist/nicht gilt. Logisch strenger: Paradox ist etwas, was zutrifft, weil/obwohl es nicht zutrifft oder umgekehrt. Beispiel: Ein System setzt sich selbst voraus, oder: ein System ist es selbst, d.h. A, weil A. Etwas trifft zu, weil es zutrifft. Das ist tautologisch (→ Tautologie). Ein System setzt sich selbst voraus, weil/obwohl es sich nicht selbst voraussetzen kann, d.h. A, weil Nicht-A. Etwas trifft zu, weil/obwohl es nicht zutrifft. Das System ist zwar immer noch das, was es ist, aber nur deshalb, weil es seine eigene → Differenz zu dem ist, was es nicht ist. Das ist paradox. P. ist die → Einheit der Differenz von P. und Tautologie. So ist jedes Beobachten (→ Beobachter, → Beobachtung, → marked space/unmarked space → Teufel, → Unterscheidung) ein nicht-unterscheidbares Unterscheiden, das vorausgesetzt werden muß, um genau diese Unterscheidung handhaben zu können; oder: ein Beobachter weiß, daß er nicht weiß, was er nicht weiß (→ blinder Fleck). Eine P. ist kein logischer Widerspruch, denn ihre Logik heißt nicht Sehen= Nichtsehen, sondern Sehen, weil Nichtsehen (→ Erkenntnis, → Konstruktivismus, systemtheoretischer, → Realität, → Sthenographie/Euryalistik).

P.n sind nun nicht zu vermeiden, man muß mit ihnen leben; oder: obwohl sie allgegenwärtig sind, blockieren sie nicht die → Operationen von Systemen. Da sie nicht umgehbar sind, kommt es darauf an, mit ihnen umzugehen, sie fruchtbar zu machen. So ist die paradoxe Unterscheidung von System und Umwelt eine sich selbst voraussetzende Unterscheidung, aber nicht auf irgendeine Letztunterscheidung zurückzuführen; sie ist jedoch als Unterscheidung zur Verfügung des Systems geeignet, den autopoietischen Vollzug der Operationen des Systems zu ermöglichen. Das System orientiert seine Operationen an der eigenen Unterscheidung von System und Umwelt, und das geht. (→ System, autopoietisches) Dies bedeutet Entparadoxierung durch Wiedereintritt der Unterscheidung in das von ihr Unterschiedene (→ re-entry). In der Sprache der Beobachtung zweiter Ordnung geht es um den Übergang von Wie-Fragen (wie wird das unterschieden, was unterschieden wird?) zu Was-Fragen (was wird unterschieden?). Das alles bleibt selbst paradox, und doch funktioniert es.

Parasit, symbolisiert das Problem der Einheit der Differenz von Einschließung und Ausschließung. Das durch Einschluß ausgeschlossene ist paradoxerweise ausgeschlossen und doch nicht ausgeschlossen. Obwohl oder weil es ausgeschlossen ist, kehrt es sogleich durch die Hintertür zurück. Die Differenz von Eigentum und Nichteigentum schließt die Arbeit aus, und doch ist es die Arbeit, die sich von der Differenz und gegen die Differenz und von der sich die Differenz nährt. Oder: Wegen der als Demokratie unterschiedenen und bezeichneten Einheit der Differenz von Regierung und Opposition ist das politische Publikum eigentlich von Demokratie ausgeschlossen, verschafft sich aber qua Beobachtetwerden durch die asym-

metrisierte Spitze des politischen Systems wieder machtvollen Zutritt, und zwar auf beiden Seiten der Differenz; wieder gilt: die Differenz Regierung/Opposition nährt sich vom politischen Publikum, das sich von der Differenz und gegen sie nährt.

Perfektion/Perfektibilität, negierte (→ Negation) → Kontingenz. Perfekt ist im historischen Verständnis etwas, was einfach fertig ist (→ Natur). Wird P.n als kontingent vorstellbar und dadurch steigerbar, wird P.t möglich (→ Teleologie). Die Ideen von P.n und P.t haben den → Menschen als Bezugsgröße: gemäß → frühneuzeitlicher Anthropologie ist humane P.t ein zu erstrebendes Ziel. Speziell ist die selbstische Menschnatur (Selbstliebe) umzuformen, die Negation des Humanen zu negieren. → Soziologische Aufklärung negiert die Negation der Negation des Humanen.

Person, anfangs noch im Sinne eines personalen Systems behandelt. Später wird P. bestimmt als individuell (→ Individuum) attribuierte (→ Attribution) Einschränkung von Verhaltensmöglichkeiten (→ Verhalten). In der → Form P. kann das → psychische System die sozial an es gerichteten → Erwartungen erkennen, umgekehrt signalisiert die Form P. die soziale Relevanz des psychischen Systems. P.en sind also weder psychische noch soziale Systeme, stellen aber → kommunikative Wirklichkeiten oder soziale Adressen für → Kommunikationen dar. P.en sind letztlich Einrichtungen des sozialen Systems zur Ordnung und Einschränkung von Verhaltensmöglichkeiten bei → doppelter Kontingenz. P.en dienen der strukturellen → Kopplung von psychischen und sozialen Systemen in diesem Sinne als → Medium. Auch organisierte Sozialsysteme (→ Organisation) sind dann, wenn sie sich in ihrem → Handeln aufeinander oder auf („natürliche") P.en beziehen, selbst fiktiv wie P.en zu behandeln.

Personenvertrauen → Vertrauen

Phänomenologie. Eine P., die unterstellt, es gebe hinter den dem Bewußtsein (→ System, psychisches, → Subjekt) gegebenen Erscheinungen einen bewußtseinsmäßig erschließbaren kosmologischen oder sonstigen Welt- oder Seinsgrund, kann systemtheoretisches Denken nicht anleiten. Dagegen hat jene Art von P., die an die Intentionalität des Bewußtseins anknüpft, anderen Stellenwert: Hiernach erlebt sich das Bewußtsein als sich selbst und anderes intendierend, sich selbst und anderes als reale Phänomene. Der → systemtheoretische Konstruktivismus nimmt ein sich selbst identifizierendes Bewußtsein weiterführend nur unter der Bedingung an, daß es die Differenz von Selbst- und Fremdreferenz (→ Selbst-/Fremdreferenz) handhaben, sich selbst von etwas unterscheiden kann, was es nicht ist. Das betrifft auch das, was das Bewußtsein unterscheidet. Phänomene wären dann die in Selbstabgrenzung des Bewußtseins und des durch das Bewußtsein Abgegrenzten bewußtseinsabhängig konstruierten → Realitäten.

Physische Gewalt → Gewalt, physische

Planung, im Normalfall: → Reflexivität des Entscheidens (→ Entscheidung). P. legt Entscheidungsprämissen für Entscheidungen fest. Ein typischer Anwendungsfall ist die konditionale Programmierung (→ Konditionalprogramm). Im Höchstfall: Antizipierende Selbstbeschreibung des/eines Systems als System

(→ Rationalität): Das System vergewissert sich selbst seiner Kapazität zur Reduktion von Komplexität.

Plausibilität/Evidenz. Plausibel ist → Sinn, der einem selbst und anderen ohne weitere Begründung einleuchtet. Evident ist Sinn, wenn auch noch der ausgeschlossene Verweisungshorizont anderer Möglichkeiten einleuchtet.

Politik → Demokratie, → Gewalt, physische, → Macht, → Machtkreislauf, → Machttheorie, klassische, → Politikbegründung, → progressiv/konservativ, → Publikum, → Staat, → Souveränität, politische, → System, politisches, → Wahl, politische, → Wohlfahrtsstaat

Politikbegründung, geschieht klassisch als ein auf die Verwirklichung übergreifender → Werte (wie: Gemeinwohl, Beteiligung an oder Befreiung von Herrschaft, Verwirklichung eines normativen Demokratieverständnisses, Verpflichtung auf die Totalität einer human finalisierten → Gesellschaft) für die politische Gemeinschaft oder für die Gesellschaft gerichtetes Handeln (→ Grundwerte, → Ideologie). Für die Neuzeit gilt dabei die Trennung von → Staat und Gesellschaft mit dem Staat als Repräsentantem und Garantem der Einheit des Ganzen (→ Ganzes-Teil-Schema, → Repräsentation, → Souveränität, politische).

Bei entwickelter → funktionaler Differenzierung ist dagegen eine formale P angemessen, die auf die Frage setzt, wie die → Komplexität kontingent-selektiver (→ Kontingenz, → Selektivität) machtbezogener (→ Macht) → Kommunikationen erhalten und beherrschbar gehalten werden kann. Erst an zweiter Stelle stellt sich das Problem der kontingent selektiven inhaltlichen Ausrichtung oder Programmierbarkeit (→ Programme) politischen Handelns. Hier sind die Differenz von → politischem System und Gesellschaft und der Verlust einer einheitlichen Repräsentierbarkeit von Gesellschaft durch das sich als Staat selbstbeschreibende politische System die leitenden Annahmen (→ Polykontexturalität).

Politisches System → System, politisches

Polykontexturalität, die formal gleiche und faktisch gleichzeitige Möglichkeit verschiedener → Beobachtungen. Das impliziert → Freiheit, mindestens des eigenen Beobachtens und gegenüber anderen Beobachtungen. P. steht somit für den Verzicht auf die Unterstellung einer → Einheit für alle Beobachtungen bzw. einer Möglichkeit ihrer Letztabsicherung. P. heißt Pluralität von Welten (→ Multizentrizität) statt einer einheitlichen → Welt.

Positives Recht → Recht, positives

Praxis von Wissenschaft, im Sinne der Begrifflichkeit von „Theorie und Praxis" erfordert, daß man vorher schon weiß, ob man es mit einer zu akzeptierenden oder einer zu negierenden Gesellschaft → Aufklärung, soziologische, → kritische Theorie) zu tun hat.

Preadaptive advances, → evolutionäre Errungenschaften, die sich noch im Rahmen einer bestimmten gesellschaftlichen Differenzierungsform in Ansätzen herausbilden, aber sich erst in der anschließenden Differenzierungsform voll ausbilden und veränderten eigenständigen Stellenwert gewinnen (→ Evolution, → Evolution, soziale). P. a. sind sozusagen Problemlösungen für noch nicht existie-

rende → Probleme.

Preis, Geldpreis, → Information über (Geld-) Zahlungserwartungen (→ Erwartungen, → Zahlung/Nichtzahlung). Der P. ist die Einheit der Selbstbeobachtung des → wirtschaftlichen Systems (Selbst-/ Fremdbeobachtung). Anhand von P.en informiert sich das System über latente Zahlungsbereitschaften der partizipierenden Systeme (→ Person). P.e dienen der Entdeckung von → Geld und hierüber von zahlungsrelevanten → Ereignissen in der Umwelt des Systems. P.e dienen der Entdeckung von → Bedürfnissen als → Motiven für Zahlungen. P.e drücken einerseits wirtschaftssystemintern erzeugte → Knappheiten aus, sind Anzeiger von Differenzen. Sie dienen andererseits der Programmierung (→ Programme) der Zahlungen oder der Teilnahmeentscheidungen der Systeme in der Umwelt des wirtschaftlichen Systems.

Prinzipien, Schemata standardisierter Erlebnisverarbeitung oder hochstilisierte Formen der Schematisierung der Zurechnungsform des → Erlebens. P., man könnte auch sagen Grundsätze, wie Gerechtigkeit, Vertragsfreiheit oder Treu und Glauben im Geschäftsverkehr, haben die Funktion der Kontingenzausschaltung (→ Kontingenz) im Bereich des Erlebens. Es sind bestimmte begrenzende Formen unbestimmter unbegrenzter Erwartbarkeiten (→ Erwartungen); z.B. läßt das bestimmte Prinzip der Freiheit der Wahl im Eingehen von Willensübereinkünften (Vertragsfreiheit) noch offen, welche Form der Übereinkunft gewählt wird.

Problem, Ausgangsformel der → funktionalen Methode oder des Äquivalenzoder P.funktionalismus. Hiernach ist ein P. ein kontingenter (→ Kontingenz) abstrakter Vergleichsgesichtspunkt, auf den hin sich äquivalente Möglichkeiten der P.lösung ausprobieren lassen. Allgemeiner ist ein P. durch die Frage nach den Bedingungen der Möglichkeit von etwas gekennzeichnet. Die Grundfrage ist etwa immer: „Wie ist X möglich?" Eine derartige Grundfrage setzt die Möglichkeit ihrer selbst und damit dessen, was sie als P.formel enthält, voraus. Die Frage „Wie ist soziale Ordnung möglich?" ist nur möglich, wenn → soziale Ordnung möglich ist. Die Modalformel der Möglichkeit impliziert immer die Unwahrscheinlichkeit der Möglichkeit und die Andersmöglichkeit des Möglichen (→ Sinn). Jede Möglichkeit kann immer im Spiegel anderer Möglichkeiten erscheinen. Jede Beantwortung der Frage ist folglich grundsätzlich kontingent-selektiv (→ Selektivität), aber historisch-gesellschaftlich niemals beliebig (→ Willkür). Mehr noch: Die Verallgemeinerung der funktionalen zur → kybernetischen Methode macht zugleich sichtbar, daß die → Unterscheidung von etwas als P. ihrerseits nicht unterscheidbar ist (→ blinder Fleck). Die Frage „Wie ist X möglich?" wird aber paradoxerweise (→ Paradoxie) dennoch und nur gestellt, wenn sie als beantwortbar gilt. Insoweit stellt sich die Differenz von P. und P.lösung als selbstimplikativ dar. Des weiteren gilt: So wie das P., ist auch die P.lösung kontingent, wenngleich nicht beliebig (→ Dekomposition).

Profit, Begriff für eine Zahlung (→ Zahlung/Nichtzahlung), die um der Zahlung willen erfolgt (→ Reflexivität). Ein am → wirtschaftlichen System partizipierendes System (→ Person) überträgt eigene Zahlungsfähigkeit auf ein anderes System/auf andere Systeme in der Erwartung mindestens der Wiederherstellung der eigenen Zahlungsfähigkeit.

Programme versorgen soziale Systeme, darunter besonders funktional ausdifferenzierte Teilsysteme, mit Regeln richtigen Kommunizierens; sie sind inhaltliche Vorgaben für codegeführte (→ Code) → Operationen. P. dienen der Zuweisung sinnhafter Ereignisse zu positiven Codewerten. P. und Codes stehen hierbei in einem komplementären statt hierarchischen Verhältnis. P. markieren den Wiedereintritt des ausgeschlossenen Dritten in das System (sie sind das eingeschlossene ausgeschlossene Dritte). P. wie z.B. Gesetze im Bereich des Rechts, Budgets im Bereich der Wirtschaft, → Theorien/Methoden im Bereich der Wissenschaft sind ihrerseits kontingent (→ Kontingenz, → Selektivität). P. sind auf sich selbst anwendbar (→ Entscheidung, → Reflexivität) und können als → Zweck- und → Konditionalprogramme verschiedene, auch verschachtelte Formen annehmen.

Protest, eine Form der gegen sich selbst gerichteten, sich selbst alarmierenden Selbstbeschreibung innerhalb von oder von Gesellschaft (Selbst-/Fremdbeobachtung). P.e bestehen in an andere adressierten Verantwortungszumutungen (→ Verantwortung). Die Besonderheit der kommunikativen Form P. liegt in ihrer Wirkung quer zu den etablierten Funktionssystemen. P. als solcher ist daher wie Angst oder Moral kein soziales System, aber eine → kommunikative Wirklichkeit.

Prozesse, aneinander anschließende (→ Anschlußfähigkeit), sich aufeinander beziehende → Ereignisse. P. stehen wie → Strukturen für die Irreversibilität der →

Zeit; sie sind Abfolgen unumkehrbarer Ereignisse (→ Relation).

Psychisches System → System, psychisches

Publikum, Teilsystem des → politischen Systems, genauer die interne → Umwelt des politischen Systems im politischen System. Das P. besteht aus allen am politischen System partizipierenden → psychischen Systemen (→ Person).

Punkt-für-Punkt-Entsprechung. Das Verhältnis → autopoietischer Systeme zu ihrer → Umwelt ist dadurch charakterisiert, daß ein → Ereignis in ihrer Umwelt als solches nicht zu einem Ereignis des Systems werden kann. Jedes System hat seine eigenen Ereignisse, seine selbstproduzierten und -reproduzierten → Elemente, und es wählt (→ Selektivität) diejenigen Umweltereignisse aus (→ Information, → Kognition, → Selektivität), die es in seinen eigenen Ereignisstrom (→ Prozesse) einpassen bzw. auf die es mit Änderungen in seiner Ereignisstruktur (→ Struktur) reagieren kann. Die Existenz autopoietischer Systeme schließt daher in dem Sinne eine P.-f.-P.-E. zwischen System und Umwelt aus, als sie keine Gemeinsamkeit von Ereignissen einschließt (→ Emergenz).

Punktualisierung. Jedes → Ereignis in einem System findet augenblicklich statt und ist dann vorbei. Jedes Ereignis ist einmalig, es ist bloßes Moment der Autopoiesis eines ständig Ereignisse erzeugenden und deshalb basal unruhigen → autopoietischen Systems.

Rang, allgemein die Verteilung knapper Chancen für Situationsdefinitionen. Dies gilt für einfache wie differenzierte soziale Systeme. Formal organisierte soziale Systeme institutionalisieren eigene formalisierte R.- oder Statusordnungen zeitlich, sachlich und sozial generalisierten Typs (→ Autorität, → Organisation).

Rationalität, Orientierung der → Operationen des Systems an der eigenen Unterscheidung von System und Umwelt (→ Selbst-/Fremdbeobachtung). R. ist die selbstreferentiell kontrollierte Einheit der Differenz von Selbst- (System-) und Fremd- (Umwelt-) Referenz (→ Selbst-/Fremdreferenz) eines System; sie ist sozusagen die „höchste" Form der Selbstreflexion eines Systems (→ Reflexionstheorie). In bezug auf den selbstreferentiellen Aspekt von Autopoiesis signiert R. formale R. und in bezug auf den fremdreferentiellen Aspekt substantielle R. (→ System, autopoietisches). Jede R. wird systemintern erzeugt, ohne sie weder systemintern noch systemextern irgendwie als so und nicht anders möglich oder einzigrichtig absichern zu können. Systemrationalität bezeichnet paradoxerweise das Negative als das Positive des Systems, nämlich den Mangel an R. (→ Selbstsimplifikation).

Rationalität, europäische, auch alt-e. → R., zeichnet sich durch einen bestimmten Umgang mit → Unterscheidungen von nicht-e.n R.en aus. Dabei ist die Geschichte der e.n R. als Geschichte der Auflösung eines Rationalitätskontinuums zu sehen (→ Erkenntnistheorie, klassische, → Ontologie). Das Rationalitätskontinuum besteht in Unterscheidungen wie Denken und Sein und Handeln und Natur. Diese Unterscheidungen sind aber einheitstheoretisch gebaut (→ Einheit). Das Denken ist die Unterscheidung von Denken und Sein, und das Handeln ist die Unterscheidung von Handeln und

Natur. Dieses auf Einheit angelegte Unterscheidungsmuster entspricht → Beobachtungen erster Ordnung (das, was ist, ist das, was es ist) und der → zweiwertigen Logik (das, was ist, was es ist, das ist richtig erkennbar). Hinter e.r R. steckt die Annahme von Gründen für Seiendes und die Annahme der Begründbarkeit solcher Gründe. Das Rationalitätskontinuum wird aufgelöst, wenn auf der Ebene der Beobachtung zweiter Ordnung auf → Differenz umgestellt wird, ohne daß diese Differenz ihrerseits wieder in Einheit überführt werden könnte. Das System kann zwar jetzt die Einheit der Differenz von System und Umwelt den eigenen Beobachtungen zugrundelegen, nicht aber diese Differenz sein (→ Erkenntnis, → Konstruktivismus, systemtheoretischer, → Realität, → Paradoxie, → re-entry).

Realität. Es gibt R. R. schließt ein eine reale Außenwelt: „Es gibt einen Baum.", oder „Das ist ein Baum.", oder „Es gibt einen Bahnhof.", oder „Das ist ein Bahnhof." Schon diese → Form der R.sfeststellung ist eine → Beobachtung, denn es wird etwas unterschieden und bezeichnet. R. schließt ein → Unterscheidungen des als reale Außenwelt Unterschiedenen wie „Der Baum ist ein biologisches System.", oder „Der Bahnhof ist ein technisches System (eine technische Konstruktion)." Dies sind wiederum Beobachtungen. Augenfälliger ist hier bereits die Konstruktionsleistung des → Beobachters, denn das Beobachtete wird als → System beobachtet. R. schließt ferner ein Beobachtungen wie „Es gibt lebende, psychische und soziale Systeme." Ohne Zweifel darf man hier vollends eine eigenständige Konstruktionsleistung eines Beobachters vermuten.

Jede der genannten R.sfeststellungen beruht auf Beobachtung. Es gibt mithin keine beobachtungsunabhängige Feststellung von R.
Entscheidender ist die Frage, ob das als R. Erkannte dem Erkennenden durch die R. als so und nicht anders zu erkennen vorgegeben ist (→ Erkenntnistheorie, klassische, → Ontologie, → Transzendenz) oder nicht (→ Erkenntnis, → Konstruktivismus, systemtheoretischer), ob einer Instrukt- oder Konstrukttheorie der Erkenntnis der Vorzug zu geben ist. Man kann in diesem Zusammenhang etwa drei historisch-gesellschaftliche Formen der Beobachtung beobachten. R. als solche ist so erkennbar, wie sie ist (→ Natur). Erforderliche Korrekturen sprechen nur für bisherige Irrtümer in der Erkenntnis (→ Perfektion/Perfektibilität). Nach einer folgenden Form ist R. nur erkennbar, wenn vorab zwischen Erkenntnis und Gegenstand bzw. Denken und Sein unterschieden und in der Erkenntnis bzw. im Denken die → Einheit des Unterschiedenen für sicherbar gehalten wird (→ Subjekt, → Transzendenz). Die daran anknüpfende Form schließt dann noch die Sicherbarkeit der Einheit des Differenten (→ Differenz) aus. R. ist jetzt auch nicht einmal mehr beobachterabhängig garantierbar, R. is vom Instrukt zum Konstrukt oder zum Dekonstrukt geworden. R. ist jetzt einfach das, was als R. unterschieden wird einschließlich der R. des Unterscheidens (→ marked space/unmarked space). R. ist wie Sinn und Welt ein → differenzloser Begriff.

Recht → Eigentum, → Gerechtigkeit → Naturrecht, → Norm, → Recht, positives, → Recht, subjektives, → Rechtsstaat, → System, rechtliches, → Verfas sung, → Vernunftrecht, → Verwaltung

Recht, natürliches → Naturrecht

Recht, positives, als die funktionale Ausdifferenzierung eines → rechtlichen Systems führendes R., ist R., das qua rechtlicher → Entscheidung oder Entscheidung des Rechtssystems als R. gesetzt worden ist. Geltendes R. gilt deshalb, weil kontingent-selektiv (→ Kontingenz, → Selektivität) entschieden wurde, daß es gilt. Oder: R. ist positiviert, wenn die → Legitimität reiner Legalität Anerkennung findet (→ Geltung). Zum Begriff des p.n R.s gehört die Möglichkeit, das, was R. ist, durch Entscheidung zu ändern. Regeln richtigen Entscheidens angesichts geltenden R.s sind im Rechtsssystem selbst wie von außen erzeugte kontingent-selektive Entscheidungslegitimationen (Argumente), die → Redundanzen erzeugen.

Recht, subjektives, entsteht im Zusammenhang mit dem Umbau gesellschaftlicher Differenzierung von primär stratifikatorischer auf primär funktionale und der sich dabei anbahnenden vollen Positivierung des R.s (→ Recht, positives). S. R. ist deshalb s. R., weil das → Subjekt als solches mit nicht begründungsbedürftigen Rechten ausgestattet wird. Der Kern der Semantik s.r R.e ist also nicht die Annahme individueller natürlicher R.e (→ Naturrecht), sondern die Rückführung von R.en auf ein sich selbst betätigendes, selbstreferentielles Bewußtsein. Diese Umbasierung des R.s auf das Subjekt substituiert komplementäre Beziehungen zwischen Subjekten für reziproke Beziehungen zwischen Menschen und steigert dadurch die Komplexität möglichen erwartungsgesteuerten rechtlichen Verhaltens. Unter Bedingungen voll entfalteter Selbstrefe-

renz von Systemen, darunter des Rechtssystems, wird s. R. einerseits vollends erkennbar als eine Differenzierungsleistung positiven R.s selbst (interne Externalisierung) und dadurch andererseits in dem Sinne entsubjektiviert, als es zunehmend als sozial zugewiesenes R. erscheint. S. R. ist nunmehr sozusagen die rechtssysteminterne Adresse für die Inklusion (→ Inklusion/Exklusion) von → Personen in das Rechtssystem oder → Medium struktureller → Kopplung zwischen Rechtssystem und politischem System.

Rechtsstaat, Begriff für die Doppelrolle des → Staates als Einrichtung des Rechts und der Politik. R. heißt Beschränkung von politischer Macht durch Recht (→ Verfassung) und gesellschaftliche Universalisierung von Recht in dem Sinne, daß grundsätzlich jedes Handeln in der Gesellschaft nach dem → Code Recht/Unrecht des → symbolisch generalisierten Kommunikationsmediums Recht geprüft werden kann. R. ist Bezeichnung dafür, wie das politische System aus der Sicht des Rechtssystems die Gesellschaft beobachtet (→ Beobachter, → Beobachtung).

Rechtssystem → System, rechtliches

Redundanz. R.en sind gleichsam zu → Strukturen geronnene → Informationen oder Attraktoren der Verarbeitung von Informationen, das, worauf sich ein System bei überraschenden Umweltereignissen zunächst einmal zurückziehen, wohin es ausweichen kann. So können Einheiten innerhalb eines wie auch immer (z.B. segmentär, stratifikatorisch oder multifunktional) differenzierten Systems die bei anderen Einheiten innerhalb dieses Systems ausfallenden Funktionen übernehmen. Funktional ausdifferenzierte Teilsysteme (→ Differenzierung, funktionale) implizieren R.verzicht auf der gesellschaftlichen Ebene. Es ist nur noch eine Selbstabsicherung von → Funktionen möglich. → Varietät ist das Gegenstück zu R.

Re-entry, Wiederverwendung einer → Unterscheidung innerhalb einer Unterscheidung oder Wiedereintritt einer Unterscheidung in sich selbst oder Selbstermöglichung einer Unterscheidung als Unterscheidung oder Wiedereintritt einer → Form in eine Form (→ marked space/ unmarked space): Auf jeden Fall eine → Paradoxie.

Es werde folgende → Operation beobachtet: Ein → System unterscheidet sich als System von seiner → Umwelt. Es benutzt eine Unterscheidung, um sich zu unterscheiden. Man kann auch sagen, daß das System seine Unterscheidung als System voraussetzt, um sich als System unterscheiden zu können. Die vorausgesetzte Unterscheidung kann wieder nur die Unterscheidung eines Systems in einer Umwelt sein. Dies alles kann das System, das eine System-Umwelt-Unterscheidung handhabt, natürlich in dem Moment, in dem es das tut, nicht sehen (→ blinder Fleck). Es operiert auf der Ebene der → Beobachtung erster Ordnung. Beobachtet das System sich selbst, oder wird es von einem anderen System (→ Beobachter) beobachtet (→ Selbst-/ Fremdbeobachtung), was auf jeden Fall Zeit erfordert (→ crossing), dann erst sieht es, wie es das tut, was es tut, nämlich zur Unterscheidung eine Unterscheidung benutzt. Nunmehr ist eine Beobachtung zweiter Ordnung gegeben. R. ist ein Beobachtungsbegriff ausschließlich für diese Ebene.

R. ist Paradoxieentfaltung oder Para-

doxiemanagement. Denn: Es wird unterschieden, obwohl/weil nicht unterschieden werden kann. R. ist paradoxes Paradoxiemanagement. Denn: Das, was unterschieden wird, ist verschieden (→ Differenz) und doch gleich (→ Einheit einer Differenz); System ist die Einheit der Differenz von System und Umwelt: the same is different.

Referenz, Bezeichnungsleistung einer → Beobachtung. Man kann an einer Beobachtung den bloßen Vollzug des Unterscheidens, die → Operation, und die R. (→ Systemreferenz) unterscheiden. Als R.problem ergibt sich die Differenz → Selbst-/Fremdreferenz, wobei jede Selbstreferenz zugleich Fremdreferenz festlegt, nämlich das, was nicht selbst bezeichnet wird (→ marked space/unmarked space, → Unterscheidung). R. und Codierung (→ Code) stehen orthogonal zueinander; die Codierung kann auf der Seite der Selbstreferenz (des Systems) oder der Seite der Fremdreferenz (der Umwelt des Systems) ansetzen (→ crossing).

Reflexionstheorie. Klassisch meint Reflexion oder Selbstthematisierung prozessual die Selbstbeweglichkeit des Denkens und substantiell ein im Denken des Denkens sich selbst bestätigendes → Subjekt (→ Ontologie, → Transzendenz). In der Systemtheorie ist das Selbst, auf das sich etwas bezieht, das System, genauer: ein beobachtendes System oder kurz ein → Beobachter.

R.theorie ist dann im Unterschied zur → Beobachtung zweiter Ordnung einer Beobachtung erster Ordnung (→ Selbst-/ Fremdbeobachtung) eine Beobachtung dritter Ordnung. Sie fragt, wie es möglich ist, daß ein Beobachter beobachtet, wie ein Beobachter beobachtet, was er beobachtet. Kurz: Es geht um Beobachtung der Beobachtung der Beobachtung. Wie jede Beobachtung ist natürlich auch diese Beobachtung eine Beobachtung erster Ordnung. Sie unterscheidet, was sie unterscheidet. Sie kann nicht unterscheiden, wie sie das macht. Sie operiert blind (→ blinder Fleck), aber sie operiert. Das ist paradox (→ Paradoxie). R. tritt auf als Theorie des Systems im System und gehört insofern zum → wissenschaftlichen System. Als spezielle Theorie oder Erkenntnistheorie ist es ihre Aufgabe, die Zuweisung der Werte wahr oder unwahr auf die Selbsterkenntnis des Systems zu regeln. Obwohl das Wissenschaftssystem die seine → Identität stiftende Differenz von wahr und unwahr selbst nicht beobachten kann, beobachtet es sich selbst und bestätigt es seine Identität vermittels der Auszeichnung von Aussagen als wahr oder unwahr. Deshalb ist konstruktivistische R. → Erkenntnis, → Konstruktivismus, systemtheoretischer) im Unterschied zur → klassischen Erkenntnistheorie differenz- oder problem- statt einheits- oder zielorientiert (→ Differenz, → Einheit), statt auf externalisierende Auflösungen auf internalisierende Entfaltungen von Paradoxien hin angelegt (→ Realität).

Reflexivität ist prozessuale Selbstreferenz, und das Selbst, auf das sich die → Operation bezieht (→ Referenz, → Selbst-/Fremdreferenz), ist ein → Prozeß, der seinerseits aus operativ verknüpften Elementen besteht. Hier liegt die Unterscheidung von vorher und nachher zugrunde. Reflexive Mechanismen bezeichnen dann → Komplexität zugleich reduzierende und steigernde → Komplexität, Reduktion und Steigerung von) Anwendungen von Prozessen

auf sich selbst: Lieben der Liebe (Passion), Lernen des Lernens (Lernfähigkeit), Eintausch von Tauschchancen (Kauf/Verkauf), Normierung der Normsetzung (Rechtspositivismus), Forschung über Forschung (Methodologie), Entscheidung über Entscheidungen (Planen), Bewertung von Werten (Ideologie), Denken des Denkens (Reflexion) usw.

Reform als Änderung von Entscheidungsregeln für → Entscheidungen (→ Reflexivität) ist eine Leistung von Systemen in Systemen mit einer Geschichte in einer Umwelt (→ System, autopoietisches). R. muß an reduzierte → Komplexität oder an die Erinnerungsseite des Systemgedächtnisses (→ Gedächtnis) oder an den → status quo oder an die → Struktur anknüpfen und in diesem Sinne konservativ sein (→ Konservativismus, → progressiv/konservativ, → Tradition). Ihr Spielraum bemißt sich nach dem Abstraktionsgrad der Anknüpfung: Abstraktheit korreliert positiv mit → Selektivität (→ Rationalität, → Steuerung).

Regierung und Opposition → Demokratie

Rekombinationsvermögen → Auflöse-/Rekombinationsvermögen

Rekursivität. Bei R. von → Operationen werden die Ergebnisse vorhergehender Operationen zur Grundlage von sich anschließenden Operationen (→ Anschlußfähigkeit, → Relation). R. steht im Kern für Autopoiesis, für die Ermöglichung von Elementen oder relationierter Elemente aufgrund rekursiver Verknüpfung der ermöglichenden Elemente oder relationierenden Relationen (→ System, autopoietisches).

Relation, Verknüpfung von Elementen. Eine R. kann ihrerseits relationiert werden (→ Eigenwert, → Gedächtnis, → Selbstreferenz, mitlaufende, → Struktur).

Relativismus. Es ist eine relativistische Position, wenn gesagt wird, ein → Beobachter könne nur sehen, was er sehen kann, und nicht sehen, was er nicht sehen kann. Der Beobachter gehört mit seinen → Beobachtungen dem unmarked space (→ marked space/unmarked space) an, und da sich dieser nicht markieren läßt, bleibt jede Beobachtung auch anders möglich. Es handelt sich weder um einen objektiven noch um einen subjektiven R., sondern um differenztheoretischen R. mit hohem → Auflöse-/Rekombinationsvermögen.

Religion → Gott, → Immanenz/Transzendenz, → Offenbarung, → Säkularisierung, → System, religiöses, → Teufel, → Theologie

Repräsentation „ist Darstellung der Einheit in der Vielheit, Vergegenwärtigung dessen, was als Vielfältiges nicht gegenwärtig sein kann. Sie setzt Realperfektion und Rationabilität dieser Einheit voraus." (1973b:173) R. als Präsentation der → Einheit des Systems durch das System oder der Einheit des Systems durch eine Einheit (ein System) im System (→ Ganzes-Teil-Schema) ist im Falle → funktionaler Differenzierung nicht mehr möglich (→ Paradigmawechsel). R. ist nur noch möglich als selektive R. durch ein (durch jedes) Teilsystem. Eine einheitliche R. des „Gesamtsystems" (→ Gesellschaft) durch ein Teilsystem oder die Teilsysteme in ihrer Gesamtheit gibt es nicht mehr. An diese Stelle ist die Vielheit differentieller (→ Differenz) Präsentationen von Einheit getreten (→ Multizentrizität, → Polykontexturalität).

Reputation, eine Form sachlich generalisierten (→ Generalisierung/Spezifizierung) → Einfusses. Im Falle von R. findet eine Übertragung überzeugender → Argumentation in einem Fall auf andere Fälle statt. Prominentes Beispiel ist R. als → Zweitcodierung des → wissenschaftlichen Systems. Eine als wahr bewertete Kommunikation neuen → Wissens eines in der Form von Person beteiligten psychischen Systems (Wissenschaftlers) verleiht diesem → Kredit für weitere kommunikative Offerten. R. wirkt allgemein als → Medium der Steuerung sozialer Selektivitäten und zugleich der Motivation (→ Motiv) und Kontrolle.

Resonanz. Im Falle von R. tastet das → System seine → Umwelt nicht wie ein einfaches Kausal- oder → Input-Output-Modell (→ Trivialmaschine) nach → Informationen ab. Es besitzt vielmehr in seinen → symbolisch generalisierten Kommunikationsmedien unterschiedlich schwingungsfähige eigene codierte (→ Code) Sensoren, die eigenselektiv auf Umweltanreize (→ Irritation) ansprechen. Zu viel oder zu wenig R., das ist bei → funktionaler Differenzierung ein → Problem in den Beziehungen selbstselektiv operierender Systeme (→ Systembeziehungen).

Risiko/Gefahr. „Der Unterscheidung von Risiko und Gefahr liegt ein Attributionsvorgang zugrunde, sie hängt also davon ab, von wem und wie etwaige Schäden zugerechnet werden. Im Falle von Selbstzurechnung (auf das System als Handeln, D.K.) handelt es sich um Risiken, im Falle von Fremdzurechnung (auf die Umwelt des Systems als Erleben, D.K.) um Gefahren." (1990q:148) Zur modernen Gesellschaft gehört die

Zurechnung (→ Attribution) dessen, was in ihr geschieht, auf sich selbst (→ Selbst-/Fremdbeobachtung), und zwar auf eigene → Entscheidungen. Das, was auf (Einzel-) Entscheidungen zurechenbar ist, erscheint in ihr als R. Vieles, was zuvor als externe G. erschien, kann so in interne R.en verwandelt werden. Auch G. wird auf neuartige Weise intern externalisiert. Was für den/die einen R., ist für den/die anderen G. Insbesondere die gegenwärtige → Zukunft bei unbekannter zukünftiger → Gegenwart ist entscheidungsabhängig. Wie bei jeder Entscheidung stellt sich erst im nachhinein, in einer zukünftigen Gegenwart, heraus, ob die Entscheidung richtig oder falsch war. Die Zurechnung von R. und G. auf die Gesellschaft ist ein → Problem (→ soziale Bewegung). Das Problem ist nicht mehr nach dem konkreten Modell reziprozitär-solidarischer Abwehr externer G.en zu lösen, sondern nach dem abstrakten Modell der Abfederung oder Ausbalancierung interner G.en durch die funktionalen Teilsysteme (→ Differenzierung, funktionale, → Resonanz).

Rituale „sind Prozesse feierlicher, wichtiger Kommunikation, die zugleich dazu dienen, das Risiko aller Kommunikation, den möglichen Fehlgebrauch der Symbole, zu kontrollieren bzw. als kontrolliert darzustellen." (OF) Der Negationsausschaltung dienen Entsprachlichung, Körperbeteiligung, Rhythmisierung und Stereotypisierung.

Rolle, ein zwischen → Personen übertragbares Erwartungsbündel (→ Erwartungen) an Personen oder ein Auswahlschema des sozialen Systems für die Wahrnehmung von Personen (→ Kopplung). In Zusammenhang mit der Ausdifferenzierung sozialer Systeme (→ Diffe-

renzierung, funktionale) kommt der R.ndifferenzierung eine ähnliche vorbereitend-begleitende Funktion wie der Mediendifferenzierung zu (→ preadaptive advances).

Routine, üblicherweise jenes Wiederholungshandeln, bei dem der arbeitsteilige Spezialisierungsgewinn auf Kosten der arbeitenden Person geht: Umschlag von Rationalität in Pathologie. R. wäre angemessener als eine besondere Art programmierten Entscheidungshandelns zu sehen, bei dem sich das System eine hochgradig vereinfachte, schematische Umweltdarstellung macht und daran sein Handeln konditional ausrichtet (→ Konditionalprogramm). Darin liegt dann ein Rationalitätsgewinn (→ Rationalität). Kehrseite ist die Blockierung von Selbstdarstellungschancen.

Ruhm „ist nichts anderes als die Verlängerung des Lebens im Gedenken der anderen und nicht dokumentierte Individualität." (1995a:94)

Sachdimension von → Sinn (→ Sinndimensionen), beruht auf → Unterscheidungen dessen, was Gegenstand einer → Beobachtung ist: dieser und nicht jener markierte Raum, dies und nicht das, dieses Thema oder dieser Gedanke und nicht jenes Thema oder jener Gedanke.

Säkularisierung. Mit der Entwicklung der Religion zu einem funktional ausdifferenzierten gesellschaftlichen Teilsystem muß sich auch das → religiöse System an seiner gesellschaftlichen Umwelt orientieren. Die Entscheidung für Religion wird freigestellt und privatisiert. Dieser gesamte Zusammenhang zwischen Religionssystem und Gesellschaft ist S. zu nennen.

Sanktion, läßt sich unter Bedingungen

normativ (→ Norm) und moralisch (→ Moral) kontrollierten Handelns begreifen als eine Zusatznormierung der Enttäuschungsabwicklung.

Schemata, dienen ähnlich wie → Themen der Formung des → Gedächtnisses eines Systems. Sie repräsentieren kondensierten (→ Kondensierung) und konfirmierten (→ Konfirmierung) spezifisch relationierten Sinn: Gebrauchssinn von Dingen, alltägliche Wenn-Dann-Verhaltensmuster oder „Gebrauchsanweisungen" für Teilnahmen an Kommunikationen. S. sind nicht stets zu erinnernde Drehbücher für den Vollzug wiederholbarer Operationen.

Schichtung, soziale → Klasse, soziale

Schrift, Form der Differenz von mündlicher und schriftlicher sprachlicher → Kommunikation. Schriftsprache stellt eine Verdopplung der → Sprache dar. Sie stützt sich auf optische statt auf akustische → Wahrnehmung. S. ermöglicht ihrerseits die Differenz von Schreiben und Lesen. Dies steigert den Grad der Unsicherheit oder die Freiheitsgrade von sprachlicher Kommunikation, weil sie einsame sprachliche Kommunikation, Kommunikation bei Abwesenheit von Kommunikationspartnern, ermöglicht. In der Form von gedruckter S. wird vollends eine Befreiung von sachlichen, zeitlichen und räumlichen sowie sozialen Beschränkungen der Kommunikation möglich (→ Freiheit). Texte werden zu → Medien, die vorzugsweise durch Interpretation geformt werden.

Selbst-/Fremdbeobachtung. S. ist die Handhabung einer → Unterscheidung in bezug auf ein Selbst (→ Systemreferenz). S. ist der Vorgang (die → Operation) der → Beobachtung eines → Be-

obachters (Systems) durch sich selbst. Ein Beobachter (ein System, ein Beobachter als System) beobachtet sich selbst, wenn er sich selbst als Beobachter (als System) sieht, d.h. als System in einer Umwelt. Dies ist ein Fall von → reentry, bei dem das System (der Beobachter) die für es (ihn) unzugänglich bleibende Unterscheidung als System in sich selbst wiederholt. Das wiederum heißt Entfaltung einer → Paradoxie, denn obwohl oder weil der Beobachter (das System) sich selbst nicht als Beobachter (als System) identifizieren kann, identifiziert (→ Identität) er (es) sich als Beobachter (als System).

Für F. gilt: Systeme können andere Systeme mit Hilfe nur derjenigen unterscheidenden Operationen beobachten, die sie selbst als Systeme begründen (→ Selbst-/Fremdreferenz, → System, autopoietisches). Ein → psychisches System A beobachtet ein psychisches System B auf der Grundlage von gedanklichen Operationen, ein → soziales System X ein anderes soziales System Y auf der Grundlage von → Kommunikationen. Ein psychisches System ist in der Lage, gedanklich zu beobachten, wie über Kommunikation kommuniziert wird. Es kann über die gedanklichen Operationen psychischer Systeme kommuniziert werden usf.

Es können auch Zugehörigkeiten zu mehreren Systemen (selbst- und fremd-) beobachtet werden, etwa eine bewußte Kommunikation als zugehörig zum psychischen und zum sozialen System (→ Systemgrenze). Der Fremdbeobachter beobachtet wie von außen, der Selbstbeobachter von innen wie von außen.

Selbst-/Fremdreferenz. S. ist allgemein die unterscheidende und Unterschiedene bezeichnende (→ Beobachter, → Beobachtung) Bezugnahme eines Selbst auf sich selbst (→ Referenz, → Systemreferenz, → Selbst-/Fremdbeobachtung). S. ist → basale S., wenn sich → Elemente (→ Ereignisse) durch Bezugnahme auf sich selbst ermöglichen (→ System, autopoietisches), sie ist → Reflexivität, wenn relationierte Elemente auf sich selbst (relationierte Ereignisse auf relationierte Ereignisse) bezogen werden (→ Selbstorganisation), sie ist Reflexion (→ Reflexionstheorie), wenn ein System als ein abgrenzbarer sich selbst ermöglichender Zusammenhang von Elementen (Ereignissen) sich auf sich selbst als System bezieht.

Es gehört zum Begriff der S., daß reine S. nicht möglich ist. Ein Selbst kann natürlich nur sein, was es ist, wenn es nicht das ist, wovon es sich unterscheidet. Dieses Selbstsein ist aber nicht allein aus sich heraus möglich, sondern bedarf der Sicherung seiner operativen Geschlossenheit nach innen durch seine kognitive Offenheit nach außen, der Fähigkeit zur internen Verarbeitung von selbst als für sich selbst relevant ausgewählten → Informationen (→ Irritation) aus seiner Umwelt. S. ist ohne F. nicht möglich; S. ist entsprechend Bezeichnung der → Einheit der → Differenz von S. und F.

Selbstorganisation. In Abgrenzung zur Autopoiesis werden hier durch das System nicht die zur Reproduktion des Systems erforderlichen → Elemente (→ System, autopoietisches), sondern über die selektive (→ Selektivität) Relationierung von Elementen (→ Ereignissen) und → Relationen oder → Prozessen (verknüpften Ereignissen) → Strukturen erzeugt. S. ist derjenige Aspekt der selbstreferentiellen Erzeugung und Ver-

änderung von Systemen, der mit der Umsetzung von Umweltereignissen in Strukturen zu tun hat (→ Evolution).

Selbstreferenz, basale. Die Erhaltung der → Elemente (→ Ereignisse) eines Systems durch Bezugnahme auf sich selbst: z.b. Erhaltung von Kommunikation durch Kommunikation, Handlung durch Handlung, Zahlung durch Zahlung. B. S. ist natürlich nur in Systemen möglich; sie ist aber insofern als b. besonders auszuzeichnen, weil sie die → Operationen des Systems von seinen es sich durch ihre Relationierung (→ Relation) konstituierenden Elementen her betrachtet (→ System, autopoietisches).

Selbstreferenz, mitlaufende, meint die stets aktualisierte → Einheit der → Differenz von → Selbst-/Fremdreferenz. Durch Bezugnahme auf sich selbst beziehen sich Systeme auf ihre Welt, d.h. auf ihre → Geschichte aktualisierter und nicht aktualisierter Möglichkeiten (→ Eigenwert, → Gedächtnis, → Struktur).

Selbstreflexion → Rationalität, → Reflexionstheorie, → Selbst-/Fremdbeobachtung, → Selbst-/Fremdreferenz, → Universaltheorie

Selbstsimplifikation. Kein System kann qua Selbstreflexion eine vollständige Beschreibung seiner selbst in sich selbst leisten (→ Reflexionstheorie, → Selbst-/Fremdbeobachtung). S. auf der Systemebene heißt Reduktion reduzierter Komplexität, Rationalitätsgewinn durch Rationalitätsverlust (→ Rationalität).

Selbstsubstitution. Jedes System, das nicht durch ein anderes, sondern nur durch sich selbst ersetzbar ist, ist selbstsubstitutiv. Durch sich selbst ersetzbar sein heißt, sich selbst verändern oder entwickeln können. Welt ist nur durch

Welt, Gesellschaft nur durch Gesellschaft, Recht nur durch Recht usw. ersetzbar.

Selektion, die systemeigene Auswahl neuartiger Umweltereignisse für Wiederverwendbarkeit im System (→ Evolution, → Information, → Irritation, → Struktur): „Selektion ist eine Beobachtung der strukturellen Relevanz einer Variation unter dem Gesichtspunkt ihres Vorzugswertes." (1992d3:576)

Selektivität, kontingente (→ Kontingenz) Möglichkeit der Auswahl aus Möglichkeiten (→ Erkenntnis, → Konstruktivismus, systemtheoretischer, → Sinn, → Welt). Zunehmende S. erweitert kontingente Möglichkeiten und beschränkt zugleich die Beliebigkeit weiterer Selektionen. S. steigert und verringert Komplexität gleichzeitig (→ Komplexität, Reduktion und Steigerung von).

Semantik, als bewahrenswert ausgezeichnete kondensierte (→ Kondensierung) und konfirmierte (→ Konfirmierung) → Beobachtungen. Im Unterschied zu einzelnen → Sinn aktualisierenden Ereignissen des Erlebens und Handelns bezeichnet S. „einen höherstufig generalisierten, relativ situationsunabhängig verfügbaren Sinn." (1980c: 19) S. kann sich auf alltäglichen Gebrauch von Sinn beziehen, der für jedermann verfügbar ist. Gepflegte S. hat es mit textförmig (→ Schrift) kondensiertem und konfirmiertem begrifflich abstrahierten Sinn zu tun (→ Begriffe, → Wissen). Die jeweilige S. steht in einem korrelativen Verhältnis zur gesellschaftlichen Struktur. Sie ist beobachtbar. Beobachtungen semantischer Veränderungen sind dann Beobachtungen gesellschaftlicher Strukturveränderungen (→ Evolution, soziale, → Evolution von

Wissen).

Sequenzialisierung. In jedem System geschieht in jedem Augenblick zwar alles, was geschieht, gleichzeitig; aber: jede Operation erfordert → Zeit, und in komplexen sinnhaften Systemen könnten sinnhafte Operationen als verschiedene rekursive Selektionen ohne Inanspruchnahme von Zeit nicht gelingen. → Komplexität erzwingt S. (→ Komplexität, Temporalisierung von). Nicht alles, was gesagt werden könnte, ließe sich augenblicklich gleichzeitig sagen. S. verweist mithin auf zeitliche Formen der → Asymmetrisierung (→ Zeitdimension), auf Ermöglichung von → Anschlußfähigkeit und Paradoxieentfaltung (→ Paradoxie).

Sexualität, entsteht durch → Beobachtung des eigenen bzw. fremden → Körpers durch ein Bewußtsein (→ Selbst-/Fremdbeobachtung. Bei der S. handelt es sich „um ein Erleben, in dem die Körper als Körper zählen und ihr Begehren als Begehren des Begehrens." (1995v:169)

Sinn, allgemein die → Einheit der → Differenz von Aktualität und Possibilität des in → Sinnsystemen möglichen sinnhaften Erlebens und Handelns (→ Horizont, → Welt). S. als Einheit der Differenz von Aktualität und Possibilität ist als diese differentielle Einheit nicht seinerseits als different zu irgendetwas anderem, z.B. Nichtsinn oder Natur, gesetzt. S. als die Einheit einer Differenz ist selbst nicht beobachtbar (→ Beobachtung). Deshalb ist S. nur durch S. negierbar, ist S. eine diffenzlose Kategorie (→ Begriffe, differenzlose). Als Bezeichnung für die → Form des nur in S.systemen möglichen sinnhaften Erlebens und Handelns ist S. eine Modalkategorie, denn sie gibt an, daß aktuelles sinnhaftes Erleben oder Handeln immer nur im Lichte virtuellen sinnhaften Erlebens oder Handelns S. macht.

S. als evolutionäre Errungenschaft (→ Evolution, → Evolution, soziale) wird gleichsam als → Medium sinnverarbeitenden Systemen zur Verfügung gestellt, also trägerfrei eingerichtet. Die mit S. arbeitenden Systeme zeichnen prinzipiell beliebige Formen in das unverbrauchbare Medium S. ein, denn erst eine → Unterscheidung erzeugt bestimmten S. und unbestimmten S. zugleich (→ Sinndimensionen). Zwar gibt es für autopoietische S.ysteme grundsätzlich keine Beschränkungen zugelassenen bestimmten S.s, aber Beschränkungen, die das System sich qua → Gedächtnis als Einheit des Erinnerns und Vergessens bezüglich bewahrenswerter Unterscheidungen von S. selbst auferlegt (→ Begriffe, → Semantik, → Struktur).

Dieser S.begriff ist primär nicht auf das Aufwerfen und Beantworten von S.fragen im überlieferten Verständnis hin angelegt. S. ist kein begründungshaltiger Sachverhalt.

Sinndimensionen, ergeben sich aus → Unterscheidungen (→ Beobachter, → Beobachtung), die an den differenzlosen Sinnbegriff anknüpfen (→ Begriffe, differenzlose, → Sinn). Unterschieden werden: → Zeit-, → Sach- und → Sozialdimension. Diese S. sind in jedem aktuellen Sinn eines Ereignisses gleichzeitig gegeben.

Sinnsystem, ein System, das ohne die Bezugnahme auf → Sinn nicht operieren kann. S.e sind co-evolutionär ausdifferenzierte (→ Evolution, → Evolution, soziale) → psychische Systeme, die unmittelbar mit Bewußtsein operieren, und → soziale Systeme, die unmittelbar

mit Kommunikationen operieren.

Souveränität, politische, diejenige historische → Semantik, welche die Einheit eines sozialen oder politischen „Körpers" (Systems) als Entscheidungsproblem thematisiert (→ Staat). Annahme ist, daß es irgendeine und nur eine Möglichkeit oder Instanz ungebundener, auch selbstbindungsfähiger, Entscheidung geben müsse, um die Einheit des Ganzen (Systems) als fraglos zu garantieren (→ Ganzes-Teil-Schema, → Hierarchie, → Repräsentation).

Sozialdimension von → Sinn, jene Beobachtung, bei der es um die Adressaten von → Kommunikationen, um → Personen geht.

Soziale Bewegung, ein kommunikatives Geschehen, das quer zu den oder außerhalb der erfolgreich ausdifferenzierten Funktionssysteme(n) stattfindet. Es wird so kommuniziert, als könnte man die → Gesellschaft von außen beobachten oder gar ihre wirkliche Einheit als einen vernünftigen politischen Zusammenhang anmahnen (→ Politikbegründung, klassische, → Protest). S. B. ist ein autopoietisches → soziales System mit der „Funktion" gesellschaftlicher Selbstalarmierung (→ Angst, → ökologische Kommunikation, → Risiko/Gefahr).

Soziale Marktwirtschaft, Selbstbeobachtung (Selbst-/Fremdbeobachtung) des → politischen Systems, welche die Vereinbarkeit des kapitalistischen und sozialistischen Wirtschaftens als Utopie behauptet, ohne diese Utopie als solche sichtbar zu machen. Mit dieser Utopie wird die Unberechenbarkeit und Unbeherrschbarkeit autopoietisch operierender gesellschaftlicher Teilsysteme (→ Differenzierung, funktionale, → Resonanz, → Steuerung) oder die Unbeherrschbarkeit der Gesellschaft insgesamt (→ Repräsentation) als ihren → blinden Fleck abdunkelnde politische → Paradoxie erkennbar.

Soziale Ordnung → Ordnung, soziale

Soziales. In der Einheit des S.n werden die Differenzen von → psychischen Systemen nicht aufgehoben, nicht zur Deckung gebracht; auch die Situation → doppelter Kontingenz wird nicht überwunden. Die von den je beteiligten psychischen Systemen qua Bewußtsein eingebrachten sinnhaften Selektionen erhalten in ihrer und durch ihre eigenselektive (→ Selektivität) Bezugnahme aufeinander einen eigenständigen oder emergenten (→ Emergenz) Status als Elemente eines eigenen kommunikativen oder → sozialen Systems. (→ Interpenetration, → Kopplung). So wird S. nicht auf Psychisches oder Individuelles und Psychisches oder Individuelles nicht auf S. reduziert oder beides nicht als nur je die andere Seite einer sonst einheitlichen Medaille ausgegeben.

Soziales System → System, soziales

Sozialforschung → Empirische Sozialforschung, → Erkenntnistheorie, empirische, → Hypothese

Sozialintegration, bei → funktionaler Differenzierung (→ Evolution, soziale) im wesentlichen eine Folge des unmittelbaren Wahrnehmens (→ Wahrnehmung) des → Verhaltens anderer, der → Kommunikation unter Anwesenden (→ Interaktionssystem), dabei wirksamer Erwartungserwartungen (→ Erwartungen, → Moral) und insoweit in ihrer Reichweite beschränkt (→ Inklusion/ Exklusion, → Integration, → Ordnung, soziale).

Sozialisation, im Unterschied zur → Erziehung als einer Einflußform die Form der eigenselektiven Aneignung von enttäuschungsfesten und dennoch enttäuschbaren Erwartungserwartungen (→ Erwartungen). S. ist immer Selbstsozialisation. Nach Maßgabe der Differenz von S. und Inklusion ist S. der Gesichtspunkt, von dem aus das → Individuum für die Gesellschaft relevant ist, und Inklusion der Gesichtspunkt der Relevanz der Gesellschaft für das Individuum (→ Person, → Inklusion/Exklusion). Es sind Differenzen, die sozialisieren. Jede an eine Person gerichtete und von dieser wahrgenommene Verhaltenszumutung erzeugt im Bewußtsein der Person eine Differenz, eine Information, die zu konformer oder lernender Verarbeitung Anlaß gibt.

Sozialsystem, elementares → Interaktionssysteme

Sozialsystem, organisiertes → Organisation

Soziologie. Alle bisherige S. ist der klassischen bzw. vorsystemtheoretischen → Tradition zuzurechnen. Sie betrachtet ihren Gegenstand, die → Gesellschaft, wie von außen. Sie sucht nach dem, was ab extra hinter allem steckt (→ Erkenntnistheorie, klassische, → Latenz). S. kann deshalb nur sehen, was sie sieht (→ Beobachtung erster Ordnung). Sie ist auf → Einheit aus, wo es doch um → Differenz geht.

Gegenstand systemtheoretischer S. als Theorie der Gesellschaft in der Gesellschaft oder als → Reflexionstheorie des Sozialen (→ Soziales, → System, soziales) ist nunmehr vom Ansatz her die Differenz von Gesellschaft und → Mensch, ist die Auflösung von Einheit in Diffe-

renz, samt aller diese Differenz konstru-
ierenden und daran anschließenden Differenzen (→ Autologik, → Erkenntnis,
→ Konstruktivismus, systemtheoretischer, → Realität). Als Reflexionstheorie universellen Zuschnitts muß S. sehen,
daß sie in der Gesellschaft vorkommt
und sich darauf beziehen muß (→ Universaltheorie). Sie muß sich intern exter-
nalisieren, kann sich selbst nur Gegenstand sein, wenn sie es nicht sein kann.
Sie muß sich paradox konstituieren und
sich als entfaltete → Paradoxie begreifen. S. muß begreifen, daß sie nur sieht,
was sie sieht, und nicht sieht, was sie
nicht sieht. Das ist möglich, und das ist
der Fall. Dahinter steckt nichts weiter,
denn eine entfaltete Paradoxie ist das,
was sie ist, nicht mehr und nicht weniger.
So abgegrenzt wirkt S. wie eine Theorie
ohne Eigenschaften, die weder auf eine
bestimmte Bestimmung ihres Gegenstandes noch, im Anschluß daran, auf
die Entfaltung bestimmter Implikationen
der bestimmten Bestimmung ausgelegt
ist. Tatsächlich ist die Aussage einer paradoxen Konstitution ihrer selbst eine
bestimmte Bestimmung, nämlich eine,
die sich von sich selbst abhängig und
damit von einer bestimmten Bestimmtheit ihres Gegenstandes, dem sie zugehört, abhängig weiß. Entfaltung dieser
bestimmten Bestimmung heißt ihrerseits
Entparadoxierung ihrer selbst durch sich
selbst.

Spezifizierung → Generalisierung/Spe-
zifizierung

Sprache ist kein System. Ihre Wirklichkeit besteht in der Beobachtbarkeit (→
Begriffe, → Beobachter, → Beobachtung, → Semantik) ihres Gebrauchs und
nicht in ihrer Funktion für etwas davon

unabhängig real Gegebenes. S. erweitert
die Möglichkeiten von → Kommunikationen über das bloße Wahrnehmen (→
Wahrnehmung) hinaus. S. ist, allgemeiner gewendet, eine begleitende und för-
dernde Erscheinung der gesellschaftlichen Evolution (→ Evolution, soziale).
Ihre diesbezügliche Rolle wird namentlich gesteigert, wenn sie in Schriftform
(→ Schrift) über Verbreitungsmedien
(zuerst: Buchdruck, dann: → Massenmedien) die Grenzen kommunikativer
Erreichbarkeit überwindet und wegen ihrer Schriftform die Möglichkeiten der
Kommunikation, gerade von Neins, vor
allem von sozialen Beschränkungen freisetzt (→ Freiheit).
S. ermöglicht die Ausdifferenzierung
von psychischen Systemen (qua auffälli-
ger Beanspruchung von Bewußtsein)
und sozialen Systemen (qua Zurverfügungstellung von hoher Unterschei-
dungsfähigkeit (→ Auflöse-/Rekombina-
tionsvermögen)). S. ist ein → Medium,
das der Bildung von → Formen im Bewußtsein und in der Kommunikation
dient und so die strukturelle → Kopplung psychischer und sozialer Systeme
ermöglicht (→ Interpenetration).

Staat, simplifizierende Selbstbeschreibung (→ Selbst-/Fremdbeobachtung, →
Selbstsimplifikation) des → politischen
Systems der Gesellschaft. Die Simplifikation besteht in der Eingrenzung der
S.sbegrifflichkeit auf die Gesamtheit der
mit der Herstellung bindender Entscheidungen befaßten Einrichtungen des politischen Systems. Als simplifizierende
Selbstbeschreibung des politischen Systems erhält der S. in der Form des
konstitutionellen S.es die Form eines
Mediums der Kopplung zwischen
Rechtssystem und politischem System

(→ Rechtsstaat, → Verfassung). Implikation dieses S.sbegriffs ist eine Abkehr von der Vorstellung, der S. repräsentiere das Ganze (die Gesellschaft) im Ganzen (in der Gesellschaft) (→ Ganzes-Teil-Schema, → Repräsentation, → Souveränität, politische) oder sei sogar das Ganze. Mit der Abkehr von solchen Vorstellungen wird auch die Legitimation (→ Legitimität) staatlichen Handelns ab extra (durch Gott, durch Tugendgemäßheit, durch Moralität) ersetzt durch die Selbstlegitimation des S.es.

Stabilisierung oder Retention, in der Systemtheorie der → Evolution die auf die Autopoiesis des Systems als System (→ System, autopoietisches) bezogene Sicherung der → Redundanz selektierter (→ Selektion) neuartiger Umweltereignisse.

Status quo, hat nicht den Stellenwert des Bewahrenswerten, sondern einfach von reduzierter Komplexität (→ Eigenwert, → Gedächtnis, → Geschichte, → Komplexität, Reduktion und Steigerung von, → Selbstreferenz, mitlaufende, → Struktur). Mit dieser ist zu rechnen, wenn es um Änderungen von Systemzuständen geht (→ Konservativismus, → konservativ/progressiv, → Reform, → Tradition).

Stelle, eine der wichtigsten kontingent-selektiven (→ Kontingenz, → Selektivität) entscheidungsabhängigen Einrichtungen einer → Organisation: die Bündelung von sachlichen Aufgaben, kommunikativen Befugnissen, zugehörigen Verantwortlichkeiten und insbesondere personellen Besetzungen ist änderbar. Eine S. fungiert als abstrakter Identifikationsgesichtspunkt für Mitgliedschaftsrollen.

Steuerung als intendiertes oder planen-

des Systemereignis ist auf Differenzminderung hin angelegt. Akteur oder → Beobachter ist ein System, das zwischen einem System, auch sich selbst, und einem anderen System eine auf bestimmte konstruierte Sachverhalte oder Ereignisse bezogene → Differenz konstruiert (→ Selbst-/Fremdbeobachtung). Ein antizipierter Abstand zwischen mindestens zwei Zuständen mindestens eines → Ereignisses soll ereignishaft verringert werden (→ Planung, → Rationalität, → Zweckprogramm). Da es sich bei spezifisch erzeugten Differenzen und spezifisch erzeugten Minderungen von Differenzen um kontingente Sachverhalte handelt, gilt die Formel von der gleichzeitigen Minderung und Steigerung von Differenzen. S. ist möglich. Die Frage ist nur, wo ihre Grenzen liegen. Die Begrenzung liegt in der beherrschbaren → Komplexität. Hinsichtlich gesellschaftlicher S. ist zu beachten: Bei → funktionaler Differenzierung kann ein Teilsystem seine Beziehungen zu anderen Teilsystemen nur nach Maßgabe seines operativen → Codes kontrollieren, mit der möglichen Folge von zu viel oder zu wenig → Resonanz. Die → Organisationen in den Teilsystemen übernehmen zu einem guten Teil die anfallenden und die ausgefallenen S.saufgaben, mit der Folge der Einrichtung von Unterbrechungen in den anschlußfähigen Operationen über Ungleichverteilungen von Macht, Zahlungsfähigkeiten usf. (→ Anschlußfähigkeit, → Inklusion/Exklusion) und in der Form der Einrichtung von die → Systemgrenzen überschreitenden kontrollierenden interorganisationalen Austauschbeziehungen. Am gesamtgesellschaftlichen S.sdefizit ändert das grundsätzlich nichts (→ Versagenssyndrom).

Sthenographie/Euryalistik. S. ist die „Lehre" von der Nichthandhabbarkeit von → Paradoxien. Stheno ist eine der Gorgonen, deren Anblick jeden Sterblichen erstarren läßt. Wenn man hinsieht, sieht man nichts mehr, man kann nicht beobachten. Paradoxien nach diesem Modell werden nur vorgeführt, aber nicht entparadoxiert. Euryale ist ebenfalls eine der Gorgonen. Sie belohnt den, der sie nicht beobachtet. E. ist dann die „Lehre" vom Nichtinsehenkönnen als Voraussetzung des Sehenkönnens. Paradoxien werden nach diesem Modell entparadoxiert. Die Theorie der → Beobachtung hält ihrerseits Paradoxien für unvermeidlich und nicht auflösbar, aber für entfaltbar. Jede Beobachtung ist durch den → Beobachter, der sie vornimmt, selbst nicht beobachtbar (→ blinder Fleck). Aber der Beobachter kann sich selbst beobachten oder durch einen anderen Beobachter beobachtet werden (→ Selbst-/Fremdbeobachtung, → re-entry). Dieser Beobachter zweiter Ordnung sieht dann immerhin, daß der Beobachter erster Ordnung das nicht sehen kann, was er nicht sehen kann.

Struktur, eine kontingent-selektive (→ Kontingenz, → Selektivität) Verknüpfung von Elementen (→ Relation) von relativer Dauerhaftigkeit (Relationierung von Relationen, → Konditionierung, → Selbstorganisation). Eine S. grenzt Wahlmöglichkeiten ein, verbürgt eine gewisse Sicherheit von → Erwartungen. Eine S. ist eine bis auf weiteres festgelegte Anweisung für die Bildung von Erwartungen in verschiedenen Situationen (→ Eigenwert, → Gedächtnis). Strukturen stehen für die Reversibilität der → Zeit. → Autopoietische Systeme sind strukturdeterminierte Systeme.

Struktur, latente → Latenz

Strukturelle Kopplung → Interpenetration, → Kopplung

Subjekt. In der → klassischen Erkenntnistheorie werde das sich im Denken des Denkens bestätigende S., ein sich selbst gewisses Bewußtsein, angenommen, das außer sich selbst auch allem anderen zugrundeliege (→ Transzendenz). Das Bewußtsein werde zum Subjekt der Objekte, sich selbst als Objekt einschließend, erklärt. Somit erweise sich der Begriff des S.s als festgelegt auf die selbstreferentielle Begründung der → Kognitionen des Bewußtseins durch die Kognitionen des Bewußtseins. Angesichts einer Mehrzahl erkennender S.e sei allerdings die Frage zu beantworten, welches S. richtig erkenne, was etwa wieder ein S. erforderte, welches die S.e wie von außen zu beobachten hätte usf. Dann aber könnte es nur ein und kein anderes S. geben. Damit schiede die Möglichkeit einer durch die S.e irrtumsfrei erkennbaren ihnen gemeinsam vorgegebenen Welt aus. Intersubjektivität wäre unmöglich.

Systemtheoretisch besteht der erste wesentliche Unterschied zur subjektiven S.svorstellung in der Umstellung von S. auf → Beobachter, vorstellbar als objektiviertes S., genauer auf Beobachter als System. Jedes System ist Beobachter, ein biologisches, psychisches oder ein soziales System. Die systemtheoretische Vorstellung ist also vom Ansatz her die eines sich selbst und allem anderen zugrundeliegenden selbstreferentiellen objektivierten S.s, eines sich selbst beobachtenden Beobachters (→ Selbst-/Fremdbeobachtung, → Selbst-/Fremdreferenz, → System, autopoietisches). Das führt zum zweiten wesentlichen Unterschied. Da jeder Beobachter nur das beobachtet, was er beobachtet, gibt es eine Vielheit von → Beobachtungen, die nicht in eine Beobachtung überführt werden können (→ Polykontexturalität, → Welt). Für den Beobachter der Beobachter ist kein Platz (→ Repräsentation). Ein dritter wesentlicher Unterschied betrifft die Position der Beobachter in der Gesellschaft. Anders als die S.e sind die Beobachter in die Gesellschaft durch Einschluß ausgeschlossen, sie sind in der Gesellschaft Umwelt der Gesellschaft (→ Soziologie).

Symbiotische Mechanismen, älterer Begriff für diejenigen → Medien, mit deren Hilfe ein → Sinnsystem festlegt (→ Selbst-/Fremdbeobachtung), in welcher Beziehung relevante Bereiche des Organischen oder des → Lebens zu seinem seine → Operationen vermittelnden Medium, speziell → symbolisch generalisierten Kommunikationsmedium, stehen. Potentialisiert werden: → physische Gewalt in bezug auf Macht, → Bedürfnisse in bezug auf Geld, → Wahrnehmung in bezug auf Wahrheit, → Sexualität in bezug auf Liebe. S. B. sind notwendiges Korrelat von symbolisch generalisierten Kommunikationsmedien, eine Art universeller Möglichkeitsgarantie ihrer Funktionalität.

Symbol, klassisch die Präsentation der → Einheit einer → Differenz (→ Zeichen). Erst wenn die → Unterscheidung von etwas als S. in sich selbst wiederholt wird, ist systemtheoretisch von S. zu sprechen. Ein S. präsentiert immer die Einheit einer wiedereintrittsfähigen Differenz. Die Unterscheidung und → Bezeichnung von etwas als S. folgt dabei der Logik der → Paradoxie des Beobachtens.

Die → Beobachtung von etwas als S.

läßt sich anhand der Linie von Differenzen wie Gast/Gastgeber, vertraut/unvertraut (→ Lebenswelt, → Vertrautheit) und Recht/Unrecht verdeutlichen. Die Differenz von Gast und Gastgeber könnte man mit dem Begriff Gastfreundschaft belegen. Das wäre eine nur klassifikatorische Unterscheidung. Würde Gastfreundschaft ihrerseits durch ein → Zeichen, wie die passenden Tonscherben von Gast und Gastgeber bei den Griechen, dargestellt, wäre das bereits eine Symbolisierung im Sinne von S. als Zeichen für Zusammengehöriges; das Zeichen wäre vom Bezeichneten unterschieden. Stünde schließlich die Tonscherbe in der Hand des Gastes für Gastfreundschaft als Differenz von Gast und Gastgeber, käme die Unterscheidung von etwas als Gastfreundschaft in sich selbst wieder vor (→ re-entry). Jetzt würde die Einheit einer Differenz präsentiert. Und: Das Vertraute, die für Gastfreundschaft stehende Tonscherbe in der Hand des Gastes, symbolisierte die Differenz von Vertrautem (Gastfreundschaft) und Unvertrautem (dem durch Gastfreundschaft bestimmt ausgeschlossenen Unbestimmten). An einem Beispiel zu den → symbolisch generalisierten Kommunikationsmedien: Recht symbolisiert die unbeobachtbare Einheit der Differenz von Recht und Unrecht. Innerhalb des Rechts kann zwischen Recht und Unrecht unterschieden, die Differenz von Recht und Unrecht beobachtet werden.

Symbolisch generalisierte Kommunikationsmedien → Kommunikationsmedien, symbolisch generalisierte

Symbolisierung, diabolische. Die Symbolik (→ Symbol) einer differenztheoretisch gebauten Theorie autopoietischer Systeme ist eo ipso d.r Art. Es kommt statt auf → Einheit auf → Differenz an.

Synchronisation. Das Erfordernis der S. folgt aus der Differenzierung von → Zeit und dem Zeitbedarf aneinander anschließender (→ Anschlußfähigkeit) → sinnhafter Operationen (→ Asymmetrisierung, → Komplexität, Temporalisierung von). Jeweilige Vergangenheiten und Zukünfte sind gegenwärtig unter Anwendung eines chronometrischen Zeitmaßes aufeinander abzustimmen.

System. Ungeachtet aller Paradigmenwechsel (→ Paradigmawechsel) gilt als S. einheitlich alles das, worauf die Unterscheidung von innen (System) und außen (→ Umwelt) anwendbar ist; etwas genauer: die Annahme des Bestehens von S.en beinhaltet die Annahme einer → Differenz von S. und Umwelt (→ Komplexität, → System, autopoietisches, → System-Umwelt-Theorie). S.e bestehen nicht an sich, sondern sind Resultat von wirklichen → Beobachtungen als → Unterscheidungen und → Bezeichnungen des Unterschiedenen eines → Beobachters oder beobachtenden S.s. Wirklich sind Beobachtungen allein schon deshalb, weil sie tatsächlich erfolgen (→ Erkenntnis, → Konstruktivismus, systemtheoretischer, → Realität); und sie sind immer schon erfolgt (→ Evolution, → Evolution, soziale). So muß jede Beobachtung von S.en (= beobachtenden S.en) anknüpfen an vorausgesetzte wirkliche Beobachtungen von S.en (=beobachtete S.e), kann also nicht mit beliebigen S.-Umwelt-Unterscheidungen operieren. S.e beobachten S.e, die S.e beobachten.

System, allopoietisches → Trivialmaschine

System, autopoietisches, ermöglicht die elementaren Einheiten (→ Elemente, → Ereignis), aus denen es basal „besteht", durch operative Verknüpfungen (→ Anschlußfähigkeit) zwischen eben diesen Einheiten, aus denen es basal „besteht" (→ Selbstreferenz, basale). Ein a. S. erzeugt oder ermöglicht sich selbst; z.B.: werden im wirtschaftlichen System Zahlungen durch Zahlungen ermöglicht, ermöglichen sich Zahlungen durch sich selbst.

Ein a. S. ist ein selbstreferentiell-zirkulär geschlossener Zusammenhang von → Operationen, der seine eigene operative Geschlossenheit durch seine eigene selbstbezügliche kognitive (→ Kognition) → Offenheit sichert, seinen Umweltkontakt durch Selbstkontakt herstellt (→ Selbst-/Fremdreferenz, → System, geschlossenes/offenes). Die Geschlossenheit besteht darin, daß der Operationsmodus ausschließlich über den systemspezifischen → Code, z.B. Zahlung/Nichtzahlung, läuft. Das System ist kognitiv offen gegenüber seiner Umwelt, weil es mittels seines Sensoriums, seines Codes, Ereignisse in seiner Umwelt in systemspezifische Ereignisse übersetzt (→ Irritation, → Information,). Es kann nicht operieren, wenn seine Elemente frei fluktuieren. Es muß sie verschiedenartig relationieren und die → Relationen ihrerseits relationieren, also relativ stabile → Strukturen bilden, d.h. sich selbst organisieren (→ Selbstorganisation) oder → Eigenwerte (→ Gedächtnis) bilden; es muß → Komplexität reduzieren und steigern (→ Komplexität, Reduktion und Steigerung von). Deshalb ist ein a. S. immer auch ein strukturdeterminiertes System. Zu den Funktionsvoraussetzungen eines a.n S.s gehört des weiteren seine strukturelle → Kopplung mit seinen Umwelten (→ Interpenetration, → Materialitätskontinuum) oder seine Umweltangepaßtheit. Kumulativ gilt für ein a. S.: operative Geschlossenheit, kognitive Offenheit, Strukturdeterminiertheit und Umweltangepaßtheit.

Ein a. S. operiert grundsätzlich ateleologisch (→ Teleologie) und kann auf operativer Ebene nicht in seine Umwelt eingreifen (→ Selbst-/Fremdbeobachtung, → Systemgrenze).

System, erzieherisches, besteht aus der Gesamtheit derjenigen → Kommunikationen, die mit der Selektion für → Karrieren innerhalb und außerhalb des formal organisierten e.n S.s zu tun haben. → Medium der Selektion ist das → Kind. Der → Steuerung der Selektion dienen die folgenden Duale: → Konditionierung und Selektion des → Verhaltens (Lob oder Tadel), Prüfungen als restriktiv veranstaltete Interaktionen unter Anwesenden (Versetzung oder Nichtversetzung, Abschluß oder Nichtabschluß) und Zensuren (besser oder schlechter); zentrale Bedeutung haben dabei die Zensuren. Die Einheit des → Codes bezeichnet → Erziehung. Der positive Wert des Codes (bessere Zensur) dient positiver, der negative Wert (schlechtere Zensur) der Reflexion der Gründe negativer karrieremäßiger → Anschlußfähigkeit. Die → Kontingenzformel des Systems heißt → Lernfähigkeit. Programmiert wird das e.e S. durch Lehr- und Lernprogramme; Bildung heißt die Einheit der → Programme. Als Selektion für Karrieren ist die → Funktion und als Ermöglichung eher unwahrscheinlicher Möglichkeiten für Kommunikationen die → Leistung des e.n S.s bestimmt. Dabei ist die systemkonstituierende Selektionsfunktion als unvermeidlich zu unterstel-

len, sonst wäre sie nicht systemkonstitutiv: sie ist auch und gerade dannn wirksam, wenn sie vermieden werden soll. Pädagogik bezeichnet die → Reflexionstheorie des Systems.

System, geschlossenes/offenes. Ein g. S. müßte ohne jeden Umweltkontakt operieren können. Dies ist nicht einmal bei technisch-physikalischen Systemen möglich; selbst ein Thermostat benötigt einen Kontakt nach außen (→ Trivialmaschine). Für den Systembegriff ist die Einheit der Differenz von Geschlossenheit und Offenheit konstitutiv. Nach der Theorie des umweltoffenen Systems (→ System-Umwelt-Theorie) steht ein von seiner Umwelt hinsichtlich seiner primären Funktionen unterscheidbares System mit seiner Umwelt in Austauschbeziehungen (Annahme gemeinsamer Ereignisse, → Leistung). → Autopoietische bzw. selbstreferentielle lebende und sinnhafte Systeme sind bzw. operieren immer geschlossen und offen zugleich. Sie verfügen a) über die Möglichkeit autopoietischer Reproduktion ihrer basalen Einheiten über deren Relationierung (operative Geschlossenheit, → Operation, → Selbstreferenz, basale) und b) über mehr oder minder große Spielräume oder Freiheiten (je nach ihrer Strukturdeterminiertheit oder dem Grad ihrer Relationiertheit ihrer Relationen), wahrgenommene Umweltvorgänge in Systemvorgänge (etwa Prozeß- oder Strukturänderungen) zu übersetzen (→ Information, → Kognition, → Prozesse, → Struktur).

System der Kunst. Kunst als → autopoietisches System besteht aus kontingent-selektiven (→ Kontingenz, → Selektivität) Kunstkommunikationen (→ Kommunikation). Kunst bezieht sich auf jene → Beobachtungen von → Welt, die es darauf anlegen, als Beobachtungen von Welt beobachtet zu werden. Sie ist damit eine Beobachtungsform zweiter Ordnung. Die kommunikativen Letztelemente des S.s d. K. oder eben die Kunstkommunikationen sind die Kunstwerke. Die Kunst kommuniziert durch Kunstwerke, und an der Kunstkommunikation sind der Künstler und der Kunstbetrachter als → Beobachter beteiligt. Deshalb ist Kunst Kommunikation durch und über Kunst. Bei Kommunikation durch Kunstwerke ist die Information im Werk externalisiert, die Mitteilung an der Hergestelltheit des Werkes zu erkennen und das Verstehen auf die selektive Nachvollziehbarkeit dieser Differenz bezogen. Jedes Kunstwerk ist im übrigen als ein kommunikatives → Objekt zu unterscheiden von seiner Wahrnehmbarkeit oder Anschaubarkeit und von seiner materiellen Realisation, d.h. auch Kunstkommunikation bedarf der strukturellen → Kopplung (→ Materialitätskontinuum) mit ihrer Umwelt. Als gesellschaftliche → Funktion des S.s d. K. kann gelten, die Möglichkeiten der Beobachtung einer nicht beobachtbaren Welt, die Einheit der Differenz der Beobachtbarkeit und Unbeobachtbarkeit der Welt, in Kunstwerken sichtbar zu machen. → Medium der Kunst ist die Freiheit der Formbildung, die Schaffung von → Formen aus Formen. Codiert (→ Code) ist das S. d. K. durch die Differenz schön/häßlich im abstrahierten Sinne von stimmig/unstimmig. Die Selbstprogrammierung (→ Programme) kommt in der mit dem Kunstwerk als Kunstwerk gegebenen Unterscheidung von neu/alt zum Ausdruck: jedes Kunstwerk ist sein eigenes Programm. Kunststil wäre eine Art von Programmierung der Programmierung und Kunstdogmatik die Reflexionstheorie des S.s d. K.

System, politisches. Politisch sind alle diejenigen kommunikativen Handlungen in der Gesellschaft, die am Aufbau von → Macht für noch unbestimmte kollektiv bindende Entscheidungen beteiligt sind. → Symbolisch generalisiertes Medium des Systems ist Macht, codiert (→ Code) als die → Differenz Macht haben/keine Macht haben. Das p.e S. ist ein operativ geschlossen und kognitiv offen arbeitendes → autopoietisches S. Politisch ist die Bildung von → Formen im Medium der Macht. Im einzelnen geht es dabei um die Bildung legitimer Macht, die Artikulation und Generalisierung von Interessen, die Beschaffung von Konsens für Personen und Programme, die Erprobung von Führungstalenten und das Testen der Akzeptanz von Entscheidungsalternativen. → Funktion für die Gesellschaft ist die Bereitstellung von Durchsetzungsfähigkeit für bindende Entscheidungen oder deren Ermöglichung. Das p.e S. erbringt → Leistungen für andere Systeme, wenn es für diese entsprechende Entscheidungsgrundlagen effektiv bereitstellt. Zu unterscheiden ist zwischen dem p.n S. im weiteren Sinne (→ Verwaltung, Regierung und Gesetzgebung) und dem darin eingeschlossenen p.n S. im engeren Sinne (Parteien und Interessenverbände). Vor allem Verfahren wie Wahlen zur Besetzung der Parlamente und öffentlicher Ämter (→ Wahl, politische) und Verfahren der → Gesetzgebung dienen der Beteiligung des politischen → Publikums, und → öffentlicher Meinung kommt die Funktion eines Mediums zur Selbstabstimmung politischen Handelns mit dem politischen Publikum zu.

System, psychisches. Wie ein soziales S. als ein beobachteter Zusammenhang aktualisierter und potentialisierter Kommunikationen, so wird ein p. S. als ein beobachteter Zusammenhang aktualisierter und potentialisierter Gedanken beschrieben. Die Letztelemente (→ Element) des p.n S.s sind Gedanken. Gedanken ermöglichen Gedanken im gleichen Sinne wie Zahlungen Zahlungen ermöglichen. Das p.e S. ist ein operativ geschlossen und kognitiv offen arbeitendes → autopoietisches S. Die Bezugnahme eines Gedankens auf einen Gedanken oder die → Beobachtung eines Gedankens durch einen Gedanken als eine Beobachtung erster Ordnung ist eine Vorstellung und eine Vorstellung der Inbegiff von Bewußtsein. Das Bewußtsein erscheint somit als die eigentliche operative Einheit des p.n S.s, obwohl die Begriffe p. S. und Bewußtseinssystem häufig gleichbedeutend Verwendung finden. Der Begriff des p.n S.s dient dann noch vorzugsweise als semantischer Bezugspunkt bei der Abgrenzung gegen soziale und lebende Systeme. Andererseits wird die Differenz von p.m S. und Bewußtsein weiter mitgeführt in Begriffen wie Bewußtsein des p.n S.s.

Wird ein beobachteter Gedanke seinerseits beobachtet, ist das Beobachtung von Bewußtsein durch Bewußtsein oder Selbstbeobachtung (→ Selbst-/Fremdbeobachtung) des Bewußtseins. Selbstbeobachtung des Bewußtseins als Form der Beobachtung zweiter Ordnung heißt Selbstunterscheidung und -bezeichnung des Bewußtseins als eines Selbst, z.B. in der Form eines Ich. Selbst- oder Identitätsreflexion ist Differenzreflexion; das Bewußtsein identifiziert sich kontingentselektiv (→ Kontingenz, → Selektivität) als paradoxe (→ Paradoxie) → Einheit einer → Differenz (→ Identität, → Individuum).

Die Bezugnahme des Bewußtseins auf sich selbst und auf seine System- und Nichtsystemumwelten wird über das Medium → Wahrnehmung vermittelt. Wahrnehmen kann gesamthaft oder ausschnitthaft sprachlos und sprachförmig erfolgen. Insbesondere wird das Bewußtsein sprachförmig fasziniert (→ Sprache). Zu seinen Umwelten hat das Bewußtsein keinen direkten Zugang, mit ihnen wird es nur per → Interpenetration oder struktureller → Kopplung verbunden.

Der Begriff des p.n S.s oder Bewußtseinssystems ist ausdrücklich nicht an den klassischen Begriff des → Subjekts gebunden, für den ja Differenzen wie z.B. Subjekt/Objekt und empirisch/transzendental noch konstitutiv sind. Das p.e S. ist ein entsubjektiviertes beobachtbares beobachtendes System (→ Beobachter). Es ist vor allem nicht vorstellbar als jener Ort, von dem her sich eine Erkenntnistheorie gewinnen ließe, denn das ist eine Veranstaltung des sozialen Systems.

System, rechtliches. Recht ist eine Form der normativen Erwartbarkeit normativer → Erwartungen. Das r.e S. operiert mit der → Einheit der → Differenz von Recht und Unrecht und nicht etwa mit der Einheit von → Gerechtigkeit. Es besteht aus allen → Kommunikationen, die mit Bezug auf Recht/Unrecht formuliert werden. Zum Rechtssystem gehören sich auf das Recht beziehende Kommunikationen nicht schon dann, wenn nur über Recht geredet wird. Es muß sich schon um Kommunikationen handeln, bei denen letztlich die Zuweisung eines der Werte Recht oder Unrecht angemahnt ist. Das r.e S. ist ein normativ geschlossenes und kognitiv offenes System gegenüber rechtsrelevanten Ereignissen in seiner Umwelt, ein → autopoietisches System. Innerhalb des r.n S.s gibt es in Form des Gerichtssystems ein Entscheidungssystem für die Produktion von Recht, das in der Form eines hierarchisch organisierten Zentrums mit heterarchischen Ebenen operiert (→ Differenzierung, funktionale).

Die → Geltung von Recht beruht auf Kontingenzausschaltung (→ Kontingenz) im Bereich normativen Erwartens (→ Norm). Rechtsgeltung fungiert als → symbolisch generalisiertes Kommunikationsmedium im r.n S. und drückt dessen operative Geschlossenheit aus. Die → Funktion des Rechts besteht in der Ermöglichung normativer Erwartbarkeit normativer Erwartungen im allgemeinen und spezieller in der Ausnutzung von Konfliktperspektiven (→ Konflikt) für die Bildung von Recht. Die → Leistung des Rechtssystems ist darin zu sehen, daß tatsächlich erwartungsstabilisierende rechtliche Entscheidungen erfolgen. Gesetze u.ä. versorgen das r.e S. mit konditionalen → Programmen (→ Konditionalprogramm) als inhaltlichen Regeln richtigen Entscheidens. Die wissenschaftliche Beschäftigung des r.n S.s mit sich selbst geschieht durch Rechtstheorie und Rechtsdogmatik. Rechtspositivität (→ Recht, positives) ist die → Kontingenzformel des r.n S.s.

Je mehr im Rechtssystem selbst gesellschaftliche Einwirkungen auf das Recht und gesellschaftliche Auswirkungen des Rechts reflektiert und rechtliche Lösungen selbst programmiert werden - so läuft die Argumentationsfigur reflexiven Rechts hinaus auf Selbstreflexion im Rechtssystem über Selbstreflexion anderer gesellschaftlicher Teilsysteme - , desto mehr wird die Funktion einer Absicherung von Erwartungen gegen anders ausfallende zukünftige Gegenwarten beansprucht, d.h. dem Rechtssystem tendenziell ein gesellschaftlicher Funktionsprimat zugewiesen, der mit Mitteln des Rechts nicht zu erfüllen ist. Überhaupt gewinnt aktuell das Recht an → Varietät und verliert an → Redundanz; damit verliert es an Überschaubarkeit und Verläßlichkeit für die Umwelt.

System, religiöses. Zum r.n S. gehören alle diejenigen → Kommunikationen, die sich auf → Gott beziehen. Das r.e System ist ein operativ geschlossen und kognitiv offen arbeitendes → autopoietisches System. Der → Code des r.n S.s ist → Immanenz/Transzendenz. Gott bezeichnet die → Einheit dieser → Differenz und erscheint in dieser Einheit der Differenz zugleich als das eingeschlossene ausgeschlossene Dritte. Kommunikationsmedium (→ Medium, → Kommunikationsmedien, symbolisch generalisierte) ist der Glaube; hier ist die Erfahrung von → Selektivität als gemeinsame bewußt zu machen. So fungiert Gott gleichzeitig als → Kontingenzformel des r.n S.s. Der Programmierung (→ Programme) dienen → Offenbarung, die Lebensführungsregeln der Bibel und wohl hauptsächlich, weil darauf bezogen, die → Dogmatik. Die → Funktion der Religion besteht in der Transformation unbestimmbarer in bestimmbare → Komplexität, auf die Offenheit von Sinnhorizonten (→ Horizont, → Sinn) mit Schließung zu antworten, was hier Kontingenzausschaltung (→ Kontingenz) heißt: Im Falle einfacher Religion werden Immanenz und Transzendenz als Dasselbe (als Gott), im Falle von Hochreligion durch Dasselbe (Gott) erklärt. Die → Funktion wird als Kirche, d.h. als geistliche Kommunikation erfüllt. Die → Leistungen des r.n S.s bestehen in Diakonie (im wesentlichen Seelsorge). Theologie (religiöse Dogmatik) übernimmt die Aufgabe der Selbstreflexion des Systems (→ Reflexionstheorie).

Unter Bedingungen → funktionaler Differenzierung ist die Differenz von Immanenz und Transzendenz nicht mehr geeignet, die archaische und hochkulturelle religionsspezifische Einheit der Differenz von vertraut und unvertraut zu bewahren, das Unvertraute im Vertrauten, in der in das Vertraute wieder eingeführten Differenz von vertraut und unvertraut, zu domestizieren (→ Lebenswelt, → Symbol, → Vertrautheit). Es bliebe die weit abstraktere Möglichkeit, die Differenz von Immanenz und Transzendenz zu assoziieren mit der Differenz von positiven und negativen Erfahrungen (wegen der Universalzuständigkeit Gottes im Namen der Liebe für Heil und Verdammnis, gut und böse) und so zu einer unbedingt bejahten Positivität des Positiven wie des Negativen als quasi-religiöser Orientierung zu kommen.

System, soziales, umfaßt selbstselektiv aufeinander bezogene → Kommunikationen, die von einer nicht-kommunikativen und kommunikativen Umwelt abgrenzbar sind. Für die Gesamtheit der Kommunikationen (→ Gesellschaft) gibt es keine nicht-kommunikative Umwelt. Zu beachten ist die → Einheit der → Differenz von s.n S.en als kommunikativen und als Handlungssystemen. Ein s.e System ist ein operativ geschlossen und kognitiv offen arbeitendes → autopoietisches System.

S.e S.e als kommunikative S.e: Das, was auf der Ebene der selbstreferentiellen Operationen (→ Selbst-/Fremdreferenz) der an Kommunikation beteiligten psychischen Systeme geschieht, ist zu unterscheiden von dem, was zwischen ihnen geschieht und eine eigene selbstreferentielle systemische kommunikative oder soziale Wirklichkeit ausmacht (→ Emergenz). Die Operationen auf der Ebene psychischer Systeme (z.B. sprachförmiges Denken) sind deshalb nicht identisch mit den Operationen eines kommunikativen oder s.n S.s (z.B. sprachförmige Kommunikationen), weil die jeweiligen Eigenselektivitäten auch zu eigenen Anschlüssen für die eigenen Operationen führen, so daß das Kommunizierte nicht auf das Gedachte und das Gedachte nicht auf das Kommunizierte reduzierbar ist, obwohl Gedachtes vom kommunikativen oder sozialen System und Kommuniziertes von den psychischen Systemen zum Aufbau eigener Komplexitäten in Anspruch genommen wird (→ Interpenetration, → Kopplung). Für den Konstitutionszusammenhang s.r S.e gilt mithin, daß es keine Gemeinsamkeit mit den Elementen psychischer S.e gibt. Kommunikation ist die elementare Einheit der Selbstkonstitution s.r S.e.

S.e S.e als Handlungssysteme: Kommunikation ist als Einheit nicht unmittelbar beobachtbar (→ Beobachter, → Beobachtung) und kann einer → Selbst-/Fremdbeobachtung von kommunikativen oder s.en S.en nur als Prämisse dienen. Kommunikation wird durch das s. S. dann beobachtbar, wenn es sich sie als Handlung (→ Handeln) in seinem Verhältnis zu einem anderen System in seiner Umwelt zurechnet (→ Attribution). Das Beobachtbarwerden von Kommunikation bedeutet mithin Reduktion von Kommunikation auf Handlung. Mit der

Differenzierung von Kommunikation und Handlung wird Handlung bestimmt als Mitteilung oder Mitteilungshandeln. Da die beteiligten Systeme sich selbst und sich wechselseitig beobachten können (→ Person), können sie auch beobachten, ob z.B. das, was sie sich als Handeln zurechnen, von einem anderen (System) verstanden (→ Verstehen) und positiv oder negativ beschieden wurde und sogar ihr Handeln am antizipierten Erleben oder Handeln ihres Adressaten orientieren usw. Sie kommunizieren dann immer noch nicht, sind aber mit ihren Operationen an K.en beteiligt, in das kommunikative Geschehen eingebunden. Demgegenüber bleibt die K. das, was sie ist.

Die Beobachtung s.r S.e als Handlungssysteme ändert zwar nichts an ihrer operativen Geschlossenheit, macht es einem Beobachter zweiter Ordnung jedoch möglich, Beziehungen zwischen ihnen als die → Systemgrenzen überschreitende Austauschbeziehungen zu sehen und mit den ausgetauschten → Leistungen eine Gemeinsamkeit von Elementen an den Input-Output-Grenzen festzustellen: das Wissenschaftssystem gibt Wissen ab, und das Wirtschaftssystem nimmt Wissen auf (→ Konvertierung).

Es gibt nicht ein oder das s.e S., z.B. die Gesellschaft, sondern immer nur gleichzeitig eine Mehrheit s.r S.e der und in der Gesellschaft. S.e S.e sind: die Gesellschaft, die funktional ausdifferenzierten gesellschaftlichen Teilsysteme (→ Differenzierung, funktionale), organisierte Sozialsysteme (→ Organisation) und interaktive Systeme (→ Interaktionssysteme); aber auch z.B. Familien, Konflikte, soziale Bewegungen. Doch nicht jede → kommunikative Wirklichkeit (z.B.: Moral, Normen, Werte, Personen,

Rollen, Programme) stellt ein s. S. dar. Aus der Vielfalt unterschiedlicher s.r S.e und ihrer Umwelten psychischer S.e resultiert ein komplexes Muster möglicher Systembeziehungen. Z. B.: Interaktive s.e S.e sind als Umwelt aller anderen s.n S.e möglich; organisierte Sozialsysteme finden sich dominant in den Grenzen von funktional ausdifferenzierten Teilsystemen, hingegen verlaufen die Grenzen letzterer quer durch die Gesellschaft (→ Systemgrenze).

System, wirtschaftliches, wird ermöglicht durch den Geldcode (→ Code, → Geld, → Kommunikationsmedien, symbolisch generalisierte), die Differenz → Zahlung/Nichtzahlung, und durch dessen → Zweitcodierung im Eigentumscode (→ Eigentum), die Differenz von Haben und Nichthaben. Das w.e S. ist ein operativ geschlossen und kognitiv offen arbeitendes → autopoietisches System.

Das w.e S. umfaßt alle diejenigen → Kommunikationen, die vermittels Geldzahlungen in der Form von → Preisen erfolgen. → Knappheit fungiert als → Kontingenzformel des w.n S.s. Seine → Funktion ist die Knappheitsminderung durch Knappheitssteigerung, seine → Leistung die Befriedigung von → Bedürfnissen. Haushaltsbudgets und die Instrumente interner und externer Rechnungslegung der Unternehmen sind die → Programme des w.n S.s. Das w.e S. hat sich wechselseitig konditionierende Märkte (→ Markt) als interne Umwelten, ist deshalb ein polykontexturales (→ Polykontexturalität) und heterarchisches (→ Multizentrizität) System, und externe kommunikative und nicht-kommunikative Umwelten. Wenn ein w. S. zum einen ein System von Zahlungen und zum anderen als → Einheit der → Differenz von partizipierenden Systemen (→ Person) und Markt beobachtbar wird, dann entfällt etwa seine Beobachtbarkeit als Marktsystem oder als Zentralverwaltungssystem. Das Medium des Geldes und der Markt als interne Umwelt sind in beiden Fällen anzunehmen, und der Rest ist eine Frage der → Organisation im w.n S.

System, wissenschaftliches, zeichnet sich als gesellschaftliches Teilsystem aus durch seine exklusive Beanspruchung des Mediums → Wahrheit, durch Orientierung aller seiner Operationen am Wahrheitscode (→ Code, → Kommunikationsmedien, symbolisch generalisierte) wahr/unwahr und durch theoretische und methodische Selbstprogrammierung der Zuweisung der Wahrheitswerte. Das w.e S. ist ein operativ geschlossen und kognitiv offen arbeitendes → autopoietisches System. Es umschließt demgemäß alle diejenigen → Kommunikationen, die sich auf die → Einheit der → Differenz von Wahrheit und Unwahrheit beziehen.

Wissenschaftliches → Wissen ist immer wahres Wissen, das seinerseits jedoch grundsätzlich hypothetischer Art ist (→ Hypothese). Es gilt nur, solange es gilt. Jede beobachtungsabhängig konstruierte neue Wissensofferte (→ Erkenntnis, → Konstruktivismus, systemtheoretischer) hat die Chance, wahres Wissen zu werden (→ Evolution von Wissen). Ausgeschlossen ist hingegen die Vorstellung, es könne noch darum gehen, an sich wahres oder nicht anders mögliches Wissen zu mehren und diesbezügliche Irrtümer zu korrigieren (→ Erkenntnistheorie, klassische).

Ein w. S. ist nicht mehr und nicht weniger als eine Einrichtung der Gesellschaft in der → Gesellschaft, mit der die Gesellschaft sich selbst als sich selbst beobachtend beobachtet (→ Reflexionstheorie, → Soziologie, → Universaltheorie). Dabei sind dann auch „Wissenschaftler ... nur Ratten, die andere Ratten im Labyrinth beobachten - aus irgendeiner gut gewählten Ecke heraus." (1992d3:607) Das w.e S. hat die → Funktion der Gewinnung neuen unwahrscheinlichen Wissens. Seine → Leistung besteht in der Zurverfügungstellung neuen Wissens für die gesellschaftlichen Teilsysteme (→ Instrumentalität, → Technik/Technologie, → Wissenschaft, anwendungsorientierte). → Theorien/Methoden sind die → Programme der Wissenschaft.

Ein Problem des w.n S.s ist, daß es einerseits immer mehr neues Wissen erzeugt, dieses Mehr aber eher ein Weniger ist, weil jede neue Möglichkeit die möglichen neuen anderen Möglichkeiten vermehrt. Andererseits besteht in der Umwelt des w.en S.s die kontrafaktische Erwartung von mehr und besserem wissenschaftlichem Wissen, von besseren Erklärungen der Welt, so wie sie nun einmal ist (→ Realität).

Systemarten. Zu unterscheiden sind → autopoietische und allopoietische → Systeme. Allopoietische Systeme oder → Trivialmaschinen sind im Gegensatz zu autopoietischen Systemen nicht selbststeuerungs- bzw. selbstorganisationsfähig. Autopoietische Systeme können biologische und sinnhafte Systeme sein. → Psychische und kommunikative oder → soziale Systeme sind → Sinnsysteme. Diesen S. sind bestimmte Operationsformen zugeordnet: → Leben dem biologischen System, Bewußtsein dem psychischen System und → Kommunikation dem sozialen System.

Systembeziehungen → Differenzierung, funktionale, → Externalisierung, → Funktion, → Inklusion/Exklusion, → Input-Output-Modell, → Interpenetration, → Konvertierung, → Kopplung, → Leistung, → Paradigmawechsel, → Punkt-für-Punkt-Entsprechung, → Rationalität, → Reflexionstheorie, → Selbst-/Fremdbeobachtung, → Systemgrenze, → Systemreferenz

Systemdifferenzierung, die kontingentselektive (→ Kontingenz, → Selektivität) und in der Regel codegeführte (→ Code, → Kommunikationsmedien, symbolisch generalisierte) oder kommunikativ (→ Kommunikation, → Sprache) vermittelte systembildende Grenzziehung (→ Systemgrenze) in ausdifferenzierten Systemen (→ Ausdifferenzierung).

Systemgrenze. Die Systemtheorie (→ System, autopoietisches, → System-Umwelt-Theorie) setzt eine systemkonstituierende Grenzziehung zwischen → System und → Umwelt voraus (→ Komplexität). Im Falle autopoietischer Systeme ist es das System selbst, das uno actu mit seiner Konstitution die Grenze zwischen sich als System und seiner Umwelt zieht. Das, was zum System gehört bzw. nicht gehört, entscheidet sich nach Maßgabe des systemspezifischen operativen → Codes. S.n ermöglichen Selektionen, die es ermöglichen, Unabhängigkeiten und Abhängigkeiten aneinander zu steigern (→ Autonomie, → Komplexität, Reduktion und Steigerung von).

Ein so gegen seine Umwelt abgegrenztes System fällt nicht mit institutionellen Systemabgrenzungen zusammen, und institutionelle Systemkerne operieren nur dominant mit dem systemspezifischen Code. Jedes funktionale Teilsystem (→ Differenzierung, funktionale) hat also institutionelle oder organisationale Systemkerne (→ Organisation), z.B. das Wirtschaftssystem die Unternehmen, das Rechtssystem die Gerichte oder das Erziehungssystem die Schulen. Insoweit in jeweils bestimmten institutionellen Bereichen Kommunikationen in terms eines anderen als des eigenen Funktionssystems erfolgen, gehören diese zum anderen Funktionssystem. In jeweiligen institutionellen Systemkernen sind also neben den primären systemspezifisch codegeführten → Operationen auch sekundäre Operationen nach den Codes anderer Systeme möglich. Operative und institutionelle S.n fallen mithin nicht zusammen. Im einzelnen: Ein bestimmtes soziales System, wie z.B. das Wirtschaftssystem, ist ein System, das auf der Basis von bestimmten kommunikativen Handlungen operiert, nämlich jenen, die im Medium des Geldes mit dem Code Zahlung/Nichtzahlung erfolgen. Die institutionell abgegrenzten Subsysteme des Wirtschaftssystems als Sozialsystem besonderer Art, hier u.a. Unternehmen als Organisationen, gehören, sofern sie dominant mit dem Medium des Geldes operieren, funktional zum Wirtschaftssystem. Sofern sie sich sekundär des Mediums der Macht bedienen, gehören die entsprechenden Operationen funktional zum politischen System. Geld- und Machtkommunikationen verweisen auf je eigene S.n, je eigene System-Umwelt-Referenzen. Dabei können die Grenzen durch die und in den Organisationen verlaufen; ersteres markiert Zugehörigkeiten zu den funktional ausdifferenzierten gesellschaftlichen Teilsystemen (hier Wirtschaft und Politik), letzteres markiert Zugehörigkeiten zu teilsysteminternen (wirtschaftliches System als Referenz) sozialen Teilsystemen (Referenz auf Unternehmen als wirtschaftliche Organisationen) als Teilsystemen (Referenz auf funktional differenzierte Teilsysteme der Unternehmung als wirtschaftlicher Organisation). In der Unternehmnung als organisiertem Sozialsystem gibt es ferner funktional nicht spezifizierte soziale Teilsysteme wie → Interaktionssysteme und kommunikative Zusammenhänge nicht-systemischer Natur wie Wert- und Moralkommunikationen (→ kommunikative Wirklichkeit). Immer hängt die Systemzugehörigkeit vom infragestehenden operativen Code ab. Auf dieser Ebene gibt es keine Mehrsystemzugehörigkeiten. Auch Systeme im System konstituieren immer je eigene Systemreferenzen, sind also niemals Teile eines Ganzen. Erst aus der Sicht eines → Beobachters zweiter Ordnung (→ Beobachtung, → Selbst-/Fremdbeobachtung), der das betreffende System selbst sein kann, können Mehrsystemzugehörigkeiten und mit diesen Intersystembeziehungen identifiziert werden: „Ein Beobachter kann eine 'bewußte Kommunikation' identifizieren. Er kann eine politisch induzierte Rechtsänderung als Einheit sehen, eine Zahlung als Erfüllung einer Rechtspflicht begreifen, aber auch Körperverhalten als Ausdruck von Bewußtseinszuständen interpretieren." (1992d3:89) Mehrsystemzugehörigkeiten zeigen sich in diesem Falle also dann, wenn ein psychisches System an mehreren operativ oder institutionell abgegrenzten Teilsystemen beteiligt ist oder eine bestimmte Kommunikation einem an Kommunikation teilnehmendem psychischen und einem sozialen System zurechenbar (→ Attribution) ist. Im Falle der Zahlung als Erfüllung einer Rechtspflicht beobachtet

sich ein psychisches System oder wird ein psychisches System beobachtet als im Moment des Ereignisses zwei Systemen zugehörig (→ Person), dem Rechts- und dem Wirtschaftssystem. Das Ereignis selbst beinhaltet eine Transformation von Recht in Geld, stellt eine Austausch- oder Leistungsbeziehung dar. Mit dem infragestehenden Ereignis Zahlung als Erfüllung einer Rechtspflicht bleiben die Grenzen der beteiligten Systeme unverändert erhalten und konstituiert sich momenthaft noch eine neue S., nämlich die zwischen der Austauschbeziehung als System und den daran beteiligten Systemen.

Systemrationalität → Rationalität

Systemreferenz. Jedes sinnhafte System (→ Sinnsystem) kann sich auf a) seine gesamte Systemumwelt (→ Umwelt) qua → Funktion, b) Teilsysteme in seiner Systemumwelt qua → Leistung und c) auf sich selbst als System qua Reflexion (→ Reflexionstheorie) beziehen. Jedes System hat seine eigenen S.en; daraus folgt eine Vielheit möglicher S.en (→ Multizentrizität, → Polykontexturalität).

Systemumwelt → Umwelt

System-Umwelt-Theorie, unterscheidet bereits → Systeme in einer und mit einer → Umwelt, war folglich schon differenztheoretisch angelegt. Beobachtungsschwerpunkte waren die Binnenverhältnisse (Strukturen und Prozesse) von Systemen und die Grenzziehungen zu Systemen in der Umwelt von Systemen und die Austauschbeziehungen als eigene Systeme zwischen Systemen. Die Verlagerung des Schwerpunkts der → Beobachtung auf die internen codegeführten (→ Code) → Operationen als Konstitutionsmerkmalen von Systemen markiert den Übergang zur Theorie des → autopoietischen Systems (→ Paradigmawechsel). Dabei wird weiterhin zwischen System und Umwelt unterschieden, jedoch konsequent die Perspektive eines sich als System auf der Basis seiner und nur seiner Elemente reproduzierenden und strukturierenden Systems mit einer eigenen Umwelt eingenommen. Verflechtungen des Systems mit seinen Umwelten erscheinen nunmehr doppelt, entweder als in der Form des Selbstkontakts erzeugte nicht-grenzüberschreitende Umweltkontakte oder als grenzüberschreitende Kontakte zwischen Systemen als Systeme, letzteres mit den Augen eines Systembeziehungen beobachtenden Systems gesehen (→ Selbst-/Fremdbeobachtung, → Systemgrenze).

Systemvertrauen → Vertrauen

Systemzugehörigkeit → Systembeziehungen

Takt „ist nicht einfach die Erfüllung fremder Erwartungen, sondern ein Verhalten, mit dem A sich als derjenige darstellt, den B als Partner braucht, um derjenige sein zu können, als der er sich A gegenüber darstellen möchte." (1987 b7:34) T. dient der Schonung der Selbstdarstellungsmöglichkeiten der beteiligten Systeme und erleichtert hierüber die Fortführung von → Kommunikationen.

Tatsache. Was eine T. ist, ergibt sich aus dem, was → Realität ist. Eine T. repräsentiert die von innen gesehene Außenwelt (→ Beobachter, → Beobachtung), ist Konstrukt und nicht Instrukt (→ Erkenntnis, → Konstruktivismus, systemtheoretischer).

Tausch, jene Sonderform der Reziprozität einer Erfüllung von → Erwartungen

oder jene Form von kommunikativen Handlungen (→ Handeln), bei der eine Symmetrie der gegenläufigen → Leistungen vorliegt.

Tautologie. Tautologisch ist etwas, was nur sich selbst und nichts anderes impliziert: Beobachtet wird das, was beobachtet wird; etwas ist das, was es ist; ich weiß, was ich weiß (→ Asymmetrie). Enttautologisierung heißt, qua → Beobachtung eine → Unterscheidung zwischen sich selbst (System) und anderem (Umwelt) einzuführen, um sich intern an der Differenz von System und Umwelt orientieren, sonst unvermeidliche Selbstblockaden überwinden zu können (→ Paradoxie). Enttautologisierung gelingt immer dann, wenn, was unvermeidlich ist, ein System sich als ein System-mit-Geschichte und als ein System-in-einer-Umwelt begreift (→ System, autopoietisches).

Technik/Technologie, besteht in der wissensabhängigen (→ Wissen) Herstellung eines Gegenstandes oder Zustandes, der außerhalb des herstellenden Sozialsystems der Gesellschaft, speziell des → wissenschaftlichen Systems, als eigene → Realität vergegenständlicht ist (→ Instrumentalität, → Wissenschaft, anwendungsorientierte).

T./T. ist nicht zu verstehen als Nachbildung von äußerer oder sinnhafter → Natur, als durch natürliche Gesetze/Gesetzmäßigkeiten instruiert. Sie probiert vielmehr aus, was sich mit Natur verträgt. Wenn beobachtet (→ Beobachtung) wird, daß und solange T./T. funktioniert, kann dies zwar Anlaß zu kausalen Erklärungen geben, doch bei diesen handelt es sich stets nur um simplifizierende → Attributionen eines → Beobachters (→ Kausalität). Nur in dieser

Hinsicht ist von einer strikten oder festen oder kausalen → Kopplung von Elementen zu sprechen. T./T. ist und bleibt nachgebaute Wissenschaft oder externalisierte wissenschaftliche Kommunikation. Sie ist Konstrukt und kein Instrukt (→ Erkenntnis, → Konstruktivismus, systemtheoretischer). T./T. im engeren Verständnis operiert nicht-kommunikativ. T./T. im weiteren Verständnis schließt die wissensabhängige Konstruktion interventionistischer oder therapeutischer Eingriffe in sinnhaft operierende Systeme ein und vergegenständlicht sich gewissermaßen in geänderten Bewußtseins- oder/und Kommunikationsstrukturen. T./T. operiert hier kommunikativ (→ Therapie).

Unter Bedingungen zunehmender wissenschaftlicher Differenzierung (→ Auflöse-/Rekombinationsvermögen) ist paradoxerweise mit einem Defizit an T./T. zu rechnen, besonders bei Interventionen in sinnhafte Systeme.

Teilsysteme → Ausdifferenzierung, → Differenzierung, → Differenzierung, funktionale, → Gesellschaft, → Mensch, → System, soziales, → Systemdifferenzierung, → Systemgrenze

Teleologie. Zu unterscheiden sind eine ältere oder vorklassische und eine klassische Auffassung. Nach der älteren oder vorklassischen Version bewegt die Welt sich auf einen Zustand der → Perfektion/Perfektibilität hin. Der Grund der Bewegung mag etwa als in der realen Welt selbst, als in den Dingen selbst oder als in der → Natur liegend oder als in einem außerweltlichen zwecksetzenden Wesen verortet (Gott) angenommen werden. Die Perfektion läßt sich als in sich gut, aber nicht als für etwas anderes gut bewerten und schon gar nicht intendieren.

Sie ist aber durchaus kontingent gedacht, und sie kann erreicht oder verfehlt werden. Zu den klassischen Vorstellungen von T. gehören Fortschrittstheorien (→ Fortschritt), namentlich jene, die Gesellschaft als eine Veranstaltung der Verwirklichung des wahren Wesens des Menschen beobachten. Die Idee einer human finalisierten Gesellschaft wird noch in der → kritischen Theorie der Gesellschaft gepflegt. Unter Bedingungen funktionaler Differenzierung operieren Systeme grundsätzlich ateleologisch (→ Aufklärung, soziologische, → Evolution, → Evolution, soziale).

Teufel, Begriff für das differenztheoretische Prinzip der → Beobachtung. Der T. als → Beobachter versucht, etwas zu beobachten, was sich nicht beobachten läßt: → Gott. Beobachtet er aber, und das geschieht ja, erzeugt er eine Differenz oder verletzt er einen unmarkierten Raum und bekommt die unbeobachtbare oder unmarkierte → Einheit statt als solche nur als Einheit einer → Differenz zu sehen (→ marked space/unmarked space). Sein Versuch der Beobachtung Gottes läuft auf eine → Paradoxie auf. Dies alles kann ein Beobachter des Beobachters sehen, aber auch der muß → Unterscheidungen handhaben, ein T. sein. Er ist dann sozusagen des T.s Generalist oder teuflischer Generalist.

Themen sind grundsätzlich negationsanfällige kontingent-selektive Abstraktionen. T. strukturieren (→ Struktur) → Kommunikationen, wirken dabei als → Medien struktureller → Kopplung, in denen sich verschiedenste Beiträge zum Thema formen lassen.

Theologie, → Reflexionstheorie des Religionssystems. T. ist der „Bereich" derjenigen Bemühungen, die sicherzustellen suchen, daß man wissen kann, wie andere denken, wenn sie glauben." (1992a9:216)

Theorien/Methoden, die kontingent-selektiven (→ Kontingenz, → Selektivität) → Programme des → wissenschaftlichen Systems der Gesellschaft mit der Funktion, im Medium der → Wahrheit die Formung wahrheitsfähiger Sätze zu ermöglichen. T. sind dabei begrifflich (→ Begriffe) formulierte Aussagen oder theoretische Sätze. Sie dienen mit der → Unterscheidung von richtig und falsch der Zuweisung wahrheitsfähiger Ereignisse zur positiven oder negativen Seite des Wahrheitscodes (→ Code). T. zielen auf die Richtigkeit von Ergebnissen (→ Wissen). T. sichern die Einheit der Gegenstände (Einschluß des ausgeschlossenen Dritten) und nicht umgekehrt Gegenstände die Einheit der T. Die Erklärungsfunktion von T. besteht darin, daß das zu Erklärende, der Gegenstand, als eine konstruierte theoretische Eigenleistung zu begreifen ist (→ Erkenntnis, → Konstruktivismus, systemtheoretischer), und dies so, daß, je mehr Eigenleistung, desto mehr Abhängigkeit von sich selbst. M. sind begrifflich formulierte Anweisungen darüber, wie man zu richtigen Entscheidungen über die Unterscheidung von richtig und falsch kommt. M. zielen auf die Richtigkeit der Wege zur Erzielung von Ergebnissen. Deshalb kann man sie als T. zweiter Ordnung auffassen. T. leisten eine asymmetrische und M. eine symmetrische Selbstprogrammierung oder -konditionierung (→ Konditionierung) des Wissenschaftssystems.

Theoriesubstitution. → Theorien/Methoden entstehen und werden füreinander substituiert, wenn die Ergebnisse des evolutiven gesellschaftlichen Geschehens neue gesellschaftliche Differenzierungen, eine neue Distanz zu ihnen möglich und erforderlich werden lassen (→ Evolution von Wissen). Eine → Punkt-für-Punkt-Entsprechung ist dabei nicht zu unterstellen. Insbesondere können prominente konkrete singuläre gesellschaftliche Ereignisse (z.B. die Französische Revolution) nicht als Ursachen von T. gelten, sondern nur ihre Plausibilitätschancen erhöhen. Bei T. handelt es sich speziell darum, daß die → Selektion von Ideen unter veränderte Bedingungen gestellt wird (→ Selektivität). Es wird in der Regel inflationär auf eine deflationäre (→ Inflation/Deflation) wahrheitskommunikative Lage reagiert. Davon ist die → Stabilisierung als theoretisch gesichertes → Wissen zu unterscheiden. Auch zwischen Selektion und Stabilisierung neuen Wissens besteht keine Punkt-für-Punkt-Entsprechung.

Therapie, Intervention eines → Systems in ein anderes System in der Absicht der Beseitigung von Störungen. T. ist eine soziale → Technik/Technologie, d.h. einzugrenzen auf die → Beobachtung eines sinnhaft operierenden Systems durch ein anderes sinnhaft operierendes System. Störungen oder Pathologien sind nicht etwa irgendwie objektive Mängel im Prozessieren des beobachteten Systems, sondern Konstruktionen des beobachtenden Systems (→ Erkenntnis, → Konstruktivismus, systemtheoretischer). Therapeutische Systeme sind → soziale Systeme, die auf die Erzeugung und Bearbeitung von → Irritationen spezialisiert sind. Sie erfordern einen → Beobachter (ein therapierendes System), der (das) in der Lage ist, sich selbst als Beobachter eines Beobachters (eines therapierten Systems) zu beobachten (→ Selbst-/Fremdbeobachtung). Therapierendes wie therapiertes System können selbst soziale Systeme sein; das therapeutische System ist auf jeden Fall ein gegen die beteiligten Systeme zu unterscheidendes soziales System.

Totalitarismus „heißt ja: Einführung einer Beschreibung des Systems in das System mit der Maßgabe, daß sie die einzig richtige und deshalb durchzusetzende sei." (1987a7:135)

Tradition „ ... soll heißen, daß die in Gebrauch befindlichen Relationierungen bekannt sind und einleuchten, also nicht erst gewählt werden müssen." (1990h: 68) T. „gibt eine Vorzugsregel an im Sinne der Bewahrung des Bestehenden oder der Wiederholung des Vergangenen." (1992c5:16)

Transzendenz, gilt ontologischer (→ Erkenntnistheorie, klassische, → Ontologie) → Beobachtung als ein modallogischer Begriff, als ein Begriff, der sich auf die Regelung der Bedingungen von Erkenntnis richtet; z.B. Setzung subjektgebundener Erkenntnis/Erfahrung als abhängig von durch das → Subjekt gesetzten vorgängigen absoluten Bedingungen der Möglichkeit von Erkenntnis/Erfahrung. In der Tat, so etwas muß beobachterabhängig (→ Beobachter) gesetzt werden, unter der Nebenbedingung, daß die Setzung als solche als Beobachtungsleistung mitgeführt und nicht externalisiert wird: Selbstreferentialität der Erkenntnis (→ Erkenntnis, → Konstruktivismus, systemtheoretischer). Auch das mag man mit dem Etikett transzendental versehen. Das Subjekt wird durch den Beobachter und die externalisierte absolute durch eine internalisierte relativistische (→ Relativismus) Möglichkeit der Erkenntnis/Erfahrung von → Realität er-

setzt. Alle Beobachtung, auch die → Gottes (→ Immanenz/Transzendenz, → Teufel), erfordert Beobachter und die Beobachtung von Beobachtern.

Trivialmaschine, formt nach einem feststehenden → Programm oder Algorithmus, auch mit vorab fest programmierten Rück- oder/und Vorkopplungen, Inputs in Outputs um (→ Input-Output-Modell). Eine T. kann nicht wirklich selbstreferentiell operieren. Die Selbstregelung von System-Umwelt-Beziehungen, der Raumtemperatur durch einen Heizungsthermostaten, ist nur Reflex von Fremdregelung, des Heizungsthermostaten durch die Raumtemperatur (→ System, offenes/geschlossenes). Nichttriviale oder historische Maschinen (lebende und sinnhafte Systeme) können zwar im Medium der → Kausalität operieren, nicht aber mit feststehenden konditionalen Programmen; sie sind vielmehr zu ständiger selbstselektiver Programmierung im Sinne der Re-Relationierungen von Relationen genötigt.

Umwelt, gibt es nicht an sich, sondern immer nur in bezug auf etwas, z.B. → System (→ Referenz, → Systemreferenz). Entweder unterscheidet ein → Beobachter, was → System und was Systemumwelt ist (→ System-Umwelt-Theorie, → System, offenes/geschlossenes), oder ein beobachtendes System unterscheidet sich als ein sich von seiner Umwelt unterscheidendes System (→ Offenheit, → System, autopoietisches) Im zweitgenannten Fall gibt nur das als U., was das System als seine U. sieht wahrnimmt. U. ist lediglich eine interne Reduktionsleistung des Systems. U. is in keinem Fall eine voraussetzungslose Prämisse, sondern eine Implikation vor System und System eine Implikation de

Unterscheidung von System und Umwelt
(→ Beobachtung, → Paradoxie).

Zu unterscheiden ist zwischen: Systemumwelten und Nicht-Systemumwelten, sinnhaften (sinnverwendenden sozialen und psychischen Systemen) und nichtsinnhaften Systemumwelten (nicht-sinnverwendenden Systemen wie Organismen, Maschinen), der Beziehung eines Systems zu seiner Systemumwelt allgemein (als dem abstrakten Anderen) und zu Systemen in seiner U. (als dem sich selbst bestimmenden Anderen).

Universaltheorie oder Supertheorie, hat als → Reflexionstheorie den Anspruch, alles, was in ihr Blickfeld gerät, mit ihrem Erklärungsanspruch überziehen zu können.

Systemtheorie oder → Soziologie ist eine U. selbstreferentiell-zirkulären Zuschnitts; sie ist die einzige U., die sich selbst als einen ihrer Gegenstände einbezieht (→ Autologik, → Erkenntnis, → Konstruktivismus, systemtheoretischer). Sie überwindet damit die für klassische U.n (→ Erkenntnistheorie, klassische, → Ontologie, → Subjekt, → Transzendenz) noch bezeichnende Differenz von Erkenntnis und Gegenstand. Kern der Reflextionstheorie U. ist der Ausschluß von Selbstexemtion. Soziologische Sytemtheorie als U. ist dadurch besonders charakterisiert, daß sie sich als eine gesellschaftliche bzw. kommunikative Veranstaltung begreift, in den evolutorischen Zusammenhang von Gesellschaft unentrinnbar eingebettet ist.

Eine soziologische U. hat Universalitätsanspruch abstrahierender statt konkretisierender Art und verfährt totalisierend im Sinne von Einheit und Vielfalt vermittelnd. Der Universalitätsanspruch verweist auf den Anspruch, über jeden Ge-

genstand des Gegenstandsbereichs Aussagen machen zu können, der Totalisierungsanspruch darauf, gegenstandsbezogene Aussagen anderer Theorien (Vielfalt) einschließen zu können (Einheit).

Unmarked space → Beobachtung, → blinder Fleck, → Latenz, → marked space/unmarked space

Unterricht, als → Interaktionssystem ein → soziales System im sozialen Untersystem Schule des Sozialsystems für → Erziehung. Am U.ssystem sind die psychischen Systeme der Lehrer und Schüler in der Form von → Personen beteiligt, bleiben aber als psychische Systeme füreinander Umwelt. Die Funktion des U.s besteht in der → Sozialisation zum Begreifen oder zur → Lernfähigkeit. U. operiert mit der Differenz Begriffenhaben/Nichtbegriffenhaben. Über diese Differenz wird das U.sgeschehen durch die partizipierenden Systeme der Lehrer und Schüler beobachtbar (Selbst-/Fremdbeobachtung).

Unterscheidung, die eine Seite der Unterscheidung von → Beobachtung als → Einheit der → Differenz von Unterscheidung und → Bezeichnung des Unterschiedenen.

U.en sind im wesentlichen wie folgt zu unterscheiden (→ Asymmetrie, → Binarisierung, → Differenz, → marked space/unmarked space): Etwas werde als Paradoxie, System, Frau oder Personenkraftwagen unterschieden. Analog hätten sich unterscheiden lassen Paradoxie/Tautologie, System/Umwelt, Frau/Mann oder Personenkraftwagen/Lastkraftwagen. In allen Fällen wird etwas als das unterschieden, als was es unterschieden wird, ohne daß es als das unterschieden würde, als was es nicht unterschieden wird. Die jeweils andere Seite der U. ist nicht bezeichnet bzw. begrenzt. Es gibt aber zwei Gruppen oder Formen von Zwei-Seiten-Unterscheidungen. Einmal wird nur eine Seite differenzlos bezeichnet, ein anderes Mal eine Seite als Differenz bezeichnet. Natürlich bleibt in beiden Fällen die zweite Seite unbezeichnet. Die zweite Gruppe von U.sunterscheidungen stellt sich insofern anders dar, als eine Entscheidung erforderlich wird, woran mit weiteren Unterscheidungen anzuknüpfen ist (→ Bifurkation, → Bistabilität). U.en wie Frau/Mann oder PKW/LKW sind dabei von U.en wie Paradoxie/Tautologie oder System/Umwelt jedoch dadurch grundsätzlich zu unterscheiden, daß sie nicht wiedereintrittsfähig sind, d.h. Frau ist nicht die Einheit der Differenz von Mann und Frau und PKW nicht die Einheit der Differenz von PKW und LKW. Hier handelt es sich lediglich um anschlußfähige Klassifikationen oder Gattungsunterscheidungen, deren Oberunterscheidungen Geschlecht bzw. Kraftwagen sind. Dagegen ist → Paradoxie als Einheit der Differenz von Paradoxie und → Tautologie und → System als die Einheit der Differenz von System und → Umwelt zu unterscheiden. Diese U.en sind wiedereintrittsfähig (→ re-entry). Paradoxie bzw. System kann nicht unterschieden werden (→ blinder Fleck), und dennoch wird Paradoxie bzw. System als verschieden von Tautologie bzw. Umwelt unterschieden (Entparadoxierung). Unterscheider ist ein → Beobachter, ein paradoxer Beobachter, der zwischen Paradoxie und Tautologie unterscheidet, bzw. ein System, das zwischen System und Umwelt unterscheidet.

Unwahrscheinlichkeit → Wahrscheinlichkeit

Variation, bezeichnet den Fall des Auftretens von systemrelativen zufälligen (→ Zufall) oder unwahrscheinlichen (→ Wahrscheinlichkeit) neuen Umweltereignissen. V. betrifft eine der drei Selektionen V., → Selektion und Retention oder → Stabilisierung in der Systemtheorie der → Evolution.

Varietät „soll die Zahl und Verschiedenartigkeit der Ereignisse bezeichnen, die ein System als eigene produziert und somit strukturell zu verkraften hat." (1992d3:438) Die andere Seite von Varietät ist → Redundanz.

Verantwortung wird sichtbar an riskanten → Entscheidungen. V. „ist der ungedeckte Informationswert einer Entscheidung, der Überschuß an Information, die jemand gibt, im Vergleich zu der, die er erhalten hat." (1995d:175) V. ist eine Einrichtung sozialer Systeme zur Absorption von Unsicherheit. Ihre Funktion besteht darin, für den Fall riskanten Entscheidens (→ Risiko/Gefahr) ein fragloses Akzeptieren von Entscheidungen sicherzustellen.

Verfahren, ein für die Selektion kollektiv bindender und akzeptabler → Entscheidungen veranstaltetes episodisches (→ Episode) → Interaktionssystem. Zu unterscheiden sind insbesondere die V.sarten → politische Wahl, Gesetzgebungsverfahren (→ Gesetzgebung), Verwaltungsverfahren (→ Verwaltung) und Gerichtsverfahren. Der Sinn des V.s besteht nicht, wie es die klassische V.slehre besagt, in einem Beitrag zu einer Wahrheitsfindung oder einer wahren bzw. richtigen Entscheidung. Das V. ist auf die Lösung anderer Probleme hin angelegt. Das verbindliche Sicheinlassen beteiligter Systeme auf zeitbindende V. der Produktion von Entscheidungen hat die Funktion der Erzeugung von Ungewißheit durch Verzögerung von Entscheidungen. Dabei erfüllen V. mehr eine expressive denn eine instrumentelle Funktion, indem sie angesichts eines ungewissen V.sausgangs gegenwärtige Verhaltenssicherheit erzeugen. Legitimation (→ Legitimität) durch V. ist weniger eine Frage der Erzeugung des faktischen Konsenses hinsichtlich des V.s und durch das V., sondern mehr eine Frage der Abkopplung der allgemeinen Akzeptanz verfahrensmäßig erzeugter Entscheidungen von Zustimmungsbereitschaften der unmittelbar Entscheidungsbetroffenen (→ Geltung).

Verfassung, → evolutionäre Errungenschaft, die mit der Ausdifferenzierung von gesellschaftlichen Teilsystemen für Recht und Politik entsteht, diesen ihre selbstreferentielle Autonomie sichert und ihrer strukturellen → Kopplung dient. V. schließt das Rechtssystem als selbstreferentielles System ab. Sie limitiert die Rechtserzeugung und sich selbst. V. ermöglicht hier eine politische Lösung des Selbstreferenzproblems des → rechtlichen Systems. Zugleich ermöglicht V. eine rechtliche Lösung des Selbstreferenzproblems des → politischen Systems (→ Selbst-/Fremdreferenz). Durch eine V. legt sich das politische System der Gesellschaft selektiv auf seine Identität fest. In seiner Selbstbeschreibung als Verfassungsstaat (→ Rechtsstaat) gesteht das politische System sich die Selektivität seiner Selbstidentifikation ein. Über die Negation ihrer uneingeschränkten Programmierbarkeit bzw. Änderbarkeit des Rechts (→ Programme) kommt einer V. die Funktion eines Regulativs

für die System-Umwelt-Beziehungen des rechtlichen wie des politischen Systems zu.

Vergangenheit → Zeit

Verhalten oder menschliches V. ist sinnhaftes V. Es drückt sich wahrnehmbar körperlich (Bewegung, Gestik, Mimik) und als sinnorientiert wahrnehmbar aus. Deshalb umfaßt V. → Erleben und → Handeln und ist in dieser Unterscheidung wie in den Anschlüssen an ihre eine oder andere Seite stets Zurechnungsleistung (→ Attribution) eines → Beobachters (→ Selbst-/Fremdbeobachtung); entsprechendes gilt hinsichtlich motivierten (→ Motiv) V.s.

Verhalten, abweichendes → Abweichendes Verhalten

Verhandlung. Unter den Bedingungen von → Kontingenz und Risiko (→ Entscheidung, → Risiko/Gefahr) haben V.en als episodische (→ Episode) → Interaktionssysteme nicht den Sinn, Konsens zu finden oder Sicherheiten zu schaffen, sondern den Sinn, sich über das als tragbar erscheinende Ausmaß an Unsicherheit zu verständigen (Unsicherheitsabsorption).

Vernunftrecht macht aus naturrechtlich begründeten Rechten (→ Naturrecht) wie → Freiheit und → Gleichheit die Annahme angeborener gleicher Menschenrechte. Letzte Adresse für die Begründung von Rechten wird so die Vernunft und mit der Verortung von Vernünftigkeit im → Subjekt das Subjekt.

Versagenssyndrom. Aus der funktionalen Ausdifferenzierung einer Mehrheit von sozialen Systemen folgt, daß kein System seine Beziehungen zu anderen Systemen zureichend kontrollieren kann

(→ Differenzierung, funktionale, → Resonanz, → Steuerung). Die Kommunikation über das Versagen von Systemen - Rechts-, Wirtschafts-, Staats-, Politik-, Erziehungs-, Familienversagen - ist nur gesellschaftliche Selbstthematisierung eines nicht zu überwindenden konstitutiven Mangels an → Rationalität.

Verständigung hat nichts mit vernünftiger Konsensfindung zu tun (→ kommunikatives Handeln). V. ist allenfalls möglich als Vergewisserung des augenblicklichen → Wissens und darunter insbesondere des Wissens des Nicht-Wissens. V. muß sich folglich von allen Zumutungen aufgeklärter Vernunft, von Ethik und Moral, von Werten und Normen emanzipieren können, um zu gelingen (→ Aufklärung, soziologische). Das hieße Ausbildung einer „Kultur der nichtüberzeugten Verständigung." (1992b9: 202)

Verständlichkeit von Wissenschaft ist eine paradoxe Angelegenheit. Da ihr Gegenstand komplex (→ Komplexität) und paradox (→ Paradoxie) ist, muß dies in ihrer → Sprache (→ Begriffe) zum Ausdruck kommen. Nicht alles läßt sich auf einmal sagen, doch muß eine hinreichende „Simultanpräsenz komplexer Sachverhalte" (1991e3:175) gelingen; und das macht Sprache verständlich und unverständlich zugleich.

Verstehen, speziell gefaßt als Element von → Kommunikation. Eine mitgeteilte Information kann verstanden oder nicht verstanden werden. Sie ist verstanden, wenn das verstehende System vermittels seiner eigenen Operationen hinsichtlich eines kommunikativen Verhaltens eines anderen Systems unterscheiden kann zwischen einer → Information und einer → Mitteilung, wenn es selbst den Infor-

mationswert eines mitgeteilten Inhalts zu prüfen vermag. Die Sinnbestimmung eines Mitteilungshandelns (→ Handeln) stellt stets eine Eigenleistung eines unterscheidend wahrnehmenden Systems, eines → Beobachters, dar (→ Attribution, → Selbst-/Fremdbeobachtung). Die beteiligten Systeme oder Beobachter bleiben füreinander undurchschaubar (→ black box), sie können sich nicht verstehensmäßig auf der Grundlage gemeinsam geteilter Elemente kurzschließen (→ Interpenetration, → Kopplung). V. ist und bleibt selbstreferentielles Beobachten eines anderen selbstreferentiellen Beobachtens. V. ist hiernach keine apriorische Metapher gemeinsam geteilter Grundüberzeugungen (→ Verständigung).

Das gilt für V. als → Wahrnehmung (man versteht, daß und warum jemand an der Haustür nach einem Schlüssel sucht), für V. als interaktionsfreie Kommunikation (man versteht, was der geschriebene Satz in einem Text bedeutet) und für V. im Falle sprachlicher Interaktion (man versteht, was gesagt wird). V. ist in allen Fällen gleichbedeutend mit Auflösung der → Paradoxie der Transparenz des Intransparenten.

Die Fraglosigkeit des V.s im Normallauf des kommunikativen Handelns enthält einen Hinweis auf den Unterschied von V. der an Kommunikation beteiligten Systeme (→ Person) und von V. der Kommunikation. Im ersten Fall ist die Intransparenz der Situation nicht zu überwinden (black box, → doppelte Kontingenz); im zweiten Fall wird die Situation transparent: man versteht, was abläuft.

Vertrag. Der Kern des V.sbegriffs besteht nicht so sehr in der Bindungswirkung einer Willensübereinkunft der Beteiligten, als vielmehr in der Freiheit der Wahl einer Bindung und den vertragsinhaltlichen wie personenbezogenen universellen Möglichkeiten von Willensübereinkünften. So kombiniert der V. beschränkende Sicherheit mit unbeschränkter Freiheit.

Vertrauen als Reduktion von Komplexität (→ Komplexität, Reduktion und Steigerung von) ist immer die Binnenleistung eines Systems, die auf einem Überziehen vorhandener Informationen hinsichtlich der Erwartbarkeit zukünftiger Ereignisse beruht (→ Kredit, → Verantwortung). Die Gegenstände des V.s werden zu Symbolkomplexen (→ Lebenswelt, → Symbol, → Vertrautheit). Bei → funktionaler Differenzierung kommt es zur Differenzierung von Personen- und Systemvertrauen. Personenvertrauen ist V. in bestimmte → Personen (→ Freundschaft). Es setzt eine bestimmte Kontinuität der Selbstdarstellung der vertrauenswürdigen Person voraus, wobei die gemeinte Selbstdarstellung in der relativen Stabilisierung der Differenz von Selbst- und Fremdreferenz (→ Identität, → Selbst-/Fremdreferenz) der Person besteht. Bei Systemvertrauen sind abstrakte Leistungszusammenhänge Gegenstände des V.s. Die Gegenstände (Expertise, Verträge, → Kommunikationsmedien, symbolisch generalisierte) fungieren als Gewißheitsäquivalente für die Erwartbarkeit von Leistungen. Jedes V. bedarf konkreter Deckungsgarantien. Personenvertrauen ist an das Handeln konkreter Personen, Systemvertrauen an die Deckung der Leistungsfähigkeit jeweiliger Medien (z.B. muß der Geldwert relativ stabil sein und darf Macht nicht mißbraucht

werden) gebunden. Alle Formen des V.s steigern die tragbare Unsicherheit statt die Sicherheit von → Erwartungen.

Vertrautheit → Lebenswelt, → Symbol, → System, religiöses

Verwaltung, ein → soziales System in der Form eines organisierten Sozialsystems (→ Organisation), das auf die Herstellung bindender Entscheidungen für ihre Umwelt aus Anlaß von → Informationen aus dieser/über diese Umwelt spezialisiert ist. Prototyp von V. ist die öffentliche V. als System in der internen Umwelt der Verwaltung des → politischen Systems. Subsysteme der Verwaltung des politischen Systems (Gesetzgebung, Regierung) setzen die Entscheidungsprämissen der öffentlichen V. (→ Programme, → Reflexivität). Das Entscheiden der V. ist üblicherweise konditional programmiert (→ Konditionalprogramm). Bei Zweckprogrammierung (→ Zweckprogramm) sind der V. die → Zwecke und Mittel weithin vorgegeben und greift im übrigen eine konditionale Programmierung des V.s-handelns.

Wabuwabu „heißt in der Sprache des Dobo-Volkes die Anwendung scharfer Praktiken auf Fernerstehende." (1992d1: 30) W. ist ein witzig-bissiger Begriff zur Beschreibung der Gruppenuniversität. Die Selbst- und Fremdzuordnng der Universitätsmitglieder zu Gruppen erhöht und politisiert ihre Distanz zueinander und ist begleitet von einer Bürokratisierung durch Demokratisierung (→ Demobürokratisierung).

Wahl, politische, Vorgang oder → Verfahren oder episodisches (Episode) → soziales System der Abwicklung von → Entscheidungen zwecks Rekrutierung von Personen für öffentliche Ämter, vor allem für die Mitgliedschaft in Parlamenten. Die Funktion der p.n W. besteht weniger, wenn überhaupt, in der Entscheidung zwischen → Alternativen durch das Volk (→ Demokratie), als vielmehr in der Umleitung von Entscheidungen über Alternativen in das → politische System. Die p. W. kombiniert hohe Freiheit der Entscheidung durch das politische System mit seiner Anpassung an seine Umwelten. Dabei dient die periodische Wiederholung von p.n W.en wie die Beobachtung der → öffentlichen Meinung (→ Publikum) der Orientierung des politischen Systems an sich selbst als eines Systems in einer Umwelt mit einer Geschichte.

Wahrheit, → symbolisch generalisiertes Kommunikationsmedium des → wissenschaftlichen Systems, die → Einheit der → Differenz von wahr und unwahr oder der W.scode (→ Code) und der Anschluß an die positive statt die negative Seite des W.scodes. Mit der Ermöglichung von → Kommunikationen im → Medium der W. und der dadurch geführten Entstehung eines wahrheitsfähige Kommunikationen exklusiv bedienenden Wissenschaftssystems ist vorentschieden, daß W. als solche nicht festellbar ist, daß absolute Ansprüche an W. ausgeschlossen sind. Alle W. ist hypothetisch (→ Hypothese, → Wissen). Der Zuweisung der Werte wahr oder unwahr dienen → Theorien/Methoden als die → Programme des Wissenschaftssystems. Systemtheorie beansprucht eine Entscheidung über den W.swert der Festellbarkeit der Nichtfestellbarkeit von W (→ Erkenntnis, → Konstruktivismus, systemtheoretischer, → Realität, → Universaltheorie).

W. als Medium verdankt seine Entstehung folgender Konstellation: B.s → Erleben ist Prämisse von A.s Erleben. B rechnet A und A rechnet B die Selektion wahrheitsfähiger Kommunikation zu (→ Attribution); beide unterstellen sich erfolgreich wechselseitig das Einlassen auf wahrheitsfähige Kommunikation (→ Erwartungen), sie verständigen (→ Verständigung) sich entsprechend.

Wahrnehmung, ein nicht-kommunikatives → Ereignis des Bewußtseins (→ System, psychisches). Das Bewußtsein vermag in seiner äußeren Umwelt oder Außenwelt ereignisfreie Gegebenheiten und Ereignisse wahrzunehmen. Das Wahrgenommene erscheint dabei dem Bewußtsein als unmittelbar gegeben. Tatsächlich benutzt es aber die Eigenkomplexität des Gehirns, das seinerseits erst ein Bild von der Außenwelt konstruiert, zur Konstruktion seiner Wahrnehmung der Außenwelt. Das Ereignis W. läßt sich in diesem Sinne als ein Vorgang beobachten, bei dem das Bewußtsein in jeweilige → Medien jeweils bestimmte → Formen einzeichnet, ohne diesen Vorgang bewußt kontrollieren zu können. W. setzt also strukturelle → Kopplung des psychischen Systems mit seiner Umwelt voraus. Dabei läßt sich das wahrnehmende Bewußtsein im einzelnen durch ereignisfreie Gegebenheiten und durch ereignishaftes Geschehen, besonders durch Ereignisse in seiner Umwelt lebender und sinnhaft operierender Systeme, irritieren (→ Irritation) oder faszinieren. W. ist dann ein informatives (→ Information) diffus-gesamthaftes und eher irreflexives Ereignis auf der Ebene des Bewußtseins. Dieses Ereignis ist deshalb auch selektiv abhängig von den → Eigenwerten des wahrnehmenden

psychischen Systems bzw. dessen Geschichte als System in einer Umwelt (→ System, autopoietisches).
W. leistet für das psychische System nur eine ereignishafte Synchronisation zwischen sich und seiner Umwelt. Sinnhafte W. sinnfreier und sinnhafter Ereignisse ist keine → Kommunikation, kann aber an Kommunikation beteiligt sein. Ohne W. könnte nichts als wahrgenommen mitgeteilt werden. Jede Beteiligung eines psychischen Systems an Kommunikation beansprucht noch einmal selektiv die bereits selektive W. Authentische W. ist nicht kommunizierbar (→ Inkommunikabilität). Auch die wissenschaftliche Kommunikation bedarf des Bewußtseins und der W. W. fungiert als → symbiotischer Mechanismus, vermittelt der Wissenschaft den Kontakt zu ihrer Umwelt psychischer Systeme und zu deren Kontakts zu ihrer nichtsinnhaften Außenwelt. Diesen Kontakt vermittelt die Wissenschaft sich selbst über wissenschaftliche Kommunikation über die W.en des Bewußtseins.

Wahrscheinlichkeit des Unwahrscheinlichen. Frage ist, wie das, was unwahrscheinlich ist, wahrscheinlich werden kann (→ Entropie/Negentropie, → Zufall). Systeme im allgemeinen sind hiernach unwahrscheinliche Wahrscheinlichkeiten oder unwahrscheinliche Normalität (→ doppelte Kontingenz, → Ordnung, soziale). In evolutorischer Sicht geht es um die Steigerung der Differenz von wahrscheinlichen Unwahrscheinlichkeiten und unwahrscheinlichen Wahrscheinlichkeiten (→ Evolution, → Evolution, soziale).

Weisheit „ist genau das, was entsteht, wenn wissendes Wissen, also selbstrefeentielles Wissen, auf der Stufe der Beobachtung erster Ordnung entwickelt wird und diese Stufe nicht verläßt." (OF)

Welt ist kein Aggregatbegriff: W. als universitas rerum. W. ist ein → differenzloser Begriff. Deshalb ist W. der → blinde Fleck aller → Beobachtung, die → Einheit der → Differenz einer → Unterscheidung, das, was man voraussetzen muß, wenn man beobachtet (→ marked space/unmarked space). Dieses Vorauszusetzende ist nicht näher zu bestimmen, ihm fehlt die Bestimmbarkeit durch Grenzen des Möglichen: Die W. als Einheit der Differenz von Beobachtbarkeit und Unbeobachtbarkeit ist unbeobachtbar.
Der W.begriff wird operationsfähig nur als Korrelatbegriff: W. wird durch Beobachtung konstituiert als Einheit der Differenz von System um Umwelt. W. ist alles das, was Systeme vermittels der Unterscheidung von System und Umwelt beobachten können, und zwar einschließlich der Beobachtung, daß sie nicht beobachten können, was sie nicht beobachten können (→ Paradoxie, → reentry). Es gibt demnach so viele W.en wie es Unterscheidungen oder Ensembles von Unterscheidungen gibt (→ Polykontexturalität). Vor allem aber: Es gibt keine W. hinter der W., die durch Unterscheidungen entsteht. Es gibt nur W.(W.en) in der W., die durch Unterscheidung(en) entsteht (entstehen) (→ Erkenntnis, → Konstruktivismus, systemtheoretischer).

Weltgesellschaft, Ausdehnung von → Gesellschaft als Gesamtheit der füreinander erreichbaren → Kommunikationen über nationale und regionale Beschränkungen hinaus. W. wird vor allem ermöglicht durch → Massenmedien als besonderen Medien der Verbreitung von

Kommunikationen. Massenmedien integrieren Gesellschaft im Weltmaßstab selektiv und momenthaft. Wie der Gesellschaft fehlt der W. eine → Repräsentation der Einheit als und im System.

Weltkunst → System der Kunst

Wert, symbolisierter (→ Symbol) Gesichtspunkt des Schätzens oder Vorziehens von sinnhaften Zuständen oder Ereignissen. W.e sind insofern paradoxe Symbolisierungen des Wünschenswerten, weil über sie entschieden wird, obwohl oder weil über sie auf ihrer eigenen Grundlage nicht entschieden werden kann (→ Paradoxie). W.e können weder W.hierarchien begründen noch W.konflikte entscheiden. Dennoch geschieht das, wird die W.paradoxie entfaltet (→ Ideologie, → Zweck). In der W.kommunikation fungieren W.e kraft Unterstellung ihrer → Geltung gleichsam wie Reflexionsstopps. Der hierbei zu beachtende Wechsel in W.präferenzen spricht für einen in W.symbolisierungen eingelassenen W.opportunismus: „Werte sind 'blinde Flecken', die zum Beobachten und zum Handeln ausrüsten." (1987c5: 168)

Widerspruch, → Einheit von sich Widersprechendem. Die Ablehnung eines Gedankens (→ System, psychisches) oder einer kommunikativen Offerte (→ System, soziales) ist ein W. → Sinnsysteme sind existentiell auf die selbstreferentielle Bearbeitbarkeit von Widersprüchen eingerichtet (→ Negation, → System autopoietisches, → System, offenes/geschlosenes). Sie müssen sich kraft ihrer operativen → Autonomie zwar selbstreferentiell (→ Selbst-/Fremdreferenz) ändern, unerwartete Ereignisse in ihren Ereignisstrom einfügen (→ Evolution), aber auch Ereignisse als nicht pas-

send potentialisieren können. In ihren → Immunsystemen verfügen sie über Einrichtungen, die speziell der Abarbeitung von W. dienen. Im klassischen Denkhorizont gelten hingegen Widersprüche als Defekte im erkennenden oder handelnden Umgang mit einer an sich auf → Perfektion/Perfektibilität hin angelegten Wirklichkeit menschlich-gesellschaftlichen Seins.

Wille, jener Aspekt des → kommunikativen Handelns eines Systems, der sich informationell (→ Information) auf die → Eigenwerte oder das → Gedächtnis des handelnden Systems statt auf dessen Umwelt stützt. Die → Intentionalität des Handelns eines autopoietischen Systems ist insofern strukturdeterminiert und wird der Bewährung im Umgang mit Umweltinformationen ausgesetzt.

Willkür. Systemtheorie als konstruktiver Theorie des Beobachtens (→ Erkenntnis, → Konstruktivismus, systemtheoretischer, → Realität) könnte unterstellt werden, alle ihre → Unterscheidungen und Bezeichnungen seien willkürlich. Auf der Ebene der → Beobachtung erster Ordnung wird beobachtet, was beobachtet wird. Was-Fragen sind in der Tat insofern willkürlich, als sie grundsätzlich auch anders gestellt werden können (→ Kontingenz, → Selektivität). Allerdings ist jeder Beobachter ein → autopoietisches System und kann als solches stets nur an eigene Beobachtungen rekursiv anknüpfen (→ Rekursivität). Der Beobachter zweiter Ordnung sieht das, und für ihn gilt nichts anderes. Da autopoietische Systeme geschlossen und offen zugleich operieren und Systeme mit einer Geschichte in einer Umwelt sind, ist zwar vieles möglich, aber nichts beliebig und insofern nicht willkürlich möglich.

Wirtschaft → Banken, → Bedürfnis, → Geld, → Kapital, → Inflation/Deflation, → Knappheit, → Kredit, → Markt, → soziale Marktwirtschaft, → Wohlfahrtsstaat, → Zahlung/Nichtzahlung

Wirtschaftliches System → System, wirtschaftliches

Wissen. Der wesentliche Unterschied zum klassischen W.sverständnis liegt in der Abkehr von W. als Ausdruck dessen, daß man sich dessen gewiß sein kann, was ist, oder, wenn man das bestreitet, als intersubjektive Gewißheit hinsichtlich dessen, was man angesichts der Problematik einer unmittelbaren Zugänglichkeit dessen, was ist, überhaupt wissen kann (→ Erkenntnistheorie, klassische, → Ontologie, → Transzendenz). W. ist nicht nur nichts von außen Instruierendes oder selbst Instruiertes (→ Subjekt, → Transzendenz), es ist negationsfähig (→ Negation) angelegte Selbstinstruktion des an Kommunikationen beteiligten Bewußtseins. W. ist deshalb keine irgendwie rein innere Konstruktionsleistung des sich selbst und seine Umwelt beobachtenden psychischen Systems, sondern gelangt sozusagen nur dann zur Verfügung des psychischen Systems, wenn es kommunikativ erzeugt wurde und sich kommunikativ bewährt hat (→ Begriffe, → Kommunikation, → System, soziales). W. ist ein kommunikativer Sachverhalt.

Zu unterscheiden ist zwischen alltäglichem und wissenschaftlichem W. Dem alltäglichen oder Objektwissen liegt stets eine → Beobachtung erster Ordnung zugrunde. Der Professor X (→ Beobachter) weiß natürlich, daß er jetzt gerade eine Vorlesung über W. hält. W. dieser Art ist immer wahres W. Wissenschaftliches W. verlangt mindestens die Beobachtungsform zweiter Ordnung. Der Professor weiß natürlich, daß er in seiner Vorlesung darüber berichtet, wie er beobachtet, wie er oder andere die Möglichkeit von W. beobachten. W. dieser Art kann nicht mehr bedingungslos wahres W. sein (→ Erkenntnis, → Konstruktivismus, systemtheoretischer, → Reflexionstheorie, → Wahrheit). Das Besondere wissenschaftlichen W.s ist seine Neuartigkeit oder Neuheit (→ Evolution von Wissen). Unterstellt ist wissenschaftliches W. als rein hypothetisches Konstrukt (→ Hypothese). Jeweiliges wissenschaftliches W. wird von allen an wissenschaftlicher Kommunikation im → wissenschaftlichen System Beteiligten als für alle gleichermaßen geltend angenommen.

Besonders wichtig ist für die Moderne die Differenz von W. und Nichtwissen. Nichtwissen ist geradezu privilegierter Inhalt von Kommunikation. Aussagen auf der ersten Beobachtungsebene wie „Ich weiß, daß ich nichts weiß" und „Je mehr man weiß, desto weniger weiß man" werden ersetzt durch die reflexive Aussage „Ich weiß, daß ich nicht wissen kann, was ich nicht wissen kann."

Wissenschaft → Auflöse-/Rekombinationsvermögen, → Evolution von Wissen, → Hypothese, → Instrumentalität, → Limitationalität, → Praxis von Wissenschaft, → System, wissenschaftliches, → Theorien/Methoden, → Verständlichkeit, → Wahrheit, → Wissen, → Wissenschaft, anwendungsorientierte

Wissenschaft, anwendungsorientierte, statt angewandte Wissenschaft sollte es heißen, um auszudrücken, daß es weder für die instruktive Vorstellung einer wis-

senschaftlichen Abbildbarkeit von au-
ßenweltlichen oder von intra- und inter-
systemischen Gesetzmäßigkeiten (→ Erkenntnis, → Konstruktivismus, systemtheoretischer, → Realität) noch für die
konstruktive Vorstellung einer wissenschaftlich zureichend kontrollierbaren
Erprobung externalisierten → Wissens
Grundlagen gibt (→ Instrumentalität).
Die Leistungen des → wissenschaftlichen Systems an die Gesellschaft bestehen in der Zurverfügungstellung neuen
Wissens, speziell in den Formen von →
Technik/Technologie und → Therapie.
Wenn sich solches externalisiertes Wissen bewährt, sollte man lediglich von
funktionierenden Simplifikationen sprechen (→ Kausalität).

Wissenschaftliches System → System,
wissenschaftliches

Wissensevolution → Evolution von
Wissen

Wohlfahrtsstaat, hat seine Bestimmung
in der Steigerung von als positiv erlebten
Abweichungen von bestehenden Zuständen. Unter Bedingungen politischer →
Demokratie (→ Wahl, politische) führt
jeder dem → Staat gegenüber erfolgreich geltend gemachte Anspruch auf
Bedürfnisbefriedigungen zur Vermehrung statt Verminderung weiterer → Ansprüche. Folge ist die Selbstüberforde-
rung des sich als W. beschreibenden →
politischen Systems (→ Versagenssyndrom, → soziale Marktwirtschaft).

Zahlung/Nichtzahlung (Geldzahlung).
Z. ist die basale sich selbst erzeugende
Einheit des → wirtschaftlichen Systems
(→ Selbstreferenz, basale), die positive
Seite des Geldcodes (→ Code, → Geld)
Z./N. Eine Z. ist eine → kommunikative
Handlung (→ Handeln) und besteht in

der Hingabe von Geld entsprechend des
Umfangs einer in Geld ausgedrückten
Z.serwartung (→ Erwartungen), d.h. eines → Preises. Jede Leistung einer bestimmten Z. ist durch die hinreichend
wahrscheinliche inhaltlich unbestimmte
Chance der Wiederherstellbarkeit eigener Z.sfähigkeit durch Z.en anderer motiviert (→ Kommunikationsmedien,
symbolisch generalisierte, → Kontingenzformel). Das gilt entsprechend für
den Zusammenhang der Entgegennahme
und der Weitergabe von Z.sfähigkeit.
Der doppelte gegenläufige Z.skreislauf
ist dabei wie der Kreislauf der → Operationen jeden → autopoietischen Systems geschlossen (hier: temporär
gleichgewichtig) und offen (hier: temporär ungleichgewichtig) zugleich.

Zeichen, Bezeichnung für die Einheit
der Differenz von Bezeichnendem und
Bezeichnetem oder eine mit der Unterscheidung und Bezeichnung als Z. ausgezeichnete → Form des → Beobachtung. Erst über die Beobachtung eines
Z.s als Z. entsteht ein → Symbol.

Zeit, konstituiert sich durch die Unterscheidung von Aktualität (als Gleichzeitigkeit all dessen, was geschieht, und
alles, was geschieht, geschieht gleichzeitig) und Inaktualität (das Geschehen,
was nicht mehr oder noch nicht möglich
ist). Irreversibel Geschehenes ist dann
nur noch als gegenwärtige Vergangenheit und kontingentes zukünftiges Geschehen nur noch als gegenwärtige Zukunft konstruierbar. Es geht um eine Ge-
samtreproduktion von Z. im jeweiligen
Moment. Die immer nur momentan aktualisierte → Einheit der → Differenz
von Vergangenheit und → Zukunft ist
dann symbolisiert im Begriff der Gegenwart. Zur Existenzbedingung von Sy-

stemen gehört die Inanspruchnahme von
Z. (→ Asymmetrisierung, → crossing,
→ Synchronisation, → Komplexität,
Temporalisierung von).

Zeitdimension, eine der drei mit der
Ausdifferenzierung von → Sinnsystemen
verknüpften → Sinndimensionen (außerdem noch: → Sach- und → Sozialdimension). Entscheidend ist, daß Systeme, die auf der Grundlage temporalisierter → Elemente (→ Ereignisse) operieren, nicht alle Möglichkeiten der Relationierung (→ Relation) von Elementen
und die jeweiligen aktuell möglich er-
scheinenden Möglichkeiten der Relationierung nicht gleichzeitig aktualisieren
können (→ Komplexität). Durch selektive Verknüpfungen (→ Selektivität) temporalisierter Elemente (→ Asymmetrisierung, → Komplexität, Temporalisierung von) wird Komplexität reduziert
oder Zeit gespart, d.h. die pro Zeiteinheit
mögliche Komplexität erhöht (→ Komplexität, Reduktion und Steigerung von).
Durch gegenwärtige Differenzierung
von jetzt und später möglich erscheinen-
den Möglichkeiten weitet sich der gegenwärtige Möglichkeitshorizont aus (→
Knappheit der Zeit).

Zentrum/Peripherie → Differenzierung, funktionale

Zivilreligion → Grundwerte

Zufall heißt, daß unerwartete → Ereignisse in der Umwelt eines Systems
möglich sind (→ Information, → Irritation), die das System in anschlußfähige
→ Operationen und in Strukturänderungen (→ Struktur) umsetzen kann. Exakter ist Z. ein Ereignis, das seitens des
Systems eigentlich nicht vorgesehen ist,
mit seinem strukturierten Zustand vor
und nach dem Ereignis nicht in einem

systematischen Zusammenhang steht. Es
fehlt das Merkmal der Vorabkoordinati-
on. Aus dieser Sicht ist Z. keinesfalls
etwas beliebig Stattfindendes. Nur das
ist ein zufälliges Ereignis, was als solches vom System aus als zufällig gilt. Z.
ist unter Bedingungen autopoietisch operierender psychischer und sozialer Systeme und kaum noch begrenzter Denk-
und Kommunikationsmöglichkeiten (→
Auflöse-/Rekombinationsvermögen) geradezu das Prinzip der → Evolution von
Systemen (→ Entropie/Negentropie, →
Evolution, soziale, → Ordnung, soziale,
→ Wahrscheinlichkeit).

Zukunft. Die neuzeitliche Umstellung
von Vergangenheits- auf Z.sorientierung
wird in der Moderne ersetzt durch die
Differenz von gegenwärtiger Vergangenheit und gegenwärtiger Z. (→ Zeit).
Z. oder zukünftige Gegenwart ist nicht
mehr beschreibbar und intendierbar, sie
wird entscheidungsabhängig (→ Entscheidung, → Handeln, → Intentionalität, → Risiko/Gefahr). Entscheidungsabhängig sein, das heißt, daß immer erst
hinterher feststellbar ist, was die Ent-
scheidungsfolgen waren; und dennoch
muß laufend entschieden werden. Diese
Paradoxie im Umgang mit Z. ist nicht zu
vermeiden.

Zurechnung → Attribution

Zweck. Der seines klassischen Gehalts
als Entfaltung von → Natur (→ Teleologie) oder der kausalen Bewirkbarkeit
von Wirkungen (→ Intentionalität) ent-
kleidete Z.begriff meint die geschätzte
Wirkung eines → Handelns oder die
Einheit der Differenz von erstrebten und
nicht-erstrebten Zuständen. Z.e dienen
der Neutralisierung von Wertaspekten
der Folgen des Z.handelns (→ Ideologie,
→ Wert). Z.setzungen sind Eigenlei-

stungen eines Systems, bleiben daher gebunden an die zweckrelevanten Vorstellungen des Systems von seinem System-Umwelt-Verhältnis. Z.e erleichtern oder vereinfachen systemische Beobachtungen von System-Umwelt-Beziehungen (→ Rationalität, → Selbstsimplifizierung). Das Z.-Mittel-Modell in seiner üblichen Fassung ist dabei ein asymmetrisches Modell kausalen Zuschnitts. Sein Engpaß ist sein Wertberücksichtigungspotential. Das Modell ist bereits überwunden, wenn beide Seiten, die Mittel und die Z.e gegeneinander variabel gehalten werden (→ Methode, funktionale). Wird die Setzung von Z.-Mittel-Beziehungen als Einzeichnung von kontingenten (→ Kontingenz) → Formen in das → Medium der → Kausalität gesehen, ist ein vollends angemessenes Verständnis des Z.handelns erreicht.

Zweck und Motiv, klassisch jene Gleichsetzung, wonach der Mensch um der Erfüllung seiner → Zwecke willen handelt (→ Handeln). Eine erste Abkopplung von Z. u. M. zeigt sich in der Umstellung von einer Beobachtbarkeit der M.e oder Gründe des Handelns zu einer Beobachtbarkeit von M.en als Zurechnungsleistungen sich selbst beobachtender Systeme (→ Motiv). Wichtigste Folge auf der Ebene sozialer Systeme ist die Freisetzung organisierter Sozialsysteme (→ Organisation) zur Spezialisierung auf die Verfolgung bestimmter Z.e, ohne dabei wesentlich auf eine entsprechende Motivation der Organisationsmitglieder angewiesen zu sein.

Zweckprogramm, eine besondere Form der Programmierung (→ Programme) von → Entscheidungen. Ein Z. legt fest, welche → Zwecke erreicht oder welche

Wirkungen bewirkt werden sollen, was auf eine Neutralisierung nicht intendierter Nebenwirkungen und eine weitgehende Freisetzung in der Rechtfertigung der einzusetzenden Mittel hinausläuft, sofern und soweit nicht einschränkende Nebenbedingungen das Z. konditionalisieren (→ Konditionalprogramm).

Zweitcodierung, an primäre Codierung anknüpfende sekundäre Codierung. Z.B. wird an den → Code Haben/Nichthaben (Eigentum) der Code Zahlung/Nichtzahlung (Geld), an den Code (politische) Macht haben/keine Macht haben der Code Recht/Unrecht, an den Code wahr/unwahr der Code Reputation haben/keine Reputation haben, an den Code Immanenz/Transzendenz (bzw. Heil/Verdammnis) der (traditionelle) moralische Code gut/schlecht (bzw. individualisiert: gut/böse), an den Code Krankheit/Gesundheit der Code unheilbar krank/heilbar krank angeschlossen (→ Bifurkation, → Dekomposition). Es kann um beidseitig anschließende Codierungen oder Verdopplungen (z.B. Eigentum - Geld) oder um Anschlüsse an eine Seite (Krankheit - heilbar/nicht heilbar) gehen. Anschließende stehen quer zu vorhergehenden Codierungen. Machthaber oder Machtunterworfene können Recht haben, eine wahre oder eine falsche Aussage kann reputierlich sein. Z.- und Mehrfachcodierungen (z.B. der Sprache durch Schrift, der Schrift durch Buchdruck, des Buchdrucks durch digitalisierte Informationssysteme) steigern das → Auflöse-/Rekombinationsvermögen und die → Interdependenzen differenzierter sozialer Teilsysteme, das Kommunikationspotential.

Verzeichnis der berücksichtigten Schriften Luhmanns[*]

Baecker, D./N. Luhmann (1990): Wege und Umwege der Soziologie. Interview im Deutschlandfunk am 3. Dezember 1989, in: Rechtstheorie, Jg. 21, 209 - 216

Becker, F./N. Luhmann (1963): Verwaltungsfehler und Vertrauensschutz. Möglichkeiten gesetzlicher Regelung der Rücknehmbarkeit von Verwaltungsakten, Berlin

Dahm, K.-W./N. Luhmann/D. Stoodt (1992): Religion, System und Sozialisation, Darmstadt

Foerster, H. v./N. Luhmann/B. Schmid u. a. (1988): Diskussion des Fallbeispiels, in: Simon, F. B. (Hg.), Lebende Systeme. Wirklichkeitskonstruktionen in der systemischen Therapie, Berlin - Heidelberg - New York u. a., 81 - 91

Foerster, H. v./N. Luhmann/F. J. Varela (1988): Kreuzverhör - Fragen an Heinz von Foerster, Niklas Luhmann und Francisco Varela, in: Simon, F. B. (Hg.), Lebende Systeme. Wirklichkeitskonstruktionen in der systemischen Therapie, Berlin - Heidelberg - New York u. a., 95 - 107

Habermas, J./N. Luhmann (1971): Theorie der Gesellschaft oder Sozialtechnologie - Was leistet die Systemforschung?, Frankfurt a. M.

Lange, E./N. Luhmann (1974): Juristen - Berufswahl und Karrieren, in: Verwaltungsarchiv, Bd. 65, 113 - 162

Luhmann, N. (1958): Der Funktionsbegriff in der Verwaltungswissenschaft, in: Verwaltungsarchiv, Bd. 49, 97 - 105

--- (1960): Kann die Verwaltung wirtschaftlich handeln?, in: Verwaltungsarchiv, Bd. 51, 97 - 115

--- (1962): Der neue Chef, in: Verwaltungsarchiv, Bd. 53, 11 - 24

--- (1963): Einblicke in vergleichende Verwaltungswissenschaft, in: Der Staat, Jg. 2, 495 - 500

--- (1965a): Die Grenzen einer betriebswirtschaftlichen Verwaltungslehre, in: Verwaltungsarchiv, Bd. 56, 303 -

--- (1965b): Öffentlich-rechtliche Entschädigung rechtspolitisch betrachtet, Berlin

--- (1965c): Spontane Ordnungsbildung, in: Morstein Marx, F. (Hg.), Verwaltung, Berlin, 163 - 183

--- (1966a): Die Bedeutung der Organisationssoziologie für Betrieb und Unternehmung, in: Arbeit und Leistung, Jg. 20, 181 - 189

--- (1966b): Organisation, soziologisch, in: o. Hg., Evangelisches Staatslexikon, Stuttgart, 1410 - 1414

---

[*] Die Schriften werden wie folgt zitiert: 1. Auswahl = Autor(en), 2. Auswahl = Jahr (Basis: letzte Auflage), 3. Auswahl = Titel in alphabetischer Reihenfolge. Die in einer weiteren Klammer innerhalb der eingeklammerten Jahreszahl angegebene Ziffer bezieht sich auf die Auflage.

--- (1966c): Recht und Automation in der öffentlichen Verwaltung. Eine verwaltungswissenschaftliche Untersuchung, Berlin

--- (1966d): Theorie der Verwaltungswissenschaft. Bestandsaufnahme und Entwurf, Köln - Berlin

--- (1967): Verwaltungswissenschaft in Deutschland, in: Recht und Politik, o. Jg., 123 - 128

--- (1968): Gesellschaft, in: o. Hg., Sowjetsystem und Demokratische Gesellschaft, Band 2, Freiburg - Basel - Wien, 959 - 972

--- (1969a): Gesellschaftliche Organisation, in: Ellwein, T./M. Groothoff/H. Rauschenberg u. a. (Hg.), Erziehungswissenschaftliches Handbuch, Band 2, Berlin, 387 - 405

--- (1969b): Klassische Theorie der Macht. Kritik ihrer Prämissen, in: Zeitschrift für Politik, Jg. 16, 149 - 170

--- (1969c): Kommunikation, soziale, in: Grochla, E. (Hg.), Handwörterbuch der Organisation, Stuttgart, 381 - 383

--- (1969d): Normen in soziologischer Perspektive, in: Soziale Welt, Jg. 20, 28 - 48

--- (1970a): Die Funktion der Gewissensfreiheit im öffentlichen Recht, in: o. Hg., Funktion des Gewissens im Recht, Frankfurt, 9 - 22

--- (1970b): Gesetzgebung und Rechtsprechung im Spiegel der Gesellschaft, in: Derbolowsky, U./E. Stephan (Hg.), Die Wirklichkeit und das Böse, Hamburg, 161 - 170

--- (1970c): Institutionalisierung - Funktion und Mechanismus im sozialen System der Gesellschaft, in: Schelsky, H. (Hg.), Zur Theorie der Institution, Düsseldorf, 27 - 41

--- (1970d(6)): Verwaltungswissenschaft I, in: o. Hg., Staatslexikon, Freiburg, 606 - 620

--- (1971a): Gesellschaften als Systeme der Komplexitätsreduktion, in: Tjaden, K. H. (Hg.), Soziale Systeme, Berlin, 346 - 359

--- (1971b): Grundbegriffliche Probleme einer interdisziplinären Entscheidungstheorie, in: Die Verwaltung, Jg. 4, 470 - 477

--- (1971c): Information und Struktur in Verwaltungsorganisationen, in: Verwaltungspraxis, Jg. 25, 35 - 42

--- (1971d): Moderne Systemtheorien als Form gesamtgesellschaftlicher Analyse, in: Habermas, J./N. Luhmann, Theorie der Gesellschaft oder Sozialtechnologie - Was leistet die Systemforschung?, Frankfurt a. M., 7 - 24

--- (1971e): Sinn als Grundbegriff der Soziologie, in: Habermas, J./N. Luhmann, Theorie der Gesellschaft oder Sozialtechnologie. Was leistet die Systemforschung?, Frankfurt a. M., 25 - 100

--- (1971f): Das „Statusproblem" und die Reform des öffentlichen Dienstes , in: Zeitschrift für Rechtspolitik, Jg. 4, 49 - 52

--- (1971g): Systemtheoretische Argumentationen. Eine Entgegnung auf Jürgen Habermas, in: Habermas, J./N. Luhmann, Theorie der Gesellschaft oder Sozialtechnologie. Was leistet die Systemforschung?, Frankfurt a. M., 291 - 404

--- (1972a): Generalized Media and the Problem of Contingency, in: Loubser, J. J. u.a. (eds.), Explorations in General Theory in the Social Sciences, New York, 507 - 532

--- (1972b): Knappheit, Geld und die bürgerliche Gesellschaft, in: Jahrbuch für Sozialwissenschaft, Jg. 23, H. 2, 186 - 210

--- (1972c): Die Organisierbarkeit von Religionen und Kirchen, in: Wössner, J. (Hg.), Religion im Umbruch, Stuttgart, 245 - 285

--- (1972d): Politikbegriffe und „Politisierung" der Verwaltung, in: o. Hg., Demokratie und Verwaltung. 25 Jahre Hochschule für Verwaltungswissenschaften Speyer, Berlin, 211 - 228

--- (1972e): Religiöse Dogmatik und gesellschaftliche Evolution, in: Dahm, K.-W./N. Luhmann/D. Stoodt, Religion, System und Sozialisation, Neuwied a. Rh., 15 - 132

--- (1972f): Verfassungsmäßige Auswirkungen der elektronischen Datenverarbeitung, in: Öffentliche Verwaltung und Datenverarbeitung, Jg. 2, 44 - 47

--- (1973a): Das Phänomen des Gewissens und die normative Selbstbestimmung der Persönlichkeit, in: Böckle, F./E.-W. Böckenförde (Hg.), Naturrecht in der Kritik, Mainz, 223 - 243

--- (1973b): Politische Verfassungen im Kontext des Gesellschaftssystems, in: Der Staat, Jg. 12, 1 - 22 u. 165 - 182

--- (1974a): Institutionalisierte Religion gemäß funktionaler Soziologie, in: Concilium, Jg. 10, 17 - 22

--- (1974b): Rechtssystem und Rechtsdogmatik, Stuttgart

--- (1974c): System - Systemtheorie, in: Wulf, C. (Hg.), Wörterbuch der Erziehung, München, 582 - 585

--- (1974d): Zurechnung von Beförderungen im öffentlichen Dienst, in: Zeitschrift für Soziologie, Jg. 2, 326 - 351

--- (1975a): Gesellschaft, in: Nikles, B. W./J. Weiß (Hg,), Gesellschaft, Hamburg, 210 - 224

--- (1975b): Konfliktpotentiale in sozialen Systemen, in: Landeszentrale für politische Bildung NRW (Hg.), Der Mensch in den Konfliktfeldern der Gegenwart, Köln, 65 - 74

--- (1976a): Komplexität, in: Ritter, J./K. Gründer (Hg.), Historisches Wörterbuch der Philosophie, Band 4, Basel, 939 - 941

--- (1976b): Zur systemtheoretischen Konstruktion von Evolution, in: Lepsius, M. R. (Hg.), Zwischenbilanz der Soziologie. Verhandlungen des 17. Deutschen Soziologentages, Stuttgart, 49 - 52

--- (1977a): Arbeitsteilung und Moral, in: Durkheim, E., Über die Teilung der sozialen Arbeit, Frankfurt a. M., 17 - 35

--- (1977b): Macht und System. Ansätze zur Analyse von Macht in der Politikwissenschaft, in: Universitas, Jg. 32, 473 - 482

--- (1977c): Der politische Code. Zur Entwirrung von Verwirrungen, in: Kölner Zeitschrift für Soziologie und Sozialpsychologie, Jg. 29, 157 - 159

--- (1977d): Probleme eines Parteiprogramms, in: Baier, H. (Hg.), Freiheit und Sachzwang, Opladen, 167 - 181

--- (1977e): Staat und Gesellschaft (Interview), in: o. Hg., Soziologische Positionen, Frankfurt a. M., 42 - 60

--- (1978a): Interpenetration bei Parsons, in: Zeitschrift für Soziologie, Jg. 7, H. 3, 299 - 302

--- (1978b): Die Organisationsmittel des Wohlfahrtsstaates und ihre Grenzen , in: Geißler, H. (Hg.), Verwaltete Bürger - Gesellschaft in Fesseln, München, 235 - 253

--- (1978c): Soziologie der Moral, in: Ders./H. Pfürtner (Hg.), Theorietechnik und Moral, Frankfurt a. M., 8 - 116

--- (1979): Suche der Identität und Identität der Suche. Über teleologische und selbstreferentielle Prozesse, in: Marquard, O./K. Stierle (Hg.), Identität, München, 593 - 594

--- (1980a): Die Ausdifferenzierung von Erkenntnisgewinn. Zur Genese von Wissenschaft, in: Stehr, N./V. Meja (Hg.), Wissenssoziologie, Sonderheft 20 der Kölner Zeitschrift für Soziologie und Sozialpsychologie, Opladen, 101 - 139

--- (1980b): Frühneuzeitliche Anthropologie. Theorietechnische Lösungen für ein Evolutionsproblem der Gesellschaft, in: Ders., Gesellschaftsstruktur und Semantik. Studien zur Wissenssoziologie der modernen Gesellschaft, Band 1, Frankfurt a. M., 162 - 234

--- (1980c): Gesellschaftliche Struktur und semantische Tradition, in: Ders., Gesellschaftsstruktur und Semantik. Studien zur Wissenssoziologie der modernen Gesellschaft, Band 1, Frankfurt a. M., 9 - 71

--- (1980d): Gesellschaftsstruktur und Semantik. Studien zur Wissenssoziologie der modernen Gesellschaft, Band 1, Frankfurt a. M.

--- (1980e): Interaktion in Oberschichten. Zur Transformation ihrer Semantik im 17. und 18. Jahrhundert, in: Ders., Gesellschaftsstruktur und Semantik. Studien zur Wissenssoziologie der modernen Gesellschaft, Band 1, Frankfurt a. M., 72 - 161

--- (1980f(2)): Komplexität, in: Grochla, E. (Hg.), Handwörterbuch der Organisation, Stuttgart, 1064 - 1070

--- (1980g): Max Webers Forschungsprogramm in typologischer Rekonstruktion. Wolfgang Schluchter: Die Entwicklung des okzidentalen Rationalismus, in: Soziologische Revue, Jg. 3, H. 3, 243 - 250

--- (1980h): Selbstreferenz und binäre Schematisierung, in: Ders., Gesellschaftsstruktur und Semantik. Studien zur Wissenssoziologie der modernen Gesellschaft, Band 1, Frankfurt a. M., 301 - 313

--- (1980i): Talcott Parsons. Zur Zukunft eines Theorieprogramms, in: Zeitschrift für Soziologie, Jg. 9, H. 1, 5 - 7

--- (1980j): Temporalisierung von Komplexität. Zur Semantik neuzeitlicher Begriffe, in: Ders., Gesellschaftsstruktur und Semantik. Studien zur Wissenssoziologie der modernen Gesellschaft, Band 1, Frankfurt a. M., 235 - 300

--- (1981a1): Ausdifferenzierung des Rechts. Beiträge zur Rechtssoziologie und Rechtstheorie, Frankfurt a. M.

--- (1981a2): Ausdifferenzierung des Rechtssystems, in: Ders., Ausdifferenzierung des Rechts. Beiträge zur Rechtssoziologie und Rechtstheorie, Frankfurt a. M., 35 - 52

--- (1981a3): Communication About Law in Interaction Systems, in: Knorr-Cetina, K./ A. Cicourel (eds.), Advances in Social Theory and Methodology. Towards an Integration of Micro- and Macro-Sociology, London, 234 - 256

--- (1981a4): Evolution des Rechts, in: Ders., Ausdifferenzierung des Rechts. Beiträge zur Rechtssoziologie und Rechtstheorie, Frankfurt a.M., 11 - 34

--- (1981a5): Die Funktion des Rechts. Erwartungssicherung oder Verhaltenssteuerung?, in: Ders., Ausdifferenzierung des Rechts. Beiträge zur Rechtssoziologie und Rechtstheorie, Frankfurt a. M., 73 - 112

--- (1981a6): Funktionale Methode und juristische Entscheidung, in: Ders., Ausdifferenzierung des Rechts. Beiträge zur Rechtssoziologie und Rechtstheorie, Frankfurt a. M., 273 - 307

--- (1981a7): Gerechtigkeit in den Rechtssystemen der modernen Gesellschaft, in: Ders., Ausdifferenzierung des Rechts. Beiträge zur Rechtssoziologie und Rechtstheorie, Frankfurt a. M., 374 - 418

--- (1981a8): Gesellschaftsstruktur und Semantik. Studien zur Wissenssoziologie der modernen Gesellschaft, Band 2, Frankfurt a. M.

--- (1981a9): Die Gewissensfreiheit und das Gewissen, in: Ders., Ausdifferenzierung des Rechts. Beiträge zur Rechtssoziologie und Rechtstheorie, Frankfurt a. M., 326 - 359

--- (1981b1): Ideengeschichte in soziologischer Perspektive, in: Matthes, J. (Hg.), Lebenswelt und soziale Probleme. Verhandlungen des 20. Deutschen Soziologentages zu Bremen, Frankfurt - New York, 49 - 61

--- (1981b2): Die juristische Rechtsquellenlehre in soziologischer Sicht, in: Ders., Ausdifferenzierung des Rechts. Beiträge zur Rechtssoziologie und Rechtstheorie, Frankfurt a. M., 308 - 325

--- (1981b3): Kommunikation über Recht und Unrecht in Interaktionssystemen, in: Ders., Ausdifferenzierung des Rechts. Beiträge zur Rechtssoziologie und Rechtstheorie, Frankfurt a. M., 53 - 72

--- (1981b4): Konflikt und Recht, in: Ders., Ausdifferenzierung des Rechts. Beiträge zur Rechtssoziologie und Rechtstheorie, Frankfurt a. M., 92 - 112

--- (1981b5): Politische Theorie im Wohlfahrtsstaat, München

--- (1981b6): Positivität des Rechts als Voraussetzung einer modernen Gesellschaft, in: Ders., Ausdifferenzierung des Rechts. Beiträge zur Rechtssoziologie und Rechtstheorie, Frankfurt a. M., 113 - 153

--- (1981b7): Die Profession der Juristen. Kommentare zur Situation in der Bundesrepublik Deutschland, in: Ders., Ausdifferenzierung des Rechts. Beiträge zur Rechtssoziologie und Rechtstheorie, Frankfurt a. M., 173 - 190

--- (1981b8): Rechtstheorie im interdisziplinären Zusammenhang, in: Ders., Ausdifferenzierung des Rechts. Beiträge zur Rechtssoziologie und Rechtstheorie, Frankfurt a. M., 191 - 240

--- (1981b9): Rechtszwang und politische Gewalt, in: Ders., Ausdifferenzierung des Rechts. Beiträge zur Rechtssoziologie und Rechtstheorie, Frankfurt a. M., 154 - 172

--- (1981c1): Selbstlegitimation des Staates, in: Achterberg, N./W. Krawietz (Hg.), Legitimation des modernen Staates, Archiv für Rechts- und Sozialphilosophie, Beiheft 15, Wiesbaden, 65 - 83

--- (1981c2): Selbstreferenz und Teleologie in gesellschaftstheoretischer Perspektive, in: Ders., Gesellschaftsstruktur und Semantik. Studien zur Wissenssoziologie der modernen Gesellschaft, Band 2, Frankfurt a. M., 9 - 44

--- (1981c3): Selbstreflexion des Rechtssystems. Rechtstheorie in gesellschaftstheoretischer Perspektive, in: Ders., Ausdifferenzierung des Rechts. Beiträge zur Rechtssoziologie und Rechtstheorie, Frankfurt a. M., 419 - 450

--- (1981c4): Subjektive Rechte. Zum Umbau des Rechtsbewußtseins für die moderne Gesellschaft, in: Ders., Gesellschaftsstruktur und Semantik. Studien zur Wissenssoziologie der modernen Gesellschaft, Band 2, Frankfurt a. M., 45 - 104

--- (1981c5): Systemtheoretische Beiträge zur Rechtstheorie, in: Ders., Ausdifferenzierung des Rechts. Beiträge zur Rechtssoziologie und Rechtstheorie, Frankfurt a. M., 241 - 272

--- (1981c6): Talcott Parsons. Probleme der Theoriekonstruktion, in: Matthes, J. (Hg.), Lebenswelt und soziale Probleme. Verhandlungen des 20. Deutschen Soziologentages zu Bremen 1980, Frankfurt - New York, 49 - 61

--- (1981c7): Theoriesubstitution in der Erziehungswissenschaft. Von der Philanthropie zum Neuhumanismus, in: Ders., Gesellschaftsstruktur und Semantik. Studien zur Wissenssoziologie der modernen Gesellschaft, Band 2, Frankfurt a. M., 105 - 184

--- (1981c8): Wie ist soziale Ordnung möglich?, in: Ders., Gesellschaftsstruktur und Semantik. Studien zur Wissenssoziologie der modernen Gesellschaft, Band 2, Frankfurt a. M., 195 - 285

--- (1981c9): Zur Funktion der „subjektiven Rechte", in: Ders., Ausdifferenzierung des Rechts. Beiträge zur Rechtssoziologie und Rechtstheorie, Frankfurt a. M., 360 - 373

--- (1982a): Autopoiesis, Handlung und kommunikative Verständigung, in: Zeitschrift für Soziologie, Jg. 11, 366 - 379

--- (1982b): Reform des öffentlichen Dienstes. Ein Beipiel für die Schwierigkeiten der Verwaltungsreform, in: Remer, A. (Hg.), Verwaltungsführung, Berlin - New York, 319 - 339

--- (1982c): Die Voraussetzung der Kausalität, in: Ders./K. E. Schorr, Zwischen Technologie und Selbstreferenz. Fragen an die Pädagogik, Frankfurt a. M., 41 - 50

--- (1983a): Anspruchsinflation im Krankheitssystem, in: Herder-Dorneich, P./A. Schuller (Hg.), Die Anspruchsspirale. Schicksal oder Systemdefekt?, Stuttgart, 28 - 49

--- (1983b): Bürgerliche Rechtssoziologie. Eine Theorie des 18. Jahrhunderts, in: Archiv für Rechts- und Sozialphilosophie, Jg. 69, 431 - 445

--- (1983c): Das sind Preise. Ein soziologisch-systemtheoretischer Klärungsversuch, in: Soziale Welt, Jg. 34, H. 2, 153 - 170

--- (1983d): Die Einheit des Rechtssystems, in: Rechtstheorie, Jg. 14, 129 - 154

--- (1983e): Evolution - kein Menschenbild, in: Riedl, R. J., F. Kreuzer (Hg.), Evolution und Menschenbild, Hamburg, 193 - 205

--- (1983f): Individuum und Gesellschaft, in: Universitas, Jg. 39, 1 - 11

--- (1983g): Insistence on Systems Theory. Perspectives From Germany, in: Social Forces, Vol. 61, 987 - 998

--- (1983h): Medizin und Gesellschaftstheorie, in: Medizin, Mensch, Gesellschaft, Jg. 8, 168 - 175

--- (1984a): Die Differenzierung von Interaktion und Gesellschaft. Probleme der sozialen Solidarität, in: Kopp, R. (Hg.), Solidarität in der Welt der 80er Jahre, Basel, 79 - 96

--- (1984b(5)): Funktion und Kausalität, in: Ders., Soziologische Aufklärung 1. Aufsätze zur Theorie sozialer Systeme, Opladen, 9 - 30

--- (1984c(5)): Funktionale Methode und Systemtheorie, in: Ders., Soziologische Aufklärung 1. Aufsätze zur Theorie sozialer Systeme, Opladen, 31 - 53

--- (1984d(5)): Gesellschaft, in: Ders., Soziologische Aufklärung 1. Aufsätze zur Theorie sozialer Systeme, Opladen, 137 - 153

--- (1984e): Das Kunstwerk und die Selbstreproduktion von Kunst, in: Delfin, Jg. 3, 51 - 69

--- (1984f): Organisation, in: o. Hg., Historisches Wörterbuch der Philosophie, Band 6, Basel, 1326 - 1328

--- (1984g(5)): Die Praxis der Theorie, in: Ders., Soziologische Aufklärung 1. Aufsätze zur Theorie sozialer Systeme, Opladen, 253 - 267

--- (1984h(5)): Reflexive Mechanismen, in: Ders., Soziologische Aufklärung 1. Aufsätze zur Theorie sozialer Systeme, Opladen, 92 - 112

--- (1984i(5)): Selbststeuerung der Wissenschaft, in: Ders., Soziologische Aufklärung 1. Aufsätze zur Theorie sozialer Systeme, Opladen, 232 - 252

--- (1984j): The Self-Description of Society. Crisis Fashion and Sociological Theory, in: International Journal of Comparative Sociology, Vol. 25, N. 1/2, 59 - 72

--- (1984k(5)): Soziologie als Theorie sozialer Systeme, in: Ders., Soziologische Aufklärung 1. Aufsätze zur Theorie sozialer Systeme, Opladen, 113 - 136

--- (1984l(5)): Soziologie des politischen Systems, in: Ders., Soziologische Aufklärung 1. Aufsätze zur Theorie sozialer Systeme, Opladen, 154 - 177

--- (1984m): Soziologische Aspekte des Entscheidungsverhaltens, in: Die Betriebswirtschaft, Jg. 44, H. 4, 591 - 603

--- (1984n(5)): Soziologische Aufklärung, in: Ders., Soziologische Aufklärung 1. Aufsätze zur Theorie sozialer Systeme, Opladen, 66 - 71

--- (1984o(5)): Soziologische Aufklärung 1. Aufsätze zur Theorie sozialer Systeme, Opladen

--- (1984p): Die Theorie der Ordnung und die natürlichen Rechte, in: Rechtshistorisches Journal, Jg. 3, 133 - 149

--- (1984q(5)): Wahrheit und Ideologie. Vorschläge zur Wiederaufnahme der Diskussion, in: Ders., Soziologische Aufklärung 1. Aufsätze zur Theorie sozialer Systeme, Opladen, 54 - 65

--- (1984r(5)): Wirtschaft als soziales System, in: Ders., Soziologische Aufklärung 1. Aufsätze zur Theorie sozialer Systeme, Opladen, 204 - 231

--- (1984s): Die Wirtschaft der Gesellschaft als autopoietisches System, in: Zeitschrift für Soziologie, Jg. 13, H. 4, 308 - 327

--- (1985a): Einige Probleme mit 'reflexivem Recht', in: Zeitschrift für Rechtssoziologie, Jg. 6, 1 - 18

--- (1985b): Erziehender Unterricht als Interaktionssystem, in: Diederich, J. (Hg.), Erziehender Unterricht - Fiktion und Faktum, Frankfurt, 77 - 94

--- (1985c): Neue Politische Ökonomie, in: Soziologische Revue, Jg. 8, 115 - 120

--- (1985d): Das Problem der Epochenbildung und die Evolutionstheorie, in: Gumbrecht, H. U./U. Link-Heer (Hg.), Epochenschwellen und Epochenstrukturen im Diskurs der Literatur- und Sprachhistorie, Frankfurt a. M., 11 - 33

--- (Hg.) (1985e): Soziale Differenzierung. Zur Geschichte einer Idee, Opladen

--- (1985f(2)): Soziale Systeme. Grundriß einer allgemeinen Theorie, Frankfurt a. M.

--- (1985g): Von der allmählichen Auszehrung der Werte. Sind die Zeiten gesellschaftlicher Utopien für immer vorbei?, in: Voswinkel, G. (Hg.), Mindener Gespräche, Band 2: Referate und Diskussionen der Universitätswoche 1985, o. O., 69 - 76

--- (1985h): Zum Begriff der sozialen Klasse, in: Ders. (Hg.), Soziale Differenzierung. Zur Geschichte einer Idee, Opladen, 119 - 162

--- (1986a): The Autopoiesis of Social Systems, in: Geyer, F./J. v. d. Zouwen (eds.), Sociocybernetic Paradoxes, London, 172 - 192

--- (1986b): Die Codierung des Rechtssystems, in: Rechtstheorie, Jg. 17, 171 - 203

--- (1986c(3)): Grundrechte als Institution, Berlin

--- (1986d): Kapital und Arbeit. Probleme einer Unterscheidung, in: Berger, J. (Hg.), Die Moderne - Kontinuitäten und Zäsuren, Sonerband 4 der Zeitschrift Soziale Welt, Göttingen, 57 - 78

--- (1986e): Die Lebenswelt - nach Rücksprache mit Phänomenologen, in: Archiv für Rechts- und Sozialphilosophie, Jg. 72, 176 - 194

--- (1986f): Das Medium der Kunst, in: Delfin, Jg. 4, 6 - 15

--- (1986g): The Self-Reproduction of the Law and its Limits, in: Teubner, G. (ed.), Dilemmas of Law in the Welfare State, Berlin - New York, 111 - 127

--- (1986h): Die soziologische Beobachtung des Rechts, Frankfurt a. M.

--- (1986i): Systeme verstehen Systeme, in: Ders./K. E. Schorr, Zwischen Intransparenz und Verstehen. Fragen an die Pädagogik , Frankfurt a. M., 72 - 117

--- (1986j): Vorwort, in: Markowitz, J., Verhalten im Systemkontext, Frankfurt a. M., I - VI

--- (1986k): Die Welt als Wille ohne Vorstellung. Sicherheit und Risiko aus der Sicht der Sozialwissenschaften, in: Die politische Meinung, Jg. 31, 18 - 21

--- (1987a1): Archimedes und wir, hg. v. Baecker, D./G. Stanitzek, Berlin

--- (1987a2): Autopoiesis als soziologischer Begriff, in: Haferkamp, H./M. Schmid (Hg.), Sinn, Kommunikation und soziale Differenzierung. Beiträge zu Luhmanns Theorie sozialer Systeme, Frankfurt a. M., 307 - 324

--- (1987a3): Brauchen wir einen neuen Mythos?, in: Ders., Soziologische Aufklärung 4. Beiträge zur funktionalen Differenzierung der Gesellschaft, Opladen, 254 - 274

--- (1987a4): Codierung und Programmierung. Bildung und Selektion im Erziehungssystem, in: Ders., Soziologische Aufklärung 4. Beiträge zur funktionalen Differenzierung der Gesellschaft, Opladen, 182 - 201

--- (1987a5): Die Differenzierung von Politik und ihre gesellschaftlichen Grundlagen, in: Ders., Soziologische Aufklärung 4. Beiträge zur funktionalen Differenzierung der Gesellschaft, Opladen, 32 - 48

--- (1987a6): „Distinction directrices", in: Ders., Soziologische Aufklärung 4. Beiträge zur funktionalen Differenzierung der Gesellschaft, Opladen, 13 - 31

--- (1987a7): Enttäuschungen und Hoffnungen, in: Ders., Soziologische Aufklärung 4. Beiträge zur funktionalen Differenzierung der Gesellschaft, Opladen, 134 - 141

--- (1987a8): The Evolutionary Differentiation Between Society and Interaction, in: Alexander, J. C./B. Giesen/R. Münch/N. J. Smelser (eds.), The Micro-Macro Link, Berkeley - Los Angeles - London, 112 - 131

--- (1987a9): Gesellschaftliche Grundlagen der Macht. Steigerung und Verteilung, in: Ders., Soziologische Aufklärung 4. Beiträge zur funktionalen Differenzierung der Gesellschaft, Opladen, 117 - 125

--- (1987b1): Gesellschaftsstrukturelle Bedingungen und Folgeprobleme des naturwissenschaftlich-technischen Fortschritts, in: Ders., Soziologische Aufklärung 4. Beiträge zur funktionalen Differenzierung der Gesellschaft, Opladen, 49 - 63

--- (1987b2): Läßt unsere Gesellschaft Kommunikation mit Gott zu?, in: Ders., Soziologische Aufklärung 4. Beiträge zur funktionalen Differenzierung der Gesellschaft, Opladen, 227 - 235

--- (1987b3): Machtkreislauf und Recht in Demokratien, in: Ders., Soziologische Aufklärung 4. Beiträge zur funktionalen Differenzierung der Gesellschaft, Opladen, 142 - 151

--- (1987b4): Paradigmawechsel in der Systemtheorie. Ein Paradigma für Fortschritt?, in: Herzog, R./R. Koselleck (Hg.), Epochenschwelle und Epochenbewußtsein, München, 305 - 322

--- (1987b5): Partizipation und Legitimation. Die Ideen und die Erfahrungen, in: Ders., Soziologische Aufklärung 4. Beiträge zur funktionalen Differenzierung der Gesellschaft, Opladen, 152 - 160

--- (1987b6): Perspektiven für Hochschulpolitik, in: Ders., Soziologische Aufklärung 4. Beiträge zur funktionalen Differenzierung der Gesellschaft, Opladen, 216 - 223

--- (1987b7(3)): Rechtssoziologie, Opladen

--- (1987b8): Die Richtigkeit soziologischer Theorie, in: Merkur, Jg. 41, 36 - 39

--- (1987b9): Sozialisation und Erziehung, in: Ders., Soziologische Aufklärung 4. Beiträge zur funktionalen Differenzierung der Gesellschaft, Opladen, 173 - 181

--- (1987c1): Soziologische Aufklärung 4. Beiträge zur funktionalen Differenzierung der Gesellschaft, Opladen

--- (1987c2): Sprache und Kommunikationsmedien - Ein schieflaufender Vergleich, in: Zeitschrift für Soziologie, Jg. 16, H. 6, 467 - 468

--- (1987c3): Staat und Politik. Zur Semantik der Selbstbeschreibung politischer Systeme, in: Ders., Soziologische Aufklärung 4. Beiträge zur funktionalen Differenzierung der Gesellschaft, Opladen, 74 - 103

--- (1987c4): Strukturelle Defizite. Bemerkungen zur systemtheoretischen Analyse des Erziehungswesens, in: Oelkers, J./H.-E. Tenorth (Hg.), Pädagogik, Erziehungswissenschaft und Systemtheorie, Weinheim - Basel, 57 - 75

--- (1987c5): Tautologie und Paradoxie in den Selbstbeschreibungen der modernen Gesellschaft, in: Zeitschrift für Soziologie, Jg. 16, H. 3, 161 - 174

--- (1987c6): Die Unterscheidung Gottes, in: Ders., Soziologische Aufklärung 4. Beiträge zur funktionalen Differenzierung der Gesellschaft, Opladen, 226 - 253

--- (1987c7): Die Unterscheidung von Staat und Gesellschaft, in: Ders., Soziologische Aufklärung 4. Beiträge zur funktionalen Differenzierung der Gesellschaft, Opladen, 67 - 73

--- (1987c8): Widerstandsrecht und politische Gewalt, in: Ders., Soziologische Aufklärung 4. Beiträge zur funktionalen Differenzierung der Gesellschaft, Opladen, 161 - 170

--- (1987d1): Der Wohlfahrtsstaat zwischen Evolution und Rationalität, in: Ders., Soziologische Aufklärung 4. Beiträge zur funktionalen Differenzierung der Gesellschaft, Opladen, 104 - 116

--- (1987d2): Die Zukunft der Demokratie, in: Ders., Soziologische Aufklärung 4. Beiträge zur funktionalen Differenzierung der Gesellschaft, Opladen, 126 - 132

--- (1987d3): Zwei Quellen der Bürokratisierung in Hochschulen, in: Ders., Soziologische Aufklärung 4. Beiträge zur funktionalen Differenzierung der Gesellschaft, Opladen, 212 - 215

--- (1987d4): Zwischen Gesellschaft und Organisation. Zur Situation der Universitäten, in: Ders., Soziologische Aufklärung 4. Beiträge zur funktionalen Differenzierung der Gesellschaft, Opladen, 202 - 211

--- (1988a): Closure and Openess. On Reality in the World of Law, in: Teubner, G. (ed.), Autopoietic Law. A New Approach to Law and Society, Berlin, 335 - 348

--- (1988b): Erkenntnis als Konstruktion, Bern

--- (1988c): Familiarity, Confidence, Trust. Problems and Alternatives, in: Gambetta, D. (ed.), Trust. Making and Breaking Cooperative Relations, Oxford, 94 - 107

--- (1988d): Frauen, Männer und George Spencer Brown, in: Zeitschrift für Soziologie, Jg. 17, H. 1, 47 - 71

--- (1988e(4)): Liebe als Passion. Zur Codierung von Intimität, Frankfurt a. M.

--- (1988f(2)): Macht, Stuttgart

--- (1988g): Die „Macht der Verhältnisse" und die Macht der Politik, in: Schneider, H. (Hg.), Macht und Ohnmacht, St. Pölten - Wien, 43 - 51

--- (1988h): Neuere Entwicklungstendenzen in der Systemtheorie, in: Merkur, Jg. 42, 292 - 300

--- (1988i): Organisation, in: Küpper, W./G. Ortmann (Hg.), Mikropolitik. Rationalität, Macht und Spiele in Organisationen, Opladen, 165 - 185

--- (1988j): Positivität als Selbstbestimmtheit des Rechts, in: Rechtstheorie, Jg. 19, 11 - 27

--- (1988k): Selbstreferentielle Systeme, in: Simon, F. B. (Hg.), Lebende Systeme. Wirklichkeitskonstruktionen in der systemischen Therapie, Berlin - Heidelberg - New York u. a., 47 - 53

--- (1988l): Sthenographie, in: Delfin, Jg. 10, 4 - 12

--- (1988m): Therapeutische Systeme - Fragen an Niklas Luhmann, in: Simon, F. B. (Hg.), Lebende Systeme. Wirklichkeitskonstruktionen in der systemischen Therapie, Berlin - Heidelberg - New York u. a., 124 - 138

--- (1988n): The Third Question. The Creative Use of Paradoxes in Law and Legal History, in: Journal of Law and Society, Vol. 15, 153 - 165

--- (1988o): The Unity of the Legal System, in: Teubner, G. (ed.), Autopoietic Law. A New Approach to Law and Society, Berlin - New York, 12 - 35

--- (1988p): Warum AGIL?, in: Kölner Zeitschrift für Soziologie und Sozialpsychologie, Jg. 40, H. 1, 127 - 139

--- (1989a): Am Anfang war kein Unrecht, in: Ders., Gesellschaftsstruktur und Semantik. Studien zur Wissenssoziologie der modernen Gesellschaft, Band 3, Frankfurt a. M., 11 - 64

--- (1989b): Die Ausdifferenzierung der Religion, in: Ders., Gesellschaftsstruktur und Semantik. Studien zur Wissenssoziologie der modernen Gesellschaft, Band 3, Frankfurt a. M., 259 - 357

--- (1989c): Ethik als Reflexionstheorie der Moral, in: Ders., Gesellschaftsstruktur und Semantik. Studien zur Wissenssoziologie der modernen Gesellschaft, Band 3, Frankfurt a. M., 358 - 447

--- (1989d): Gesellschaftsstruktur und Semantik. Studien zur Wissenssoziologie der modernen Gesellschaft, Band 3, Frankfurt a. M.

--- (1989e): Individuum, Individualität, Individualismus, in: Ders., Gesellschaftsstruktur und Semantik. Studien zur Wissenssoziologie der modernen Gesellschaft, Band 3, Frankfurt a. M., 149 - 258

--- (1989f): Kommunikationsweisen und Gesellschaft, in: Rammert, W./G. Bechmann (Hg.), Technik und Gesellschaft 5: Computer, Medien, Gesellschaft, Frankfurt - New York, 11 - 18

--- (1989g): Ökologie und Kommunikation, in: Criblez, L./P. Gonon (Hg.), Ist Ökologie lehrbar?, Bern, 17 - 30

--- (1989h): Politische Steuerung. Ein Diskussionsbeitrag, in: Politische Vierteljahresschrift, Jg. 30, H. 1, 4 - 9

--- (1989i): Staat und Staatsraison im Übergang von traditionaler Herrschaft zu moderner Politik, in: Ders., Gesellschaftsstruktur und Semantik. Studien zur Wissenssoziologie der modernen Gesellschaft, Band 3, Frankfurt a. M., 65 - 148

--- (1989j): Theorie der politischen Opposition, in: Zeitschrift für Politik, Jg. 36, H. 1, 13 - 26

--- (1989k(3)): Vertrauen. Ein Mechanismus der Reduktion sozialer Komplexität, Stuttgart

--- (1989l): Zwei Seiten des Rechtsstaates, in: o. Hg., Conflict and Integration - Comparative Law in the World Today. The 40th Anniversary of The Institute of Comparative Law in Japan Chuo University 1988, Tokyo, 493 - 506

--- (1990a): Anfang und Ende. Probleme einer Unterscheidung, in: Ders./K. E. Schorr, Zwischen Anfang und Ende. Fragen an die Pädagogik, Frankfurt a. M., 11 - 23

--- (1990b): Die Bedeutung sozialwissenschaftlicher Erkenntnisse zur Organisation und Führung der Verwaltung, in: o. Hg., Verwaltung im modernen Staat, Berlin, 70 - 82

--- (1990c): Das Erkenntnisprogramm des Konstruktivismus und die unbekannt bleibende Realität, in: Ders., Soziologische Aufklärung 5. Konstruktivistische Perspektiven, Opladen, 31 - 58

--- (1990d): General Theory and American Sociology, in: Garns, H. J. (ed.), Sociology in America, Newbury Park - London - New Delhi, 253 - 264

--- (1990e): Gesellschaftliche Komplexität und öffentliche Meinung, in: Ders., Soziologische Aufklärung 5. Konstruktivistische Perspektiven, Opladen, 170 - 182

--- (1990f): Gleichzeitigkeit und Synchronisation, in: Ders., Soziologische Aufklärung 5. Konstruktivistische Perspektiven, Opladen, 95 - 130

--- (1990g): Glück und Unglück der Kommunikation in Familien. Zur Genese von Pathologien, in: Ders., Soziologische Aufklärung 5. Konstruktivistische Perspektiven, Opladen, 218 - 227

--- (1990h): Haltlose Komplexität, in: Ders., Soziologische Aufklärung 5. Konstruktivistische Perspektiven, Opladen, 59 - 76

--- (1990i): Die Homogenisierung des Anfangs. Zur Ausdifferenzierung der Schulerziehung, in: Ders./K. E. Schorr, Zwischen Anfang und Ende. Fragen an die Pädagogik, Frankfurt a. M., 73 - 111

--- (1990j): Ich sehe was, was Du nicht siehst, in: Ders., Soziologische Aufklärung 5. Konstruktivistische Perspektiven, Opladen, 228 - 234

--- (1990k): Identität - Was oder wie?, in: Ders., Soziologische Aufklärung 5. Konstruktivistische Perspektiven, Opladen, 7 - 30

--- (1990l): Interesse und Interessenjurisprudenz im Spannungsfeld von Gesetzgebung und Rechtsprechung, in: Zeitschrift für neuere Rechtsgeschichte, Jg.12, 1 - 13

--- (1990m): Der medizinische Code, in: Ders., Soziologische Aufklärung 5. Konstruktivistische Perspektiven, Opladen, 183 - 195

--- (1990n(3)): Ökologische Kommunikation. Kann die moderne Gesellschaft sich auf ökologische Gefährdungen einstellen?, Opladen

--- (1990o): Paradigm Lost: Über die ethische Reflexion der Moral. Rede anläßlich der Verleihung des Hegel-Preises 1989, in: o. Hg., Paradigm Lost: Über die ethische Reflexion der Moral, Frankfurt a. M., 9 - 48

--- (1990p): The Paradox of System Differentiation and the Evolution of Society, in: Alexander, J. C./P. Colomy (eds.), Differentiation Theory and Social Change, New York, 409 - 440

--- (1990q): Risiko und Gefahr, in: Ders., Soziologische Aufklärung 5. Konstruktivistische Perspektiven, Opladen, 131 - 169

--- (1990r): Sozialsystem Familie, in: Ders., Soziologische Aufklärung 5. Konstruktivistische Perspektiven, Opladen, 196 - 217

--- (1990s): Soziologische Aufklärung 5. Konstruktivistische Perspektiven, Opladen

--- (1990t): Die Stellung der Gerichte im Rechtssystem, in: Rechtstheorie, Jg. 21, 459 - 473

--- (1990u): Steuerung durch Recht? Einige klarstellende Bemerkungen, in: Zeitschrift für Rechtssoziologie, Jg. 11, 137- 160

--- (1990v): Über systemtheoretische Grundlagen der Gesellschaftstheorie, in: Deutsche Zeitschrift für Philosophie, Jg. 38, H. 3, 277 - 284

--- (1990w): Verfassung als evolutionäre Errungenschaft, in: Rechtshistorisches Journal, Jg. 9, 176 - 220

--- (1990x): Die Weisung Gottes als Form der Freiheit, in: Ders., Soziologische Aufklärung 5. Konstruktivistische Perspektiven, Opladen, 77 - 94

--- (1990y): Weltkunst, in: Ders./F. D. Bunsen/D. Baecker, Unbeobachtbare Welt. Über Kunst und Architektur, Bielefeld, 7 - 45

--- (1990z): Die Zukunft kann nicht beginnen, in: Sloterdijk, P. (Hg.), Vor der Jahrtausendwende, Erster Band, Frankfurt a. M., 119 - 150

--- (1991a1(4)): Allgemeine Theorie organisierter Sozialsysteme, in: Ders., Soziologische Aufklärung 2. Aufsätze zur Theorie der Gesellschaft, Opladen, 39 - 50

--- (1991a2): Am Ende der kritischen Soziologie, in: Zeitschrift für Soziologie, Jg. 20, H. 2, 147 - 152

--- (1991a3(4)): Einfache Sozialsysteme, in: Ders., Soziologische Aufklärung 2. Aufsätze zur Theorie der Gesellschaft, Opladen, 21 - 38

--- (1991a4(4)): Einführende Bemerkungen zu einer Theorie symbolisch generalisierter Kommunikationsmedien, in: Ders., Soziologische Aufklärung 2. Aufsätze zur Theorie der Gesellschaft, Opladen, 170 - 192

--- (1991a5): Ende des Fortschritts - Angst statt Argumente?, in: Lohmar, U./P. Lichtenberg (Hg.), Kommunikation zwischen Spannung, Konflikt und Harmonie, Bonn, 117 - 128

--- (1991a6(2)): Erleben und Handeln, in: Ders., Soziologische Aufklärung 3. Soziales System, Gesellschaft, Organisation, Opladen, 67 - 80

--- (1991a7(4)): Evolution und Geschichte, in: Ders., Soziologische Aufklärung 2. Aufsätze zur Theorie der Gesellschaft, Opladen, 150 - 169

--- (1991a8(4)): Formen des Helfens im Wandel gesellschaftlicher Bedingungen, in: Ders., Soziologische Aufklärung 2. Aufsätze zur Theorie der Gesellschaft, Opladen, 134 - 149

--- (1991a9): Die Geltung des Rechts, in: Rechtstheorie, Jg. 22, 273 - 286

--- (1991b1(2)): Geschichte als Prozeß und die Theorie sozio-kultureller Evolution, in: Ders., Soziologische Aufklärung 3. Soziales System, Gesellschaft, Organisation, Opladen, 178 - 197

--- (1991b2): Der Gleichheitssatz als Form und als Norm, in: Archiv für Rechts- und Sozialphilosophie, Jg. 77, H. 4, 435 - 445

--- (1991b3(2)): Grundwerte als Zivilreligion, in: Ders., Soziologische Aufklärung 3. Soziales System, Gesellschaft, Organisation, Opladen, 293 - 308

--- (1991b4(2)): Handlungstheorie und Systemtheorie, in: Ders., Soziologische Aufklärung 3. Soziales System, Gesellschaft, Organisation, Opladen, 50 - 66

--- (1991b5): „Ich denke primär historisch". Religionssoziologische Perspektiven, in: Deutsche Zeitschrift für Philosophie, Jg. 39, H. 9, 937 - 956

--- (1991b6(2)): Identitätsgebrauch in selbstsubstitutiven Ordnungen, besonders Gesellschaften, in: Ders., Soziologische Aufklärung 3. Soziales System, Gesellschaft, Organisation, Opladen, 198 - 227

--- (1991b7(4)): Interaktion, Organisation, Gesellschaft, in: Ders., Soziologische Aufklärung 2. Aufsätze zur Theorie der Gesellschaft, Opladen, 9 - 20

--- (1991b8(2)): Interpenetration - Zum Verhältnis personaler und sozialer Systeme, in: Ders., Soziologische Aufklärung 3. Soziales System, Gesellschaft, Organisation, Opladen, 151 - 169

--- (1991b9(4)): Komplexität, in: Ders., Soziologische Aufklärung 2. Aufsätze zur Theorie der Gesellschaft, Opladen, 204 - 220

--- (1991c1(2)): Ist Kunst codierbar?, in: Ders., Soziologische Aufklärung 3. Soziales System, Gesellschaft, Organisation, Opladen, 245 - 266

--- (1991c2): Operational Closure and Structural Coupling. The Differentiation of the Legal System, in: Cardozo Law Review, Vol. 13, N. 2, 1419 - 1441

--- (1991c3(2)): Organisation und Entscheidung, in: Ders., Soziologische Aufklärung 3. Soziales System, Gesellschaft, Organisation, Opladen, 335 - 389

--- (1991c4(2)): Organisationen im Wirtschaftssystem, in: Ders., Soziologische Aufklärung 3. Soziales System, Gesellschaft, Organisation, Opladen, 390 - 414

--- (1991c5): Politik und Moral, in: Politische Vierteljahresschrift, Jg. 32, 497 - 500

--- (1991c6(2)): Der politische Code, in: Ders., Soziologische Aufklärung 3. Soziales System, Gesellschaft, Organisation, Opladen, 267 - 286

--- (1991c7) Religion und Gesellschaft, in: Sociologia internationalis, Jg. 29, 133 - 139

--- (1991c8(2)): Schematismen der Interaktion, in: Ders., Soziologische Aufklärung 3. Soziales System, Gesellschaft, Organisation, Opladen, 81 - 100

--- (1991c9): Selbstorganisation und Information im politischen System, in: Niedersen, U./L. Pohlmann (Hg.), Der Mensch in Ordnung und Chaos, Selbstorganisation, Band 2, Berlin, 11 - 26

--- (1991d1(4)): Selbst-Thematisierung des Gesellschaftssystems, in: Ders., Soziologische Aufklärung 2. Aufsätze zur Theorie der Gesellschaft, Opladen, 72 - 102

--- (1991d2): Soziologie des Risikos, Berlin - New York

--- (1991d3(4)): Soziologische Aufklärung 2. Aufsätze zur Theorie der Gesellschaft, Opladen

--- (1991d4(2)): Soziologische Aufklärung 3. Soziales System, Gesellschaft, Organisation, Opladen

--- (1991d5): Sthenographie und Euryalistik, in: Gumbrecht, H. U./K. L. Pfeiffer (Hg.), Paradoxien, Dissonanzen, Zusammenbrüche. Situationen offener Epistemologie, Frankfurt a. M., 58 - 82

--- (1991d6(2)): Symbiotische Mechanismen, in: Ders., Soziologische Aufklärung 3. Soziales System, Gesellschaft, Organisation, Opladen, 228 - 244

--- (1991d7(4)): Systemtheorie, Evolutionstheorie und Kommunikationstheorie, in: Ders., Soziologische Aufklärung 2. Aufsätze zur Theorie der Gesellschaft, Opladen, 193 - 203

--- (1991d8(2)): Temporalstrukturen des Handlungssystems, in: Ders., Soziologische Aufklärung 3. Soziales System, Gesellschaft, Organisation, Opladen, 126 - 150

--- (1991d9(2)): Theoretische Orientierung der Politik, in: Ders., Soziologische Aufklärung 3. Soziales System, Gesellschaft, Organisation, Opladen, 287 - 292

--- (1991e1(2)): Theoretische und praktische Probleme der anwendungsbezogenen Sozialwissenschaft, in: Ders., Soziologische Aufklärung 3. Soziales System, Gesellschaft, Organisation, Opladen, 321 - 334

--- (1991e2(2)): Über die Funktion der Negation in sinnkonstituierenden Systemen, in: Ders., Soziologische Aufklärung 3. Soziales System, Gesellschaft, Organisation, Opladen, 35 - 49

--- (1991e3(2)): Unverständliche Wissenschaft, in: Ders., Soziologische Aufklärung 3. Soziales System, Gesellschaft, Organisation, Opladen, 170 - 177

--- (1991e4(2)): Die Unwahrscheinlichkeit der Kommunikation, in: Ders., Soziologische Aufklärung 3. Soziales System, Gesellschaft, Organisation, Opladen, 25 - 34

--- (1991e5): Der Ursprung des Eigentums und seine Legitimation. Ein historischer Bericht, in: Krawietz, W./A. A. Martino/K. I. Winston (Hg.), Technischer Imperativ und Legitimationskrise des Rechts, Beiheft 15 der Zeitschrift für Logik, Methodenlehre, Kybernetik und Soziologie des Rechts, Berlin, 43 - 57

--- (1991e6(2)): Veränderungen im System gesellschaftlicher Kommunikation und die Massenmedien, in: Ders., Soziologische Aufklärung 3. Soziales System, Gesellschaft, Organisation, Opladen, 309 - 320

--- (1991e7(2)): Vorbemerkungen zu einer Theorie sozialer Systeme, in: Ders., Soziologische Aufklärung 3. Soziales System, Gesellschaft, Organisation, Opladen, 11 - 24

--- (1991e8): Die Welt der Kunst, in: Zacharias, W. (Hg.), Schöne Aussichten?, Essen, 49 - 63

--- (1991e9(4)): Die Weltgesellschaft, in: Ders., Soziologische Aufklärung 2. Aufsätze zur Theorie der Gesellschaft, Opladen, 51 - 71

--- (1991f1(4)): Weltzeit und Systemgeschichte, in: Ders., Soziologische Aufklärung 2. Aufsätze zur Theorie der Gesellschaft, Opladen, 103 - 133

--- (1991f2): Wie lassen sich latente Strukturen beobachten?, in: Watzlawick, P./P. Krieg (Hg.), Das Auge des Betrachters - Beiträge zum Konstruktivismus, München, 61 - 74

--- (1991f3): Wirtschaftsethik - als Ethik?, in: Wieland, J. (Hg.), Wirtschaftsethik und Theorie der Gesellschaft, Frankfurt a. M., 134 - 147

--- (1991f4(2)): Zeit und Handlung. Eine vergessene Theorie, in: Ders., Soziologische Aufklärung 3. Soziales System, Gesellschaft, Organisation, Opladen, 101 - 125

--- (1991f5(5)): Zweckbegriff und Systemrationalität. Über die Funktion von Zwecken in sozialen Systemen, Frankfurt a. M.

--- (1992a1): Die Beobachtung der Beobachter im politischen System. Zur Theorie der öffentlichen Meinung, in: Willke, J. (Hg.), Öffentliche Meinung. Theorie, Methoden, Befunde, Freiburg - München, 77 - 86

--- (1992a2): Beobachtungen der Moderne, Opladen

--- (1992a3): Die Beschreibung der Zukunft, in: Ders., Beobachtungen der Moderne, Opladen, 129 - 147

--- (1992a4): The Direction of Evolution, in: Haferkamp, H./N. J. Smelser (eds.), Social Change and Modernity, Berkeley - Los Angeles - Oxford, 279 - 293

--- (1992a5): Erfahrungen mit Universitäten. Ein Interview, in: Ders., Universität als Milieu, Bielefeld, 100 - 125

--- (1992a6): Europäische Rationalität, in: Ders., Beobachtungen der Moderne, Opladen, 51 - 91

--- (1992a7): The Form of Writing, in: Stanford Literature Review, Vol. 9, N. 1, 25 - 42

--- (1992a8): Fragen an Niklas Luhmann (Interview), in: Königswieser, J./C. Lutz (Hg.), Das systemisch evolutionäre Management, Wien, 95 - 111

--- (1992a9(3)): Funktion der Religion, Frankfurt a. M.

--- (1992b1(2)): Geheimnis, Zeit und Ewigkeit, in: Ders./P. Fuchs, Reden und Schweigen, Frankfurt a. M., 101 - 137

--- (1992b2): Die gesellschaftliche Verantwortung der Soziologie, in: Ders., Universität als Milieu, Bielefeld, 126 - 136

--- (1992b3): Interdisziplinäre Theoriebildung in den Sozialwissenschaften, in: Ders., Universität als Milieu, Bielefeld, 62 - 68

--- (1992b4): Kommunikation mit Zettelkästen. Ein Erfahrungsbericht, in: Ders., Universität als Milieu, Bielefeld, 53 - 61

--- (1992b5(2)): Kommunikationssperren in der Unternehmensberatung, in: Ders./P. Fuchs, Reden und Schweigen, Frankfurt a. M., 209 - 227

--- (1992b6): Kontingenz als Eigenwert der modernen Gesellschaft, in: Ders., Beobachtungen der Moderne, Opladen, 93 - 128

--- (1992b7): Das Moderne der modernen Gesellschaft, in: Ders., Beobachtungen der Moderne, Opladen, 11 - 49

--- (1992b8): 1968 - und was nun?, in: Ders., Universität als Milieu, Bielefeld, 147 - 156

--- (1992b9): Ökologie des Nichtwissens, in: Ders., Beobachtungen der Moderne, Opladen, 149 - 220

--- (1992c1): Probleme der Forschung in der Soziologie, in: Ders., Universität als Milieu, Bielefeld, 69 - 73

--- (1992c2): Reden und Schweigen, in: Ders./P. Fuchs, Reden und Schweigen, Frankfurt a. M., 7 - 20

--- (1992c3): Reduktion von Komplexität, in: Ritter, J./K. Gründer (Hg.), Historisches Wörterbuch der Philosophie, Band 8, Basel, 377 - 378

--- (1992c4): Die Selbstbeschreibung der Gesellschaft und die Soziologie, in: Ders., Universität als Milieu, Bielefeld, 137 - 146

--- (1992c5): Status Quo als Argument, in: Ders., Universität als Milieu, Bielefeld, 16 - 29

--- (1992c6): Stellungnahme, in: Krawietz, W./M. Welker (Hg.), Kritik der Theorie sozialer Systeme. Auseinandersetzungen mit Luhmanns Hauptwerk, Frankfurt a. M., 371 - 386

--- (1992c7): System und Absicht der Erziehung, in: Ders./K. E. Schorr, Zwischen Absicht und Person. Fragen an die Pädagogik, Frankfurt a. M., 102 - 124

--- (1992c8): Universität als Milieu, hg. v. A. Kieserling, Bielefeld

--- (1992c9): Die Universität als organisierte Institution, in: Ders., Universität als Milieu, Bielefeld, 90 - 99

--- (1992d1): Wabuwabu in der Universität, in: Ders., Universität als Milieu, Bielefeld, 30 - 48

--- (1992d2): Wer kennt Wil Martens? Eine Anmerkung zum Problem der Emergenz sozialer Systeme, in: Kölner Zeitschrift für Soziologie und Sozialpsychologie, Jg. 44, H. 1, 139 - 142

--- (1992d3): Die Wissenschaft der Gesellschaft, Frankfurt a. M.

--- (1992d4): Zeichen der Freiheit - oder Freiheit der Zeichen?, in: Charles, D./V. Flusser/N. Luhmann u. a., Zeichen der Freiheit, Bern, 54 - 77

--- (1993a): Bemerkungen zu „Selbstreferenz" und zu „Differenzierung" aus Anlaß von Beiträgen in Heft 6, 1992, der Zeitschrift für Soziologie, in: Zeitschrift für Soziologie, Jg. 22, H. 2, 141 - 146

--- (1993b): The Code of the Moral, in: Cardozo Law Review, Vol. 14, 995 - 1009

--- (1993c): Deconstruction as Second-Order Observing, in: New Literary History, Vol. 24, 763 - 782

--- (1993d): Die Ehrlichkeit der Politiker und die höhere Amoralität der Politik, in: Kemper, P. (Hg.), Opfer der Macht, Frankfurt a. M. - Leipzig, 27 - 41

--- (1993e): Gibt es in unserer Gesellschaft noch unverzichtbare Normen?, Heidelberg

--- (1993f(3)): Legitimation durch Verfahren, Frankfurt a. M.

--- (1993g): Die Moral des Risikos und das Risiko der Moral, in: Bechmann, G. (Hg.), Risiko und Gesellschaft, Opladen, 327 - 338

--- (1993h): Die Paradoxie des Entscheidens, in: Verwaltungsarchiv, Bd. 84, 287 - 310

--- (1993i): Die Paradoxie der Form, in: Baecker, D. (Hg.), Kalkül der Form, Frankfurt a. M., 197 - 212

--- (1993j): Politische Steuerungsfähigkeit eines Gemeinwesens, in: Göhmer, R. (Hg.), Die Gesellschaft für morgen, München - Zürich, 50 - 65

--- (1993k): Quod omnes tangit ... Anmerkungen zur Rechtstheorie von Jürgen Habermas, in: Rechtshistorisches Journal, Bd. 12, 36 - 56

--- (1993l): Das Recht der Gesellschaft, Frankfurt a. M.

--- (1993m): Die Unbeliebtheit der Parteien, in: Unseld, S. (Hg.), Politik ohne Projekt? Nachdenken über Deutschland, Frankfurt a. M., 43 - 53

--- (1993n): „Was ist der Fall?" und „Was steckt dahinter?". Die zwei Soziologien und die Gesellschaftstheorie, in: Zeitschrift für Soziologie, Jg. 22, H. 4, 245 - 260

--- (1993o): Zeichen als Form, in: Baecker, D. (Hg.), Probleme der Form, Frankfurt a. M., 45 - 69

--- (1994a): Ansprüche an historische Soziologie, in: Soziologische Revue, Jg. 17, H. 3, 259 - 264

--- (1994b): Die Ausdifferenzierung des Kunstsystems, Bern

--- (1994c): Copierte Existenz und Karriere. Zur Herstellung von Individualität, in: Beck, U./E. Beck-Gernsheim (Hg.), Individualisierung in modernen Gesellschaften, Frankfurt a. M., 191 - 200

--- (1994d): Evolution - kein Menschenbild. Die Gesellschaft besteht nicht aus Menschen, in: Ethik und Unterricht, Jg. 5, H. 1, 14 - 18

--- (1994e(4)): Funktionen der Rechtsprechung im politischen System, in: Ders., Politische Planung. Aufsätze zur Soziologie von Politik und Verwaltung, Opladen, 46 - 52

--- (1994f): Gesellschaft als Differenz. Zu den Beiträgen von Gerhard Wagner und Alfred Bohnen in der Zeitschrift für Soziologie Heft 4 (1994), in: Zeitschrift für Soziologie, Jg. 23, H. 6, 477 - 481

--- (1994g): Die Gesellschaft und ihre Organisationen, in: Derlien, H.-U./U. Gerhardt/F. W. Scharpf (Hg.), Systemrationalität und Partialinteresse. Festschrift für Renate Mayntz, Baden - Baden, 189 - 201

--- (1994h(4)): Gesellschaftliche und politische Bedingungen des Rechtsstaates, in: Ders., Politische Planung. Aufsätze zur Soziologie von Politik und Verwaltung, Opladen, 53 - 65

--- (1994i): Kapitalismus und Utopie, in: Merkur, Jg. 48, 189 - 198

--- (1994j(4)): Die Knappheit der Zeit und die Vordringlichkeit de Befristeten, in: Ders., Politische Planung. Aufsätze zur Soziologie von Politik und Verwaltung, Opladen, 143 - 164

--- (1994k(4)): Komplexität und Demokratie, in: Ders., Politische Planung. Aufsätze zur Soziologie von Politik und Verwaltung, Opladen, 35 - 44

--- (1994l(4)): Lob der Routine, in: Ders., Politische Planung. Aufsätze zur Soziologie von Politik und Verwaltung, Opladen, 113 - 142

--- (1994m): Observing Re-entries, in: Protosoziologie, o. Jg., H. 6, 4 - 13

--- (1994n(4)): Öffentliche Meinung, in: Politische Vierteljahresschrift, Jg. 11, 2 - 28

--- (1994o(4)): Opportunismus und Programmatik in der öffentlichen Verwaltung , in: Ders., Politische Planung. Aufsätze zur Soziologie von Politik und Verwaltung, Opladen, 165 - 180

--- (1994p(4)): Politische Planung. Aufsätze zur Soziologie von Politik und Verwaltung, Opladen

--- (1994q(4)): Politische Planung, in: Ders., Politische Planung. Aufsätze zur Soziologie von Politik und Verwaltung, Opladen, 66 - 89

--- (1994r(5)): Positives Recht und Ideologie, in: Ders., Soziologische Aufklärung 1. Aufsätze zur Theorie sozialer Systeme, Opladen, 178 - 203

--- (1994s): Der „Radikale Konstruktivismus" als Theorie der Massenmedien? Bemerkungen zu einer irreführenden Debatte, in: Communicatio Socialis, Jg. 27, H. 1, 7 - 12

--- (1994t(4)): Reform des öffentlichen Dienstes. Zum Problem ihrer Probleme, in: Ders., Politische Planung. Aufsätze zur Soziologie von Politik und Verwaltung, Opladen, 203 - 256

--- (1994u(4)): Reform und Information. Theoretische Überlegungen zur Reform der Verwaltung, in: Ders., Politische Planung. Aufsätze zur Soziologie von Politik und Verwaltung, Opladen, 181 - 202

--- (1994v(2)): Die Wirtschaft der Gesellschaft, Frankfurt a. M.

--- (1994w(4)): Zweck - Herrschaft - System. Grundbegriffe und Prämissen Max Webers, in: Ders., Politische Planung. Aufsätze zur Soziologie von Politik und Verwaltung, Opladen, 90 - 112

--- (1995a): Die Autopoiesis des Bewußtseins, in: Ders., Soziologische Aufklärung 6. Die Soziologie und der Mensch, Opladen, 55 - 112

--- (1995b): Die Behandlung von Irritationen: Abweichung oder Neuheit?, in: Ders., Gesellschaftsstruktur und Semantik. Studien zur Wissenssoziologie der modernen Gesellschaft, Band 4, Frankfurt a. M., 55 - 100

--- (1995c): Die Form „Person", in: Ders., Soziologische Aufklärung 6. Die Soziologie und der Mensch, Opladen, 142 - 154

--- (1995d(4)): Funktionen und Folgen formaler Organisation. Mit einem Epilog 1994, Berlin

--- (1995e): Die gesellschaftliche Differenzierung und das Individuum, in: Ders., Soziologische Aufklärung 6. Die Soziologie und der Mensch, Opladen, 125 - 141

--- (1995f): Gesellschaftsstruktur und Semantik, Studien zur Wissenssoziologie der modernen Gesellschaft, Band 4, Frankfurt a. M.

--- (1995g): Inklusion und Exklusion, in: Ders., Soziologische Aufklärung 6. Die Soziologie und der Mensch, Opladen, 237 - 264

--- (1995h): Intersubjektivität oder Kommunikation: Unterschiedliche Ausgangspunkte soziologischer Theoriebildung, in: Ders., Soziologische Aufklärung 6. Die Soziologie und der Mensch, Opladen, 169 - 188

--- (1995i): Jenseits von Barbarei, in: Ders., Gesellschaftsstruktur und Semantik. Studien zur Wissenssoziologie der modernen Gesellschaft, Band 4, Frankfurt a. M., 138 - 150

--- (1995j): Kausalität im Süden, in: Soziale Systeme, Jg. 1, H. 1, 7 - 28

--- (1995k): Das Kind als Medium der Erziehung, in: Ders., Soziologische Aufklärung 6. Die Soziologie und der Mensch, Opladen, 204 - 228

--- (1995l): Kultur als historischer Begriff, in: Ders., Gesellschaftsstruktur und Semantik. Studien zur Wissenssoziologie der modernen Gesellschaft, Band 4, Frankfurt a. M., 31 - 54

--- (1995m): Metamorphosen des Staates, in: Ders., Gesellschaftsstruktur und Semantik. Studien zur Wissenssoziologie der modernen Gesellschaft, Band 4, Frankfurt a. M., 101 - 137

--- (1995n): Die operative Geschlossenheit psychischer und sozialer Systeme, in: Ders., Soziologische Aufklärung 6. Die Soziologie und der Mensch, Opladen, 25 - 36

--- (1995o): Das Paradox der Menschenrechte und drei Formen seiner Entfaltung, in: Ders., Soziologische Aufklärung 6. Die Soziologie und der Mensch, Opladen, 229 - 236

--- (1995p): Probleme mit operativer Schließung, in: Ders., Soziologische Aufklärung 6. Die Soziologie und der Mensch, Opladen, 12 - 24

--- (1995q): Die Soziologie und der Mensch, in: Ders., Soziologische Aufklärung 6. Die Soziologie und der Mensch, Opladen, 265 - 274

--- (1995r): Die Soziologie des Wissens: Probleme ihrer theoretischen Konstruktion, in: Ders., Gesellschaftsstruktur und Semantik. Studien zur Wissenssoziologie der modernen Gesellschaft, Band 4, Frankfurt a. M., 151 - 180

--- (1995s): Soziologische Aufklärung 6. Die Soziolgie und der Mensch, Opladen

--- (1995t): Die Tücke des Subjekts und die Frage nach dem Menschen, in: Ders., Soziologische Aufklärung 6. Die Soziologie und der Mensch, Opladen, 155 - 168

--- (1995u): Über Natur, in: Ders., Gesellschaftsstruktur und Semantik. Studien zur Wissenssoziologie der modernen Gesellschaft, Band 4, Frankfurt a. M., 9 - 30

--- (1995v): Wahrnehmung und Kommunikation sexueller Interessen, in: Ders., Soziologische Aufklärung 6. Die Soziologie und der Mensch, Opladen, 189 - 203

--- (1995w): Was ist Kommunikation?, in: Ders., Soziologische Aufklärung 6. Die Soziologie und der Mensch, Opladen, 4 - 16

--- (1995x): Wie ist Bewußtsein an Kommunikation beteiligt?, in: Ders., Soziologische Aufklärung 6. Die Soziologie und der Mensch, Opladen, 37 - 54

--- (1996a): Die neuzeitlichen Wissenschaften und die Phönomenologie, Wien

--- (1996b): Die Realität der Massenmedien, 2. erw. Aufl., Opladen

--- (1996c): Sinn der Kunst und Sinn des Marktes - zwei autonome Systeme, in: Müller, F./M. Müller (Hg.), Markt und Sinn. Dominiert der Markt unsere Werte?, Frankfurt-New York, 195 - 207

--- (1996d(2)): Die Kunst der Gesellschaft, Frankfurt a. M.

--- (1996e): Die Sinnform Religion, in: Soziale Systeme, Jg. 2, H. 1, 3 - 33

Luhmann, N./F.D. Bunsen/D. Baecker (1990a): Das Kabelkalb. Ein Gespräch über Kunst, in: Dies., Unbeobachtbare Welt, Bielefeld, 51 - 66

--- (1990b): Unbeobachtbare Welt. Über Kunst und Architektur, Bielefeld

Luhmann, N./P. Fuchs (1989): Reden und Schweigen, Frankfurt a. M.

Luhmann, N./H. D. Huber (1991): Interview mit Niklas Luhmann, in: Texte zur Kunst, Jg. 1, H. 4, 121-133

Luhmann, N./E. Lange (1975): Abiturienten ohne Studium im öffentlichen Dienst. Einige Zusammenhänge zwischen Ausbildung und Karrieren, in: Die Verwaltung, Jg. 8, 230 - 251

Luhmann, N./R. Mayntz (1973): Personal im öffentlichen Dienst - Eintritt und Karrieren -, Baden - Baden

Luhmann, N./M. Namiki/V. Redder/F. Varela (1990): Beobachter: Konvergenz der Erkenntnistheorien?, München

Luhmann, N./W. Pannenberg (1978): Die Allgemeingültigkeit der Religion, in: Evangelische Kommentare, Jg. 11, 350 - 357

Luhmann, N./K. E. Schorr (1976): Ausbildung für Professionen - Überlegungen zum Curriculum für Lehrerausbildung, in: Jahrbuch für Erziehungswissenschaft, o. Jg., 247 - 277

--- (1979): „Kompensatorische Erziehung" unter pädagogischer Kontrolle?, in: Bildung und Erziehung, Jg. 32, 551 - 570

--- (1980): Wie ist Erziehung möglich?, in: Zeitschrift für Sozialisationsforschung und Erziehungssoziologie, Jg. 1, H. 1, 37 - 54

--- (1982a): Personale Identität und Möglichkeiten der Erziehung, in: Dies., Zwischen Technologie und Selbstreferenz. Fragen an die Pädagogik, Frankfurt a. M., 224 - 261

--- (1982b): Das Technologiedefizit der Erziehung und die Pädagogik, in: Dies., Zwischen Technologie und Selbstreferenz. Fragen an die Pädagogik, Frankfurt a. M., 11 - 40

--- (1982c): Zwischen Technologie und Selbstreferenz. Fragen an die Pädagogik, Frankfurt a. M.

--- (1986): Zwischen Intransparenz und Verstehen. Fragen an die Pädagogik , Frankfurt a. M.

--- (1988a): Reflexionsprobleme im Erziehungssystem, Frankfurt a. M., Neudruck mit Nachwort

--- (1988b): Strukturelle Bedingungen von Reformpädagogik, in: Zeitschrift für Pädagogik, Jg. 34, 463 - 480

--- (1992): Zwischen Absicht und Person. Fragen an die Pädagogik, Frankfurt a. M.

Verzeichnis der berücksichtigten Schriften über Luhmann

Ahlemeyer, H. W. (1990): Funktionale Differenzierung und die Konstruktion technischer Risiken, in: Tschiedel, R. (Hg.), Die technische Konstruktion der sozialen Wirklichkeit. Gestaltungsperspektiven der Techniksoziologie, München, 193 - 207

Alber, J. (1989): Die Steuerung des Gesundheitswesens in vergleichender Perspektive, in: Journal für Sozialforschung, Jg. 29, H. 3, 259 - 284

Ammassari, P. (1985): Gültigkeit und Legitimität der Kausalanalyse, in: Annali di Sociologia, Vol. 1, N. 1, 118 - 140

Ardigo, A. (1987): Jenseits der Pendelbewegungen in der Entwicklung der Theorien der Sozialsysteme, in: Annali di Sociologia, Vol. 3, N. 2, 42 - 64

Baecker, D.(1986): „Explosivstoff Selbstreferenz". Eine Paraphrase zu Niklas Luhmann, Soziale Systeme: Grundriß einer allgemeinen Theorie, in: Archiv für Rechts- und Sozialphilosophie, Jg. 72, 246 - 256

--- (1987): Das Gedächtnis der Wirtschaft, in: Ders./J. Markowitz/R. Stichweh u. a. (Hg.), Theorie als Passion. Niklas Luhmann zum 60. Geburtstag, Frankfurt a. M., 519 - 546

--- (1988a): Information und Risiko in der Marktwirtschaft, Frankfurt a. M.

--- (1988b): Die Ökologie der Angst, in: Verhaltenstherapie und psychosoziale Praxis, Jg. 20, H. 3, 301 - 313

--- (1990): Die Kunst der Unterscheidungen, in: ars electronica (Hg.), Im Netz der Systeme, Berlin, 7 - 39

--- (1991a): Die Beobachtung der Paradoxie des Geldes, in: Gumbrecht, H. U./K. L. Pfeiffer (Hg.), Paradoxien, Dissonanzen, Zusammenbrüche. Situationen offener Epistemologie, Frankfurt a. M., 174 - 186

--- (1991b): Womit handeln Banken?, Frankfurt a. M.

--- (1992): Die Unterscheidung zwischen Bewußtsein und Kommunikation, in: Krohn, W./G. Küppers (Hg.), Emergenz. Die Entstehung von Ordnung, Organisation und Bedeutung, Frankfurt a. M., 217 - 268

--- (1993): Die Form des Unternehmens, Frankfurt a. M.

--- (1994): Die Wirtschaft als selbstreferentielles soziales System, in: Lange, E. (Hg.), Der Wandel der Wirtschaft. Soziologische Perspektiven, Berlin, 17 - 45

Baier, H. (1989): Soziologie als Aufklärung - oder die Vertreibung der Transzendenz aus der Gesellschaft. Niklas Luhmann zum 60. Geburtstag, Konstanzer Universitätsreden 168, Konstanz

Baum, R. C./F. J. Lechner (1987): Zum Begriff der Hierarchie: Von Luhmann zu Parsons, in: Baecker, D./J. Markowitz/R. Stichweh, R. u. a. (Hg.), Theorie als Passion. Niklas Luhmann zum 60. Geburtstag, Frankfurt a. M., 298 - 332

Beckenbach, F. (1989): Die Wirtschaft der Systemtheorie, in: Das Argument, Jg. 31, H. 6, 887 - 904

Beermann, W. (1993): Luhmanns Autopoiesisbegriff - „Order From Noise?", in: Fischer, H. R. (Hg.), Autopoiesis. Eine Theorie im Brennpunkt der Kritik, zweite korr. Aufl., Heidelberg, 243 - 261

Bendel, K. (1993): Funktionale Differenzierung und gesellschaftliche Rationalität. Zu Niklas Luhmanns Konzeption des Verhältnisses von Selbstreferenz und Koordination in modernen Gesellschaften, in: Zeitschrift für Soziologie, Jg. 22, H. 4, 261 - 278

Bender, C. (1989): Identität und Selbstreflexion. Zu reflexiven Konstruktion der sozialen Wirklichkeit in der Systemtheorie von Niklas Luhmann und im Symbolischen Interaktionismus von G. H. Mead, Frankfurt a. M.

Berger, J. (1987): Autopoiesis - Endstation?, in: Soziologische Revue, Jg. 12, 346 - 354

--- (1989): Autopoiesis: Wie „systemisch" ist die Theorie sozialer Systeme?, in: Haferkamp, H./M. Schmid (Hg.), Sinn, Kommunikation und soziale Differenzierung. Beiträge zu Luhmanns Theorie sozialer Systeme, Frankfurt a. M., 129 - 152

Berghahn, S. (1994): Verwaltung, Gleichheit, Gerechtigkeit. Der feministische und der systemtheoretische Blick - unvereinbar?, in: Dammann, K./D. Grunow/K. P. Japp (Hg.), Die Verwaltung des politischen Systems, Opladen, 79 - 98

Bergmann, J. (1987): Was bewegt die soziale Bewegung? Überlegungen zur Selbstkonstitution der „neuen" sozialen Bewegungen, in: Baecker, D./J. Markowitz/R. Stichweh u. a. (Hg.), Theorie als Passion. Niklas Luhmann zum 60. Geburtstag, Frankfurt a. M., 362 - 393

Bette, K.-H. (1987): Wo ist der Körper?, in: Baecker, D./J. Markowitz/R. Stichweh u. a. (Hg.), Theorie als Passion. Niklas Luhmann zum 60. Geburtstag, Frankfurt a. M., 600 - 628

Beyerle, M. (1994): Staatstheorie und Autopoiesis. Über die Auflösung der modernen Staatsidee im nachmodernen Denken durch die Theoretiker autopoietischer Systeme und der Entwurf eines nachmodernen Staatskonzepts, Frankfurt a. M. u. a.

Beyme, K. v. (1991): Ein Paradigmawechsel aus dem Geist der Naturwissenschaften: Die Theorien der Selbststeuerung von Systemen (Autopoiesis), in: Journal für Sozialforschung, Jg. 31, H.1, 3 - 24

Bohnen, A. (1994): Die Systemtheorie und das Dogma von der Irreduzibilität des Sozialen, in: Zeitschrift für Soziologie, Jg. 23, H. 4, 292 - 305

Brandt, S. (1992): Systemzeit und Zeit sozialer Systeme. Zeitverständnis des Common Sense als evidenzsichernde Größe?, in: Krawietz, W./M. Welker (Hg.), Kritik der Theorie sozialer Systeme. Auseinandersetzungen mit Luhmanns Hauptwerk, Frankfurt a. M., 162 - 177

Breuer, S. (1987): Adorno, Luhmann. Konvergenzen und Divergenzen von Kritischer Theorie und Systemtheorie, in: Leviathan, Jg. 15, H. 1, 91 - 125

Brodbeck, K.-H. (1991): Wirtschaft als autopoietisches System? Anmerkungen zu N. Luhmanns Buch „Die Wirtschaft der Gesellschaft", in: Zeitschrift für Politik, Jg. 38, H. 3, 317 - 326

Brücher, G. (1989): Epistemologisch - systemtheoretische Überlegungen zur Überwindung der Dichotomie von „Sinn" und Natur, in: Archiv für Rechts- und Sozialphilosophie, Jg. 75, H. 4, 502 - 516

Brunkhorst, H. (1988): Die ästhetische Konstruktion der Moderne. Adorno, Gadamer, Luhmann, in: Leviathan, Jg. 16, H. 1, 77 - 96

Buchholz, M.-B. (1993): „Person" und „Identität" in Luhmanns Systemtheorie. Eine kritische Auseinandersetzung, in: System Familie, Jg. 6, H. 2, 110 - 122

Bude, H. (1990): Das nervöse Selbst in der geschlossenen Welt des Sinns. Niklas Luhmann und Pierre Bourdieu im Vergleich, in: Merkur, Jg. 44, H. 5, 429 - 433

Bühl, W. (1987): Grenzen der Autopoiesis, in: Kölner Zeitschrift für Soziologie und Sozialpsychologie, Jg. 39, 225 - 254

--- (1993): Politische Grenzen der Autopoiese sozialer Systeme, in: Fischer, H. R. (Hg.), Autopoiesis. Eine Theorie im Brennpunkt der Kritik, zweite korr. Aufl., Heidelberg, 201 - 225

Bürschel, W. (1990): Zum Begriff modernen ganzheitlichen Denkens. Studien zur Systemtheorie Luhmanns, Frankfurt a. M.

Burger, R. (1977): Systemtheorie als Gegenaufklärung. Zur Reduktion des Ideologiebegriffs bei Niklas Luhmann, in: Österreichische Zeitschrift für Politikwissenschaft, Jg. 6, H. 1, 55 - 70

Buß, E./M. Schöps (1979): Die gesellschaftliche Entdifferenzierung, in: Zeitschrift für Soziologie, Jg. 8, H. 4, 315 - 329

Bußhoff, H. (1974): Zur neueren Diskussion des Sinnproblems. Einige politiktheoretische Bemerkungen, in: Kölner Zeitschrift für Soziologie und Sozialpsychologie, Jg. 26, H. 4, 715 - 741

--- (1976): Der politische Code. Ein neuer Mythos in systemtheoretischer Sicht, in: Kölner Zeitschrift für Soziologie und Sozialpsychologie, Jg. 28, H. 2, 335 - 351

Chanos, A. (1992): Erwartungsstruktur der Norm und rechtliche Modalisierung des Erwartens als Vorgaben sozialen Handelns und Entscheidens, in: Krawietz, W./M. Welker (Hg.), Kritik der Theorie sozialer Systeme. Auseinandersetzungen mit Luhmanns Hauptwerk, Frankfurt a. M., 230 - 246

Dallmann, H.-U. (1994): Die Systemtheorie Niklas Luhmanns und ihre theologische Rezeption, Stuttgart

Dammann, K. (1994): Verwaltungshandeln: Wer, wie und wieviel davon?, in: Dammann, K./D. Grunow/K. P. Japp (Hg.), Die Verwaltung des politischen Systems, Opladen, 143 - 167

Dammann, K./D. Grunow/K. P. Japp (1994): Theorie der Verwaltungswissenschaft - nach mehr als einem Vierteljahrhundert, in: Dies. (Hg.), Die Verwaltung des politischen Systems, Opladen, 229 - 246

de Berg, H./M. Prangel (Hg.) (1993): Kommunikation und Differenz. Systemtheoretische Analysen in der Literatur- und Kunstwissenschaft, Opladen

di Fabio, U. (1991): Offener Diskurs und geschlossene Systeme. Das Verhältnis von Individuum und Gesellschaft in argumentations- und systemtheoretischer Perspektive, Berlin

Droste, O. (1990): Niklas Luhmanns Systemtheorie und das Fernsehen, in: Communicatio Socialis, Jg. 23, H. 3, 185 - 195

Druwe, U. (1990): Recht als autopoietisches System. Zur Kritik des reflexiven Rechtskonstrukts, in: Jahresschrift für Rechtspolitologie, Jg. 4, 103 - 120

Dubiel, H. (1990): Zivilreligion in der Massendemokratie?, in: Soziale Welt, Jg. 41, H. 2, 125 - 143

Dziewas, R. (1992): Der Mensch - ein Konglomerat autopoietischer Systeme?, in: Krawietz, W./M. Welker (Hg.), Kritik der Theorie sozialer Systeme. Auseinandersetzungen mit Luhmanns Hauptwerk, Frankfurt a. M., 113 - 132

Ellrich, L. (1992): Die Konstitution des Sozialen. Phänomenologische Motive in N. Luhmanns Systemtheorie, in: Zeitschrift für philosophische Forschung, Jg. 46, H. 1, 24 - 43

Emrich, H. M. (1993): Systemtheoretische Anthropologie. Auf dem Wege zu einer Strukturtheorie des Bewußtseins auf der Basis eines nichtreduktiven Monismus, in: Fischer, H. R. (Hg.), Autopoiesis. Eine Theorie im Brennpunkt der Kritik, zweite korr. Aufl., Heidelberg, 281 - 308

Englisch, F. (1991): Strukturprobleme der Systemtheorie - Philosophische Reflexionen zu Niklas Luhmann, in: Müller-Doohm, S. (Hg.), Jenseits der Utopie. Theoriekritik der Gegenwart, Frankfurt a. M., 196 - 235

Esser, H. (1991): Aufklärung als Passion - (Zwischen-) Betrachtungen als Theorie, in: Soziologische Revue, Jg. 14, H. 1, 5 - 13

--- (1994): Kommunikation und „Handlung", in: Rusch, G./S. J. Schmidt (Hg.), Konstruktivismus und Sozialtheorie, Delfin 1993, Frankfurt a. M., 172 - 204

Fach, W./B. Reiser (1990): Sonntag im System. Autopoietische Aspekte des Kampfes um das freie Wochenende, in: Zeitschrift für Soziologie, Jg. 19, H. 2, 110 - 126

Fauser, P./F. Schweitzer (1981): Pädagogische Vernunft als Systemrationalisierung. Eine Auseinandersetzung mit dem Buch von N. Luhmann und K. E. Schorr, in: Zeitschrift für Pädagogik, Jg. 27, H. 5, 795 - 810

Foerster, H. v. (1993): Für Niklas Luhmann: Wie rekursiv ist Kommunikation?, in: Teoria Sociologica, Vol. 2, N. 1, 61 - 85

Friedrichs, J./E. Sens (1976): Systemtheorie und Theorie der Gesellschaft. Zur gegenwärtigen Kybernetik-Rezeption in den Sozialwissenschaften, in: Kölner Zeitschrift für Soziologie und Sozialpsychologie, Jg. 28, H. 1, 27 - 47

Fritscher, W. (1989): Differenzierung, Verdinglichung und Abstraktion. Über einige Beiträge, die eine autopoietische Systemtheorie zu einer kritischen Theorie moderner Rationalität leisten kann, Frankfurt a. M. u. a.

--- (1996): Romantische Beobachtungen. Niklas Luhmanns soziologische Aufklärung als moderne soziologische Romantik, in: Soziale Systeme, Jg. 2, H. 1, 35 - 51

Fuchs, P. (1987): Vom Zeitzauber der Musik. Eine Diskussionsanregung, in: Baecker, D./J. Markowitz/R. Stichweh u. a. (Hg.), Theorie als Passion. Niklas Luhmann zum 60. Geburtstag, Frankfurt a. M., 214 - 237

--- (1992): Niklas Luhmann - beobachtet, Opladen

Ganssmann, H. (1986a): Geld - ein symbolisch generalisiertes Medium der Kommunikation? Zur Geldlehre in der neueren Soziologie, in: Probleme des Klassenkampfes, Jg. 16, H. 2, 6 - 22

--- (1986b): Kommunikation und Reproduktion. Über Niklas Luhmanns Buch: Soziale Systeme. Grundriß einer allgemeinen Theorie, Frankfurt 1984, in: Leviathan, Jg. 14, H. 1, 143 - 156

Gause, U./H. Schmidt (1992): Das Erziehungssystem als soziales System. Codierung und Programmierung - Binnendifferenzierung und Integration, in: Krawietz, W./M. Welker (Hg.), Kritik der Theorie sozialer Systeme. Auseinandersetzungen mit Luhmanns Hauptwerk, Frankfurt a. M., 178 - 199

Gerhards, J. (1993): Funktionale Differenzierung der Gesellschaft und Prozesse der Entdifferenzierung, in: Fischer, H. R. (Hg.), Autopoiesis. Eine Theorie im Brennpunkt der Kritik, zweite korr. Aufl., Heidelberg, 263 - 280

Gerhards, J. (1984): Wahrheit und Ideologie. Eine kritische Einführung in die Systemtheorie von Niklas Luhmann, Köln

Giegel, H.-J. (1975): System und Krise. Kritik der Luhmannschen Gesellschaftstheorie, Frankfurt a. M.

--- (1987): Interpenetration und reflexive Bestimmung des Verhältnisses von psychischem und sozialem System, in: Haferkamp, H./M. Schmid (Hg.), Sinn, Kommunikation und soziale Differenzierung. Beiträge zu Luhmanns Theorie sozialer Systeme, Frankfurt a. M., 212 - 244

--- (1991): Über Systeme und Lebenswelten, in: Soziologische Revue, Jg. 14, H. 1, 14 - 20

Giesecke, M. (1987): Die „Grundfragen der Allgemeinen Sprachwissenschaft" und die alternativen Antworten einer systemischen Kommunikationstheorie, in: Baecker, D./J. Markowitz/R. Stichweh u. a. (Hg.), Theorie als Passion. Niklas Luhmann zum 60. Geburtstag, Frankfurt a. M., 269 - 297

Gilgemann, K. (1986a): Autopoiesis und Selbstsozialisation. Zur systemtheoretischen Rekonstruktion von Sozialisationstheorie, in: Zeitschrift für Sozialisationsforschung und Erziehungssoziologie, Jg. 6, H. 1, 71 - 90

--- (1986b): Sozialisation als Evolution psychischer Systeme. Ein Beitrag zur systemtheoretischen Konstruktion von Sozialisationstheorie, in: Unverferth, H.-J.

(Hg.), System und Selbstproduktion. Zur Erschließung eines neuen Paradigmas in den Sozialwissenschaften, Frankfurt a. M., 192 - 229

Grathoff, R. (1987): Über die Einfalt der Systeme in der Vielfalt der Lebenswelt. Eine Antwort auf Niklas Luhmann, in: Archiv für Rechts- und Sozialphilosophie, Jg. 73, H. 2, 252 - 263

Grimm, K. (1974): Niklas Luhmanns „Soziologische Aufklärung" oder Das Elend der aprioristischen Soziologie, Hamburg

Gripp-Hagelstange, H. (1991): Vom Sein zur Selbstreferentialität. Überlegungen zur Theorie autopoietischer Systeme Niklas Luhmanns, in: Deutsche Zeitschrift für Philosophie, Jg. 39, H. 1, 80 - 94

--- (1995): Niklas Luhmann. Eine Einführung, München

Gromitsaris, A. (1992): Symbolische und soziale Generalisierung von Erwartungen als Strukturelemente gesellschaftlichen Sinns, in: Krawietz, W./M. Welker (Hg.), Kritik der Theorie sozialer Systeme. Auseinandersetzungen mit Luhmanns Hauptwerk, Frankfurt a. M., 133 - 146

Groothoff, H.-H. (1985): Zum Beitrag von Luhmann und Schorr zu einer systemtheoretischen Revision der Theorie des Bildungswesens, in: Fichtner, B./H.-J. Fischer/ W. Lippwitz (Hg.), Pädagogik zwischen Geistes- und Sozialwissenschaft. Standpunkte und Entwicklungen, Königstein/Ts., 55 - 73

--- (1987): Zu Luhmanns und Schorrs systemtheoretisch begründeten „Fragen an die Pädagogik" (1979-1986) - Ein kritischer Literaturbericht , in: Pädagogische Rundschau, Jg. 41, H. 5, 529 - 545

Grünberger, H. (1975): Organisation statt Gesellschaft? Über den Stellenwert formal organisierter Sozialordnung in der Gesellschaftstheorie Niklas Luhmanns, in: Backhaus, H.-G. u. a. (Hg.), Gesellschaft. Beiträge zur Marxschen Theorie, Band 3, Frankfurt a. M., 198 - 235

--- (1985): Das Auge des Systems: Handeln und Beobachten in den sozialen Systemen N. Luhmanns, in: PVS Literatur, Jg. 26, H. 1, 5 - 12

--- (1987): Dehumanisierung der Gesellschaft und Verabschiedung staatlicher Souveränität: das politische System in der Gesellschaftstheorie Niklas Luhmanns, in: Fetscher, I./H. Münkler (Hg.), Pipers Handbuch der politischen Ideen, Band 5, München - Zürich, 620 - 633, 640 - 641

Grunow, D. (1994): Politik und Verwaltung, in: Dammann, K./D. Grunow/K. P. Japp (Hg.), Die Verwaltung des politischen Systems, Opladen, 27 - 39

Gumbrecht, H. U. (1987): Pathologien im Literatursystem, in: Baecker, D./J. Markowitz/R. Stichweh u. a. (Hg.), Theorie als Passion. Niklas Luhmann zum 60. Geburtstag, Frankfurt a. M., 137 - 180

Habermas, J. (1971): Theorie der Gesellschaft oder Sozialtechnologie? Eine Auseinandersetzung mit Niklas Luhmann, in: Habermas, J./N. Luhmann, Theorie der Gesellschaft oder Sozialtechnologie - Was leistet die Systemforschung?, Frankfurt a. M., 142 - 290

--- (1985): Exkurs zu Luhmanns systemtheoretischer Aneignung der subjektphilosophischen Erbmasse, in: Ders., Der philosophische Diskurs der Moderne. Zwölf
Vorlesungen, Frankfurt a. M., 426 - 445

Haferkamp, H. (1987): Autopoietisches soziales System oder konstruktives soziales
Handeln? Zur Ankunft der Handlungstheorie und zur Abweisung empirischer Forschung in Niklas Luhmanns Systemtheorie, in: Haferkamp, H./M. Schmid (Hg.),
Sinn, Kommunikation und soziale Differenzierung. Beiträge zu Luhmanns Theorie
sozialer Systeme, Frankfurt a. M., 51 - 88

Hahn, A. (1981): Funktionale und stratifikatorische Differenzierung und ihre Rolle für
die gepflegte Semantik. Zu Niklas Luhmanns „Gesellschaftsstruktur und Semantik", in: Kölner Zeitschrift für Soziologie und Sozialpsychologie, Jg. 33, H. 2, 345
- 360

--- (1987a): Religion und Welt in der französischen Gegenreformation, in: Baecker,
D./J. Markowitz/R. Stichweh u. a., Theorie als Passion. Niklas Luhmann zum 60.
Geburtstag, Frankfurt a. M., 84 - 106

--- (1987b): Sinn und Sinnlosigkeit, in: Haferkamp, H./M. Schmid (Hg.), Sinn, Kommunikation und soziale Differenzierung. Beiträge zu Luhmanns Theorie sozialer
Systeme, Frankfurt a. M., 155 - 164

Hahn, A./H. Eirmbter/R. Jacob (1992): AIDS: Risiko oder Gefahr?, in: Soziale Welt,
Jg. 43, 400 - 421

Halfmann, J. (1986): Autopoiesis und Naturbeherrschung. Die Auswirkungen des
technischen Umgangs mit lebenden Systemen auf den gesellschaftlichen Naturbe-
zug, in: Unverferth, H.-J. (Hg.), System und Selbstproduktion. Zur Erschließung
eines neuen Paradigmas in den Sozialwissenschaften, Frankfurt a. M., 192 - 229

Hegselmann, R. (1976): Die Systemtheorie Luhmanns als technokratischer Institutio-
nalismus und administrative Hilfswissenschaft, in: Blätter für deutsche und interna-
tionale Politik, o. Jg., H. 1, 38 - 57

Heidenescher, M. (1991): Zurechnung als soziologische Kategorie. Zu Luhmanns
Verständnis des Handelns als Systemleistung, in: Zeitschrift für Soziologie, Jg. 21,
H. 6, 440 - 455

Hellmann, K.-U. (1993): Soziale Bewegungen unter dem „Systemskop". Erträge und
Probleme systemtheoretischer Bewegungsforschung, in: Forschungsjournal neue
soziale Bewegungen, Jg. 6, H. 3/4, 139 - 158

Hiller, P. (1994): Risiko und Verwaltung, in: Dammann, K./D. Grunow/K. P. Japp
(Hg.), Die Verwaltung des politischen Systems, Opladen, 109 - 125

Hochgerner, J. (1990): Die soziologische Codierung technischer Systeme, in: Tschiedel, R. (Hg.), Die technische Konstruktion der gesellschaftlichen Wirklichkeit.
Gestaltungsperspektiven der Techniksoziologie, München, 35 - 48

Höhn, H.-J. (1985): Kirche und kommunikatives Handeln. Studien zur Theologie und
Praxis der Kirche in der Auseinandersetzung mit den Sozialtheorien Niklas Luhmanns und Jürgen Habermas', Frankfurt a. M.

Holl, H. G. (1985): Selbstreferenz, Explosion, Totenstille. Zum Verhältnis von Ma-
thematik und Soziologie oder: „'Soziale'" - „'Gödel, Escher Bach'" -„'Systeme'",
in: Psychologie heute, Jg. 12, H. 7, 66 - 68

Holmes, S. (1987): Poesie der Indifferenz, in: Baecker, D./J. Markowitz/R. Stichweh
u. a. (Hg.), Theorie als Passion. Niklas Luhmann zum 60. Geburtstag, Frankfurt a.
M., 15 - 45

Homann, K. (1991): Wirtschaftsethik. Die Funktion der Moral in der modernen Wirtschaft, in: Wieland, J. (Hg.), Wirtschaftsethik und Theorie der Gesellschaft, Frankfurt a. M., 32 - 53

Hondrich, K. O. (1972): Systemtheorie als Instrument der Gesellschaftsanalyse. For-
schungsbezogene Kritik eines Theorieansatzes, in: Soziale Welt, Jg. 23, H. 1, 1 -
16

--- (1987): Die andere Seite sozialer Differenzierung, in: Haferkamp, H./M. Schmid
(Hg.), Sinn, Kommunikation und soziale Differenzierung. Beiträge zu Luhmanns
Theorie sozialer Systeme, Frankfurt a. M., 275 - 303

Hornung, B. R. (1988): Grundlagen einer problemfunktionalistischen Systemtheorie
gesellschaftlicher Entwicklung. Sozialwissenschaftliche Theoriekonstruktion mit
qualitativen, computergestützten Verfahren, Frankfurt a. M. u. a.

Hutter, M./G.Teubner (1995): Der Gesellschaft fette Beute. Homo juridicus und homo
oeconomicus als kommunikationserhaltende Fiktionen, in: Fuchs, P./A. Göbel
(Hg.), Der Mensch - das Medium der Gesellschaft?, Frankfurt a. M., 110 - 145

Japp, K. P. (1990): Das Risiko der Rationalität für technisch-ökologische Systeme, in
Halfmann, J./K. P. Japp (Hg.), Riskante Entscheidungen und Katastrophenpoten-
tiale. Elemente einer soziologischen Risikoforschung, Opladen, 34 - 60

--- (1994): Verwaltung und Rationalität, in: Dammann, K./D. Grunow/K. P. Japp
(Hg.), Die Verwaltung des politischen Systems, Opladen, 126 - 141

Joerges, B. (1988): Technik als System - wie der Meister über Technik gesprochen
haben könnte, in: Soziologie, o. Jg., H. 1, 24 - 28

Kargl, W. (1990a): Kommunikation kommuniziert? Kritik des rechtssoziologischen
Autopoiesebegriffs, in: Rechtstheorie, Jg. 21, 352 - 373

--- (1990b): Kritik der rechtssoziologischen Autopoiesis-Kritik, in: Zeitschrift für
Rechtssoziologie, Jg. 12, 120 - 141

Kasuga, J. (1987): Die Beobachtung des Marktes: asymmetrische Strukturen und generalisierte Erwartungen, in: Baecker, D./J. Markowitz/R. Stichweh u. a. (Hg.)
Theorie als Passion. Niklas Luhmann zum 60. Geburtstag, Frankfurt a. M., 547 -
569

Kieserling, A. (1994): Interaktion in Organisationen, in: Dammann, K./D. Grunow/K.
P. Japp (Hg.), Die Verwaltung des politischen Systems, Opladen, 168 - 182

Kiss, G. (1990): Grundzüge und Entwicklung der Luhmannschen Systemtheorie, 2.
neubearb. Aufl., Stuttgart

Kneer, G. (1992): Bestandserhaltung und Reflexion. Zur kritischen Reformulierung gesellschaftlicher Rationalität, in: Krawietz, W./M. Welker (Hg.), Kritik der Theorie sozialer Systeme. Auseinandersetzungen mit Luhmanns Hauptwerk, Frankfurt a. M., 86 - 112

Kneer, G./A. Nassehi (1991): Verstehen des Verstehens. Eine systemtheoretische Revision der Hermeneutik, in: Zeitschrift für Soziologie, Jg. 20, H. 5, 341 - 356

--- (1993): Niklas Luhmanns Theorie sozialer Systeme. Eine Einführung, München

Knorr-Cetina, K. (1992): Zur Unterkomplexität der Differenzierungstheorie. Empirische Anfragen an die Systemtheorie, in: Zeitschrift für Soziologie, Jg. 21, H. 6, 406 - 419

Kraft, V. (1989): Systemtheorie des Verstehens, Frankfurt a. M.

Krawietz, W. (1992a): Staatliches oder gesellschaftliches Recht? Systemabhängigkeiten normativer Strukturbildung im Funktionssystem Recht, in: Ders./M. Welker (Hg.), Kritik der Theorie sozialer Systeme. Auseinandersetzungen mit Luhmanns Hauptwerk, Frankfurt a. M., 247 - 301

--- (1992b): Zur Einführung: Neue Sequenzierung der Theoriebildung und Kritik der allgemeinen Theorie sozialer Systeme, in: Krawietz, W./M. Welker (Hg.), Kritik der Theorie sozialer Systeme. Auseinandersetzungen mit Luhmanns Hauptwerk, Frankfurt a. M., 14 - 42

Krüger, H.-P. (1991): Reflexive Modernisierung und der neue Status der Wissenschaften, in: Deutsche Zeitschrift für Philosophie, Jg. 39, H. 12, 1310 - 1330

--- (1992): Selbstreferenz bei Maturana und Luhmann. Ein kommunikationstheoretischer Vergleich, in: Deutsche Zeitschrift für Philosophie, Jg. 40, H. 5, 475 - 489

Künzler, J. (1989a): Grundlagenprobleme der Theorie symbolisch generalisierter Kommunikationsmedien bei Niklas Luhmann, in: Zeitschrift für Soziologie, Jg. 16, H. 5, 317 - 333

--- (1989b): Medien und Gesellschaft. Die Medienkonzepte von Talcott Parsons, Jürgen Habermas und Niklas Luhmann, Stuttgart

Ladeur, K.-H. (1994): Auflösung des Subjekts in der differentiellen Bewegung der Funktionssysteme? - Zum Konzept einer „relationalen" Persönlichkeit in einer heterarchischen Gesellschaft -, in: Archiv für Rechts- und Sozialphilosophie, Jg. 80, H. 3, 407 - 425

--- (1995): Postmoderne Rechtstheorie. Selbstreferenz - Selbstorganisation - Proceduralisierung, Berlin

Landgrebe, L. (1975): Der Streit um die philosophischen Grundlagen der Gesellschaftstheorie, Rheinisch-Westfälische Akademie der Wissenschaften, Vorträge G 204, Opladen

Lauermann, M. (1991): Die fröhliche Wissenschaft des Professors Luhmann, in: o. Hg., Das Denken des Widerspruchs als Wurzel der Philosophie, Zentralinstitut für Philosophie, Berlin, 32 - 46

Leupold, A. (1983): Liebe und Partnerschaft. Formen der Codierung von Ehen, in: Zeitschrift für Soziologie, Jg. 12, H.4, 297 - 327

Linduschka, A. (1979): Untersuchungen zum Subjektbegriff in Systemtheorien, Diss., Osnabrück

Lipp, W. (1971): Reduktive Mechanismen. Untersuchungen zum Zivilisationsprozeß, in: Archiv für Rechts- und Sozialphilosophie, Jg. 57, 357 - 382

--- (1987): Autopoiesis biologisch, Autopoiesis soziologisch. Wohin führt Luhmanns Paradigmawechsel?, in: Kölner Zeitschrift für Soziologie und Sozialpsychologie, Jg. 39, 452 - 470

Lohmann, G. (1987): Autopoiesis und die Unmöglichkeit von Sinnverlust. Ein marginaler Zugang zu Niklas Luhmanns Theorie „Soziale Systeme", in: Haferkamp, H./M. Schmid (Hg.), Sinn, Kommunikation und soziale Differenzierung. Beiträge zu Luhmanns Theorie sozialer Systeme, Frankfurt a. M., 165 - 184

Ludewig, K. (1992): Systemische Therapie. Grundlagen klinischer Theorie und Praxis, Stuttgart

Machura, S. (1993): Niklas Luhmanns „Legitimation durch Verfahren" im Spiegel der Kritik, in: Zeitschrift für Rechtssoziologie, Jg. 14, H. 1, 97 - 114

Maciejewski, F. (1972): Sinn, Reflexion und System. Über die vergessene Dialektik bei Niklas Luhmann, in: Zeitschrift für Soziologie, Jg. 1, H. 2, 135 - 155

Mahlmann, R. (1993): Zur medientheoretischen Formulierung der Wandlungen im Verständnis von Liebe, in: System Familie, Jg. 6, H. 2, 110 - 122

Mai, M. (1994): Zur Steuerbarkeit technischer Systeme und zur Steuerungsfähigkeit des Staates, in: Zeitschrift für Soziologie, Jg. 23, H. 6, 447 - 459

Marcinkowski, F. (1993): Publizistik als autopoietisches System. Politik und Massenmedien. Eine systemtheoretische Analyse, Opladen

Markowitz, J. (1987): Konstellationsformen psychischer Selbstreferenz. Vorstudien zu einem Begriff der Partizipation, in: Baecker, D./J. Markowitz/R. Stichweh u. a. (Hg.), Theorie als Passion. Niklas Luhmann zum 60. Geburtstag, Frankfurt a. M., 482 - 518

--- (1991): Referenz und Emergenz. Zum Verhältnis von psychischen und sozialen Systemen, in: Systeme, Jg. 5, H. 5, 22 - 46

Martens, W. (1991): Die Autopoiesis sozialer Systeme, in: Kölner Zeitschrift für Soziologie und Sozialpsychologie, Jg. 43, H. 4, 625 - 646

Meinberg, E. (1984): Anthropologische Marginalien zur systemtheoretischen Erziehungswissenschaft, in: Zeitschrift für Pädagogik, Jg. 30, H. 2, 253 - 271

Menzel, E. (1985): Werte und Gesellschaft. Ein Beitrag zur Klärung der Bedeutung von Werten in der soziologischen Theorie. Dargestellt am Beispiel der Soziologie von Theodor Geiger und Niklas Luhmann, Diss., Siegen

Metzner, A. (1989): Die ökologische Krise und die Differenz von System und Umwelt, in: Das Argument, Jg. 31, H. 6, 871 - 886

--- (1993): Probleme sozio-ökologischer Systemtheorie. Natur und Gesellschaft in der Soziologie Luhmanns, Opladen

Miller, M. (1987): Selbstreferenz und Differenzerfahrung. Einige Überlegungen zu Luhmanns Theorie sozialer Systeme, in: Haferkamp, H./M. Schmid (Hg.), Sinn, Kommunikation und soziale Differenzierung. Beiträge zu Luhmanns Theorie sozialer Systeme, Frankfurt a. M., 187 - 211

--- (1994): Intersystemic Discourse and Co-ordinated Dissent: A Critique of Luhmann's Concept of Ecological Communication, in: Theory, Culture & Society, Vol. 11, N. 2, 101 - 121

Misheva, V. (1993): Totalitarian Interaction. A Systems Approach, in: Sociologia Internationalis, Jg. 31, H. 2, 179 - 196

Münch, R. (1992): Autopoiesis per Definition, in: Protosoziologie, o. Jg., H. 3, 42 - 60

--- (1994): Zahlung und Achtung. Die Interpenetration von Ökonomie und Moral, in: Zeitschrift für Soziologie, Jg. 23, H. 5, 388 - 411

Nahamowitz, P. (1988): Autopoiesis oder ökonomischer Staatsinterventionismus?, in: Zeitschrift für Rechtssoziologie, Jg. 9, H. 1, 36 - 73

Narr, W.-D. (1994a): Recht - Demokratie - Weltgesellschaft. Habermas, Luhmann und das systematische Versäumnis ihrer großen Theorien (Teil 2), in: Probleme des Klassenkampfes, Jg. 24, H. 2, 324 - 344

--- (1994b): Recht - Demokratie - Weltgesellschaft. Überlegungen angesichts der rechtstheoretischen Werke von Jürgen Habermas und Niklas Luhmann (Teil 1), in: Probleme des Klassenkampfes, Jg. 24, H. 1, 87 - 112

Nassehi, A. (1992): Wie wirklich sind Systeme? Zum ontologischen und epistemologischen Status von Luhmanns Theorie selbstreferentieller Systeme, in: Krawietz, W./M. Welker (Hg.), Kritik der Theorie sozialer Systeme. Auseinandersetzungen mit Luhmanns Hauptwerk, Frankfurt a. M., 43 - 70

Neckel, S./J. Wolf (1994): The Fascination of Amorality: Luhmann's Theory of Morality and its Resonances Among German Intellectuals, in: Theory, Culture & Society, Vol. 11, N. 2, 66 - 99

Nennen, H. U. (1991): Ökologie im Diskurs. Zu Grundfragen der Anthropologie und Ökologie und zur Ethik der Wissenschaften, Opladen

Oberdorfer, B. (1992): Einschränkung von Beliebigkeit. Systemische Selbstreproduktion und gesellschaftlicher Strukturaufbau, in: Krawietz, W./M. Welker (Hg.), Kritik der Theorie sozialer Systeme. Auseinandersetzungen mit Luhmanns Hauptwerk, Frankfurt a. M., 302 - 326

Oelkers, J./H.-E. Tenorth (1987): Pädagogik, Erziehungswissenschaft und Systemtheorie. Eine nützliche Provokation, in: Dies. (Hg.), Pädagogik, Erziehungswissenschaft und Systemtheorie, Weinheim - Basel, 13 - 54

Papcke, S. (1990): Gesellschaft ohne Subjekt? Über die Systemästhetik von Niklas Luhmann, in: vorgänge, Nr. 108, H. 6, 88 - 103

Pfütze, H. (1988): Theorie ohne Bewußtsein. Zu Niklas Luhmanns Gedankenkonstruktion, in: Merkur, Jg. 42, H. 1, 300 - 314

--- (1991): Antike Logik - moderne Hektik. Zur Tradition subjektloser Denkfiguren in der Soziologie, in: Clausen, L./C. Schlüter (Hg.), Hundert Jahre „Gemeinschaft und Gesellschaft". Ferdinand Tönnies in der internationalen Diskussion, Opladen, 171 - 187

--- (1993): Weit entfernt vom Gleichgewicht, in: Fischer, H. R. (Hg.), Autopoiesis. Eine Theorie im Brennpunkt der Kritik, zweite korr. Aufl., Heidelberg, 227 - 242

Pokol, B. (1990a): Komplexe Gesellschaft. Eine der möglichen Luhmannschen Soziologien, Bochum

--- (1990b): Professionelle Institutionensysteme oder Teilsysteme der Gesellschaft? Reformulierungsvorschläge zu Niklas Luhmanns Systemtypologie, in: Zeitschrift für Soziologie, Jg. 19, H. 5, 329 - 344

Pollack, D. (1988): Religiöse Chiffrierung und soziologische Aufklärung. Die Religionssoziologie Niklas Luhmanns im Rahmen ihrer systemtheoretischen Voraussetzungen, Frankfurt a. M.

--- (1991): Möglichkeiten und Grenzen einer funktionalen Religionsanalyse. Zum religionssoziologischen Ansatz Niklas Luhmanns, in: Deutsche Zeitschrift für Philosophie, Jg. 39, H. 9, 957 - 975

Portele, G. (1988): Autonomie, Macht, Liebe. Konsequenzen der Selbstreferentialität, Frankfurt a. M.

Preyer, G. (1992): System-, Medien- und Evolutionstheorie. Zu Niklas Luhmanns Ansatz. Exkurs: Macht, in: Protosoziologie, o. Jg., H. 3, 61 - 89

Preyer, G./H. Grünberger (1980): Die Problemstufenordnung in der systemtheoretischen Argumentation Niklas Luhmanns, in: Soziale Welt, Jg. 31, H. 1, 48 - 67

Priddat, B. P. (1987): Am Zahlungsstrom. Betrachtungen vom Ufer. Über Luhmanns „Wirtschaft der Gesellschaft als autopoietisches System", Universität Hamburg, Institut für Politische Wissenschaft, Diskussionsbeiträge und Berichte, Nr. 48, Hamburg

Projekt Ideologie-Theorie (1980): Verwaltung durch Sinn bei Luhmann, in: Das Argument, Sonderband 40, 165 - 177

Reese-Schäfer, W. (1992): Luhmann zur Einführung, Hamburg

Ronge, V. (1994): Politische Steuerung - innerhalb und außerhalb der Systemtheorie, in: Dammann, K./D. Grunow/K. P. Japp (Hg.), Die Verwaltung des politischen Systems, Opladen, 53 - 64

Roth, G. (1987): Die Entwicklung kognitiver Selbstreferentialität im menschlichen Gehirn, in: Baecker, D./J. Markowitz/R. Stichweh u. a. (Hg.), Theorie als Passion. Niklas Luhmann zum 60. Geburtstag, Frankfurt a. M., 394 - 422

Rottleuthner, H. (1988): Biological Metaphors in Legal Thought, in: Teubner, G. (ed.), Autopoietic Law. A New Approach to Law and Society, Berlin, 97 - 127

--- (1989): A Purified Theory of Law. Niklas Luhmann on the Autonomy of the Legal System, in: Law and Society Review, Vol. 23, 779 - 797

Rucht, D./R. Roth (1992): „Über den Wolken...“ Niklas Luhmanns Sicht auf soziale Bewegungen, in: Forschungsjournal neue soziale Bewegungen, Jg. 5, H. 2, 22 - 33

Ruhrmann, G. (1994): Öffentliche Meinung, in: Dammann, K./D. Grunow/K. P. Japp (Hg.), Die Verwaltung des politischen Systems, Opladen, 40 - 52

Saldern, M. v. (1991): Erziehungswissenschaft und Neue Systemtheorie, Berlin

Saurwein, K.-H. (1994): Die Gesellschaft in der Wirtschaft. Eine theoretische Standortbestimmung und konstruktivistische Re-Interpretation der Wirtschaftssoziologie bei Parsons und Luhmann, in: Lange, E. (Hg.), Der Wandel der Wirtschaft. Soziologische Perspektiven, Berlin, 47 - 86

Scharpf, F. W. (1989): Politische Steuerung und politische Institutionen, in: Hartwich, H.-H. (Hg.), Macht und Ohnmacht politischer Institutionen, Opladen, 17 - 29

Schemann, A. (1992): Strukturelle Kopplung. Zur Festlegung und normativen Bindung offener Möglichkeiten sozialen Handelns, in: Krawietz, W./M. Welker (Hg.), Kritik der Theorie sozialer Systeme. Auseinandersetzungen mit Luhmanns Hauptwerk, Frankfurt a. M., 215 - 229

Schiewek, W. (1992): Zum vernachlässigten Zusammenhang von ʻsymbolischer Generalisierungʼ und ʻSpracheʼ in der Theorie sozialer Systeme, in: Krawietz, W./M. Welker (Hg.), Kritik der Theorie sozialer Systeme. Auseinandersetzungen mit Luhmanns Hauptwerk, Frankfurt a. M., 147 - 161

Schimank, U. (1985a): Biographie als Autopoiesis. Eine systemtheoretische Rekonstruktion von Individualität, in: Brose, H.-G./B. Hildenbrand (Hg.), Vom Ende des Individuums zur Individualität ohne Ende, Opladen, 55 - 72

--- (1985b): Der mangelnde Akteurbezug systemtheoretischer Erklärungen gesellschaftlicher Differenzierung - Ein Diskussionsvorschlag, in: Zeitschrift für Soziologie, Jg. 14, H. 6, 421 - 434

--- (1987): Evolution, Selbstreferenz und Steuerung komplexer Organisationssysteme, in: Glagow, M./H. Willke (Hg.), Dezentrale Gesellschaftssteuerung, Pfaffenweiler, 45 - 64

Schloz, A. (1985): Dekomposition und Heil. Die Komplexität einer theologisch verantwortlichen Gottes- und Rechtfertigungslehre als ungelöstes Problem der religionssoziologischen Theorie Luhmanns, Frankfurt a. M.

Schmid, M. (1987): Autopoiesis und soziales System: Eine Standortbestimmung, in: Haferkamp, H./M. Schmid (Hg.), Sinn, Kommunikation und soziale Differenzierung. Beiträge zu Luhmanns Theorie sozialer Systeme, Frankfurt a. M., 25 - 50

Schöppe, A./E. J. Brunner (1992): Systemtheoretische Voraussetzungen paradoxer Intervention, in: Tschacher, W./G. Schiepek/E. J. Brunner (eds.), Self-Organization and Clinical Psychology. Empirical Approaches to Synergetics in Psychology, Berlin - New York, 283 - 295

Scholz, F. (1987): Heil statt Verdammnis - der religiöse Code im Licht des Evange-
liums. Zugleich eine Einladung zum Gespräch mit Karl Barth, in: Baecker, D./J.
Markowitz/R. Stichweh u. a., Theorie als Passion. Niklas Luhmann zum 60. Geburtstag, Frankfurt a. M., 107 - 136

Schorr, K. E. (1987): „Peter stört". „Sicht" und „Einsicht" in erzieherischen Situationen, in: Baecker, D./J. Markowitz/R. Stichweh u. a. (Hg.), Theorie als Passion.
Niklas Luhmann zum 60. Geburtstag, Frankfurt a. M., 669 - 693

Schriewer, J. (1987): Vergleich als Methode und Externalisierung auf Welt: Vom
Umgang mit Alterität in Reflexionsdisziplinen, in: Baecker, D./J. Markowitz/R.
Stichweh u. a. (Hg.), Theorie als Passion. Niklas Luhmann zum 60. Geburtstag,
Frankfurt a. M., 629 - 668

Schulte, G. (1985): Wie ist Systemtheorie möglich? Zur erkenntnistheoretischen Problematik der Selbstbeschreibung bei Maturana und Luhmann, in: Ellermann, R./U.
Opolka (Hg.), Was bringen uns die Theorien selbstorganisierender Prozesse? Na-
tur- und Sozialwissenschaftler im Gespräch, Sankt Augustin, 107 - 124

--- (1993): Der blinde Fleck in Luhmanns Systemtheorie, Frankfurt - New York

Schulze, H.-J./J. Künzler (1991): Funktionalistische und systemtheoretische Ansätze
in der Sozialisationsforschung, in: Hurrelmann, K./D. Ulich, Neues Handbuch der
Sozialisationsforschung, Weinheim, 121 - 136

Schulze-Boeing, M./H.-J. Unverferth (1986): Rationalität in komplexen Sozialsystemen. Zur Entwicklung des Rationalitätsbegriffs in der Systemtheorie Niklas Luhmanns, in: Unverferth, H.-J. (Hg.), System und Selbstproduktion. Zur Erschließung
eines neuen Paradigmas in den Sozialwissenschaften, Frankfurt a. M., 14 - 90

Schwanitz, D. (1987): Zeit und Geschichte im Roman - Interaktion und Gesellschaft
im Drama: zur wechselseitigen Erhellung von Systemtheorie und Literatur, in: Baecker, D./J. Markowitz/R. Stichweh u. a., Theorie als Passion. Niklas Luhmann
zum 60. Geburtstag, Frankfurt a. M., 181 - 213

--- (1988a): Hamlet oder die Systemtheorie, in: Zeitschrift für Soziologie, Jg. 17, H.
2, 152 - 153

--- (1988b): Der weibliche Körper zwischen Schicksal und Handlung: Die Diät und
die Paradoxie des Feminismus, in: Gumbrecht, H. U./K. L. Pfeiffer (Hg.), Materialität der Kommunikation, Frankfurt a. M., 568 - 583

Seyfarth, C. (1986): Wieviel Theorie kann Soziologie vertragen?, in: Soziologische
Revue, Jg. 9, H. 1, 19 - 25

Sigrist, C. (1989): Das gesellschaftliche Milieu der Luhmannschen Theorie, in: Das
Argument, Jg. 31, H. 6, 837 - 853

Soentgen, J. (1992): Der Bau. Betrachtungen zu einer Metapher der Luhmannschen
Systemtheorie, in: Zeitschrift für Soziologie, Jg. 21, H. 6, 456 - 466

Spangenberg, P.M. (1988): TV, Hören und Sehen, in: Gumbrecht, H. U./K. L. Pfeiffer
(Hg.), Materialität der Kommunikation, Frankfurt a. M., 776 - 798

Stark, C. (1994): Autopoiesis und Integration. Eine kritische Einführung in die Luhmannsche Systemtheorie, Hamburg

Starnitzke, D. (1992): Theoriebautechnische Vorentscheidungen, Differenzhandhabung und ihre Implikationen, in: Krawietz, W./M. Welker (Hg.), Kritik der Theorie sozialer Systeme. Auseinandersetzungen mit Luhmanns Hauptwerk, Frankfurt a. M., 71 - 85

Stichweh, R. (1987): Die Autopoiesis der Wissenschaft, in: Baecker, D./J. Markowitz/R. Stichweh u. a. (Hg.), Theorie als Passion. Niklas Luhmann zum 60. Geburtstag, Frankfurt a. M., 447 - 481

--- (1988a): Differenzierung des Wissenschaftssystems, in: Mayntz, R./B. Rosewitz/U. Schimank u. a., Differenzierung und Verselbständigung. Zur Entwicklung gesellschaftlicher Teilsysteme, Frankfurt - New York, 45 - 115

--- (1988b): Inklusion in Funktionssysteme der modernen Gesellschaft, in: Mayntz, R./B. Rosewitz/U. Schimank u. a., Differenzierung und Verselbständigung. Zur Entwicklung gesellschaftlicher Teilsysteme, Frankfurt - New York, 261 - 293

--- (1994): Berufsbeamtentum und öffentlicher Dienst als Leitprofession, in: Dammann, K./D. Grunow/K. P. Japp (Hg.), Die Verwaltung des politischen Systems, Opladen, 207 - 214

--- (1995): Systemtheorie und Rational Choice Theorie, in: Zeitschrift für Soziologie, Jg. 24, H. 6, 395 - 406

Teubner, G. (1987a): Episodenverknüpfung. Zur Steigerung von Selbstreferenz im Recht, in: Baecker, D./J. Markowitz/R. Stichweh u. a. (Hg.), Theorie als Passion. Niklas Luhmann zum 60. Geburtstag, Frankfurt a. M., 423 - 446

--- (1987b): Hyperzyklus in Recht und Organisation. Zum Verhältnis von Selbstbeobachtung, Selbstkonstitution und Autopoiese, in: Haferkamp, H./M. Schmid (Hg.), Sinn, Kommunikation und soziale Differenzierung. Beiträge zu Luhmanns Theorie sozialer Systeme, Frankfurt a. M., 89 - 128

--- (1989): Recht als autopoietisches System, Frankfurt a. M.

--- (1995): Wie empirisch ist die Autopoiesis des Rechts:, in: Martinsen, R. (Hg.), Das Auge der Wissenschaft. Zur Emergenz von Realität, Baden - Baden, 137 - 155

Thomas, G. (1992): Welt als relative Einheit und als Letzthorizont. Zum azentrischen Weltbegriff in Niklas Luhmanns Soziale Systeme, in: Krawietz, W./M. Welker (Hg.), Kritik der Theorie sozialer Systeme. Auseinandersetzungen mit Luhmanns Hauptwerk, Frankfurt a. M., 327 - 354

Treutner, E. (1994): Verwaltung und Publikum, in: Dammann, K./D. Grunow/K. P. Japp (Hg.), Die Verwaltung des politischen Systems, Opladen, 215 - 227

Tudyka, K. (1989): „Weltgesellschaft" - Unbegriff und Phantom, in: Politische Vierteljahresschrift, Jg. 30, H. 3, 503 - 508

Twenhöfel, R. (1994): Psyche und soziale Systeme. Über einen neuen Versuch des Reduktionismus, den Zusammenhang von Subjekt und sozialem System zu bestimmen, in: Schweizerische Zeitschrift für Soziologie, Jg. 20, H. 2, 505 - 518

Tyrell, H. (1978): Anfragen an die Theorie der gesellschaftlichen Differenzierung, in: Zeitschrift für Soziologie, Jg. 7, H. 2, 175 - 193

--- (1987): Romantische Liebe - Überlegungen zu ihrer „quantitativen Bestimmtheit", in: Baecker, D./J. Markowitz/R. Stichweh u. a. (Hg.), Theorie als Passion. Niklas Luhmann zum 60. Geburtstag, Frankfurt a. M., 570 - 599

--- (1988): Systemtheorie und Soziologie der Familie - Ein Überblick. Teil I: Soziologische Systemtheorie und Familie, in: System Familie, Jg. 1, H. 4, 207 - 219

--- (1989): Systemtheorie und Soziologie der Familie - Ein Überblick. Teil II: Systemtheoretisches Gedankengut in der Familiensoziologie, in: System Familie, Jg. 2, H. 2, 110 - 126

Vaccarini, I. (1985): Die phänomenologische Grundlage der Mikro-Makropolarität in Niklas Luhmanns „Soziologischer Aufklärung", in: Annali di Sociologia, Vol. 1, 244 - 258

Wagner, G. (1992): Vertrauen in Technik, in: Zeitschrift für Soziologie, Jg. 23, H. 2, 145 - 157

--- (1994): Am Ende der systemtheoretischen Soziologie. Niklas Luhmann und die Dialektik, in: Zeitschrift für Soziologie, Jg. 23, H. 4, 275 - 291

Wagner, G./H. Zipprian (1992): Identität oder Differenz? Bemerkungen zu einer Aporie in Niklas Luhmanns Theorie selbstreferentieller Systeme, in: Zeitschrift für Soziologie, Jg. 21, H. 6, 394

--- (1993): Antwort auf Niklas Luhmann, in: Zeitschrift für Soziologie, Jg. 22, H. 2, 144 - 146

Weiss, J. (1977): Legitimationsbegriff und Legitimationsleistung der Systemtheorie Niklas Luhmanns, in: Politische Vierteljahresschrift, Jg. 18, H. 2/3, 74 - 85

Welker, M. (1992): Einfache oder multiple doppelte Kontingenz? Minimalbedingungen der Beschreibung von Religion und emergenten Strukturen sozialer Systeme, in: Krawietz, W./M. Welker (Hg.), Kritik der Theorie sozialer Systeme. Auseinandersetzungen mit Luhmanns Hauptwerk, Frankfurt a. M., 355 - 370

Werber, N. (1992): Literatur als System. Zur Ausdifferenzierung literarischer Kommunikation, Opladen

Werner, P. (1992): Soziale Systeme als Interaktion und Organisation. Zum begrifflichen Verhältnis von Institution, Norm und Handlung, in: Krawietz, W./M. Welker (Hg.), Kritik der Theorie sozialer Systeme. Auseinandersetzungen mit Luhmanns Hauptwerk, Frankfurt a. M., 200 - 214

Wetzel, M. (1992): Was kann heutzutage „Ontologie" heißen? Ansatz zu einer integrativen Betrachtung, in: Deutsche Zeitschrift für Philosophie, Jg. 40, H. 3, 207 - 224

Weyer, J. (1994): Wortreich drumherumgeredet: Systemtheorie ohne Wirklichkeitskontakt, in: Soziologische Revue, Jg. 17, H. 2, 139 - 146

Wieland, J. (1988): Die Wirtschaft als autopoietisches System. Einige eher kritische Überlegungen, in: Delfin, Jg. 10, 18 - 29

--- (1991): Die Ethik als Problem lokaler und kunstitutioneller Gerechtigkeit, in: Ders. (Hg.), Wirtschaftsethik und Theorie der Gesellschaft, Frankfurt a. M., 7 - 31

--- (1994): Die Wirtschaft der Verwaltung und die Verwaltung der Wirtschaft, in: Dammann, K./D. Grunow/K. P. Japp (Hg.), Die Verwaltung des politischen Systems, Opladen, 65 - 78

Willke, H. (1987a): Differenzierung und Integration in Luhmanns Theorie sozialer Systeme, in: Haferkamp, H./M. Schmid (Hg.), Sinn, Kommunikation und soziale Differenzierung. Beiträge zu Luhmanns Theorie sozialer Systeme, Frankfurt a. M., 247 - 274

--- (1987b): Strategien der Intervention in autonome Systeme, in: Baecker, D./J. Markowitz/R. Stichweh u. a. (Hg.), Theorie als Passion. Niklas Luhmann zum 60. Geburtstag, Frankfurt a. M., 333 - 361

--- (1994): Staat und Gesellschaft, in: Dammann, K./D. Grunow/K. P. Japp (Hg.), Die Verwaltung des politischen Systems, Opladen, 13 - 26

Zanetti, V. (1988): Kann man ohne Körper denken? Über das Verhältnis von Leib und Bewußtsein bei Luhmann und Kant, in: Gumbrecht, H. U./K. L. Pfeiffer (Hg.), Materialität der Kommunikation, Frankfurt a. M., 280 - 294

Zielcke, A. (1977): System und funktionale Methode bei Niklas Luhmann, in: Archiv für Rechts- und Sozialphilosophie, Jg. 63, H. 1, 105 - 128

Zimmermann, K. (1989): Die Abschaffung des Subjekts in den Schranken der Subjektphilosophie, in: Das Argument, Jg. 31, H. 6, 855 - 870

Zolo, D. (1985): Reflexive Selbstbegründung der Soziologie und Autopoiesis, in: Soziale Welt, Jg. 36, H. 4, 519 - 534

Personenverzeichnis

Schlagwortverzeichnis*

* Die Schlagworte beziehen sich nur auf Teil I: Einführung